金字塔的国度

颜海英 著

商务印书馆
The Commercial Press

目　录

第一章　埃及学的历史与现状 1
　　第一节　时空交叉点上的古埃及文明 1
　　第二节　埃及学的建立与发展 4

第二章　古埃及人的地理环境与宇宙观 17
　　第一节　水的原始颂歌 20
　　第二节　"红土地"的宝藏 26
　　第三节　治水与专制 29
　　第四节　古埃及人的宇宙观：神圣时空的建构 33

第三章　古埃及文明的起源 43
　　第一节　前王朝时期 44
　　第二节　上下埃及统一问题与早期国家的起源 46
　　第三节　早王朝时期 64
　　第四节　埃及最早的文字：阿拜多斯 U-j 墓的发现 67

第四章　金字塔时代 81
　　第一节　古王国时期的物质遗存与文献记载 81
　　第二节　金字塔与再分配制度 90
　　第三节　王权、秩序及其合法化 96
　　第四节　大地像陶轮一样翻转过来了：第一中间期 100

第五章　古典文化时代 105
- 第一节　中王国时期的物质遗存 105
- 第二节　重建秩序 108
- 第三节　古典时代的文化 113
- 第四节　喜克索斯人与第二中间期 125

第六章　帝国时代 135
- 第一节　新王国时期的物质遗存与文献资料 135
- 第二节　帝国的建立与发展 153
- 第三节　埃赫那吞的宗教改革 156
- 第四节　拉美西斯二世和他的时代 159
- 第五节　古文明的余晖 167

第七章　解读"神的文字" 171
- 第一节　破解古埃及语 172
- 第二节　坟墓中的文学 193
- 第三节　仪式化的历史 200
- 第四节　神话世界的建构 206

第八章　古埃及的神庙文化 213
- 第一节　王权与神权 214
- 第二节　神庙仪式与节日庆典 216
- 第三节　神庙与秘传知识体系 230
- 第四节　神庙与奥塞里斯秘仪 245

第九章　古埃及的墓葬文化 259
- 第一节　灵魂观念与来世信仰 260
- 第二节　墓葬文献的发展演变 265

第三节　应对死亡的实践：陵墓发展史 275
　　第四节　应对死亡的实践：木乃伊与葬仪 285
　　第五节　墓葬文化与自我表达 299

第十章　超越死亡：木乃伊肖像画解读 315
　　第一节　从木乃伊面具到肖像画 316
　　第二节　木乃伊的"展示"与"等候" 322
　　第三节　"显贵"的面孔 325
　　第四节　酒杯、玫瑰花环、桂冠：
　　　　　　木乃伊肖像画的希腊-罗马元素？ 330
　　第五节　伊西斯女神的追随者 336

第十一章　穿越时空之美：古埃及的造型艺术 345
　　第一节　古埃及艺术的独特性 345
　　第二节　古埃及艺术的本质特征 349
　　第三节　古埃及艺术的法则 365

第十二章　古埃及文明的交融与延续 381
　　第一节　埃及人与外族人 381
　　第二节　埃及与地中海世界的贸易和战争 383
　　第三节　希腊化世界和文化交融 387
　　第四节　罗马世界与罗马化 396
　　第五节　轴心时代的地中海世界 398

尾声　今日埃及学 403

附录一　古埃及年表 421
附录二　古埃及语单辅音符号表 424
参考书目 425

第一章

埃及学的历史与现状

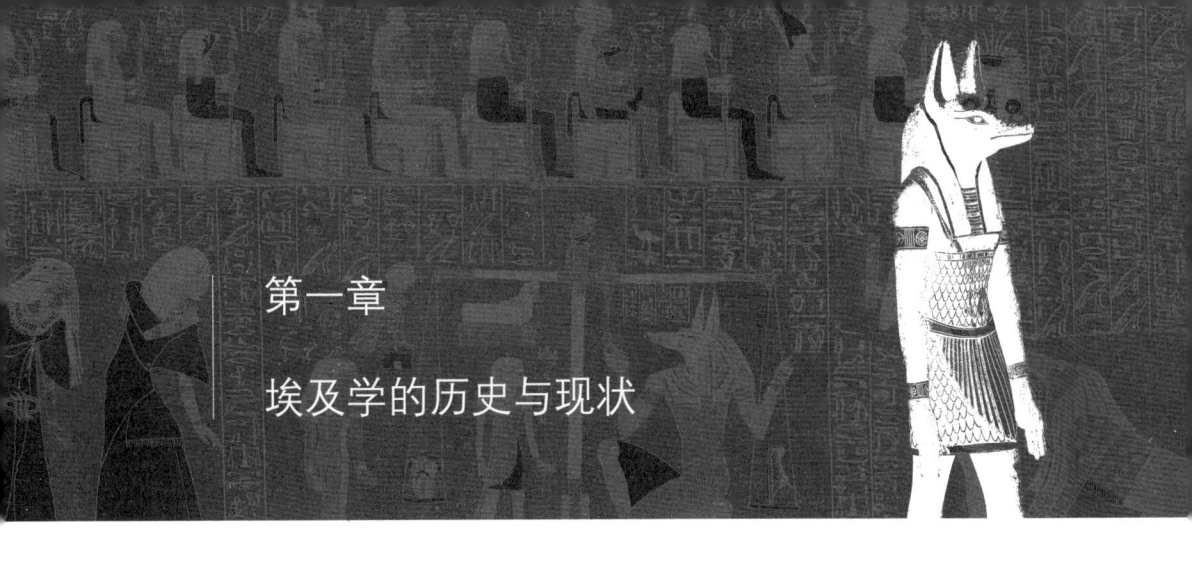

第一节 时空交叉点上的古埃及文明

古埃及文明的时间范围大致是公元前3100—公元前30年，空间范围大致相当于今天的埃及。作为高度发达的早期文明，古埃及文明有着鲜明的特色，这个特色是其所处的地理位置、环境以及早期的发展经历所赋予的。

作为最早的农业文明，古埃及的自然环境可以说是得天独厚。自公元前4000年起，北非进入干旱期，人们开始移居到尼罗河流域，到公元前2000年左右，埃及形成了与今天相似的干燥气候，几乎没有降雨。尼罗河每年泛滥，由此带来了丰沛的水源，并且从上游带来了肥沃的淤泥，为农业发展提供了良好的条件。沼泽地丰富的物产也是人们重要的食物来源，如鱼类、禽类、纸草等。东西两边的沙漠有丰富的金矿、石矿，同时也是天然的屏障，阻挡外族入侵。这些条件使得埃及的物质文明在很早的时候就发展到了顶峰。

如希罗多德所说："埃及是尼罗河的赠礼。"尼罗河也塑造了古埃及文明的性格。古埃及的经济、管理、政治、宗教生活都受到尼罗河周期的重要影响。人们集中生活在尼罗河泛滥平原，大规模集中的协作劳动成为必要之举。人们用盆地灌溉法解决农业用水问题，在低凹的盆地储存泛滥的河水，播种后疏导出来浇灌农田。为应对尼罗河水位过高或者过低引起的饥荒，人们很早就通过尼罗河水位尺来观测水位，预测丰歉，并通过储备余粮度过荒年。这种农业模式催生了集权的政治体制。掌握尼罗河的资源及其相关知识的社会上层，就控制了经济、军事和管理的大动脉。

尼罗河泛滥在大部分时期是稳定的，但有时也会带来自然灾害。古埃及人很早就产生了"生命复新"这一观念，既是对循环往复、周而复始的大自然规律的认知，也包含着结束自然灾害、回归好年景的愿望。与尼罗河同步的生生息息，是古埃及制度和信仰体系特色形成的基础。

自约公元前 3000 年完成统一后，虽然间杂着短暂的分裂期，埃及的大一统一直延续到公元前 7 世纪被亚述征服之时。作为青铜时代地中海地区唯一的民族国家，它发展出王权与神权紧密结合的独特制度。

由于气候干燥，又有沙漠环绕，埃及是物质遗存最丰富的古代文明。全世界的博物馆收藏了数百万件埃及文物，包括数以百万计的纸草文献，大量的雕像等艺术品，以及五千年中积累下来的从帝王将相到平民百姓、从神圣动物到宠物的木乃伊。而尼罗河谷和三角洲地区还有更多的遗存——上千座神庙、陵墓及其中的浮雕壁画，但这些物质遗存的分布以及文献的内容覆盖极不均衡。如保存下来的大多是石制的神庙和陵墓，泥砖建筑为主的城市和村落甚至都城、王宫大多没有保存下来。相对于南部，三角洲的遗址保存较差。相对于石灰岩建造的神庙，大部分孟菲斯（Memphis）及中部埃及的砂岩建造的神庙被罗马人当作采石场，他们把石块熔化后做混凝土。早期的研究者注重帝王将相的历史，考古发掘和研究集中在少数比较重要的遗址，如吉萨（Giza）、萨卡拉（Saqqara）、底比斯（Thebes）、阿拜多斯（Abydos）等地，对泛滥平原的古代聚落的发掘远远不够。特别是三角洲有几百个古代聚落层积的"丘"，都有待大规模的发掘。

不管是在地理上、政治上还是文化上，埃及都处于一个交叉点。古埃及人自认为处在宇宙的中心，其邻居却并不这么认为。希罗多德提到埃及处于亚洲、欧洲和利比亚的交界处。

在古希腊人、古罗马人的观念中，地中海是中心，周边的文明地区的人们"像蚂蚁和青蛙环绕池塘一样围绕着地中海"繁衍生息（柏拉图）。在希腊化时期的地理学著作中，地中海是世界的中心，其外是边缘——西边是凯尔特人，北边是斯基泰人，东边是印度人，南边是利比亚人。在他们的心目中，埃及是地中海世界的一部分。在布罗代尔的《地中海与菲利普二世时代的地中海世界》、佩里格林·霍登（Peregrine Horden）和尼古拉斯·珀塞尔（Nicholas Purcell）的《堕落之海》中，埃及也是地中海文明圈的一部分，只不过在他们重点讲述的那个时期的历史中，埃及在政治和文化上不是核心，而是边缘化的。[1]

在历史发展的进程中，埃及也是处于交叉点上。从史前开始，埃及就是地中海贸易网络的重要环节。早在约公元前4000年，埃及与东地中海地区就建立了贝壳贸易网络，三角洲东部沿地中海到达叙利亚、迦南等地的贸易路线被称为"荷鲁斯之路"。西奈（Sinai）的铜、黎巴嫩的雪松、阿富汗的青金石等，都是埃及长期需要的交换品。

新王国时期（前1550—前1069）开始，埃及进入帝国时期，成为近东大国之一，在战争与和平的走向上起着举足轻重的作用。公元前1259年，埃及与赫梯（Hittite）签订了和平条约，两国长达半个世纪的和平关系，直接影响到近东的国际局势。

托勒密王朝和罗马统治时期，埃及更是希腊化世界和罗马帝国的重要部分。经济上，亚历山大是地中海地区最大的港口，埃及是罗马帝国最大的粮食供应地。文化上，亚历山大图书馆是古代文化最大的汇集整理中心。埃及成为东西方文化交融的核心地带。

在世界思想史上，埃及文化的影响从没中止过。在古希腊、古罗马世界，埃及有着双重形象：一方面，它是古希腊人眼中的"他者"——希罗多德以观察异文化的视角对埃及的描述，对后世乃至现代学者的研究都产生了深远的影响，比如他对与希腊地区有更多相似性的三角洲的忽略，对孟菲斯到阿斯旺（Aswan）之间的金字塔、神庙等地标性建筑的关注，都给予埃及一个独特的异域形象；另一方面，从希腊-罗马时代开始，埃及又以智慧的源头、神秘主义的故乡而著称。在基督教时代，埃及再次以双面的形象出现。《圣经》传统一方面赋予它负面的压迫者的形象，另一方面也认为埃及是文明的源头。作为艺术的灵感源泉和智慧的象征，一个建构起来的埃及被各个时代的人们消费着。在文艺复兴时期，布鲁诺等人打着复兴古埃及宗教的旗帜对抗罗马教会；在启蒙运动时期，斯宾诺莎也推崇古埃及的宇宙论和自然哲学。

在世界历史的发展进程中，埃及是人类文明的源头之一。它地处地中海文明圈的中心，在这里，诞生了早期的文字、城市、国家，以及古代最发达的来世信仰体系，金字塔与神庙营造的神圣空间，帝王谷与贵族墓展现的恢宏壁画，这些构建了一个永恒的神话；在这里，古希腊文明与古老的东方诸文明经历了复杂的融合过程，多元文化在选择和再造中传承，为后世文明留下了最宝贵的精神财富。

对古典作家而言，古埃及是哲学的发源地，是智慧之源。古埃及人与苏美尔人共同传递着人类思想的最早的火花。他们对一些哲学基本问题的思考，至今看来仍有价值。他们关心的问题范围很广，从存在与死亡到时空的延伸，宇宙、自然、人类的本质，社会的基础和权力的合理性等无所不包；他们对这些问题的思考方式——首先承认自己的答案是不确定的，以可变性和多元性作为其哲学思考的根本，提出"没有单一的答案，所有的事物都是变化的，所有的答案都是暂时的"，尤为可贵。

对古埃及人思想的研究将我们带到人类历史的最早阶段。迄今为止，要想使我们像了解古希腊、古罗马和中世纪欧洲的思想那样熟知古埃及人的思想及其思维方式，还有大量的工作要做。这一方面是由于埃及学还是一个年轻的学科，另一方面是由于过去，尤其是希腊-罗马时期的人们对古埃及存在误解和曲解。

第二节　埃及学的建立与发展

一、埃及热

"埃及热"（Egyptomania）是一个专门术语，特指从古埃及图像中借用最特别的装饰元素，再创作后加以运用，并在这个过程中赋予它们新的含义和生命力，其中最关键的是通过再次使用赋予新的生命力。自罗马帝国时期，埃及热就已经开始，一直持续到现代。埃及热是埃及学诞生的重要条件，也是今天埃及学的重要学科特色之一。并非是埃及的考古发现推动了大众对埃及的喜爱和对埃及元素的使用，而是埃及热催生了埃及学并持续推动着埃及学的发展。[2]

如上所述，自希罗多德开始，欧洲人就开始了对埃及的想象和建构。公元前30年，埃及成为罗马的行省之后，罗马人就不断地把埃及的方尖碑等大型纪念物运回本土。帝国早期的统治者更多地是出于政治宣传的目的来使用这些纪念物的，但2世纪时埃及元素已经成为罗马帝国最有影响力的时尚符号，最典型的是斯芬克司、金字塔、方尖碑等。14—16世纪，罗马教皇对埃及文物的收藏及对埃及元素的使用是在表达埃及是罗马世界的一部分，而不是独立的文化。此时民间收藏古埃及文物大多是出于对异文化的好奇，但也有学者参与收藏和研究，如基歇尔（Athanasius Kircher）就在罗马的私人博物馆中展出了自己收藏的古埃及文物，并发表了关于古埃及文字的著作。[3]

17、18世纪之交，一系列的古物收藏纲要中收入了古埃及的样例，这是从美学角度对古埃及元素进行系统研究的开始。最有代表性的是皮拉内西（Giovanni Battista Piranesi）1769年出版的设计样例，其中的36个例子中有13个是含有埃及元素的。他的原则是集中挑选、恰当调适、系统利用，使得不同的元素和谐地融合在一起。他也是第一个从理论上论述埃及艺术之美的设计师。他认为，埃及雕像不像人们通常所认为的那样僵硬呆板，而是有意以这种形象去配合恢宏庄严的建筑风格。建筑师塔萨姆（Charles Heathcote Tatham）的著作也收入了大量的埃及的例子。他将埃及艺术视为古典艺术的一部分，认为应该结合起来考察。随着人们接触到更多的埃及文物和图像资料，埃及元素的设计水准也大幅提升。托马斯·霍普（Thomas Hope）在其关于室内设计的书中对埃及元素的使用可谓登峰造极。他声称自己以古代纸草画和木乃伊面具为蓝本，创造出一种独特的面部特征，线条柔美，韵味古朴。这些设计师的再创作大大推动了埃及热在民间的流行，也在艺术领域开创了埃及风。他们将古埃及艺术形象进行美化、柔化和古典化处理，去掉其棱角，使之符合那个时代的审美；同时又进行了抽离和简化，打造出充满异国情调的埃及的超级符号系统。因为是建筑师、设计师的再创作，各种埃及元素也被抽离出原来的整体，成为模板，方便其他设计师复制和使用。[4]

这种埃及风格一旦形成，就有很强的延续性，即使考古发现源源不断地提供新的素材，艺术家们依然不进行写实的修正，而是坚持着建构出来的那种形象。艺术家对细节的追求推动后来的考古学家从实践的角度考量细节，他们强调象征感的带入，以融入式的画法使观者身临其境，在领悟美的同时与古人共鸣。这些都对后来埃及学家的研究产生了影响，使得埃及学与大众之间从一开始就没有壁垒和隔阂，大众的参与为学者们提供了更宽广的想象空间，埃及学与大众文化之间形成互补与互相促进的关系，共同推动与古文明的持续"对话"。在19世纪初，瓷器、家具、钟表等使用埃及主题的产品就有上百种。[5]

18世纪末开始，发现和收藏古代艺术品成为帝国崛起和扩张过程中的一种手段和催化剂，对古文明国家的探险成为帝国在文化上扩张的步骤。1798年，拿破仑远征埃及时带了一支175名专家学者组成的"科学艺术考察团"，以及大量的图书和仪器设备。从军事上讲，他的埃及之行不是什么明智之举，但是他令我们想起当年的亚历山大——相同之处不仅是远征的目标、对东方的朦胧梦想，还有对东方文化的迷恋。拿破仑的远征、《罗塞塔石碑》的发现、《埃及记述》等著作的出版，掀起了研究古埃及文化的热潮。随着对《罗塞塔石碑》的成功释读，一个研究古埃及文明的新学科——埃及学诞生了。同时，到埃及探险也成了一时的风尚。沉寂多年的古迹从此不得安宁，学者来探访，冒险家来猎奇寻宝，自古就有的当地盗墓贼忽然发现这一行的黄金时代到来了，纷纷活跃于学者与冒险家之间，兜售从墓中盗来的古物。埃及，从此进入了一个新的时期。伴随着对她古老历史的不断发现，她的珍奇文物也遭受掠夺和蹂躏。

二、对古埃及文字的解读

埃及的象形文字最早出现于公元前3000年左右，一直使用到4世纪，存在时间达三千四百多年。但是，后人对古埃及文字的了解，只是近一个多世纪的事。曾有一千多年的时间，这些美丽的文字在沉寂中无人知晓。在后期埃及，在托勒密王朝和罗马帝国的统治下，埃及本土文化逐渐丧失，象形文字也逐渐被受希腊文影响的科普特语所代替。3世纪后，随着基督教的影响逐步扩大，象形文字也渐渐被人们遗忘。到7世纪，阿拉伯人入侵埃及，把埃及纳入伊斯兰教文化圈中，从此埃及在文化上和地理位置上都与欧洲有了更大的隔阂。

从象形文字失传到19世纪重新成功解读，这十几个世纪里，人们对这种神秘的图画般的文字充满了好奇，也曾有学者对它做过各种各样的解释。

18世纪后，欧洲兴起探索东方文化的热潮，许多学者开始对象形文字的真实含义进行严肃客观的研究。但最初的几十年中，人们普遍认为象形文字是一种图像文字，即画一物代表一物，解读工作因而走入了死胡同。18世纪时借助汉字来释读象形文字的尝试亦告失败，因为这两种文字在书写和语音系统结构方面有着本质区别。

《罗塞塔石碑》被发现后，瑞典外交官约翰·大卫·阿克布拉德（Johan David Åkerblad）做了大量的研究工作，并取得了一定的进展。他的主要贡献是对世俗体象形文字的研究，他辨认出了该文字中的人称代词"f"，但他误认为世俗体是一种纯字母文字，这使他的工作无法取得新进展。

最后，在1822年，法国青年学者商博良（Jean-François Champollion）最终成功破译了象形文字。他以敏锐的观察力注意到，象形文字虽然符号众多，但毕竟是有限的，而且某些符号是有规律地重复出现的，因此它肯定不是纯表意文字。继而他进一步证实象形文字也不是纯粹的表音文字，而是表意文字和表音文字二者的合体。他还发现多数的符号是表音符号。基于这种看法，他首先从人名入手，在《罗塞塔石碑》中找出了"托勒密"一词的世俗体符号，然后找出了相应的象形文字符号。此后他又得到两块在菲莱（Philae）神庙发现的石碑拓本，读出了女王克利奥帕特拉的名字。抓住专有名词这条线索，商博良以相当可观的速度来研究这种文字系统，在他42岁去世前，只留下多辅音符号的问题没有解决，这后来由其后继者普鲁士的莱普修斯（Karl Richard Lepsius）完成。象形文字的成功释读，使人们第一次了解到大量埃及文献的真正内容，同时也激发了大批学者研究古埃及文明的兴趣，因此，商博良宣布释读象形文字成功的日子，成为埃及学这门学科的创立之日。

商博良是埃及学研究的全才，除语言文字之外，他在考古方面也著述甚丰，有包括四卷本《埃及和努比亚的遗迹》在内的几十种著作出版。

三、探险、抢劫与文物保护

象形文字的成功解读，标志着一个新学科——埃及学的诞生，随之而来的"埃及热"也在欧洲持续升温。在涌入埃及的人流中，有学者，也有冒险家、抢劫者，但更多的情况下，是兼具上述几种身份之人。因此，埃及学是门很特殊的学科，从它诞生到发展，一直伴随着探险者、寻宝者的活动，使得它在早期颇具古物收藏业的色彩。而这些早期的文物掠夺者在把大批埃及文物送入欧洲各大博物馆时，也大大激发了民众的兴趣，他们当中的许多人后来用毕生心血研究古埃及。正如下面要介绍的奥古斯特·马里埃特（Auguste Mariette）所说的："埃及'鸭子'是危险动物，咬你一口，你就像中了毒，一辈子陷在埃及学里不能自拔。"因此，埃及学也是一门有广泛群众基础的学科，它获得了大量业余爱好者的关注、帮助和参与，它的研究过程和成果也无时不被这一大批埃及迷所留意。

在19世纪，埃及文物受到了来自内外两方面的严重掠夺和破坏。穆罕默德·阿里的政府提倡埃及现代化，在发展工业、引进外来技术和人才的同时，也导致大批的埃及文物流失和被破坏。只要能得到欧洲进口的机器设备或各种贿赂，埃及总督就签署敕令，同意外国人在当地雇人发掘。驻埃及的欧洲各国的使馆人员成了头号文物贩子。法国驻埃及总领事德罗韦蒂以40万里拉的价格把第一批掠夺来的收藏品卖给了意大利，后收入都灵埃及博物馆。在古埃及文物收藏方面，它是欧洲的第一家，共有藏品1000多件；他的第二批文物以20万法郎的价格卖给了法国，收入卢浮宫。英国驻埃及领事索尔特也把上千件文物卖给了卢浮宫、大英博物馆。他的手下，外号"大力士参孙"的贝尔佐尼最初是到埃及推销自己发明的灌溉设施，遭到拒绝后开始为索尔特搜集、搬运埃及文物。他机械方面的知识虽然有限，却也能雇用一批当地人搬走巨大的拉美西斯二世（Ramesses II）的胸像，运往英国。

当然，也有些探险家做了有益的工作，如莱普修斯。1842—1845年，他在普鲁士国王威廉四世的支持下，组织了远征队到埃及和努比亚考察，出版了十二卷本的《埃及与埃塞俄比亚的文物》。他的《埃及年代记》等著作也有很大的影响。他根据曼尼托（Manetho）的王朝体系提出的古王国、中王国、新

开罗埃及博物馆院中的马里埃特雕像

王国的分期法，至今仍为埃及学界所使用。他搜集的大批文物成为后来的柏林埃及博物馆的基础。

那些没有被掠走的文物和古迹，同样命运多舛。19世纪初，古建筑成了现代人的采石场，在十几年的时间内就有13座神庙永远消失了。卢克索等地的文物买卖市场生意红火，贩卖文物这一古老的行业养活了一大批当地人。因此，抢救和保护古代遗产已迫在眉睫。法国人马里埃特是最早开始这一工作的人。他得到埃及总督塞伊德的支持，创立了第一个国家文物局——埃及文物局，提出种种保护措施，制止掠夺文物的行为。他还在开罗港口布拉克建立了近东第一个国家博物馆，即今天开罗埃及博物馆的前身。凡在埃及发现的文物，必须先送交博物馆。最重要的是，他提出并大力倡导保护埃及古代遗产，反对破坏性发掘。

马里埃特一生中最重大的发现就是找到了孟菲斯的塞拉皮雍（Serapeum）神庙，继而发掘出下面的神牛墓地。1850年，他作为卢浮宫的一名普通工作人员，奉命到埃及搜集科普特文手稿。他看到埋在沙中的斯芬克司像，联想到斯特拉波（Strabo）在描述塞拉皮雍神庙时，提到风沙阻人、道路难走，心中蓦然一亮：沙子下面可能就有一条通往神庙的斯芬克司大道！经过两年多的发掘，141座斯芬克司像和一个庞大的地下神牛墓地显现出来。这个发现改变了马里埃特的命运，使他从此与埃及的考古发掘结下不解之缘。从1857年开始，他在埃及各地组织大规模的发掘，先后发掘过萨卡拉、吉萨、底比斯、阿拜多斯、象岛（Elephantine）、图拉（Tura）、艾什纳（Esna）、麦地奈特·哈布（Medinet Habu）、代尔·巴哈里（Deir el-Bahari）、爱德福（Edfu，又译埃德富——编注）、曼底斯（Mendes）、布巴斯提斯（Bubastis）等地的遗址，共雇用过7000多个当地人。

这样大范围、大规模的发掘不可能做到细致和系统，而且马里埃特的大部分发掘报告都不能及时整理和发表。后来的考古学家，特别是英国学者弗林德斯·皮特里（Flinders Petrie）对此提出尖锐的批评。应该看到，在科学的考古规范尚未建立起来的情况下，当时整个近东地区的发掘普遍存在着严重问题。

马里埃特在发掘的同时，在爱德福、底比斯、阿拜多斯、孟菲斯等地建立起文物管理中心，保管刚出土的文物。1859—1861年在塔尼斯（Tanis）发现的王家雕像、纪念物和王后阿霍泰普的珠宝也名噪一时。1863年，马里埃特在布拉克建立博物馆，1878年，河水泛滥时，他在那里的手稿大部分被毁。马里埃特去世后，他的遗体存放在石棺里，葬在博物馆前面的花园中，后来人们又在那里立起一座雕像纪念他。

马里埃特的继任者马斯伯乐（G. Maspero，又译马伯乐）也是对埃及学做出杰出贡献的学者。他主持发掘了萨卡拉5王朝、6王朝的金字塔，发现并整理出版了最早版本的《金字塔铭文》（Pyramid Texts）。在他的组织下，开罗埃及博物馆的丰富收藏得到整理和编目，各地的发掘工作逐渐有序，卡纳克等地的古建筑也得到定期和系统的清理和保护；马斯伯乐还在埃及文物局中设立了五个监察员，分别负责五个地区的发掘和文物保护工作。他在任期间，调查、打击文物掮客，从古尔纳镇盗墓贼的手中抢救出藏于代尔·巴哈里秘密墓室里的三十多具法老木乃伊。除此之外，马斯伯乐还是著述最多的埃及学家，他所著的《古代东方人民的历史》多次印行，流传甚广。

1881年，埃及文物局取消发掘垄断法令，各国学者更积极地参与到埃及的考古发掘中，各种研究机构也相继出现。马斯伯乐在任时，法国东方考古研究所在开罗成立；1882年，英国的阿梅莉亚·爱德华兹（Amelia B. Edwards）创立了埃及考察基金，1919年改为埃及考察协会，其《埃及考古杂志》是埃及学的权威刊物。

到19世纪末，埃及学已摆脱了早期探险寻宝的阶段，进入一个有计划地科学勘察、抢救、保护、整理文化遗产的阶段。

四、科学考古的时代

在19世纪末和20世纪初，两位埃及考古学的巨匠——弗林德斯·皮特里和乔治·赖斯纳（George Reisner）以其创新的方法为整个学科创立了新的标准。这也是埃及考古史上唯一在理论和方法上走在前沿，为欧洲和美国的发掘树立典范的阶段。他们的职业生涯也非常相似，都得到了女性赞助人的资助（皮特里得到了阿梅莉亚·爱德华兹的资助，而赖斯纳则得到美国慈善家菲比·阿珀森 [Phoebe Apperson] 的资助）。这也反映了有着广泛大众支持的埃及学的学科特色。

皮特里是第一个以严谨的科学方法在埃及进行发掘的考古工作者。他的分层次进行科学记录的发掘技术和"顺序定年法"（简称SD法）不仅对埃及学，对整个考古界也都是划时代的。他的方法和标准一直被后人奉为工作规范。

皮特里是英国人，13岁时，他看到皮亚兹·史密斯（Piazzi Smyth）所著的介绍金字塔的书，萌发了对古埃及的强烈兴趣。他没有接受过正式且系统的学校教育，这在他以后的生涯中既是有利的一面，也是致命的弱点：他在实现自己的目标时能直奔主题，不受陈腐的观念、理论和方法的约束，但同时他也较容易忽略前人那些有价值的成果。皮特里曾在英国考古和史前考古方面受过一定的训练，1872年，他与父亲一起勘察过史前巨石群，从此他对测量产生了浓厚的兴趣。1880—1882 年，他在埃及勘测金字塔；1884—1886 年，他为英国埃及考察基金开展发掘，由于观念的分歧，他与之决裂，从此开始自己独立发掘。1894 年，他创办埃及研究会，1905 年发展为英国埃及考古学校。1896—1905 年，他重新加入埃及考察基金支持的发掘活动，并在其创始人爱德华兹夫人的举荐下，成为英国的第一位埃及学教授，任教于伦敦大学学院。

皮特里一生中发掘过几十处遗址，超过了马里埃特，同时也是发现最多的考古学家，仅列出其中的一小部分，就已相当可观：瑙克拉提斯（Naucratis）城、卡洪城、阿玛尔纳（Tell el-Amarna）的许多珍宝、史前的涅伽达（Naqada）遗址、阿拜多斯的早王朝文物、国王美尼普塔（Merenptah）的《以色列石碑》、拉洪（el-Lahun）城的文物，等等。其中对史前遗址的发掘意义最为重大。

皮特里最大的贡献是将考古学向前推进了一大步，在当时的近东，他的方法和技术都是革命性的。他把富特文格勒（Wilhelm Furtwängler）为彩陶和带装饰的陶器定年的方法作为一种基本手段，并把它的应用推广到所有未定年的史前陶器的鉴定中，此即顺序定年法，其基本原理是把出土的陶器分类、排序，以此为根据确定它们的大致年代。1891 年，他又在学生加纳的协助下，把埃及与希腊同时期的陶器进行比较，首创"同步对照法"（synchronism）。他最重要的观点是：凡是发掘出的文物，不论大小，都是重要的；对所有的出土古物都要进行类型学研究，无论大小，都不忽略。在 19 世纪 80 年代时，各博物馆还不知道如何妥善保存文物，皮特里在这方面对其产生了重要的影响。他通过向博物馆出售文物设立了基金会，由此获得机会接触许多文物，也使他的研究更具独立性。皮特里每年都要举办一次展览，引发公众对埃及学的兴趣，同时也获得了民间的赞助。此外，他还注意培养年青一代的考古学家。

皮特里一生著述甚丰，多达几十种，影响较大的有《考古学的方法和目的》等。他开创了埃及考古的一个新时代，他的观念和方法影响了整整一代人。至此，埃及考古渐渐进入科学、规范的轨道。

与皮特里一样，赖斯纳也特别关注细节，他的开创性在于提倡发掘者要记录所有细节，主张多学科专家在考古现场合作。他还在埃及考古中引入了系统使用截面制图的方法。

1939 年开始，法国考古学家皮埃尔·蒙泰（Pierre Montet）在塔尼斯发现了 21、22 王朝的王陵，以及银棺、金面具、首饰、大理石器具等随葬品。虽然不如图坦卡蒙（Tutankhamun）墓丰富，但也有很高的研究价值。

20 世纪 70 年代，"图坦卡蒙墓随葬品环球展"的举办在美国和日本两度掀起"埃及热"，吸引了更多的人对古埃及产生兴趣。可以说，这次发现正如一百多年前商博良破译象形文字一样影响深远，它把埃及学推向了更广泛的人群。

18 王朝的异端法老埃赫那吞（Akhenaten，即阿蒙荷太普四世 [Amenhotep Ⅳ]）的新都阿玛尔纳的发掘，也是 20 世纪埃及学的重大考古课题。这个遗址的重要性在于它在地层上的单一性，埃赫那吞选择了一片"处女之地"为他的阿吞神（Aten，太阳神，以日轮的形象出现）建都，而在宗教改革失败之后，这里也成为废弃之地。20 世纪初，德国考古队在路德维希·博尔夏特（Ludwig Borchardt）率领下在阿玛尔纳进行考古工作。他们的工作态度非常严谨，留下大量的考古报告和图册，为后来的继续发掘打下了良好的基础。他们清理了多处房舍，发现了许多雕刻品，其中有著名的尼弗尔提提（Nefertiti，又译纳芙蒂蒂）王后胸像。他们的工作由于"二战"的爆发而终止。现在英国和美国的考古队还在阿玛尔纳发掘，英国考古学家巴里·坎普（Barry Kemp）出版了大量的考古报告。阿玛尔纳城是研究古埃及城市和建筑发展的宝贵遗址。

第二次世界大战是一个重要的分水岭："二战"前，埃及考古侧重艺术史和以实物为目的的研究，田野工作侧重宗教和墓葬建筑，忽视了聚落考古和史前考古；"二战"后，开始重视史前史的研究和对法老时期的城镇的发掘，同时越来越重视文物保护，提倡多勘测少发掘。根据大卫·奥康纳（David O'Connor）的统计，1924—1981 年出版的关于聚落考古的著作比之前增加了几乎两倍。1989—1990 年的考古报告中 44.4% 是关于聚落遗存的，而关于墓葬发掘的则急剧减少。

与过去的一百多年相比，今天的埃及学正处在迅速发展和走向成熟的时期，新发现和新成果不断出现。作为一个年轻的学科，它进入了科学化、规范化的轨道，呈现出无限的潜质和生命力，并以加速度进入下一个阶段。新的信息源源不断地开发出来，充实了那些过去鲜为人知的领域。随着考古学的发展和技术的更新，信息的质量也大大提高；新的研究方法的应用，使我们对这些信息的接受、放大和解释更为可信、更有启发性。所有这一切使我们能更具体、更精确、更感性、更现实地重现古埃及的历史和文明，重现法老埃及在人类文明史上的重要性。

进入21世纪，埃及学最大的发展是对科学技术的应用、多学科的合作，更加强调数据收集和分析，取证更加科学化、规范化。在考古资料中，一些之前被认为相对没有研究价值的因素，如土壤和种子，现在可以提供与艺术品和文献同样多的信息。其次，科学技术的运用也使我们从传统的资料当中获得更多的信息，如可以对木乃伊进行各种X光检测，分析其DNA样本，更多地了解人类和动物木乃伊的类型与身份。关于器物起源以及艺术品与工艺品的技术流程问题，也可以通过化学和其他科学的办法明确得到解决。对埃及陶器的研究最先进入科学体系，使用了描述结构的"维也纳系统"、统计取样和其他量化的方法。相对来说，陶器研究较为滞后，但近几十年也有了长足的发展；鉴定岩石则需要很多不同领域的共同研究，我们不仅从形状、大小和装饰这几方面来研究石制器物，还可以研究石材的类型、产地、加工技术等。另一个在21世纪快速发展起来的领域是对法老埃及时期人们饮食的研究，包括面包和啤酒[6]制作、葡萄酒生产以及肉类加工等。通过实验考古学和人类考古学的研究方法，人们也开始研究埃及人技术的其他许多方面。

考古技术方面，近年来的一个进步领域是将地球物理学方法用于勘探史前时代和法老时代的遗址，包括诸如电阻率勘测、质子地磁仪勘测、声波扫描、地质雷达（探地雷达）和热象等技术的使用。实践证明，电阻率勘测特别适用于埃及遗址的勘测。横断电阻率和测磁仪的使用补充了传统的测量技术，使考古学家可以选择有更大发掘潜力的区域，也可以对主要地貌特征进行绘图，而无须挖去掩埋住它们的东西。

埃及学发展至今已门类齐全、分工精细，它的研究正从以下几个方面展开：正在进行的田野工作——考古发掘，铭文抄录，地质学、生态学、地貌学的研究，以及古生物学、人类遗存的研究；未发表和未研究的各种收藏的研究；整理发表过去未及出版的考古报告；编撰新的参考辞书，如字典、百科全书、目录集等。

目前埃及学的主要研究课题有：

——古埃及与其他地区的外交关系和文化交流情况。

——新王国以后埃及社会在文化上的多元性；古埃及文化在希腊－罗马时期和犹太－基督教早期的地位。

——古埃及宗教和宗教文献中的哲学内涵；为什么古埃及宗教艺术是一种表达深奥概念的正规体系？

——早期埃及国家的形成与社会的发展。

——古埃及社会史研究：妇女的地位、文学、管理机制、经济、法律……

——古埃及文学的研究：与古代其他地区的文学的比较研究、古埃及文学在世界文学史上的地位。

——古埃及文字的研究：语法系统和词汇的进一步完善、古埃及文字与其他文字的关系、体现文化交叉和交流的词汇、古埃及文字在语言学中的地位、用语言学的理论研究古埃及文字，其成果又能推动语言学理论的发展。

——古埃及文字系统的本质及它在古埃及文化中的角色。

——古埃及艺术作为政治宣传工具和世界观的具体表述的作用。

——从人类学的角度研究古埃及的宗教和文化习俗。

——历史研究：年代考证、历史地理。

——建立在各学科合作基础上的研究，从古生物学、人口学、人种学、机械学、地质学、医学、动植物遗存学等多种角度展开的研究。

——遗址和遗存的保护。

埃及学自诞生之日起就是一门世界性学科。目前许多国家都建立了埃及学，其中规模较大的是美国、法国、英国、德国，其次是俄罗斯、瑞士、意大利、以色列、波兰、荷兰、埃及。最近几年，南美各国、非洲一些国家以及新西兰、澳大利亚、奥地利、日本、中国的埃及学也发展起来。许多著名的大学都有埃及学系或开设了埃及学的课程，其中实力较强的有芝加哥大学、耶鲁大学、剑桥大学、巴黎大学等。很多国家的博物馆、大学、研究机构都在埃及设有考古队，除主持发掘、进行研究之外，还兼及文化交流，得到了各国政府、各大基金会的重视和经济上的大力赞助。

埃及学有自己的国际会议，叫作"国际埃及学家大会"，原为每三年召开一次，1995年起改为每四年召开一次。现在，更多的人意识到古埃及是世界文化整体的一个重要组成部分。种种因素有力地推动了这种认识的普及，如美国的"多元文化"运动，一些观点新颖但也颇有争议的著作，如马丁·贝尔纳（Martin Bernal）的《黑色雅典娜》，强调古埃及文明对西方文明产生的影响。此外，越来越多其他领域的学者参与到埃及学的研究当中来。埃及学的影响在全球范围内扩大，越来越多的人关注它，不仅为专业研究人员的产生提供了更好的土壤，而且也为该学科的发展获得了更多的外援：人们纷纷为埃及学的研究项目、考古发掘及通俗讲座或节目提供赞助，更有许多志愿者无偿参加在埃及的考古发掘工作或各研究机构的工作。

古埃及的遗产属于全世界。

注 释

[1] Peter Ucko and Timothy Champion (eds.), *The Wisdom of Egypt: changing visions through the ages*, UCL press, 2003, p.3.

[2] Stephanie Moser, "Reconstructing Ancient Worlds: Reception Studies, Archaeological Representation and the Interpretation of Ancient Egypt," *Journal of Archaeological Method and Theory*, Vol. 22, No. 4 (2015), p. 1280.

[3] Ibid., p.1282.

[4] Ibid., pp.1283–1285.

[5] Ibid., p. 1289.

[6] 古埃及的啤酒与今日的概念不同，是一种像粥或浓汤一样的液体，酒精含量不大甚至没有，但营养非常丰富，说它是一种食物比说是酒更为准确。它是古埃及人食品结构中的重要组成部分，是日常生活中不可缺少的饮品。

第二章

古埃及人的地理环境与宇宙观

古埃及文明发源于非洲北部的一片广袤的沙漠地区。尼罗河自南向北从这里流过,留下一条狭长的河谷,这就是古埃及人的家乡,他们将其称为"凯麦特"(Kmt),意即黑土地。与河谷形成鲜明对比的是东西两边红色的沙漠地带,古埃及人将其称为"红土地",由于气候干燥,不能居住,因此被认为是异域和危险之地。河谷与沙漠是古埃及人生活环境的主要组成部分。

虽然地处欧、亚、非三大洲的连接点,古埃及在地理位置上却有相对的孤立性。北边的地中海和东西两边的沙漠构成了河谷流域的天然屏障,使得对外联系相对困难。古埃及人主要是向南与努比亚,向东北通过西奈半岛与叙利亚、巴勒斯坦和两河流域发生联系。

这种地理上的相对孤立性对古埃及文明的发展产生了重要影响。沙漠屏障对大规模的民族迁徙和入侵起着阻隔作用,使得古埃及社会有一个相对稳定的政局。在第二中间期(前1650—前1550)之前,埃及一直保持着独立,这对经济发展和文化繁荣都有积极的促进作用,也使文化传统有着更大的延续性,但这并不意味着古埃及是闭塞的,其文化是千年不变的。相反地,正是在与其他文明的相互交流中,古埃及文明不断吸收着新鲜的血液,维持着自己的活力。古埃及与努比亚、叙利亚、巴勒斯坦及两河流域一直有着密切的联系和交流,并对这些地区的文化发展产生了重要影响。同时,古埃及文明也向地中海地区传播,爱琴文明就是在吸收埃及和西亚等地的文明成果的基础上发展起来的;古埃及的遗物不断在塞浦路斯、提洛(Delos)、锡拉(Thera)等地被发现。尼罗河谷周围的自然屏障并没有隔绝古埃及与外界的交往,而是起着"过滤

纸板棺底部的亚洲人和努比亚人，约公元前
1000年，都灵埃及博物馆藏

假发，从图特摩斯三世的王后在底比斯
西岸的墓中出土，18 王朝

器"的作用，对外来因素进行缓冲处理，然后再逐渐吸收进来，这正是古埃及文明的特色及其生命力之所在。

虽然少有大规模的民族迁徙，古埃及的居民却并非一个单纯的民族，而是北非当地土著与周边地区的其他民族不断融合的结果。从早王朝（约前3000—前2686）时期起，两河流域就与埃及发生联系；喜克索斯人（Hyksos）入侵埃及后，西亚移居埃及的人日渐增多；而进入帝国时期后，埃及在近东地区霸主地位的确立，争霸战争的频繁胜利，更使大量来自叙利亚、巴勒斯坦和两河流域的战俘流入埃及。除西亚之外，周围的游牧民族也与古埃及有着千丝万缕的联系。特别是西部沙漠中的利比亚人，在古埃及史上起过非常重要的作用。利比亚人有五个部族，太赫农（Tehenu）、太迈胡（Temehu）两支早在 5 王朝时就居住在三角洲西部的绿洲中，臣服于古王国的统治，充当埃及人

描绘外族人的彩釉，见于拉美西斯三世在底比斯西岸的宫殿，20 王朝

的猎手和雇佣兵；三角洲西北的黎部（Libu，又译利布——编注）、迈什维什族（Meshwesh，又译美什维什）在 19、20 王朝时开始入侵埃及，被国王们击败后，被安置在划定的居住圈内进行教化。然而，他们并没有被驯化，仍旧保持着自己的传统，并逐渐成为埃及军队的主要力量，势力日增，并最终在埃及建立起自己的统治——22 王朝。

东部沙漠游牧部落对埃及的侵扰始于 12 王朝，其中影响最大的是麦加族（Medjay），他们与现代拜加族是近亲，后来主要定居在努比亚北部的尼罗河东部边缘。他们从公元前 3000 年开始就出现在古埃及人的生活中，从 6 王朝起，他们越来越多地受雇于军队和警察机构，并逐渐成为主力，以至于后来"Medjay"竟成了"警察"一词的代名词。公元前 1800 年后，他们开始了对河谷地区近三个世纪的渗透。

根据考古学家的研究，古埃及南方和北方的居民在外貌上有差别，南方居民更接近于非洲土著。

尼罗河谷是在北非气候转暖之后才成为人们的定居之处的。史前时期，北非还是气候湿润、雨水充足的地方，后来成为沙漠的尼罗河西部地区在那时还是水草肥美的平原，早期人类就在这里活动，而尼罗河谷却是蚊虫滋生，没有人烟。从公元前 5000—公元前 4000 年起，气候转暖，史前人生活的平原地区日渐干燥，成为无法居住的沙漠，而原来潮湿的河谷地带则成了人们理想的家园。从这时起，埃及的气候成为亚热带大陆性半干燥型，雨量少，昼夜温差大。一般来说，年降雨量在50—100毫升。南部地区的年平均温度是8℃—51℃，北部是11℃—41℃。在这种气候下，农业灌溉必须靠河流提供水源。

第一节　水的原始颂歌

"埃及是尼罗河的赠礼"这句话高度概括了尼罗河对古埃及文明的重要意义。可以说，在这片干燥少雨的北非沙漠地区，如果没有尼罗河，就不会有埃及这个农业发达的文明古国。

发源于非洲中部维多利亚湖的白尼罗河是尼罗河的源头。它自南向北流经苏丹境内时，又接纳了两条源于埃塞俄比亚的支流：青尼罗河和阿特巴拉（Atbara）河。这三条河中，白尼罗河的流量最稳，它在非泛滥期能提供80%的水量，而在泛滥期只能提供10%，另外的90%是由青尼罗河和阿特巴拉河提供的，因为每年夏季它们都吸收非洲中部的大量季雨，水量大增，可是在季雨过后的非泛滥期，它们就只能提供20%的水量。

尼罗河全长6670多公里，在埃及境内有1200多公里，流域面积约334.9万平方公里，河宽平均800—1000米，河深10—12米。流经开罗附近时分为五条支流[1]，呈放射状流入地中海。古埃及人称这个扇形的三角洲为"下埃及"，它直线长约200公里，最宽处达250公里，今日三角洲占埃及可耕地的三分之二。因为三角洲的形状很像倒过来的希腊字母Δ，古希腊人称之为"德尔塔"（Δ）。三角洲东部有很多被称为"龟背"的低丘，这些低丘在尼罗河泛滥时不会被淹没，很多前王朝时期（前5300—前3000）的村落和墓地就建在低丘的斜坡上。在古代，尼罗河和三角洲交界之处距离都城孟菲斯很近，现在它距离首都开罗有23公里之远。

开罗以南的河谷地带直线长约700公里，地形狭窄，宽度从10公里到20公里不等，古埃及人称之为"上埃及"。实际上这个地区还可以阿斯尤特（Asyut，又译艾斯尤特）为界分为南北两部分，因为尼罗河在阿斯尤特附近又分出一个叫巴尔·约瑟夫（Bahr Yusef）的支流，它与尼罗河平行北流，流入法雍（Fayum，又译法尤姆）地区后成为摩里斯（Moeris）湖的水源。一般把阿斯尤特以北、三角洲以南的地区称为"中埃及"。这个地区以法雍为中心，在史前时期曾有广袤的湖区和沼泽地，从后来当地人对鳄鱼的普遍崇拜来看，当时这里很可能有大量的鳄鱼。后来湖区逐渐缩小，并在南部出现狭窄的可耕地。中王国时期（前2055—前1650）的国王们曾在这里组织大规模的沼泽排水工程，开垦了大量荒地，并安置居民。在托勒密时期（前332—前30），这里的荒地得到进一步的开垦，成为人口稠密的经济发达地区。

古埃及的国王自称"上下埃及之王"，这个称号反映了河谷与三角洲在地理上的差别。至于是否真的存在过上埃及与下埃及两个独立的王国，以及它们如何完成了统一，仍然是埃及学界有争议的问题。

尼罗河的定期泛滥为河谷带来了大量的沃土，使之成为古代农民的乐园。每年的7月，由于吸收了非洲中部丰富的季雨，尼罗河的水位逐渐升高，并溢出河床，流向河谷，到9月泛滥达到高潮时，整个河谷都淹没在水中，正如古代地理学家斯特拉波所描绘的："除了人们的居住地——那些坐落在自然形成的山和人为高地上的规模可观的城市和村庄外，整个国家都淹没在水中，成为一个湖，而远远望去，那些城市和村庄就像湖中的岛屿。"[2] 河水退后，留下一层淤泥，这些从上游冲积下来的淤泥富含磷酸盐和腐殖质，是农作物生长的沃土。河水在大多数时候都定期泛滥，及时带来这种天然化肥，使得这个地区的农业发展有了得天独厚的条件。泛滥季结束后，农民只需将种子撒在潮湿、肥沃的土地上，就可以静等来年收获季节的到来。

尼罗河不仅为农业提供了良好的条件，而且保障了这种条件的持续，即避免了困扰两河地区的土壤盐碱化问题。收获之后，随之而来的是几个月的干旱，使水涝和土壤盐碱化得以避免。此外，由于淤泥的沉淀，河两岸地面增高，因此泛滥时河水不是冲出堤岸，而是缓缓地通过河渠蔓延出去，在这个过程中，在两岸的旧河道和低地形成许多大大小小的蓄水池塘。在进入减水期以后，池塘中的河水倒流出来，一方面使得土地更加充分地吸收水分，并且可以把周围土地中由于泛滥而产生的盐分冲掉，另一方面又可补充灌溉，在河谷逐渐干旱起来时及时提供灌溉水源。

门纳（Menna）墓中的捕鱼图，18 王朝，开罗埃及博物馆藏

古埃及人将一年分为三个季节：泛滥季（7月—10月）、生长季（11月—2月）、干旱季（3月—6月），这充分说明尼罗河的自然变化与农业生产的节奏是互相协调的。古埃及的农业有很大的自然性，由于很少有因水位低而引起的坏年景，人们满足于"靠天吃饭"，因此农业技术长期落后于同时期的两河流域。埃及直到18王朝才出现一种很简单的灌溉工具——"沙杜夫"（shaduf），而此前一直使用原始的"池塘灌溉法"。

当然，尼罗河也并非总是驯顺的，偶尔也会由于泛滥开始得过早或过晚，以及水位的偏高偏低，给农业生产带来不利的影响。如果水位偏低，泛滥时只能灌溉一部分地区，会引起干旱；相反，水量过大，到了减水期，耕地的河水不能及时排干，就会影响到农作物的播种。因此，古埃及人非常重视对尼罗河水位的测定，以此来预测农业收成的好坏。

早王朝时期和古王国时期（前2686—前2160）共留下了11位国王在位时的63次尼罗河泛滥的记录。从记录中可以看出，这段时期尼罗河水位总体呈现逐渐下降的趋势，在1王朝末和2王朝初尤为明显。1王朝以后，尼罗河水量减少了约30%。此后在古王国时期一直呈现

沼泽捕鸟，内巴蒙（Nebamun）之墓，18王朝，大英博物馆藏

低水位的状态，直到中王国时期。此间的第一中间期和中王国早期，有一系列的尼罗河低水位的记载，出现了水位过低引起的灾年，是八个世纪以来自然灾害的最顶点。这很可能是当时出现经济危机、国家分裂的重要原因之一。

此后，从中王国后期开始，在努比亚发现的尼罗河水位记载中，有28次高水位的记载。较高水位的泛滥给农业带来了一个较好的环境，但偶尔的水位过高同样也会造成灾害。六七个世纪以后，在拉美西斯三世在位期间，这种水量充足的局面突然结束。在公元前1200年左右，在三角洲东部，尼罗河的支流培鲁萨克（Pelusiac）排水量减少，导致都城"拉美西斯之城"（即阿瓦利斯[Avaris]）的废弃和新都塔尼斯的启用。

公元前9世纪、公元前7世纪都有水位过高的记载，而公元前5世纪和公元1世纪的尼罗河泛滥情况则异常理想。

如上所述，尼罗河赠给古埃及人的不仅是肥沃的农田，还有许多大大小小的沼泽地，这儿的野生动植物是古埃及人重要的食物来源。虽然农业是古埃及社会的经济基础，但自然采集的重要性仍不可忽视，尤其是在公元前1300年之前的时期。有的埃及学家甚至认为古埃及在某种程度上仍停留在食物采集的阶段上。沼泽地中盛产纸草和芦苇，这两种植物有广泛的用途，尤其是纸草，

射杀河马，卡格姆尼（Kagemni）之墓，6 王朝，萨卡拉

不仅可用来做书写原料、织布、编席，还可以入食。尼罗河是候鸟过冬的好地方，因此沼泽地里栖息着各种各样的鸟类，与水中的鱼类相映成趣，而它们又是食肉动物的佳肴。捕鱼、捉鸟、射杀河马是古埃及壁画中常见的主题。考古资料证明，鸟类和鱼类是当时中下层人民的重要食物来源。通常，人们把捕获的鸟和鱼用盐浸泡并储存起来，常年食用。最常见的鱼类是鲇鱼、罗非鱼和鲈鱼，主要的禽类是鸡、鸭、鹅等。此外，带着妻妾、仆从、宠物驾船捕猎也是上层贵族所喜爱的娱乐活动。在他们的墓室壁画中，泛舟射猎是理想生活的重要场景，而许多浪漫的情诗也以沼泽中的风景为铺衬。

尼罗河还是古埃及最重要的交通大动脉，古代最发达的"高速公路"。在泛滥季，从底比斯到孟菲斯顺流而下只需要两个星期（约 885 公里），此时的水深 7.5—10 米，而在干旱季，同样的水程则需要两个月。在麦里姆达·贝尼-萨拉玛（Merimda Beni-Salama）发现了约公元前 5000 年的泥制船模型。公元前 4000 年，已经有了多桨的船。在涅伽达二期（前 3500—前 3200），埃及人已经开始制造木船。根据岩画上的图像，此时有的船已经长达 15 米，可以载 32 人。宾夕法尼亚大学考古队在阿拜多斯发现的 1 王朝的 12 条太阳船，有 15—18 米长，而在 4 王朝胡夫（khufu）的太阳船中，最大的一条则长达 43.8 米。2021 年 8 月，该船以隆重的仪式从胡夫金字塔旁边的太阳船博物馆迁入新建成的大博物馆。

卡（Kha）之墓出土的食物，18王朝，底比斯

尼罗河也是古埃及政治和文化的大一统能很早完成、长期延续的重要条件。由于交通便利，中央对地方的掌控及文化上的统一更为顺畅。自5王朝开始，埃及的大船已经开始远达非洲的索马里，远程贸易成为经济生活的重要部分。孟菲斯、麦地奈特·哈布、塔尼斯等都是重要的港口。三角洲东部的尼罗河支流是埃及与西亚联系的重要枢纽。公元前7世纪，尼科二世（Nekau II）修建了连接尼罗河和红海的运河。

对古代尼罗河谷各州[3]人口密度进行估算后，可以看出在南端和北端的狭窄平原地带人口相对密集。而在较宽阔的泛滥平原交叉地区，人口相对稀少。在中王国时期以前，人口的扩散还仅限于州的范围内。到了新王国时期，随着政府重新安置军人和商人，以及更多居民自愿从人口密集、地域狭小的南部各州向外迁徙，阿拜多斯以北的泛滥平原的居民才逐渐增多，这一过程直到科普特时期才最终完成。法雍地区是个例外，早在中王国时期就在这里进行了排干湖水、开垦荒地的尝试，并出现了第一批移民。到托勒密时期，湖水被进一步排干，湖面大大缩小，一个大规模的、高效的放射状灌溉系统建立起来，形成了大片肥沃的可耕地。

在三角洲，人口扩散的结果是一系列发达农业区的逐步形成，在古王国时期于南部和中部出现，在拉美西斯时期于沙漠边缘和与亚洲接界处出现，在托勒密时期于北部沼泽和海岸地区出现。三角洲地区每一次耕地的扩大及相应的农业发展都会导致人口倍增,直到希腊化时期全国人口的中心从尼罗河谷转移到这里。

古埃及人的主要农作物是大麦、小麦,他们以此制作饼和啤酒,在啤酒中加入调味品、蜂蜜或者椰枣,主要的蔬菜是蚕豆、鹰嘴豆、豌豆、莴苣、黄瓜、韭葱、洋葱、萝卜等,主要的水果是椰枣、无花果、石榴、葡萄等,食用油主要是亚麻籽油、蓖麻油,托勒密时期以后有了芝麻油。

第二节 "红土地"的宝藏

古埃及气候的逐渐干燥对周围的沙漠地区产生了重要影响。干旱化的过程有两个较大的转折点:一次是约公元前 2900 年,即史前时期的后期,埃及的降雨量锐减;一次是中王国初期,雨量变得更为稀少。

气候变化对埃及的沙漠居民产生了直接影响。孟菲斯以南的地区,在中王国之后,由于雨量锐减,沙漠游牧部落的自然资源和人口数量大大减少。同时,尼罗河谷地区与红海及利比亚绿洲之间的交通更为困难,河谷居民在沙漠中的季节性狩猎活动也大大减少。可能与此相关的,是史前时期的一些居民点也渐渐被废弃,如赫拉康波里斯(Hieraconpolis)、阿曼特(Armant)、涅伽达南镇、阿拜多斯、玛哈纳(Mahalla)等。

气候变化也是沙漠居民迁徙的主要原因,如公元前 2050 年左右,利比亚南部沙漠绿洲的居民的迁徙,特别是被称作 "C 部人"(C-Group)的利比亚沙漠居民在努比亚北部的定居。他们在 6 王朝末年开始居住在努比亚北部中心区的尼罗河西岸,到第一中间期时开始向北蔓延,越过阿斯旺,占据了哈尔法干河谷(Wadi Halfa)以南的河谷两岸。因此,埃及在利比亚绿洲地区的管理活动既是保护商路,也是为了防止沙漠部落的入侵。在古王国时期,埃及政府就频繁地抵御沙漠民族的侵扰,到拉美西斯二世之后,这种侵扰和渗透更是没有休止。

虽然气候变化使埃及与东部沙漠和西奈半岛在地理上更为隔绝,但出于对那里的矿产资源的需要,埃及与它们的冲突却增多了。古埃及人将沙漠视为"异域"以及"死亡之地",但那里的丰富的宝藏却是种极大的诱惑。沙漠有大量的野生动物，富产石材、矿产，吸引着埃及人不断前往狩猎和采矿。从古代采石队在岩石上留下的文字和他们使用过的井、泉的数量判断，其人数常在几千人以上。

东部沙漠（即尼罗河到红海之间的地区）与埃及人的生活关联较之西部沙漠要更密切。这里山脉绵延，沟壑纵横，有古代著名的采石场，富产石英岩、硬砂岩、灰花岗岩、斑岩、雪花石、紫石英等，这里还富藏各种矿石，如铜、铁、铅等。南部靠近努比亚的地区是重要的金矿所在地，而东北的西奈半岛更是重要的绿松石、孔雀石及铜的产地。东部沙漠中还有三条通向红海的重要通道，是古埃及人与红海地区贸易和采矿的必经之地。

西部沙漠地势相对平坦，分布着三群绿洲，自西北向东南分别为"利比亚绿洲"（由法拉夫拉 [Farafra] 绿洲、巴赫里亚 [Bahariya] 绿洲、锡瓦 [Siwa] 绿洲组成）、法雍绿洲、"埃及绿洲"（由哈噶 [Kharga] 绿洲、达赫拉 [Dakhla] 绿洲组成）。这里盛产各种矿石，如三角洲南部"泡碱"干河谷的泡碱，法雍绿洲的石膏，南部绿洲的明矾，接近努比亚地区的铜等。其中泡碱的作用尤其重要，它是制作木乃伊和玻璃器皿的重要材料。绿洲之外的山区也是许多宝石的产区，最常见的是水晶石。此外，这里也出产陶土。

然而，对古埃及历史产生最深远影响的还是沙漠中丰富的金矿。金矿的两大主要分布区，一是东部沙漠的山区和干河谷，一是后来成为埃及统治地区的努比亚。在小亚西部的金矿被发现之前，埃及是古代世界最大的产金国，因此黄金对古埃及文化和历史发展的意义不容低估。在新王国末期以前的几千年中，它是埃及占主导地位的商贸资源，正如中世纪末期羊毛之于英格兰一样。古埃及人用黄金换取本国缺乏的资源，如木材、铜、铁、香料、象牙、油等。此外，在新王国时期（即帝国时期），黄金还是重要的外交赠品，法老们或者用黄金与当时的近东强国结好，或者用黄金收买、拉拢叙利亚、巴勒斯坦那些见风使舵的小国，以至于当时的外交书信中，凡致书埃及法老的，必提及黄金，有学者称之为"黄金外交"。18 王朝以后，黄金资源渐渐开采殆尽，帝国的黄金时代也随之成为过去。后期埃及的对外贸易中，粮食逐渐代替黄金成为主要出口产品。在托勒密和罗马统治时期，统治者采取"竭泽而渔"的高压赋税政

卡纳克神庙

策，大量征集埃及的粮食满足帝国其他地区的需求，最终导致埃及经济的衰竭。古埃及人开采黄金的活动范围之广、规模之大、次数之多，可通过下面这个事实得到证明：在20世纪，人们曾企图寻找埃及未被发现的或未被开采完的金矿，结果一无所获。据学者统计，新王国时期埃及黄金的年产量为1000磅，这在今天虽不是大数目，但对埃及帝国来说，却足以证明一个近东强国的经济实力。

　　在沙漠中狩猎是古埃及人生活中重要的一部分。沙漠中的绿洲在当时是野兽出没的地方，常见的有狮子、瞪羚、鬣狗等。不仅绿洲中有许多野生动物，沙漠和山区也是人们捕猎鸵鸟、野驴等的好去处。考古资料证明，在公元前1300年以前，古埃及人一直在大规模地捕猎这些野生动物，并把它们作为重要的食物来源之一。在沙漠中狩猎也是古埃及人非常喜爱的娱乐活动。当时的贵族通常雇用沙漠部落的猎手陪伴自己，他们身着游牧部落的服装，持箭佩刀，带着猎狗，在沙漠中奔跑射猎。在新王国时期，狩猎更成为国王们展示自己勇武体魄的最好方式，我们常常看到文献中记载他们"在短短的时间中射杀了几百头狮子"之类的吹嘘之言。

从古埃及动植物品种的变化可以看出人们狩猎活动的频繁。从 1 王朝末期到 4 王朝初期，大象、犀牛、长颈鹿、瞪羚等从阿斯旺以北的尼罗河谷和红海山区消失了，其活动范围逐渐局限在努比亚地区的尼罗河谷边缘，以及撒哈拉沙漠南部的季雨林带，长颈鹿则退隐到非洲东部平原。同时，骆驼也在非洲北部灭绝了，野生的绵羊、狮子和豹的数量也越来越稀少。虽然现在还不能完全确定这是人们狩猎的结果，但这些动物在尼罗河谷这样适宜它们生存的环境中消失，最大的可能是人们狩猎活动的频繁和驯化动物的普及。

第二阶段的变化发生在 6—11 王朝期间，曲角羚羊、野生山羊和牛逐渐稀少。从中王国和新王国时期的壁画中可以看出，沙漠狩猎的主要对象是羚羊之类的动物。在此，环境的变化起到了一定的作用，但总体来说，有史以来埃及沙漠土壤的形成和侵蚀之间的平衡情况与今天的大致一样，因此部分动物的灭绝主要应归因于人类的狩猎活动。

对沙漠中各种矿产、石料的开采，是古埃及经济生活的重要环节。没有积极开发"异域之地"的愿望和勇气，也就不会有吉萨大金字塔、卡纳克神庙等建筑史上的奇迹和令后世赞叹不已的艺术成就。

总之，河谷与沙漠共同构成了古埃及文明发展的摇篮，二者相辅相成，在古埃及独具特色的文明特征的形成过程中，起到了重要作用。古埃及人的"二元对称""均衡""和谐""秩序"等观念的产生，与这种特殊的地理环境有着密切的关系。

第三节　治水与专制

早在约公元前 12500 年时，在上埃及和努比亚的旧石器文化遗址中就已经有集中采集活动的确凿证据，如野生农作物的收割和碾磨等。尽管旧石器时代以后的考古发现没有为我们提供直接的证据，但很可能在公元前 5000 年以前埃及本土就已有驯化动植物的尝试，而且这种尝试一直延续到古王国时期。同时，很可能由于自然条件的关系，尼罗河平原上种类繁多的狩猎和采集活动

门纳墓中的耕作图，18王朝，开罗埃及博物馆藏

长期延续下来，为人们提供了重要的食物来源，这使得外来的动植物品种在约公元前5200年之前一直受到"抵制"，未能在埃及广泛传播，只是在此后的漫长岁月中才逐渐被部分接受，结果使得埃及早期的物质生产方式具有了多样化的特色。一方面，捕猎野生动物远比种植大麦、小麦和亚麻更为重要，人们在很大程度上仍依赖捕鱼、猎禽和捕获各种巨兽——如狮子、豹等为生；另一方面，农业有着多种渠道的起源和传播，而且彼此之间保持着较大的独立性。

约在公元前5000年时，以食物生产为主的生活方式首先在北部埃及出现，这有几种可能的解释：一是自然发展说，即农业在尼罗河谷自然发展起来；一是外来说，即通过外来移民接受先进地区传播来的农业知识等。几种可能的传播方向是：从西奈半岛或红海与亚洲西南的连接处；西部沙漠或平原；南部的苏丹。

在前王朝时期晚期，埃及的农业经历了一个漫长而复杂的演化过程，最终要适应尼罗河地区环境的特殊性，以夏季为泛滥期，以秋季和冬季为生长期。如上所述，早期的农业包含了非洲和亚洲的多种经济和文化传统。较晚些时候的法雍A和哈图姆遗址中都发现了很明显的打猎、捕鱼、采集的痕迹，说明这是一种已经适应了河谷及绿洲地区地貌的模式，与尼罗河谷较早些时候出现的若干遗址有很多相似之处。许多被驯化的动物可能都不是新品种，新的变化是对生产食物这样一种生活方式的强调，即以此为主导。打猎、捕鱼、采集等活动的长期存在，以及旧石器时期以前的技术在上埃及和努比亚地区的延续使用，都说明新的经济模式是逐渐而缓慢地经过了一千年或更久的时间才建立起来的，而并非是戏剧化地骤然出现的。

早在 1 王朝时，埃及就已出现了人工灌溉设施，如控制排水进水的闸门、纵横交错的引水渠道等，但是埃及的水利灌溉在法老时期一直是地方性的，而且技术上也比同时期的其他地区落后。一个有力的证据就是法老时期关于水利灌溉的文献很少，关于灌溉技术、汲水设施、劳力分配等的信息微乎其微。

造成这种现象的主要原因有两个。一方面是由于大量自然盆地的存在，古埃及人主要是采取"池塘灌溉法"。在上埃及南部及稍北一些，位于尼罗河东岸的较小的泛滥盆地中，控制灌溉最为容易，而在较大的盆地中则较为困难，要求更多的人力劳动和更高的技术。

烹饪图，凯提（Keti）之墓的壁画，13 王朝，伊纳斯亚·麦迪纳（Ihnasya el-Medina）

另一方面，尼罗河的泛滥平原是属于"凸状"的，地势呈南北方向缓慢倾斜，因而不适合像美索不达米亚地区那样开凿低于河面的放射状渠道，形成大规模的灌溉网。只有法雍地区例外，那里在托勒密时期首先出现了复杂的灌溉网，特别是在法雍的拉洪地区建造的调节水闸，把摩里斯湖的水位控制在 –5 米以下。这一灌溉和开垦工程使得法雍地区的可耕地增加了三倍，达 1300 平方公里，但是在尼罗河谷和三角洲，直到 19 世纪才具备了大规模的四季灌溉的技术，"盆地灌溉法"才停止使用。真正的运河开凿工程始于 1843 年，人们建造了一系列的拦河坝为扩展运河提供必要的水量。

法老时期灌溉技术的发展受到两方面的限制：一是适当的汲水工具出现较晚；一是不能解决低水渠的修筑问题，当时主要解决的是高水渠的开凿，即人为地加高自然冲积堤，扩大、疏通自然分水渠，以堤坝和调节水闸来控制水量等。

古王国时期，主要是用篮子人工汲水，中王国时期有了和篮子连在一起的肩搭，直到新王国的阿玛尔纳时期才出现了最早的桔槔——沙杜夫，使用这种工具时，盛水的容器能达到约 1 米的高度。直到波斯或托勒密时期，才出现了用动物牵引的水车——沙奇亚，这种工具能大量汲水，汲水高度能达到 3.5 米。直到公元后沙奇亚才传到努比亚地区。

因为沙杜夫汲水的方法只适用于地方规模，所以法老时期的农作物只有一季，也就是说，在冬季收获大麦、小麦和亚麻之后，再没有种植夏季作物的记载，也没有泛滥季节在高地和低地上靠灌溉种植农作物的记载。

法老时期埃及的灌溉活动主要是地方政府组织的，而非全国性的。中央政府对地方的控制，主要是通过税收和产量预测之间的关系体现出来的，也就是说，通过对尼罗河水位的测定来估计年产量。古王国以后三角洲的发展，以及中王国和托勒密二世时期在法雍地区的垦荒活动，都应被视为政府为了赋税收入开发边远、落后地区，以维持或奖励国内的军事贵族并安置雇佣军和商人的尝试。法老时期的灌溉是区域性的，采用中央管理既不实际也缺乏动机。灌溉的规模也是有限的。除了一些园林的需要，灌溉主要是为了提高冬季作物的产量，减少尼罗河泛滥带来的不利影响，保证居民和农田不受泛滥的破坏。从长远的眼光来看，这种灌溉工程并不能解决大的自然灾害，如干旱和洪水，也不能解决河水逐年缓慢减少带来的问题。

早王朝时期埃及就已经存在着多种形态的经济结构，古王国时期的大量文献资料更证明城镇地区有着复杂的社会阶层。但是，美索不达米亚地区的发展模式并没有在埃及出现。这种模式的具体过程是人口的迅速增长、膨胀导致水利方面竞争激烈，劳动生产率提高，灌溉设施增强，从而使得劳动分工更为精细、社会等级差别更大，最终导致国家的产生。

在埃及，从未出现大规模的争夺水源的冲突，即使有，也仅限于地方范围，因为在一个自然盆地中，无论怎样用水都不会影响到下游盆地与尼罗河的连通。相反地，在放射状的灌溉系统中，水的输入要通过对每个分支的人工调控来完成，因此留下许多潜在的纷争因素。在埃及的泛滥平原和三角洲，从本质上讲，水利合作限于泛滥盆地的范围内，一般是围绕维持和有效开发人工盆地的活动。法老时期的埃及没有留下治水方面的文献，证明当时的灌溉并非复杂的工程，基本是由各地的地方政府组织的。古埃及其他方面的各项法律条文都随着社会经济的发展而不断更改，人们却没有发现任何有关水利方面的法律规定的文字资料，这证明水利法是沿用古老的、不成文的习惯法。进一步说，这些习惯法在史前时期，即统一的中央集权出现之前就已经形成了，然而在以后的几千年中却没有任何改变。

总之，古埃及控制泛滥和管理灌溉一直停留在地方一级的规模和层次上，组织盆地区各村的壮年劳动力来进行。古埃及的大多数居民始终在乡村和小镇过着传统的田园生活，而不像美索不达米亚那样，随着文明的发展，大量农村人口进入城市。即使是中世纪马穆鲁克（Mameluke）王朝时期的埃及农村，也是以盆地灌溉为基础的，劳动者和其他社会等级之间的差别非常微小。对四季灌溉的商品作物的需求使得一部分农村居民能从事新的经济生产，并以此与其他人区别开来，形成一定的社会差别。这使得农村公社作为一个统一的社会单位而面临的各种问题得以解决。

尽管古王国时期的埃及从政治结构上说是高度中央集权的，但其社会的基础结构，至少在上埃及，仍保持着更为传统的形态，即由中央政府间接和直接委派代理管理各地事务，协调都城和各地农村公社之间的关系。对已发现的古王国时期的大量官员头衔进行研究后发现，当时并没有一个系统的官僚组织统一管理全国各地的水利灌溉事务，这些主要都由地方各自管理，至少在中王国时期开发法雍地区之前是这样的。因此，在古埃及，一个高度发达、完善的官僚机构是在各种社会推动力之下逐渐建立起来的。换句话说，治水农业与法老的政治和社会结构之间没有直接的因果关系。

第四节　古埃及人的宇宙观：神圣时空的建构

对远古的埃及人来说，太阳和尼罗河是生活中至关重要的两个因素。一年的时间是根据尼罗河的规律来划分的，尼罗河的源头是南方，北极星所在的是北方；日出之处是东方，日落之处是西方。最早的宇宙想象由此展开。古

尼罗河神形象的国王阿蒙涅姆赫特三世，12王朝，开罗埃及博物馆藏

河马女神塔乌瑞特，26王朝，开罗埃及博物馆藏

埃及人想象的尼罗河神是大腹便便的男子形象，头顶纸草，象征着尼罗河带来的丰产。他们认为尼罗河的源头在冥界，与那里的地下之水连接，每年7月，源头之水在第一瀑布区的岩石区涌现。此外，古埃及人还想象创造神赫努姆（Khnum）用尼罗河淤泥在陶轮上创造了人类。他的配偶是头顶上埃及王冠和瞪羚角的萨提斯（Satis），她与阿努凯特（Anuket）一起为人们带来纯净的冷水。水生的蝌蚪女神赫凯特（Heket）、河马女神塔乌瑞特（Tawaret）则被认为是孕妇和儿童的保护神。

在古埃及人眼中，尼罗河与天空的颜色是相似的，白天是蓝色，夜晚是黑色，他们由此想象天空也是一片水域，通过空气层与圆形的大地隔开。太阳神在船上穿行天空，白天照耀人世，夜晚进入一片黑暗区域"杜阿特"（duat），在大地之下，与白天的世界对应。整个世界由天空、大地、杜阿特三个部分构成，外面则是无尽的黑暗。

这种对宇宙的想象在阿拜多斯塞提一世（Seti I）神庙后面的奥赛里翁（Osireion，即奥塞里斯 [Osiris] 之假墓）和拉美西斯四世在帝王谷的墓中都有具体的描绘。这两处的墓室天花板都以成对的天空女神努特（Nut）的浮雕装饰，即两个努特的形象背对背构成对称的两个部分。浮雕的画面不仅表现太阳的行程，也有旬星等其他天体的轨迹。努特的身躯呈拱形，头在右边，脚在左边，身躯下面是空气神

"舒"（Shu）张开双臂托举着努特。天空女神的嘴边有个带翼的日轮，旁边榜题是"西方地平线"，女神的胯间写着"东方地平线"，脚面上是一个日轮，而这个日轮前方不远处又是一个小一些的日轮，从小日轮开始，有一条水平方向的波浪线。女神膝盖前方是一个圣甲虫，膝盖后方、腿外侧是秃鹫女神奈赫拜特（Nekhbet）。女神身躯下方竖行的文字分别是日月星辰等的名称。[4]这就是《努特之书》（*The Book of Nut*）。这个铭文的最特别之处在于，在千年之后的泰布图尼斯（Tebtunis）图书馆出土了对它进行评注的纸草。根据这份纸草的解释，"在这个天空的上方是无尽的黑暗，不知其边界……它们在水中，没有生命。没有光……那里没有光明。在天空和大地之外，所有的地方都是杜阿特"。

古埃及神庙和陵墓的装饰也反映出这种宇宙观。通常天花板上会有深蓝色的天空、黄色的星星，或者用天空这个象形文字符号做边框，地面则用黑色玄武岩，柱子底部、靠地面的墙上则用纸草和莲花等装饰。当尼罗河泛滥时，河水漫入神庙内部，可营造出一个微型宇宙。

早在《金字塔铭文》中，古埃及人就描绘了世界的本初状态：黑暗笼罩着的混沌之水。这二者无法区分清楚，它们是结合在一起的。在创世前，只有黑暗和水。那时神与人都未出现，天与地，日与夜，都在没有时空的黑暗中，无法区分。因为没有生命，也就没有死亡。没有名字，也就没有任何创造物。埃及人经常用否定的词来描述这种原始状态——"当……不存在时"，如《金字塔铭文》中说"当争斗还不存在时"（指荷鲁斯[Horus]及其叔叔塞特[Seth]之间的争斗），《棺木铭文》（*Coffin Texts*）中则说"当甚至不存在两种事物时"（指二元对立的两种事物）。

创世主在这片混沌中漂流，抓不住任何攀缘之物，但是渐渐地，原始之水中的淤泥凝结到一起，慢慢地凸出水面，成为一座山——这是埃及人每年在尼罗河泛滥退去时都会看到的景象。土地从水中分离出来，使得创世主有了立足之地。随后，太阳从原始之山上升起，带来了光明和时间，用它每日在天空的行程创造了空间。

除了原始之山外，古埃及人还用神牛和莲花表现世界形成之初的状态。一种象征是神牛从原始之水中升起，它的双角之间顶着太阳。在《金字塔铭文》

中，这个神牛被称作"伟大的泳者"，另一种象征稍晚才出现，是从淤泥深处生长出来的莲花的形象。在新王国后期，莲花上有了羊首神，偶尔也有站在莲花蓓蕾上的孩童的形象出现。

创世神最初只有一个，由一而生多。不管是哪位创世神，他总是"自己出生"（hpr dsf），即无父无母，自己创造出自己。同时，创世神又兼有男女两种性别，他既是男又是女，既是父又是母。总之，创世神最初独自一人，然后"创造出千千万万个自我来"（据阿玛尔纳时期的文献描绘）。

创世神有多种形象。他的化身之一是长生鸟或凤凰，用尖叫声划破了创世前的宁静。有的时候，他是蛇的形象。以人的形象出现时，他有时叫作阿图姆，有时叫作普塔-努。阿图姆的意思是"完全"，但这个词也有"无区别者""不存在"的意思，而普塔-努中的"努"意思是原始之水，也是"不存在"的意思。由此可见，古埃及人认为创世神本身就是"无"的一部分，他通过创造第一对神也创造了自己。"有"是从"无"而来，"无"也即"全"。

对于创世的过程，各宗教有不同的描述，形成各自的神学体系，而每种神学体系之间也互相融合、互为补充，并且有一个发展的过程。而且，在后期埃及，虽然每个神庙都有自己推崇的神学理论，但也允许在同一神庙中祭拜其他的创世神。因此很难按照时间或地理的概念来定义这些创世理论。习惯上所说的赫里奥波里斯（Heliopolis）、赫尔摩波利斯（Hermopolis）和孟菲斯宇宙起源说，其实是独立于这些宗教中心和任何其他具体时间、地点之外的。

根据其具体内容，人们把最重要的创世理论分为九神会、八神会和普塔创世三种。

九神指的是创世神阿图姆和他的八个后代：舒与太夫努特（Tefnut），盖伯与努特，奥塞里斯（又译奥西里斯）与伊西斯（Isis），塞特与奈芙缇丝（Nephthys）。之后的第十个神就是荷鲁斯——活着的法老的化身。阿图姆的自我创造开始了一个将无区分的整体逐渐分离开的过程，我们现在所知道的世界逐渐出现：自然界、生命、社会。对埃及人来说，九这个数字也表示包含一切，有总数的意思。

阿图姆自我创造的第一步是创造了空间，即舒神，以及他的配偶太夫努特，埃及铭文中常常把这一对称为"孪生的"。阿图姆自己则是兼具阴阳两性的神，从整体中分离的第一步就是分开男性和女性。神话通过阿图姆自我受孕和生产来表现这个过程：阿图姆"制造了高潮，一滴精子落入他的口中"，然后他"打了一个喷嚏，从口中喷出了舒和他的姐妹太夫努特（有的文献说是从鼻子中）"[5]，他为他们注入了"生命的力量（ka）"。这第一对有男女之别的夫妻没有经过交媾就产生了。中王国时期的《棺木铭文》中有句话说到阿图姆神"在赫里奥波里斯生了舒和太夫努特，由一而变为三"，有人认为这是最早提及"三位一体"的。

第二步是创造出天穹和大地，他们的出现使得空气从包围它的原始之水中脱离出来。这就是下一代的神，即舒和太夫努特自然生殖的子女——地神盖伯和天神努特。地神是男性的，而天神是女性的，这反映了这样一个事实：在埃及，大地不是由天空的雨水而是由尼罗河水来灌溉的。用来表示这个创造阶段的神话画面是：舒神脚踩大地，双手将天空托起，以此来把盖伯和努特分开。盖伯和努特一起构成了新创造的世界和它周围的原始之水的永久的界限，而充斥其中的空气则使得阿图姆能够以新的形式出现，即他的"唯一的眼睛"——太阳神拉。

最后的阶段是盖伯和努特又生出奥塞里斯、塞特、伊西斯和奈芙缇丝，之后，他们又生下了地球上众多的后代。二元也进入了更为复杂的社会关系中。盖伯和努特的四个孩子组成了两对。奥塞里斯和伊西斯是非常和谐的一对，他们代表了大地和人类的繁殖力，以及正常的秩序。塞特和奈芙缇丝则是相反的，塞特的到来标志着"冲突的开始"，即混乱和无序，而这也是日常生活的一部分。塞特并不缺乏男子气概，但他却放纵性欲、胡乱通奸，而且是个有侵犯性的同性恋者。他的男子气是起反作用的，导致了贫瘠。奈芙缇丝常常被描述成一个没有孩子的妇女，甚至是一个"没有阴道的假女人"。如果奥塞里斯代表的是大地的繁殖力，塞特则是自然界不可预测的破坏性力量的代表，如雷、风暴和雨。塞特谋杀了奥塞里斯，给世界带来死亡。因为塞特也是阿图姆的后代，所以这些负面的东西，包括死亡本身，都是阿图姆创造的世界秩序的一部分。阿图姆的创造包含了生命、死亡和再生三方面的内容，他创造的秩序既包含永恒的同一性也包含永恒的循环。

给阿图姆的各个方面赋予不同的名字，也是创世过程的重要部分。如阿图姆的力比多（性冲动）叫作哈托尔（Hathor），他的巫术的或创造性的力量叫Heka，他的感觉力叫Sia，他的权威话语叫Hu，等等。

根据八神会的理论，创世之前的混沌状态有四种性质，即"黑暗""原始之水""隐蔽者"和"无边际"。它们的化身是四对名字相似的神祇伴侣，即赫尔摩波利斯的八神，如黑暗神与女神、隐蔽神与女神等。这八个原始神被看作创世过程中的主动力量，是"阿图姆的父亲和母亲"。这种理论只限于描述宇宙初创时的状况，对于宇宙创造的过程并没有进一步发挥。

根据普塔创世的理论，原始之神首先把自己的物质身体显现为Tatenen，即原始山丘，然后作为他的"心和舌"，化身于工匠之神普塔（Ptah）神之中。普塔能够将头脑中的概念转变为客观的存在，就像一个雕工可以将石头转变为他头脑中想象的雕像一样。和阿图姆不同，普塔是用语言创世的：他首先在心里设想，然后用舌头使之成为具体的存在。该理论最重要的版本是现存大英博物馆的《孟菲斯神论纪念碑》，该碑文是从一份被虫子咬坏的古纸草文献抄刻来的。近年的研究证明这份纸草文献的成文时间在阿玛尔纳时期之后，当时孟菲斯和普塔神的地位都很高。

用语言创造世界无疑是普塔神独有的神职，但这个神学理论早在《金字塔铭文》出现时就已臻完备，成为独立的体系。例如，《金字塔铭文》中提到太阳神由三部分组成：英明的筹划、创造性的语言和强大的魔力。这三个组成部分伴随着他每夜走过冥世，帮助他完成以复活的形式进行的创世活动。在舍易斯（Sais）和艾什纳发现的铭文中，提到女神奈特用七句话完成了创世，而据后来的一篇魔术铭文记载，创世神用四十九声笑声创造了世界。

艾什纳的埃及人还把赫努姆奉为创世神，传说他用双手在一个陶轮上创造了世界和人类，也有的文献记载普塔神用陶轮创造世界。

古埃及人思维方式的一大特点是二元对称。与世界起源相对称的，是他们对世界末日的想象，这类文献很少，但确实有。古埃及人心目中的世界末日就是完全的消亡，其最深刻的恐惧是天会塌下来——如果空间以这种方式消失，将意味着回到创世前的原初状态。《天牛之书》详细地描述了诸神如何以最大的努力支撑着天，不让它塌下来；这个过程中最重要的因素是时间。在时间的终端，天和地将重新合二为一，太阳将消失，原初之水和黑暗将重新把宇宙填满，只有创世主可以存活下来。他以蛇的形状重新回到混沌之中，那也是他出现的地方。

古埃及文献很少涉及人类起源这个主题，我们知道的唯一信息是人类是从太阳神的眼泪中产生的。这从语源学的角度似乎可以解释得通：表示"哭"（rng）或"眼泪"（rmwt）的词和表示"人"（rmt）的词发音很相似。但是，某些铭文又有意识地使用其他的词来避免这两个发音相似的词同时出现，如卡纳克穆特（Mut）神庙的拉美西斯时期的一份文献提到创世主"从他的眼中哭（bjf）出所有人类（bw-nb），而神则是从他的嘴中出现"。我们不清楚这些话的准确含义，有学者认为这种说法与精子的起源有联系，因为有古埃及神学作品提到精子来自人的眼白。

据后期埃及的一份文献记载，创世主拉－阿图姆的眼睛（表现为女神的形象）曾经离开了他，为此，创世主哭泣，而"人类就是这样从我眼里流出的泪水中产生"的。后来，舒和太夫努特把眼睛女神带回来时，拉－阿图姆已经用另一只眼代替了她，她勃然大怒，为了平息她的怒气，创世主许诺让她做大地之主。

古埃及的神话也描述了人类失乐园、遭惩罚的故事。起初，人类曾经身处一个完美的幸福时代，那时神和人生活在同一个世界中，太阳神拉是一切生物的统治者。在这个早期阶段，人类可以时刻沐浴着太阳神的光芒，没有昼夜之分，也不存在冥世。那是一个黄金时代，和谐与秩序存在于人类社会之中，并指引着人们的生活。在神话中，人是创世者之泪，而神则是其汗。诸神的汗散发出一种甜蜜的气息，这种香气常常泄露出它们的存在。

《天牛之书》描绘了这个最初的黄金时代是如何结束、如何被无序的状态所取代的。根本的原因在于所有生命都将经历老化的过程。生物年轻时候的朝气最终会消退，甚至太阳也会逐渐变老；相反地，黑暗却不会变老。虽然神拥有永生的特权，也不得不屈服于尘世间的老化规律，而老化的必然结果是死亡。衰老甚至能结束神的生命，消灭力量。由于太阳神的力量减退了，敌对的势力强大起来。人类企图反对太阳神，但最终受到了惩罚。下面是《天牛之书》中的详细记载。

当拉神发现人类反叛的企图时，便召来他的眼睛哈托尔和原始之水努恩（Nun）以及九神，并告诉他们他正在考虑如何消灭所有的生命，使世界回到他最初所在的原始之水中，因为"从我的眼睛中创造出来的人类已经在密谋反对我了"。诸神要求他仍留下来做统治者，开始派他的眼睛哈托尔去杀死那些叛乱者。哈托尔假扮成凶猛的母狮子，杀了许多人。当拉神看见不仅是叛乱者，所有的人都将被杀时，动了恻隐之心，又设法来制止这场残杀。他令仆人酿造了7罐啤酒，然后掺上象岛的红赭石，使啤酒看起来就像人血。他命人在夜晚把这些啤酒洒向各地，当哈托尔早晨起来想继续杀人时，喝了啤酒后就醉倒了。她忘记了杀人的使命，回到了父亲那里。因此，有少数人生存了下来，但是不久之后他们又开始彼此攻击。拉神再也无法忍受，他坐在天牛的背上从地球撤走了，自创世以来黑暗第一次笼罩大地。月神图特（Thoth）被召唤来，她被命令在夜晚代替拉神。其他神也与太阳神一起回到了天堂。奥塞里斯在刚出现的黑暗世界中占据了统治地位。[6]

从此，神与人分属两个世界。人只有在死后进入来世的时候才能重新到达神的世界，与拉神和其他的神再次结合。因此，现有的世界是以战争和暴力开始的。

失乐园的故事似乎告诉我们，人类的反叛对自身存在而言是一个极大的威胁，包含一种能毁灭正常生活的破坏力量，但混乱之后是新生。

埃及人眼中的创世不是一个一次性的、完成式的过程，而是需要不断重复和验证的行为。在创世之前，混乱曾经统治一切，因此，重复创世的前提是毁灭。形式只有在相对于无形式的情况下才能被确定，若没有穿过"非存在"的旅程，再生就无法完成。创世本身就蕴含了衰亡的种子，只有通过老化和衰亡才能产生"再生"和"复活"。这是古埃及文化中最基本的观念。

对古埃及人来说，太阳每升起一次，创世活动就随之重复一次。这个每天都发生的事情代表着创世神的出现以及他将生命的活力还给世界。世界借由太阳的光线才有了形状，而且不断更新。在埃及传统的太阳颂诗中，太阳在夜晚

埃赫那吞，18 王朝，
开罗埃及博物馆藏

的时间是在照耀着死亡王国。古埃及人对夜晚也不抱排斥的态度，因为太阳每天都穿过这个黑暗世界，只有这趟穿越世界深处的旅行才能使得早晨的再生成为可能。埃赫那吞之所以成为埃及历史上的异端法老，除了他提倡一神崇拜、排斥太阳神之外的其他神之外，还因为他的新宗教只强调他的仁慈的太阳，而对黑暗持排斥的态度，与埃及人传统的对称式思维方式截然不同。

新年的开始也标志着创世的再开始，古埃及语中"年"一词的意思是"那个更新自己的"。新年之日既是太阳神的生日，也标志着"时间的开始"。

另一个典型的再生的象征是荷鲁斯的眼睛。在奥塞里斯神话中，荷鲁斯为了给父亲报仇，与塞特长期争斗，其间眼睛一度失明，九神的秘书、智慧之神图特为荷鲁斯和塞特调解，并且"填上了荷鲁斯的眼睛"（为此，所有奉献给神的贡品，不管是什么样的贡品，都被叫作"荷鲁斯之眼"）。"荷鲁斯之眼"形状的护身符是最重要的护身符之一，通常放在木乃伊腹部的刀口上面。

创世的循环也发生在法老的统治过程中。每一个新法老的即位都标志着一个新时代的开始，正如拉美西斯二世时代的铭文所说："将世界磨成新的，正如创世一样。"甚至在同一个国王在位期间，也有复新的必要，赛德节（Sed festival）就是为了满足这种需要而设立的。理论上讲，在统治三十年之后，国王就已经到了年龄，需要新的国王，或者至少是"复新"的国王，来确保世界继续存在下去，因此，要把老国王的雕像埋葬下去，其后在赛德节上通过一系列的仪式为国王注入年轻人的活力，使得他能够继续承担王位的重负。

古埃及人在兴建新的神庙时以特殊的仪式庆祝创世的重新开始。在他们眼中，建造神庙就如重新创造了整个宇宙，为神在人间建立了一个新的居所。因此每个国王一即位就大兴土木，其象征意义就是模仿创世神的行为。

因此，在古埃及人的生活中，处处可以看见创世的重复出现：太阳每天升起又落下，尼罗河每年泛滥，自然界周而复始地循环；而在新年之初、国王统治之初，或者在神庙的奠基仪式、国王的赛德节，以及在荷鲁斯的神话中，他们都感受到了一种新生，在虔信中开始他们的新生活。

注 释

[1] 古时候是五条，现在只剩下两条：西边的罗塞塔和东边的达米塔。

[2] Alan k. Bowman, *Egypt after the Pharaohs,* British Museum Press, 1986, p. 13.

[3] 各州是以尼罗河谷盆地上原有部落为基础发展起来的基本地理和行政单位。

[4] Stephen Quirke, *Exploring Religion in Ancient Egypt*, Wiley-Blackwell, 2014, p.139.

[5] 本书中的部分引文为作者自译，不再一一标注。

[6] 从神话学的角度来解释，这个故事说的其实是在干旱季节之末的燥热中埃及常常会疾病横行，而尼罗河每年的泛滥标志着这个燥热期的结束，它给炎热的土地带来新的肥力。泛滥之初的水是红色的，因为尼罗河从埃塞俄比亚山区带来含铁的土，因此有了象岛的赭石掺上啤酒的说法，而神话中泛滥的发源地——象岛正是位于尼罗河的上游。尼罗河的泛滥终止了拉神狂怒的眼睛散发出的灼热所带来的死亡。希腊－罗马时期的版本中还详细地提到拉神的眼睛退到了努比亚，更说明了该神话反映的是泛滥与夏至的同步。

第三章

古埃及文明的起源

古埃及的历史约始于公元前5300年,结束于公元395年。生活在公元前4世纪—公元前3世纪的埃及祭司曼尼托把埃及历史分为31个王朝,现代学者沿用了这种分法,并根据古埃及政治和文化发展的主要线索将31个王朝分为若干历史时期,这些线索主要包括埃及的统一与分裂、新都的建立、物质文明的突破性发展,如大规模石建筑的出现等。由于对这些线索各有侧重,所以埃及学家们在分期问题上一直有分歧,目前普遍接受的一种分期是[1]:

前王朝时期	约前5300—前3000
早王朝时期	前3000—前2686(1—2王朝)
古王国时期	前2686—前2160(3—8王朝)
第一中间期	前2160—前2055(9—10王朝)
中王国时期	前2055—前1650(11—14王朝)
第二中间期	前1650—前1550(15—17王朝)
新王国时期	前1550—前1069(18—20王朝)
第三中间期	前1069—前664(21—25王朝)
后期埃及	前664—前332(26—31王朝)
托勒密埃及	前332—前30
罗马埃及	前30—公元395

第一节　前王朝时期

公元前 4000 年左右，上埃及的尼罗河谷附近出现了以农业为基础的城镇。在这一时期，手工产品和长途贸易带来的异国产品也开始大量出现，主要有饰品、石刻调色板和器皿等。考古学家将这一阶段称为前王朝时期，包括南北两个文化族群，即上埃及的涅伽达文化和下埃及的布托 – 玛阿迪（Buto-Maadi）文化。

涅伽达文化因皮特里于 1894 年在涅伽达地区的发掘而得名，此处是已知最大的前王朝遗迹所在。除此之外，文化的核心地区还包括阿拜多斯和赫拉康波里斯，并延伸至中埃及的巴达里（Badarian）地区和法雍附近，到了涅伽达三期时，带有涅伽达文化特征的陶器出现在了三角洲北部。皮特里在涅伽达发掘了两处聚落（"北镇"和"南镇"）和三处墓地（包含 2200 多座墓葬），其中的"T 墓地"可能为当时的统治阶层的墓葬，部分墓葬为泥砖结构，出土了石瓶、首饰等随葬品。20 世纪 70—80 年代，美国考古队再次对涅伽达进行了考察，发现了小型城镇的遗址，以及城镇居民种植小麦、大麦，饲养家畜以及捕鱼的证据。赫拉康波里斯的遗迹保存情况较好，19 世纪末 20 世纪初，来自法国和英国的考古学家在此地发掘了著名的"画墓"（即赫拉康波里斯 100 号墓），这是已发现的唯一一座带有壁画的前王朝陵墓。现代的考古发掘则始于 20 世纪 60—70 年代，在此发现了一座前王朝的神庙遗迹，并出土了涅伽达二期的陶器。在附近的阿布·苏菲安干河谷（Wadi Abu el-Suffian）发现的贵族墓葬中出土了涅伽达一期至二期转型阶段的陶器，以及大量兽骨，包括狗、驴、羊、牛、猪等家畜，以及野牛、鳄鱼、狒狒、大象等野生动物。这个墓地还发现了涅伽达三期的泥砖墓，出土了一张木床，还有以金、银、玛瑙、青金石、绿松石等材料制作的护身符。在阿拜多斯的阿姆拉（el-Amra），英国考古学家发现了前王朝至早王朝时期的大型墓地，墓葬数量超过 1000 座。在附近的聚落中也发现了人们从事生产劳动的痕迹，例如在玛哈斯纳（el-Mahasna）发现了制作啤酒的工坊，在塞提一世神庙附近的前王朝聚落中则发现了石制工具和制造珠饰的原材料。在上埃及的阿戴玛（Adaïma）、阿曼特、胡（Hu）和塞麦纳（Semaina）

等地也发现了涅伽达文化的墓葬和聚落。这一时期出土的人像多带有动物的特点，发现于玛玛瑞亚（el Ma'mariya）的陶制女子像拥有如同牛角或翅膀一样向上扬起的双臂[2]，成为前王朝艺术的经典形象。下埃及的布托－玛阿迪文化以开罗以南的玛阿迪和三角洲北部的布托（即今天的太尔·法拉因 [Tell el-Fara'in]）为中心，从三角洲至法雍地区均有其遗迹。对玛阿迪的发掘始于1930年，由开罗大学的考古学家进行。玛阿迪的城镇遗址长约1.3公里，其中发现了种植谷物和驯养家畜的遗迹，还出土了捕鱼用的鱼叉以及鱼骨。城镇的东部和西部均有房屋遗存，为半地下建筑。玛阿迪出土的陶器包括以尼罗河黏土制作的球形陶罐和陶碗，以及从西亚城市别是巴（Beersheba）进口的陶器，后者装有油、酒、松香等"进口商品"。玛阿迪附近发现了两处墓地，一处位于城镇南面150米处，包括76座墓葬；一处位于1公里以外的第各拉干河谷（Wadi Digla），包括471座墓葬，且半数墓葬没有随葬品，其余的仅有少量陶罐作为随葬品。1983年，德国考古学家对布托展开了发掘，发现了一处早期的聚落遗址，其中各地层出土的陶片和手工品显示了从早期的布托文化向涅伽达文化转变的全过程，房屋也由最早的用树枝搭造的简陋窝棚演变为早王朝时期的泥砖房。三角洲考古的持续进行，必定能为我们揭示一幅更加完整的前王朝埃及的图景。

在前王朝末期，南方的涅伽达文化开始向北扩张，最终取代了玛阿迪文化，这一过程被称为上下埃及的统一。在此过程中，埃及产生了最早的王权和王权的象征物——涅伽达一期的陶片上就已出现了代表上埃及的"白冠"形象。统一离不开战争，战争场面常出现在这一时期的手工品上，其中最为重要的即赫拉康波里斯出土的纳尔迈（Narmer）调色板。类似的征服主题也出现在同一时期的利比亚调色板、公牛调色板和战场调色板等多件调色板上。在阿拜多斯的U墓地，德国考古学家京特·德赖尔（Günther Dreyer）对前王朝时期的王陵进行了发掘，其中的U-j墓是一座拥有12个房间的大墓，墓室中出土了一座木制神龛和一件象牙权杖，以及数百只陶罐，一些陶罐中还留有葡萄酒的残渣。U-j墓中还发现了200多个小标签，上面刻有已知最早的象形文字，德赖尔认为其中一些符号可能是王室领地、行政区域和城镇的名字。在U

公牛调色板，卢浮宫藏

墓地南面的 B 墓地，德国的埃及学家维尔纳·凯泽（Werner Kaiser）发现了 1 王朝的第一位国王阿哈（Aha）的墓葬，以及 0 王朝的三位国王伊瑞－霍尔（Iry-Hor）、卡（Ka）和纳尔迈的墓葬，这些被认为是埃及最早的王陵。

第二节　上下埃及统一问题与早期国家的起源

由于缺乏文献资料，古埃及早期国家的起源、早期王权的形成等问题长期笼罩在重重迷雾之中。近几十年的考古发现提供了大量珍贵的证据，但这些反映史前遗址情况的考古资料与文献资料——包括神话传说——之间的关系，有待进一步解读。

一、关于国家起源的理论探讨

以塞维斯（Elman R. Service）和弗里德（Morton H. Fried）为代表的"酋邦说"在国家探源的讨论中有深远的影响。该理论试图将国家与政府的出现与文明的起源结合起来。1962年，塞维斯提出了原始群、部落、酋邦和国家的四阶段社会进化模式，认为酋邦是部分奉行平等主义的社会和国家之间的过渡形态。1975年，塞维斯进一步对酋邦进行了分析，"认为它是一个非武力的，由神权向政府和法制统治机制过渡的贵族社会，而探讨这一阶段政府和法制的形成是探索国家起源原因的关键"[3]。

埃及国家的形成是塞维斯运用酋邦理论的重要例子。他认为在国家形成时期，埃及的地方组织——诺姆（Nome）并非以城市为中心，而只是有神庙和神祇的宗教中心。"在某些方面，刚刚完成统一的埃及实际上就像是在苏美尔神庙酋邦之上附加上分散的小州。甚至可以说，作为一个政府，法老的神庙只不过是一个精致的酋邦，出于地方的特殊原因才能够控制一个对于酋邦来说规模巨大的疆域。"[4]他甚至认为古王国时期的埃及还是一个神权国家，"直到4王朝之前，神权政治仍没有明确的权力划分，那时宰相兼有某种大法官和首相的职能"[5]。显然，他把诺姆解释成宗教中心是非常错误的。从考古和文献证据看，在中王国时期之前，埃及的地方神庙不论规模还是经济实力都很小，根本不是当时社会的中心。

塞维斯认为，古埃及人的来世观念决定了会在全国范围内组织人力物力资源建造大规模的墓葬建筑，而这又导致了庞大的管理机构和工匠的"行会"的出现。奇怪的是，他又认为这个时期的埃及还没有出现马克思主义者所说的阶级。实际上，早在前王朝时期，萨卡拉、阿拜多斯和其他地方的大墓已经表明社会等级和私人财富的存在。

尽管他对古埃及社会的解释有很多自相矛盾之处，却准确地指出了埃及在国家形成时期的两个主要特征：一是没有作为国家机器的常备军，二是与美索不达米亚和希腊的早期城市相比，埃及的地方城市缺少自治性和独立性。

总而言之，与考古学的理论模式相比，用政治学、社会学和人类学的理论研究埃及的国家起源面临的最大问题是，埃及学专业之外的学者，他们在创建这些理论时有很大的问题：一是不能准确、全面地掌握考古资料；二是他们所使用的文献多是早年作为通俗读物出版的二手资料，有许多错误。将在这样的基础上建立的理论再应用到国家起源的研究中时，因为有其他学科的理论模式做包装，埃及学家往往不加怀疑地使用它们，并得出更进一步的错误结论，由此形成了一种恶性循环。

瓦尔伯顿（D. Warburton）提出了一种新的理论模式，即"一般性理论"。该理论的出发点是：国家的定义应该能够包括所有的国家，不管是"早期的"还是"工业化时期的"。[6] 他认为解决这个问题的最简单的方法，是把国家的概念视为一个演变中的概念，君权和其他权力的分配随着时间的推移而改变。他认为，国家的定义必须涵盖所有的国家，而不是把某些视为"酋邦"，把某些视为"工业化的国家"，因为那些所谓"不合格"的国家也具备"合格"国家的某些特征。因此，他对国家下的定义是，位于特定的地理位置、居民有自己的社会结构的政治实体。[7]

瓦尔伯顿认为，任何一个关于国家的定义都必须能够解释每一种特别的国家。他提出了"一般性理论"，认为所有的政治实体或者制度都是战争、习俗和技术这三个因素共同作用的结果。这三个因素在国家演进的过程中所占的比例决定了早期国家的各种类型。而且，这些因素的相互作用一直在历史上起着决定性作用——不管其文明程度、经济发展水平或地理位置是怎样的，因此是理解国家发展的关键性因素，不管是古代国家还是现代国家都可以在这个理论模式中找到解释。[8]

在这三个要素中，军事征服发生在国家出现之前，因此，国家的出现是受控于军事环境的，而不是相反。习俗是在被征服之前本地的法律、宗教、传统、社会等级和其他人类生活的共同特征，它们决定了军事征服后的社会的文化水平。技术发展的水平在某种程度上受习俗的影响，但是技术水平又决定着一个国家的基本特征。这个理论使得对于国家演进的分析可以更为普遍，这样就不需要把国家分为预先构想的范畴了，如早期的、现代的、工业化的、奴隶制的、封建制的、资本主义的或社会主义的。古代世界的国家以不同的方向演进，现代世界的国家也非常不同，尽管都被称作现代国家。因此，每个国家在特定历史时期的因素都能在这个理论模式的图表上表现出来，这样每个国家的类型都可以以具体的形式显示出来，而不是用"一刀切"的方式来套。该模式分析的结果是：不同类型的国家可以在世界各地同时存在，而相似的国家也可以在不同地区和不同时期存在。

这个理论对于推动国家产生的根本原因提出了新的见解，它特别强调战争、习俗和技术三个因素的共同作用，强调不同因素结合的多样性决定了国家的本质。其中，技术对于国家的运转和社会结构起着决定性作用。该理论对于人们普遍接受的一些观点提出了大胆的质疑。人们常常认为军队是在国家出现之后产生的，或者说军队是国家为维护其统治阶层的利益而创建的，瓦尔伯顿却认为军队早于国家。此外，他认为财富只有在早期国家形成之后才真正开始集中，之前已经存在的社会等级制度可能对国家发展的方向有所影响，但更可能的情况是随着国家的产生而出现了一个新的等级制度。

马克思主义认为，国家是阶级压迫的工具，根据这个观点可以引申出两个结论：一、最主要的矛盾是国家内部的社会矛盾，而不是在两个政治实体之间发生的矛盾；二、贫富分化是社会矛盾的主要原因。

"对基本资源的获取存在不平等的情况下，不平等的社会群体之间的关系被预言为一种冲突，表现为社会内部某种程度上的持续的敌意和对抗。"[9] "一般性理论"对此进行了反驳，认为持这种观点的人没有考虑到国家有特定的地理疆域，有同种族的居民，也没有认识到社会内部的对抗常常不如国家和种族之间的竞争和冲突那样激烈。此外，虽然掌握财富的社会上层可以使用暴力表达优越感，通过强制手段得到更多的财富，但这并不意味着国家常常需要动用暴力，特别是在统治者的权威得到公众普遍认可的情况下。在古埃及历史上就从来没有爆发过大规模的起义。

"一般性理论"认为，把国家起源视为财富分配不平等或阶级斗争的结果都是不合适的，因为这两个现象早在国家形成之前就出现了。国家起源于战争或贸易的理论也同样受到了批驳，因为它们也是以经济学的逻辑为基础的，认为土地和资源的短缺是扩张或融合的最重要的动机。征服可能是一个催化剂，但不一定是决定性因素，在国家出现之前和之后皆如此。

这些关于早期国家起源的理论有着共同的特点，即以经济基础为考察的出发点，围绕人口压力、农业发展、城市化、贸易网络等核心问题，强调内部或者外部的冲突与矛盾，而忽略了思想史层面的关键作用。早期社会中，宗教信仰对社会分层产生的作用远远超出现代学者的估计。社会精英以整体性的宇宙论为基础创造出了高度综合的意识形态，以文字、艺术、建筑等多种形式传递到社会的各个层面，成为重新调整社会经济关系的主要工具。财富的集中是实践宗教信仰的系列纪念性活动的结果，技术和商业的发展也是这个过程的结果。

二、上下埃及统一问题

开罗以南的河谷地带直线长约700公里，地形狭窄，宽度从10公里到20公里不等，古埃及人称之为"上埃及"。上下埃及的概念根深蒂固，成为古埃及地理特征的典型象征，甚至希伯来语中的"埃及"一词也是个双数的形式。探讨古埃及国家的起源，必然要追问上下埃及二元组合的起源和意义。

早期的学者们认为，埃及曾经有南北两个王国，后来完成了统一，因此国王被称为"上下埃及之王"，而王权的象征也有了如此突出的南北二元对称的特征。也有学者认为，上下埃及的二元组合是南北两种不同文化对立的反映：北方与亚洲有交流，是典型的农业生活形态；南方受努比亚地区的非洲文化影响，以游牧生活为主。这两种观点都被近几十年的考古发现否定了。在埃及实现政治统一之前，同质文化已经形成，而这个文化的中心是南方的涅伽达。

在埃及从酋邦到国家的演变过程中，北方相对是滞后的，最早的国家产生于南方。前王朝时期，在上下埃及分别出现了两个区域性文化群，二者之间没有延续性。分布在下埃及（北部）的遗址主要有梅里姆达（Merimda，在三角洲西部）、法雍A（在法雍地区）、玛阿迪（在开罗南部）、布托（在三角洲西北部），其特点是各文化之间没有连续性，较分散。其中，玛阿迪遗址中有冶铜的遗迹发现；法雍地区的居民还在食物采集阶段；布托是与西亚交流的重要基地，也是延续到最晚的一个遗址。

上埃及的文化群中，各遗址既在时间上有延续性，又呈现出区域扩展的特点，更多地为我们提供了早期文明起源的信息。[10] 最早出现的是塔萨（Tasian）和巴达里文化，它们的分布局限于阿斯尤特以南，主要发现的是一些规模较小的墓地。涅伽达一期（也叫阿姆拉特时期）的典型遗址是一个小小的村落，从现有发现中还看不出其居民已有贫富分化，但同属这个考古分期的发现分布范围很广，并且与涅伽达二期有承继关系。

涅伽达二期是前王朝时期的重要转折点。首先，这是最早与其他地区发生联系的文化，也是分布区域最广的一个，从三角洲地区到格贝尔-西西拉（Gebel el-Sisila）以北的河谷地带都有同期遗址发现，其中一些人口集中的遗址如赫拉康波里斯、科普托斯（Coptos）、涅伽达和阿拜多斯等已呈现出社会分化的迹象。这个时期的艺术主题和工具都反映出来自美索不达米亚的影响。如艺术作品中出现的"牛顶城墙""双狮图""长颈怪兽图"，以及建筑中的凹纹城墙、日常生活中使用的滚印，都是典型的西亚风格。西亚楔形文字的传播，在某种程度上可能也刺激了古埃及文字的发明。此外，两个地区的农作物和驯养的动物也非常相似。那么，当时的文化传播是如何发生的呢？学者们猜测其推动力是西亚的和平移民或者暴力入侵，但至今没有发现确凿的证据。考虑到进入王朝时期后这种交流突然中断，也许应提出另一种假设，即在这两个地区的中间地段，当时也许活跃着某个游牧民族，它受到西亚文化的影响，并起着传播的媒介作用。游牧民族的居无定所，也许能解释为什么没有发现交流的中介因素的遗迹。其次，涅伽达二期也是埃及与努比亚早期文化同步发展、具备相似特征的最后阶段，是二者分流的最早阶段。随着埃及国家的形成、疆域的确定，与努比亚地区在文化上的差别逐渐形成。

在前王朝后期（即涅伽达三期），王权出现，区域性文化逐渐趋向统一。这个时期王权的主要标志是王名和王陵的出现。在上埃及、孟菲斯附近和三角洲发现了大量带有王名的纪念物，主要有调色板和权标头两种类型。最著名的是纳尔迈调色板和蝎王权标头，前者表现的是国王纳尔迈征服上下埃及、俘获大量战俘的场面，后者表现的是蝎王的远征和主持开渠仪式（或者是神庙奠基仪式）。在这类纪念物上，王名写在象征王宫围墙的王名圈里，国王的庇护神荷鲁斯立在上面；国王通常戴象征上下埃及的两种王冠。

王陵规模的逐渐增大、同期考古遗址分布范围的扩大，反映出前王朝后期文化由区域性向统一性的发展。王陵早在涅伽达一期时就已出现，到二期时在赫拉康波里斯、涅伽达和阿巴第亚出现的较大规模的王陵反映出区域性统一的特征，而涅伽达三期时分布在阿拜多斯、涅伽达和赫拉康波里斯的王陵，规模和形制上已与早王朝的王陵基本一致。从考古遗址分布上看，涅伽达二期时，涅伽达文化已传播到三角洲地区南部；到涅伽达三期时，在整个三角洲地区和河谷地区都有涅伽达文化出现。

与南部尼罗河谷相比，三角洲地区的农业条件和贸易环境都占绝对优势。将三角洲的遗址梅里姆达、玛阿迪与南部埃及的赫拉康波里斯、巴达里相对比，前者居住较集中，面积大、地层深，居住时间长，而后者较分散，地层浅，因此结构保存较差，也就是说，南部埃及的聚落在人口密度和农业潜力上都比三角洲地区差。尽管这些遗址很贫瘠，没有发展农业的潜力，但它们却发展成南部埃及最富有的地区，曾拥有最多的人口。最大、最复杂、社会分层最早出现的聚落都分布在南方。最有力的证据是盖伊·布伦顿（Guy Brunton）在赫拉康波里斯的发掘，他发现了至少6个烧制陶器的窑，它们证明了"前王朝时期大的中心，如赫拉康波里斯，其社会内部的复杂性和制造业、建筑业的成熟"。[11]

史前史的研究者倾向于把考古发现与族群形成联系起来，考古资料中器物的特征被看作是族群身份的体现。巴达里文化或者涅伽达文化的陶器、石器及其他器物在风格上的不同，也表明这些文化的创造者是不同的族群。对这些学者来说，风格的混杂意味着不同文化之间的贸易关系，而一种风格取代另一种风格则意味着征服。正如加拿大考古学家布鲁斯·特里格（B. G. Trigger）所说的：

> 在考古记录中，几乎所有的文化变革都被归因为一个群体对另一个群体的观念传播，或是移民所导致的某一群体及其文化被另一群体及文化所取代……W. M. F. 皮特里的著作体现了后一种模式，在探讨埃及史前时期

的发展时，他将所有文化变革都归因为大规模移民以及少数移民与当地人在文化和人种上的混合。皮特里认为任何文化上的重大变化都必然伴随着人种上的改变。[12]

基于这种认识，涅伽达文化的扩展过程等同于征服的过程——先在南部完成统一，随后征服三角洲地区。在从酋邦到国家过渡的过程中，南部出现了许多政治中心，如涅伽达、赫拉康波里斯、阿拜多斯等，而北方大部分地区还滞后在聚落阶段。争霸和统一最先在南方进行，最后阶段是对北方三角洲的收编。

上述推理的最大问题就在于无法回答这个问题：在国家起源的过程中，发展条件良好的三角洲地区为何滞后？为何最早的政治中心出现在南方？

三、墓葬文化与国家起源

考古资料不能直接反映人类的历史，留存下来的古代遗存多数是人们精神生活的产物，没有对古代思想的深入考察和分析，考古学家的工作只能是盲人摸象。从旧石器时代开始，人们就恐惧死亡。相信来世的存在，或多或少能摆脱这种恐惧。因此，当时的人们在埋葬死者时精心准备，把许多日常生活用品摆放在死者身旁，随后还会举行葬礼。在埃及的前王朝时期，人们很可能就已经有了人在死后仍会存在的观念。在此后的三千年中，这种观念一直在埃及文化中占据主导地位。埃及人把尼罗河西岸当作埋葬之地，那里是太阳每天落下的地方，死者的灵魂也应在那里安息。

在古埃及人的心目中，墓地不仅是永久存放尸体和各种贡品的场所，也是死者的纪念地，在那里亡灵能定期得到献祭，倾听生者的祈祷声。各地的墓地都邻近居住区，是人们生活中的重要部分。一个人或其宗族的地位如何，在公众眼中一望可知，不仅是通过其陵墓的规格，且通过安葬后祭拜的次数、规模，以及哀悼者的人数、每次举办的仪式的规格。墓地不仅是人们献祭、为亡灵祈祷的场所，也是定期举行宗教仪式之处。生前显贵的死者的墓葬和祭祀仪式甚至可与当地地方神的崇拜仪式结合起来，而且大人物陵墓的周围分布着

哀悼的女子陶制雕像，纽约布鲁克林博物馆藏

其亲族、仆从等的较简单的坟墓，其等级秩序一如生前。

古埃及人把更多的时间精力花费在他们的"永久居所"——陵墓的修建上。为实现无限延长生命的愿望，他们选择了本土富产且最为经久耐用的建材——石头。像把死者尸体加工成木乃伊一样，它们希望以不朽的肉体与牢固的墓室共筑一个永恒的来世。

对古埃及人来说，死后的墓葬规格也是生前社会地位的反映，而王陵则是王权强大与否的某种标志。只有充分认识到来世信仰对于古埃及人的重要性，才能理解上下埃及发展的不同步，以及二者的地理差异带来的深层影响。

在狭长的河谷地带，靠近河谷的低地沙漠和绝壁保存了大量的墓地和随葬品，纪念性的大型墓区多数分布在那里。相反地，在北部的三角洲地区则没有发现大规模的墓区。大部分古代遗址在现代建筑下面，或者因为尼罗河支流改道而无法确定其位置。埃及学的文献研究和考古研究因此更加侧重沙漠在社会发展过程中所起的作用。文献多聚焦在南方，而不是社会、文化和经济各方面都可能更为重要的北方。这个倾向性在各个历史时期的研究中都有所体现，但这种倾向并不仅是现代人对古代环境的错误解读的结果。在古代，沙漠和墓区也深受人们重视。自公元前5000年以来，用于墓葬的支出在南部埃及一直占据首位。特别是低地沙漠和绝壁地带的墓区。狭长河谷两侧的沙漠有着建造纪念性建筑的巨大潜力，这是开阔的三角洲平原所没有的。

对大型建筑而言，低地沙漠有充分的空间、大片的基岩、稳定的地基、大量的石料，金字塔一类的巨型建筑只能在这里建造，在每年泛滥的河谷地带建造将是难以想象的。新王国时期，大型神庙建筑集中在南部埃及的底比斯等地，但这些纪念性建筑再没有达到金字塔建筑群的规模。

纪念性墓葬建筑展示的传统传承于河谷地带的南部埃及，这为后来的发展奠定了模式。南部埃及的墓葬资料留存较多，原因可能还是其干燥的沙漠环境，这种突出的特点与古代物质环境是相关联的。这并非是说古埃及人沉迷于死后的世界，将现世看作短暂的过渡期，也并非是说他们直接把尼罗河两侧的沙漠当作死后的世界。贵族，特别是孟菲斯和南部埃及的地方贵族，偏爱以墓葬建筑来展示其社会地位，这是因为墓葬区的环境更适合建城和作为神庙区。如果临近的沙漠地区不那么容易进入，或者河谷与三角洲没有那么大的反差，墓葬建筑也许就不会有那么显要的地位。

统一之前，南部埃及最重要的三个遗址是涅伽达、赫拉康波里斯、阿拜多斯，它们的发展过程充分说明了墓葬文化在国家起源阶段的关键作用。当代涅伽达是当地最大的一个村落，它的古代遗址在现代村落北边 7 公里处，在图赫和代尔·巴拉斯（Deir el-Ballas）之间。从其规模来看，涅伽达是史前后期非常重要的城镇，它在古埃及语中叫 Nubt，来自 nub，即"黄金"一词。很可能是因为从这里通过哈玛马特干河谷（Wadi Hammamat）就可到达东部沙漠的黄金矿区，它才

带胡须的男子像，牛津阿什莫林博物馆藏

史前黄金雕像，开罗埃及博物馆藏

有这个名字。这也是该城在当时有如此重要的地位的原因。从经济角度看，控制该地区东部沙漠的黄金资源和各种矿产是涅伽达崛起的关键因素。

在涅伽达二期，涅伽达文化开始迅速向北部三角洲和南部扩散，但并没有发现军事征服的痕迹，与同质文化形成同步发生的是墓葬建筑和仪式的复杂化。比如，在涅伽达 T5 号墓发现了被砍头的遗骸，在阿迪玛发现了被割喉又砍头的遗骸，这些证明了人殉现象的存在。

在涅伽达二期，南部墓葬图像中船的形象成为最突出的特点。各遗址出土了大量的象牙、乌木、黄金、动物皮革、香料等，尼罗河上的船队成为当时贸易网络中最重要的交通工具。在叙利亚、巴勒斯坦地区也发现了埃及与当地进行贸易的大量证据。涅伽达二期与近东的青铜时代早期（EBA）相对应，在叙利亚、巴勒斯坦发现了大量埃及工匠用埃及的技术、当地的材料制作的陶器。以色列考古学家认为，埃及人不仅在当地有商站，而且已经控制了当时近东地区的远程贸易网络。

涅伽达二期的另一个突出的特点是工艺品的标准化、精致化。作为纪念物的调色板，其形式逐渐趋同，以长方形和长菱形为主，调色板上开始出现浮雕。权标头也由圆盘形状演变为梨形，这些都是后世艺术典范的原型。

涅伽达三期时，涅伽达衰落下去，该遗址的墓葬随葬品较二期时规模缩减，在原来的墓地南部 6 公里处出现了全新风格的"王宫"样式的新墓地。与此同时，南边的赫拉康波里斯和阿拜多斯后来居上，标志

第三章 古埃及文明的起源

格贝尔·阿拉卡（Gebel Alaka）出土的刀柄，卢浮宫藏

早期王权出现的三个代表性艺术品都发现于赫拉康波里斯：纳尔迈调色板、纳尔迈权标头、蝎王权标头。赫拉康波里斯100号墓是埃及尚存的第一个有墓室壁画的墓，画面出现了与纳尔迈调色板上相似的打击场景——形象高大的国王用权杖打击外族人。纳尔迈权标头所表现的并不是战争场景，而是与王权相关的领土仪式，其中南北疆界、王座平台、国王奔跑、荷鲁斯的追随者等元素与3王朝乔塞尔（Djoser）的阶梯金字塔的赛德节浮雕极其相似。蝎王权标头表现的是头戴上埃及白色王冠的蝎子王站在水渠旁，手持锄头，一个仆人正在递上一个篮子，整个画面展现的是国王在主持开渠仪式。

在阿拜多斯，德国考古队在U-j墓发现了0王朝的王陵，并从蝎子王的墓中出土了迄今最早的古埃及文字。它们刻写在186个象牙和牛骨制作的标签上，标明了随葬品的产地、数量及其出产年份。该墓还出土了数百个葡萄酒罐，里面的葡萄酒是从巴勒斯坦地区进口的。

阿拜多斯的主神是墓地之神肯塔门提乌（Khentamentiu），他的名字直译为"西方众人之首"，即"死者之王"。到5王朝、6王朝时，肯塔门提乌开始与起源于下埃及的繁殖之神奥塞里斯结合，渐渐地，奥塞里斯成为人们普遍崇拜的冥世之神。到中王国时期，阿拜多斯成为民间信仰的主要中心，这里每年举行模仿奥塞里斯死亡和复活的仪式，叫作"奥塞里斯的神秘"。这是当时最盛大的宗教节日之一，吸引了全国各地的信徒前来参加。许多人希望在死后也能参与这个盛典，能跟随奥塞里斯完成复活，所以他们在阿拜多斯修建了泥砖的衣冠冢，并且在衣冠冢与奥塞里斯神庙之间的地带立起了石碑。这个衣冠冢墓区是当地最大的墓地。

阿拜多斯的重要性一直延续到王朝时期，即使都城在孟菲斯，1王朝的所有国王和2王朝的两个国王依旧选择阿拜多斯作为王陵所在地。这些墓的地上建筑都不在了，地下是泥砖砌的墓坑。这里发现了刻有国王名字的石碑、圆柱印章、象牙和乌木的标签、石器和家具的碎片等。国王杰尔（Djer）的墓被后来的埃及人当作奥塞里斯的墓，周围有许多18王朝及其后各时期的献呈陶罐。

古埃及王权理论的核心神话——奥塞里斯的传说，反映了古埃及王权在诞生之初就有着浓厚的宗教色彩。奥塞里斯是古代一个贤明的君主，被嫉妒他的弟弟塞特谋杀，尸体被分为碎块，抛入河中。他的妻子伊西斯找回了尸体碎片，并感动神明使之复活，成为阴间之主。他的儿子荷鲁斯又为他复仇，从塞特手中夺回王位，成为新的君主。对古埃及人来说，每个活着的国王都是荷鲁斯，死去的前任是奥塞里斯，他死后也会成为奥塞里斯，而新的国王又是新的荷鲁斯。王位继承就处在这样的循环中。国王去世是秩序的中断和破坏，而新君即位则是秩序的恢复。在神王的庇佑之下，生命可以穿越死亡的门槛；在天人合一的宇宙论时代，古埃及人将王权的合法性与相信来世的宗教信仰糅合在一起。这也是古埃及几千年的文明最强大的稳定剂。

四、上下埃及与象征地理学

前文提到古埃及的国王自称"上下埃及之王"，这反映了河谷与三角洲在地理上的差别。古埃及国王的五种头衔中，有三种是反映上下埃及对称的：

    树蜂衔（代表上埃及的树，代表下埃及的蜜蜂）
    双夫人衔（代表上埃及的秃鹫女神，代表下埃及的眼镜蛇女神）
    上下埃及之王（白冠象征上埃及，红冠象征下埃及）

塞索斯特里斯王座侧面的浮雕图案

"二元对称"是古埃及人的思维方式和表达体系的核心特征。体现古埃及王权理念核心的奥塞里斯神话，也是古埃及人"二元对称"思维模式的典型表达。在古埃及的传统中，荷鲁斯与塞特也分别代表上下埃及，但其象征意义却不能简单地等同于地域上的"二元"，其内涵远远超越了地理象征。而这种内涵有着很多佐证，如 12 王朝的国王塞索斯特里斯（Sesostris）的王座侧面的浮雕，就是荷鲁斯与塞特神话的很好的注脚。在画面上，荷鲁斯与塞特面对面站立，荷鲁斯手挽象征下埃及（北方）的纸草，塞特手挽象征上埃及（南方）的芦苇，两种植物绕在表示"统一"的符号上，两位神在合力拉紧。

如何理解"荷鲁斯与塞特"的神话与早期国家起源之间的关系？神话暗示着真实的历史进程吗？曾有早期的学者倾向于"对号入座"，认为 1 王朝之前埃

纳尔迈调色板，开罗埃及博物馆藏

及有南北两个王国，后来北方征服了南方，完成了统一，因此国王被称为上下埃及之王。但是，发现于南部埃及赫拉康波里斯的纳尔迈调色板却讲述了一个完全相反的故事。调色板两面的正上方，两个母牛头之间的"王名框"里都写着纳尔迈的名字。在调色板的正面，纳尔迈头戴象征下埃及的红冠，和六个人走在一排，其中两个随行者只有他一半高。国王右边的那个，一手拿着凉鞋，一手拿着小器皿，脖子上挂着胸饰，他后面有一个长方形的框，里面有象形文字。他前方还有玫瑰图饰和一个读作 hm 的符号，它有几种含义，其中之一是"仆人"。国王左边的官员形象稍微高大些，戴着假发，穿着豹皮衣服，脖子上好像挂着书写工具。他头顶上的象形文字为 tt，是"宰相"一词较早的写法。走在国王和这两个随员前面的，是比例更小的四个举旗人，四个旗杆顶上分别是两只鹰、一个豺狼（可能是开路之神 Wepwawet），以及一个奇怪的球状物——有的学者认为是 sdsd（王室胎盘）。这就是被称为"荷鲁斯的追随者"的组合。国王一行的前方，是 10 个被斩首的尸体，被砍掉的头放在死者的两腿之间。尸体的上方有 4 个图像，包括一扇门、一艘首尾都很高的船和一只举着鱼叉的鹰。

在调色板的反面，纳尔迈的形象更加高大，他戴着象征上埃及的白冠，左手抓住有络腮胡子的俘虏的头发，右手高高举起权杖，做打击状。俘虏头部的右侧有两个表意符号，很像早期象形文字中的"鱼叉"（w）和"湖"（s），这与调色板正面抓着鱼叉的荷鲁斯的图画正好对应。在国王前面，俘虏上面，鹰神荷鲁斯抓着系在俘虏鼻子上的绳子，俘虏的身躯是象形文字"土地"这一符号，而土地上面长出 6 根纸草，有人认为这象征着"6000 个来自纸草之地的俘虏"。

综合调色板正反两面画面上被纳尔迈征服的人的形象特点，以及纸草地、鱼叉、湖等，我们可以读出这样的信息：来自南方赫拉康波里斯的纳尔迈征服了北方，他先后戴着红白两种王冠，庆贺统一战争的胜利。

如果我们对这些纪念物进行看图说话式的直接解读，并尝试把读出的信息与历史进程挂钩，我们就会陷于深深的混乱和矛盾之中。奥塞里斯神话中，代表北方的荷鲁斯征服了代表南方的塞特，而纳尔迈调色板则讲述了南方征服北方的故事。现代人总是希望将真实事件和仪式区分开来，这会导致我们对纳尔迈调色板一类的艺术品的分析复杂化，附加上太多现代人的理解。高级文化中最真实的信息不是历史的而是观念的，是古埃及人的宇宙观、价值观及在此主导下的仪式和习俗。

五、神话中的历史与历史中的神话

关于神话和历史的区别，埃及学家唐纳德·瑞德福特（Donald Redford）有一段精辟的阐述："它们的意义（即神话的意义）与其曾在过去发生没有任何关系，而与它们现在的重要性有关……荷鲁斯对父亲的支持、舒神被举起以及奥塞里斯被谋杀——这些都是原始事件，它们是永恒的，一直在发生；而那些重现这些事件的国王或祭司都不能被认为是在扮演一个历史人物或是在纪念'历史'。"[13]

神话中的文化记忆和早期纪念物传递的信息，都无法与考古资料直接进行对应。考古发现证明，早期荷鲁斯崇拜的重要中心是赫拉康波里斯，而塞特崇拜的中心是涅伽达，这两个遗址都在埃及的南部，涅伽达在赫拉康波里斯北面。

前王朝遗址中，最早出现在"王名框"上方、表现两个王国统一的成对的神祇并非荷鲁斯与塞特，而是一对荷鲁斯，逐渐才演变为荷鲁斯与塞特面对面。

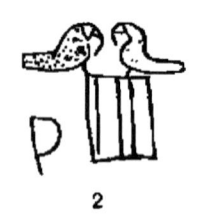

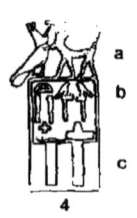

1王朝、2王朝的王名[14]

红白王冠的象征也是一样的。目前发现的最早的红冠（象征北方）现身在南部埃及的涅伽达——当然，相对于赫拉康波里斯，它还算北，也就是说，红白王冠最早代表的是南方的北与南。

在埃及完成统一后、国家意识形态形成的过程中，埃及的知识精英把红白王冠象征的"北与南"放大到了更宽泛的地理范围之中，与三角洲和河谷的上下埃及二元对应了起来。

以荷鲁斯代表北方，以塞特代表南方，则是统一完成之后形成的最意味深长的国家神话，它与地理位置的关系不是直接对应的而是隐喻性对应的：统一后的第一个都城是北方的孟菲斯，对意识形态的创造者来说，南方象征着之前那个分裂无序的时代，而孟菲斯则标志着大一统的新时代的到来。

将王权神话放在国家意识形态形成的过程中进行考察，《孟菲斯神论》（Memphite Theology，又译为《孟菲斯神学》）对奥塞里斯神话的改造就有了充分的动机。在该版本中，天神盖伯两度进行裁决，先令荷鲁斯与塞特分别统治上下埃及，最终决定让荷鲁斯独自统治，而塞特则对此表示了服从。其中一些细节值得注意，当盖伯判决荷鲁斯胜出时，是这样表述的："将他全部的遗产都给他，因为他是他（盖伯）长子的儿子。"[15] 这里的"全部遗产"指的就是全埃及，也就是说，在荷鲁斯与塞特产生纷争之前，这份遗产是完整的。加入南北分治的第一裁决这一情节，以及对遗产曾经完整的暗示，都是《孟菲斯神论》创作的时代——25王朝的需求。在古埃及的文化传统中，孟菲斯是正统的象征，既是空间上的，也是时间上的。需要证明自身合法性的统治者或者朝代，都会以孟菲斯大做文章。就荷鲁斯和塞特最早的崇拜中心而言，荷鲁斯所在的赫拉康波里斯在塞特所在的涅伽达的南边，而在《孟菲斯神论》中的第一次裁决里，荷鲁斯被赐予了北方，塞特被赐予了南方，这种在地理位置上的倒置，目的是强调胜出的一方——荷鲁斯应该属于孟菲斯所在地，因为孟菲斯代表着统一时代的到来，而涅伽达虽然是早期文明的中心，却代表着统一前的分裂时代。以"荷鲁斯—孟菲斯—北方"代表统一时代，以"塞特—涅伽达—南方"代表统一前的时代，埃及建国之初的意识形态创造者巧妙地把地理上的"南与北"与历史上的"分裂与统一"结合了起来。奥塞里斯神话是在历史时空中凝结而成的对王权的高度符号化的注解。

在古埃及人留下的几种王表中，对最早的王的记载有着很大的差异。

撰写于5王朝的《帕勒莫石碑》(Palermo Stone)记载了1—5王朝早期的国王的名字和每年的重要事件，而新王国时期的大多数王表以一位叫作"美尼斯"的人为1王朝的第一位王。这一传统为希腊人统治时期的曼尼托继承，而考古学家迄今为止没有发现与美尼斯相关的任何纪念物或者其他遗存，也就是说，我们至今仍无法以考古材料证明他的存在。这个名字本身有三种可能的含义：mn——空白处；mn-nfr——Memphis，孟菲斯；mn——创始人。从后两个含义中，我们看到了熟悉的"孟菲斯"的信息，新王国时期的王表传统，以对孟菲斯的回归和强调来证明统治者的合法性。

上下埃及的象征地理学不是直接复原历史的依据，而是在古埃及早期国家形成时期被创造出来的，是当时社会精英综合各种地方传统打造出来的高级文化的一部分。这种高级文化不是自然演变的结果，而是统治手段的核心部分，它一旦被创造出来，就会对整个社会产生深远的影响。在埃及，高级文化与国家的产生是同步的，确定了此后三千年古埃及文明的灵魂基调。

在埃及国家形成之前，南部埃及因连接着狭长的低地沙漠而具备了建造大型纪念性墓葬建筑的优势，由此开始了以宝货交易为主要目的的远程贸易，发展起高度专业化的制陶中心及其他制造业中心，这又导致了涅伽达文化的扩展。也就是说，涅伽达风格的扩散不是军事征服的结果，而是陶器生产专业化、工业化的结果，开始于南部埃及，最终扩展到各地。

伴随着墓葬文化、宝货交易、制造业专业化的发展，以上下埃及象征地理学、纳尔迈调色板为代表的一系列精致的艺术形式从史前艺术的粗糙形态中脱颖而出，与文字、建筑等同步发展为有埃及特色的高级文化，其特质一旦形成，此后的岁月只是增加其亮度而已。

在埃及早期国家的形成过程中，以来世信仰为核心的墓葬文化是极其关键的因素，在财富集中、社会关系调整的过程中，是不可忽视的根本因素。

第三节 早王朝时期

随着早期国家的建立，以孟菲斯为首都，埃及逐渐发展出了覆盖全国的行政管理系统。这一时期的宫殿等建筑多数都留存了下来，保存较为完好的是位于阿拜多斯和萨卡拉的墓葬。阿拜多斯的早王朝时期的王陵位于一片名为"乌姆·卡伯"（Umm el-Qaab）的区域，意为"陶器之母"。皮特里在20世纪初对这里的7座墓葬进行了发掘，京特·德赖尔等考古学家则对这片区域开展了进一步的考察。埋葬在阿拜多斯的1王朝国王包括阿哈、杰尔、杰特（Djet）、登（Den）、安尼杰布（Anedjib）、塞姆尔赫特（Semerkhet）、卡阿（Qa'a）以及登的母亲梅尔奈斯（Merneith）王后。墓室位于中央，四周建有贮藏室，以泥砖墙隔断。墓室上方曾建有封土堆，但未能保存下来。所有王陵均带有附属墓葬，有些可能为人殉，阿哈的王陵旁除了33位年轻男性的墓葬，还埋葬有7只狮子。随葬品虽早被劫掠一空，但德国考古学家依然在登的墓中发现了石制容器、刻字的小标签、可能用于家具镶嵌的象牙和乌木雕刻品，以及数百个储酒的罐子，足见葡萄酒作为随葬品的重要性。塞姆尔赫特墓中则发现了大量香膏的遗迹，这些香膏进口自巴勒斯坦地区，说明此时的王室已能使用奢侈品，也能开展成规模的长途贸易。除此之外，皮特里在杰尔墓中发现的一截手臂骨上戴有以黄金、绿松石、青金石、紫水晶等宝石制成的饰品，这证明当时的埃及王室能够从国外进口奢侈的原材料。

2王朝时期仅有最后两位国王埋葬在阿拜多斯，即帕瑞布森（Peribsen）和哈塞赫姆威（Khasekhemwy），其他王陵的所在地仍属未知，但在3王朝乔塞尔的阶梯金字塔附近，发现了2王朝的三位国王荷太普塞海姆威（Hetepsekhemwy）、拉奈布（Raneb）和尼奈特杰尔（Nynetjer）的印章痕迹，因此他们的墓葬可能位于萨卡拉。哈塞赫姆威的墓葬形制与 1 王朝的王陵差异较大，墓室由石灰岩建造，拥有长长的几列"贮藏室"，一些陶罐中存有水果和谷物。除了王陵以外，阿拜多斯的另一类纪念建筑是国王的"祭祀场"，其中保存最好的是哈塞赫姆威的祭祀场。这处场地长 124 米，宽 56 米，被 10—11 米高的泥砖围墙所环绕，场地中发现了圣所和熏香的遗存，以及用于祭祀的啤酒罐。在祭祀场的东北墙外，还发现了 14 艘木船，每艘长约 18—21 米，可能与国王死后的旅程有关。

在孟菲斯，早王朝时期的墓葬呈现出明显的阶层划分。1 王朝时最高级别的官吏埋葬于北萨卡拉，其中 3357 号墓可能属于阿哈的一位高官，其地上建筑划分为 27 个房间，并建有泥砖围墙。英国考古学家沃尔特·埃默里（Walter Emery）曾在 20 世纪 40—50 年代对这片区域进行发掘。在与萨卡拉隔河相望的赫勒万（Helwan），埃及当地的考古学家发现了超过 10000 座墓葬，墓葬的规模明显小于北萨卡拉，部分墓葬入口处出现了献祭的场景刻画。在埃及的其他地方也有早王朝时期的墓葬留存，例如三角洲的明沙特·阿布·奥马尔（Minshat Abu Omar）、塔尔汗（Tarkhan）和赫拉康波里斯。

早王朝时期的宗教建筑留存不多。1 王朝墓中的标签上出现了神庙或神龛的形象，

国王哈塞赫姆威的雕像，2 王朝，牛津阿什莫林博物馆藏

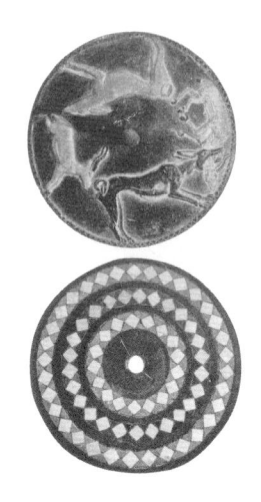

游戏盘，萨卡拉海玛卡（Hemaka）之墓出土，开罗埃及博物馆藏

篮子形状的石盘，萨卡拉贵族墓出土，开罗埃及博物馆藏

在上埃及的科普托斯，皮特里发掘出了三座前王朝时期的生殖神——敏（Min）神的巨像，神像高达4米，明显曾被用于宗教仪式。在荷鲁斯神的崇拜中心赫拉康波里斯，考古学家在一座18王朝的神庙下的奠基坑中发现了早王朝时期的遗物（著名的纳尔迈调色板、纳尔迈权标头和蝎王权标头即出自此处），此外还发现了数百个象牙雕件，以及人和动物的小雕像，其中两件象牙雕像上刻有纳尔迈和登的名字。

这一时期的文字材料多出自墓葬。考古学家们认为，最早的象形文字符号出现于阿拜多斯的U-j墓中的标签上，除此以外，还出现在国王印玺和盛放供品的陶器上，用来标注来自国王领地的物产和原材料。这时的国王已有了自己的"掌印官"，专门负责国王的印玺——1王朝的国王阿哈就留下了至少8枚印章。文字也用于记录国王统治的"年号"以及官员的名字和称号，一些记录可能与当时的税收有关。1王朝的记录中出现了国王财库的名称："白房"和"红房"。最后，文字也和图像一道，出现在诸如纳尔迈调色板这类的王家纪念物上。许多后世的埃及艺术品上常见的艺术法则在这一时期就已建立起来了：例如，国王的形象比其他人更大，图像按"格层"（registers）分布，以及按照"正面肩、侧面脸"的法则来刻画人物形象等。

与国家统一同步进行的，是埃及向西亚和努比亚的势力扩张。西奈半岛北部出土的陶器上发现了 0 王朝和 1 王朝国王的王名。在迦南南部的恩·贝索尔（En Besor）也发现了印有埃及王名的陶器。有学者经过对这些印鉴的分析，认为 1 王朝时恩·贝索尔是埃及的边境前哨站[16]。在努比亚，本地的"A 部人"（A-Group）在 1 王朝时销声匿迹，可能与埃及在努比亚的军事征服活动有关。在尼罗河第二瀑布附近的格贝尔·赛赫·苏黎曼（Gebel Sheikh Suliman）发现的岩画上描绘了埃及军队胜利的场面。

第四节　埃及最早的文字：阿拜多斯 U-j 墓的发现

关于埃及文字的起源，阿内特（William S. Arnett）、巴德（Kathryn A. Bard）、费希尔（Henry G. Fischer）等学者都做过专门的研究[17]。目前存在的主要分歧是：古埃及文字形成的时间、文字的产生与国家起源之间的关系、前王朝的陶器刻画符号与后来的文字之间有没有联系以及美索不达米亚文化对古埃及文字产生了什么样的影响。

近年来，德国考古所在阿拜多斯发现了埃及历史上最早的王陵——"00"王朝的墓区[18]，其中的 U-j 墓出土了大量的标签、陶器、印章等，上面的符号是了解早期文字的重要依据。下面将对其中的 186 个标签上的符号做一些分析，在释读的基础上，对其主要内容、反映的历史信息等进行探讨，对上述有争议的问题提出自己的看法，以期为古代早期文明的比较研究提供具体的例证。

一、遗址介绍

阿拜多斯在开罗以南 480 多公里处，这里最重要的史前遗址是乌姆·卡伯，它位处沙漠边缘，距尼罗河谷约 1.5 公里。乌姆·卡伯由三部分组成（见图 1）：1. 北，U 墓区，史前墓；2. 中，B 墓区，0 王朝和 1 王朝的王陵；3. 南，1 王朝的 6 个国王、1 个王后以及 2 王朝的 2 个国王的墓。

阿拜多斯的主要发掘者如下：1895—1898 年，阿姆利诺（E. Amelineau）；1899—1900 年，皮特里；1911—1912 年，皮特与纳维尔（E. Peet & E. Naville）；1973 年

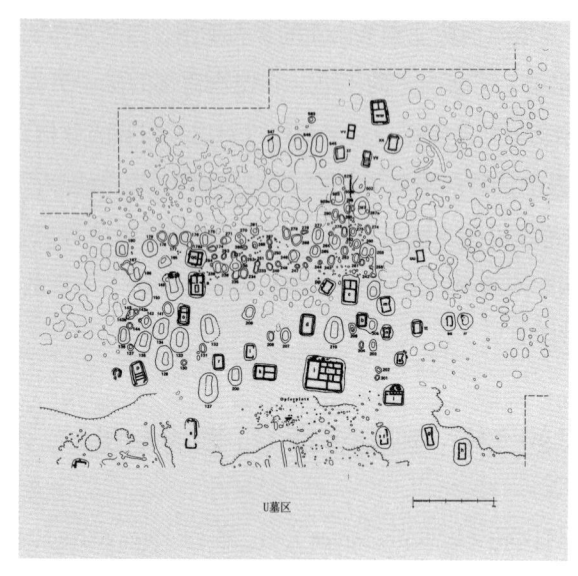

图1：阿拜多斯 U 墓区

至今，德国考古研究所（DAI）。

（一）U 墓区

在稍高的地带，阿姆利诺在 4 天内发掘了 150—160 座不同类型的墓；1911 年，皮特发掘了 32 座墓，但都没有详细的报告和记录。

德国考古研究所勘测了 400 个墓坑，迄今已发掘了其中的 300 多个，大部分在中部和南部。陶器是上埃及涅伽达文化时期的（约前 4000—约前 3000）。虽然也有几个随葬品较为丰富的墓，但总体上涅伽达 I—IIa[19] 的墓没有大的区别，几乎没有 D 类陶器。从 IId2 开始出现大墓，IIIa 时期多个墓室的墓和 IIIa—IIIb 时期只有一个大墓室的墓，其墓主很可能是 B 墓区的 0 王朝统治者的前任[20]。最重要的是 1988 年发现的 U-j 墓。它约有 12 个墓室，年代约在 1 王朝之前的一百五十年。虽然曾经被盗，且早前也被发掘过，它仍有丰富的随葬品，主要是：

——象牙制品、骨制品；

——175个标签（象牙或骨制），可能是系在布料上的，上有简短的符号；
——大量的埃及陶罐、约200个从巴勒斯坦进口的装葡萄酒的陶罐；
——一个木箱的残片；
——一个完整的象牙做的权杖。

标签上的符号数量从1到4个不等。上面的数字可能是布匹的尺寸；符号可能是各种产品的产地，个别的能读出来，提到了管理机构、王室地产及三角洲一些地方的名称，如布托和布巴斯提斯。

许多W-class（W为陶器分类编号）陶器上有黑色墨水写的符号，多数是1到2个符号。由该墓的规模、其丰富的随葬，特别是随葬品中的权杖来看，这很可能是个王陵。由于多处发现蝎子的符号——有时与一个表示植物的符号一起出现，读作"蝎王的地产"，因此很可能这是叫作蝎子的国王的墓[21]。

（二）U-j墓（见图2）出土的标签

在U-j墓共发现了186个骨制和象牙制标签，其中175个是德国考古研究所发现的，11个是早期的考古学家阿姆利诺和皮特里发现的。

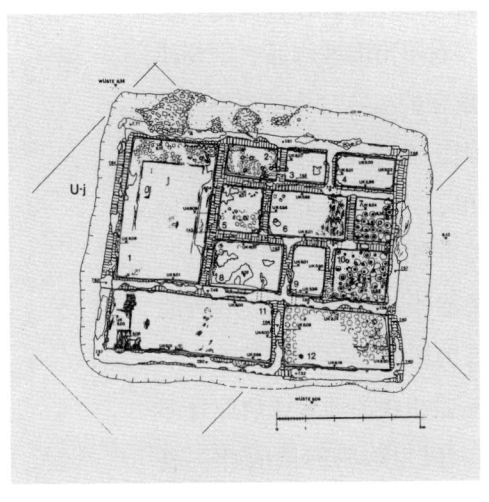

图2：U-j墓

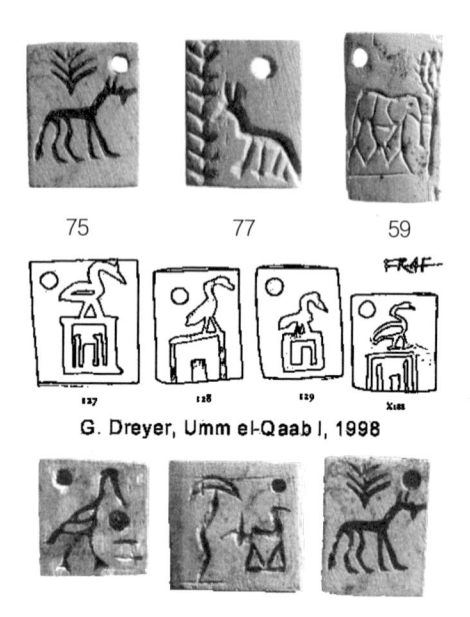

图3：U-j墓的骨制标签

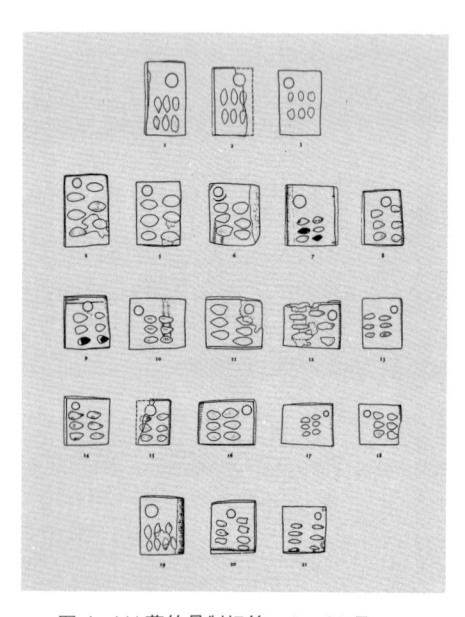

图4：U-j墓的骨制标签，1—21号

在U-j墓及其周围发现的标签最多，其次是在U-j以南处发现的。而U-j的标签又多集中在11号墓坑，属于U-j一期墓和二期墓的周围区域。在这个墓坑里没有发现陶器，只有其他随葬物品，其中一部分是装在木箱子里的，现在已经能证实的就有6个。这些标签最初就固定在那里。

多数标签的面积仅有1.5×（1.5—2.0）厘米，厚0.2—0.3厘米，其中20个象牙制的是2.0—3.7厘米高，1.5—3.2厘米宽，比其他标签大一些，质量也高些。大多数的标签高度大于宽度，少部分是长方形的，标签上的纹理几乎都是竖形的。大部分标签的表面经过了精心打磨，刻画的痕迹也很清楚（见图3）。

在标签的制作中，材料并没有特殊的讲究，看不出哪些物品一定要使用骨或者象牙的标签。骨制和象牙制的标签原则上没有大的区别，但后者看起来光滑、有亮度；此外，骨制标签的边侧略有点圆，有些小的裂纹，而且可以看清楚骨头的纹理。较为例外的是一个石头的标签，两面都有符号。

骨标签是用牛的肋骨或肩胛骨部分做成的，因为这些部位的骨头表面相对平整，适合做标签。有些标签

第三章 古埃及文明的起源　71

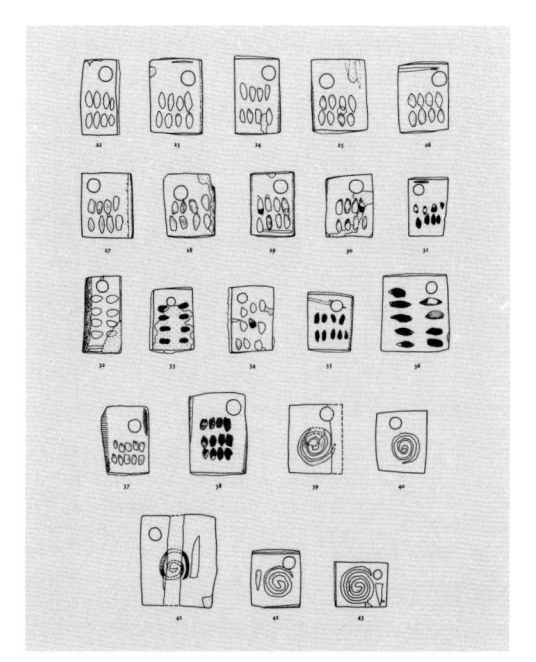

图 5：U-j 墓的骨制标签，22—43 号

图 6：U-j 墓的骨制标签，44—60 号

图 7：U-j 墓的骨制标签，61—81 号

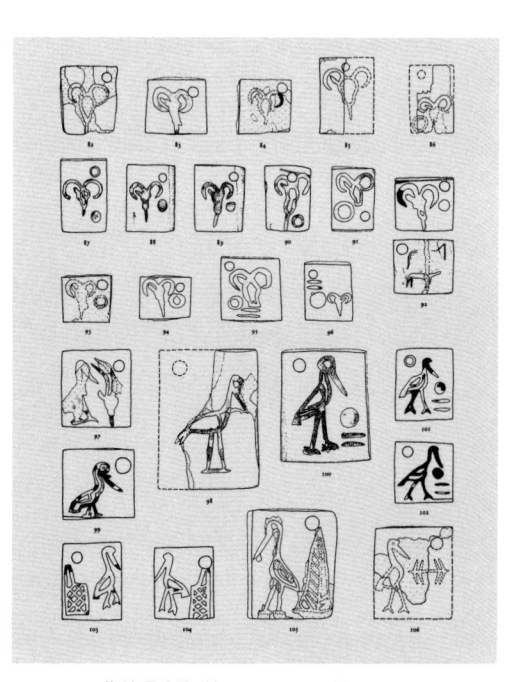

图 8：U-j 墓的骨制标签，82—106 号

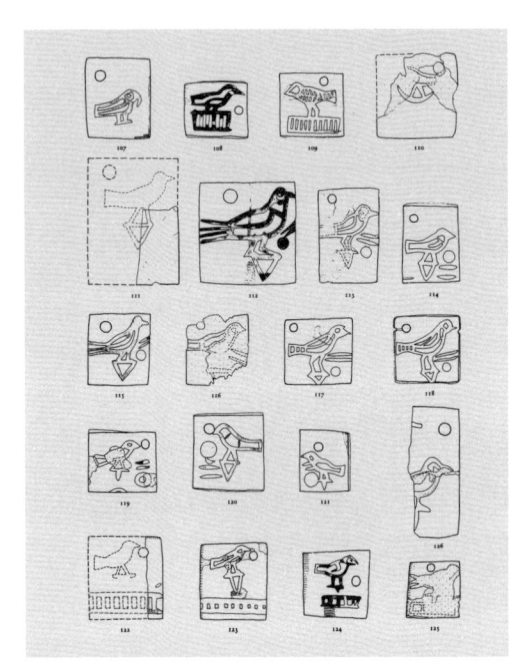

图 9：U-j 墓的骨制标签，107—126 号

图 10：U-j 墓的骨制标签，127—150 号

图 11：U-j 墓的骨制标签，151—164 号

图 12：U-j 墓的骨制标签，X180—X190 号以及 191、192 号

（9、23、26、142、143）的边侧有细小的划痕，这可能是当时的工匠从大块骨头上选材时寻找平整部分时留下的痕迹。此外，如果锯槽选得不准，或者需要两边都锯断时，都会留下痕迹。

选好材料后，接下来的步骤是在骨板上刻上符号，然后再涂上颜料。可以看出，笔画有固定的规则，仔细看能发现许多标签上的刻画是出自同一个工匠之手。在一些标签上还可以看到草图线的痕迹，以及改笔的痕迹，如119上，在下方有一个鹰头的形状，显然是工匠最初选的位置太低，后来放弃了。

标签上的刻画深约0.05厘米，是V状的横面裂缝。刻画后涂上黑色的颜料，多数标签上都可看到颜料的痕迹，有些标签刻画上的颜料还是保存完好的。有时会发现少量颗粒状颜料，是混合了黏合剂的木粉。

同样，在标签上钻孔也是关键的步骤。这些标签最初都是系在物品上的，所以钻孔有非常实际的作用。一些标签上可以看出钻孔时在孔的周围留下的一圈痕迹，6号标签的痕迹就比较明显。此外，91的下面、108的右边和124的中间都有。这些钻孔常常是在标签的右上方，很少在左上方或者上方的正中间，极少数在标签的侧面。有些标签的钻孔有缺损（58、69、90）。

普遍来讲，U-j的标签只有一面有字，只有极少数标签两面有字（58、138、144）。有三个标签很明显是二次利用的：59、92、156。其中59是由一个原来更大些的标签改造后再使用的，可以看出工匠在正面重新打出了较小的框线，但最后还是决定在背面写上新的内容。92、156是直接在背面写上新的内容，但可以看出标签已经磨损得很严重，是二次使用的结果。由此可见，这些标记物品的标签绝不仅是王室独家使用，而是当时普遍使用的一种方式[22]。

除了只有数字的标签外，总共有约50种不同类型的符号（见图4—图12）。

二、U-j 墓早期文字评析

（一）语言学

有人认为U-j墓标签上的符号是所标记物品的写实符号[23]，这种观点是非常荒谬的。首先，它无法解释为什么符号中有门框（160—163）、木棍和鱼叉

(136、144)等；其次，有多种动物、植物和建筑物的符号，而且有多种不同的组合，所以不可能是物品的象形表现。

更为可信的解释是，不同的管理机构以器皿上的符号来标记物品的产地、数量，以便进行登记和管理。从王室经济事务的多样性来看，可能反映的是阿拜多斯周边的一些地区，都城已经成为重要的经济中心，并建立起对其他地区的控制。

骨制标签在一般的商品贸易关系中并没有被普遍应用，仅限于贵重物品。在物品交换和运输中，通常贵重物品使用骨制和象牙制的标签，普通的物品使用木制标签。现已证明标签上的刻画符号多数与王朝时代的象形文字符号一致，而且符号的排列方向也是后来常见的，这一点是一目了然的。因此，标签上的符号已经是可以阅读的文字符号，而绝非象形符号或记号。

这种看法可以通过"133—135""142—143"两组标签来证明。在"天空+闪电"的符号组合旁边，两次出现了"山顶上的蛇"的图案，还有一例是"山顶上的蛇"后面跟着朱鹭鸟，另有两例是朱鹭站在山上。蛇的符号只是起到山这个符号（dw）的辅音补充作用，强调 d 的读音，这说明表音符号已经出现了。

另外一个证据是，"镰刀+闪电"的组合是后来的"天空+闪电"的前身，grh（夜晚、黑暗）跟在 j3hw（光明、太阳光）的后面表示"黑暗之山"和"光明之山"，即西方和东方，因为太阳从西方落下，由东方升起。这种组合的使用几乎不可能是偶然的，只能说是有意识的引申。

事实上，地名在这些符号出现之前就已经存在了，它们的读音赋予这些符号以音值。此外，地名或城市名的限定符号也出现了，如 44、X183 上的圆环，与"城市调色板"上面的城市限定符号几无二致。

标签上"树+动物"这一组合，使用的也是它们最初的读音，根据同音异义的规则把它们作为标记物品的文字符号。

但释读这个时期的符号和符号组合确实有很大的困难。有时很难判断它们是表意符号、表音符号，还是只是限定符号，尤其是单独出现的符号，以及出现次数较少的符号。

（二）与王朝时期标签的关系

小标签已经被证实是纳尔迈时代的标签的前身，这些后来的标签多数是用象牙、骨、乌木和其他木材做的，也是在墓中出土的，在上面刻画上或者用墨水写上符号作为标记。它们常常是出现在旧货上面，日期通常是运送货物的那一年（年鉴板），而且还写上当时国王的名字。卡普洛尼（P. Kaplony）将这些标签分为下列四种类型：

1. 年鉴标签，上面有国王的名字以及每年发生的大事。
2. 庆典标签，上面有国王的名字，只列举一件大事，在当时是以重大事件来纪念的。
3. 简短的年鉴标签，上面只有国王的名字。
4. 纯粹的标签，上面只有物品或者产地的名称。[24]

在年鉴标签上几无例外都有油的名称，其次是它们的产地、数量及负责官员的名字。在纯粹标签上，油也是出现最频繁的产品。在一些年鉴标签和庆典标签的背面标记着谷物、布匹和少数几种其他物品。

一个特别的例子是在3王朝的塞赫姆赫特（Sekhemkhet）的金字塔里发现的有物品清单的标签。在布匹产地、物品名称的标签上，总是发现有钻孔，德国埃及学家赫尔克（Wolfgang Helck）认为这可能是拴小的计数标签用的。这些标签起到了财产登记的作用，在需要时，通过计算标签的交换来记录财产变化情况。

有些年鉴标签和庆典标签两面都有符号，背面标记的是凉鞋等物品。赫尔克认为，这表明这些标签是二次利用的。他认为："这表明每年他们都登记每一种物品，建立起一个登记簿，而在每年的年底，这些登记簿会成为'废纸'，然后这些标签会被再度利用。作为包装的标记，人们在它们的背面写上新的内容。"[25]

U-j墓发现的象牙和骨标签可以说是最早的"纯粹标签"。

图 13：开罗埃及博物馆收藏的在萨卡拉发现的"陶筹"

三、近东贸易网络

U-j 墓的发现从两个方面为当时近东地区的贸易网络的存在提供了重要的新证据。首先，在这个墓中发现了约 200 个巴勒斯坦地区的陶罐，是装葡萄酒用的，证明尼罗河谷地区与其他地区存在贸易或交换关系。其次，墓中发现的 186 个标签上的符号有许多是地名，有的是三角洲地区的重要城市，这些地名出现在标记物品的标签上，最大的可能是表明产品的产地，证明了当时专业分工的形成和地区间交换关系的存在。

此外，笔者将 U-j 墓的早期文字与美索不达米亚的早期文字进行了初步的比较，发现有部分符号非常相似。因此，在进一步的研究中，将会覆盖到前王朝陶器、印章、调色板等纪念物上的符号，以期得到系统的了解。

如果这两个地区有远程贸易关系，它们一定有着某种交流方式，可以互相理解。如果这种贸易交往是远距离的，可能要通过中间人或中转地，那么货物和容器上的符号必须是明确和固定的。沃尔特·埃默里在萨卡拉发现的器物中，有一些被描述成"棋子"的，它们直径约 10 厘米，中间有一个孔，一根 15 厘米长的尖顶棍子穿过了这个孔（见图 13）。从形状和风格看，很像施曼特–贝瑟拉（Schmandt-Besserat）所研究的美索不达米亚的陶筹。[26]

近年来的考古发现从其他方面证明了埃及与近东之间的贸易关系。在恩·贝索尔，特拉维夫大学发掘出一些印章印记，由纽约城市大学的舒尔曼（Alan R. Schulman）发表。共发现了 90 块 1 王朝或者早王朝时期的碎片，部分碎片可能曾是装陶筹的套子，因为它们也出现在之前发现的其他印章印记上。它们都有埃及风格的图案。岩石相分析已经证明它们是用巴勒斯坦的黏土而非埃及尼罗河的泥制作的。因此，舒尔曼认为，这些碎片的产地是迦南，而制作者是埃及人，表明在巴勒斯坦可能有个埃及的商站。[27]

巴德与波士顿大学合作发掘纳格·哈马迪（Nag Hammadi）的遗址。在这里发现了一个泥制印章的碎片，这种类型的印章表明在当时的地区贸易或者远程贸易中存在着贵重物品的交换，哈桑（Fekri A. Hassan）则在这里发现了一个写着"金子"一词的象形文字的印章，说明在这个遗址金子是非常重要的物品。在玛阿迪发现了产自巴勒斯坦的陶器和矿物，如黑曜石、青金石、沥青和树脂，这些都是必须通过贸易来交换的，因为埃及尼罗河谷地区并没有这些[28]，但尼罗河地区有丰富的生活资源和其他的生矿，如雪花石、大理石和黄金等，可以用来交换。

这种观点也为其他学者[29]所证实，他们推测这种情况可能是某地区的工匠到了另一个地区，带去自己的风格和手艺的结果。这个事实可能也可以解释为什么有些埃及的陶器刻画符号与美索不达米亚的陶筹有同样的图案。

在关于圆柱印章的著述中，多米尼克·科隆（Dominique Collon）提出苏萨（Susa）、叙利亚和埃及之间存在着贸易往来。[30] 他认为，这些贸易活动的路线是经波斯湾、阿拉伯半岛和陆路到达地中海的。他认为，在文字处于发展阶段的这个时期，埃及陶器上的艺术模式与美索不达米亚的是类似的。这些模式基本上是：纳尔迈调色板上双颈交缠在一起的怪兽、几排站立的动物、中间有钻孔的纪念物、相似的印章。对科隆来讲，这些在迪亚拉（Diyala）、巴格达北部、叙利亚、苏萨以及埃及发现的图案是贸易交换的证明。例如，青金石在整个中东常常是用来交换黄金的，这一点在考古发现中已被证实。[31]

从埃及出口到美索不达米亚的日用品可能有生矿，如从赫勒万后面的东部沙漠的哈特纳布（Hatnub）矿区开采的雪花石，从法雍地区开采的玄武岩，从东部沙漠、阿斯旺和努比亚开采的闪长岩等;又如,在上埃及艾什纳附近开采的角砾岩,在西部沙漠开采的白云石,在哈玛马特干河谷开采的片岩和火山岩灰,在红海沿岸开采的大理石和斑岩,以及在东部沙漠开采的紫色斑岩和同样来自东部沙漠的蛇纹岩、无色水晶。还有在西奈开采的其他生矿,如铜、孔雀石和绿松石。此外还出口石制器皿和贵重石材,如玛瑙、缟玛瑙、紫水晶、红玉髓、玉髓、绿长岩和红玉石,这些可以用来换取青金石。[32] 最后一种石材是埃及的稀有资源,也是神庙建造中最需要的。

史密斯(H. S. Smith)认为美索不达米亚和埃及艺术中的对应性或相似性太大了,不可能仅仅是文化上的类似,他倾向于将其称为"通过贸易而产生的文化上的相互影响"[33]。无疑,巴勒斯坦也在埃及前王朝的文化共生现象中起到一定的作用,因为也在早期遗址中发现了巴勒斯坦风格的器皿。既然滚印是石头器皿的附属发展品,那么,美索不达米亚和埃及之间在陶器制作风格上的相互影响可能是印章制作信息交流的开始。最早的石头器皿是涅伽达一期的,埃及的石头器皿在美索不达米亚和伊朗都有发现。这些石头器皿所用的石材不是从美索不达米亚开采的。这些事实意味着要么是这些器皿,要么是制作它们的石材是进口的。在乌拜德(Tell al-Ubaid)发现的石头器皿是用闪长岩、雪花石、白色石灰石、角砾灰石灰石、蛇纹岩和皂石做成的,所有这些生矿在埃及都有。[34]

史蒂文森·史密斯(Stevenson Smith)认为[35],非洲西部贸易的发展对于社会分层起着重要作用,因为这种贸易发展是居民迁徙推动的。公元前5世纪后,随着西部沙漠逐渐干涸,居民开始迁徙到河谷地带。随着城镇的发展,居住地和贸易的扩展激发了为争夺贸易通道和资源而产生的冲突,其结果是军事领袖和城邦间纷争的出现。这些城镇之间发生冲突的证据是双层厚城墙的建造,例如涅伽达南城的泥砖围墙,以及皮特里在迪奥斯波里斯·帕尔瓦(Diospolis Parva)发现的有城墙的城镇模型。

如上所述,这个时期的埃及也开始建立了与近东其他地区的贸易关系。在这个贸易系统中,城镇逐渐融合,酝酿着埃及最终的统一。这种文化和经济上的交流导致信息的交流,以及由此而产生的新观念的传播和接受。从这一点来说,埃及与西亚在社会发展以及国家的形成上有很高的可比性。

注 释

[1] 此年表的依据是：Ian Shaw, *The Oxford History of Ancient Egypt*, Oxford University Press, 2000。

[2] 现藏于布鲁克林博物馆，编号 07.447.505。

[3] David A. Warburton, *State and Economy in Ancient Egypt*, University Press Fribourg Switzerland, Vandenhoeck & Ruprecht, 1997, p.46.

[4] Ibid.

[5] Ibid.

[6] Ibid., p.51.

[7] Ibid., pp.51–57.

[8] Ibid.

[9] Ibid., p.39.

[10] 这里我们应注意到，由于地处沼泽地，北部埃及的遗址保存较少，但这并不说明这个地区比南部落后，文明的起源在上下埃及也有可能是同步的。

[11] 参 Guy Brunton, "The Predynastic Town-site at Hierakonpolis," in *Studies Presented to F. Ll. Griffiths*, 1932, pp. 272–276。

[12]《重构古埃及》，Ian Shaw 著，颜海英译，外语教学与研究出版社，2007 年，第 237—238 页。

[13] Donald Redford, *Pharaonic King-Lists, Annals and Day-Books: A Contribution to the Study of the Egyptian Sense of History*, Benben Publications, 1986, p. xix.

[14] 巴里·克姆普（Barry J. Kemp）著，穆朝娜译，《解剖古埃及》，浙江人民出版社，2000 年，第 62 页。

[15] Miriam Lichtheim, *Ancient Egyptian Literature, Volume I : The Old and Middle Kingdoms*, University of California Press, 2006, p.53.

[16] 参 Kathryn A. Bard, *An Introduction to the Archaeology of Ancient Egypt*, Wiley-Blackwell, 2007。

[17] 参见 Henry G. Fischer, "The Origin of Egyptian Hieroglyphs," in *The Origins of Writing*, Wayne M. Senner(ed.), University of Nebraska Press, 1989；William S. Arnett, *The Predynastic origin of Egyptian hieroglyphs*, University Press of America, 1982；Kathryn A. Bard, "Origins of Egyptian Writing," in *The Followers of Horus: Studies dedicated to Michael Allen Hoffman*, Renée Friedman and Barbara Adams(eds.), Oxbow Books, 1992, pp.297–320。

[18] 是指埋葬在阿拜多斯乌姆·卡伯的 U 墓区的统治者的家族成员，他们可能是 0 王朝国王的前任。

[19] a、b、c 等为每个分期下的序列号。

[20] Günter Dreyer, "Umm el-Qaab: Nachuntersuchungen im frühzeitlichen Königsfriedhof 5./6. Vorbericht," *MDAIK* 49 (1993), pp.24–61.

[21] Ibid.

[22] Günter Dreyer: *Umm el-Qaab, 1, Das prädynastische Königsgrab U-j und seine frühen Schriftzeugnisse*, Zabern, 1998, pp.136–137.

[23] Ibid., p.145.

[24] P. Kaplony, Jahrestafelchen in *Lexikon der Ägyptologie, Band III*, Wolfgang Helck und Eberhard Otto, Otto Harrassowitz · Wiesbaden, 1980, pp.237–238.

[25] Ibid.

[26] Walter B. Emery, *Excavations at Saqqara, 1937–1938: Hor-aha*, Government Press, 1939, p.87.

[27] Alan R. Schulman, "Still More Egyptian Seal Impressions from En Besor," in *The Nile Delta in Transition: 4th-3rd Millennium B. C.*, 1992, pp.178–188.

[28] A. Lucas and J. R. Harris, *Ancient Egyptian Materials and Industries* (4th editon), Edward Arnold, 1962, p.116.

[29] Henry G. Fischer, "The Origin of Egyptian Hieroglyphs," in *The Origins of Writing*, 1989.
　Henri Frankfort, *Kingship and the Gods: A Study of Ancient Near Eastern Religion as the Integration of Society and Nature*, University of Chicago Press, 1948.
　Elise J. Baumgartel, *The Cultures of Prehistoric Egypt*, Oxford University Press, 1955.

[30] Dominique Collon, *First Impressions: Cylinder Seals in the Ancient Near East*, University of Chicago Press, 1988, p.16.

[31] Ibid.

[32] A. Lucas and J. R. Harris, *Ancient Egyptian Materials and Industries*, p.128.

[33] H. S. Smith, "The Making of Egypt: A Review of the Influence of Susa and Sumer on Upper Egypt and Lower Nubia in the 4th Millennium B. C.," in *The Followers of Horus: Studies Dedicated to Michael Hoffman*, pp.23–46.

[34] Dominique Collon, *First Impressions: Cylinder Seals in the Ancient Near East*, pp.16–135.

[35] Stevenson Smith, *The Art and Architecture of Ancient Egypt*, revised by William Kelly Simpson, Yale University Press, 1998, pp.235–246.

第四章

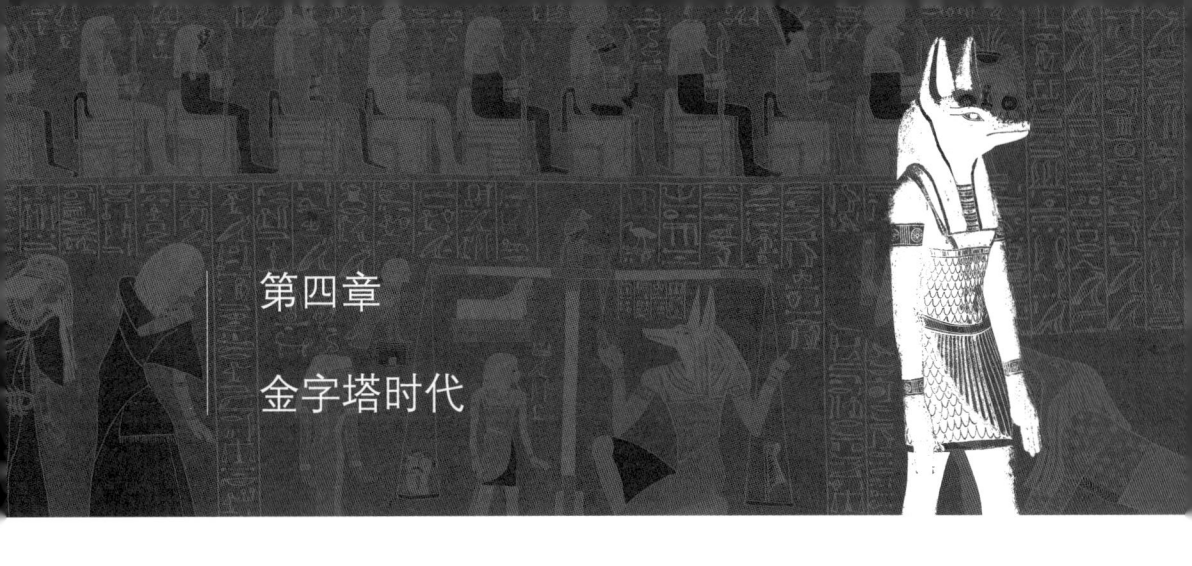

金字塔时代

第一节 古王国时期的物质遗存与文献记载

古王国时期即曼尼托纪年中的3—8王朝，这个时期虽然由早王朝发展而来，却代表着埃及国家发展过程中一个质的飞跃。在这期间，埃及最终完成和巩固了政治上的统一，专制王权发展到了顶峰。

随着王权的进一步加强，古王国时期的国王们开始选择一种全新的墓葬建筑——金字塔，来作为自己的长眠之处。最早的金字塔是3王朝的乔塞尔的阶梯金字塔，位于萨卡拉。这座6层建筑最初可能是由传统的马斯塔巴[1]墓扩建而来，对它的考察始于19世纪早期。在20世纪，法国建筑学家让-菲利普·劳尔（Jean-Philippe Lauer）通过发掘重现了整个建筑的原貌。阶梯金字塔底面约为121×109米，高60米，整个建筑群占地约15公顷。在金字塔北面建有国王的神庙和雕像屋（serdab）[2]，东南面则是国王举行赛德节的空地，建有多座神龛式的建筑，但这些建筑仅为石制模型，可能在建设完成后就被立刻埋葬了，以便国王在来世使用[3]。在金字塔南侧的"南墓"（South Tomb）中发现了描绘乔塞尔参加赛德节领土仪式的浮雕。金字塔地下建有走廊和储藏室，出土了大量的石制器皿（约40000件），其中一些上面刻有1王朝、2王朝时的王名。3王朝的高官也多葬于萨卡拉，采用的是仿照2王朝样式的泥砖马斯塔巴墓。1860年，奥古斯特·马里埃特对其中一些墓葬进行了考察。此外，在阿拜多斯西北的贝特·卡拉夫（Beit Khallaf）也发现了3王朝的大型马斯塔巴墓。

乔塞尔金字塔，3 王朝

　　4 王朝的斯奈夫鲁王（Sneferu）修建了三座金字塔。第一座位于麦杜姆（Maidum），内部为阶梯状，外层覆盖有图拉石灰岩，部分学者认为其始建于 3 王朝，但已经有了部分标准金字塔建筑群的构成元素：入口在北面，有向下的甬道，东侧有一座小祠堂，还有连接河谷的通道（但未发现河谷庙）。另外两座金字塔位于达舒尔（Dahshur），即北面的"红色金字塔"和南面的"弯曲金字塔"，后者有了最早的配套河谷神庙，而前者从外观上则更接近后来的"真金字塔"。斯奈夫鲁的儿子胡夫在萨卡拉以北的吉萨高地建造了著名的大金字塔。根据马克·莱纳（Mark Lehner）主持的"吉萨高地测绘项目"，大金字塔本身占地约 5.3 公顷，底边长 230.3 米，每条底边相差不超过 4.4 厘米，初始高度为 146.7 米，旁边有河谷神庙（位于现代村镇地下，未发掘）、通道和祭庙。1954 年，在大金字塔的南侧还发现了两处长方形陪葬坑，埋有两条雪松木船，其中一条已修复，长43.3 米，现陈列于新建的大博物馆。在大金字塔的西南侧，矗立着哈夫拉（Khafra）和门卡拉（Menkaura）两位国王的金字塔。哈夫拉金字塔高143.5 米，内部设计比胡夫金字塔要简单，仅有一个墓室，但其位于金字塔东侧的祭庙则大得多，拥有前厅、柱厅、5 个放置国王雕像的壁龛、储藏室以及最内部的圣所，后来这成为所有王室祭庙的范本。哈夫拉的河谷神庙的 T 型大厅保存较完好，其中发现了 22 个雕像底座，以及一座哈夫拉本人的坐像。河谷神庙的北侧还有斯芬克司神庙，后者西侧即是著名的狮身人面像。门卡拉的金字塔仅高约65 米，金字塔本身、河谷神庙和祭庙均有部分尚未完成或以泥砖匆忙修建而成的。乔治·赖斯纳在 20 世纪早期对门卡拉金字塔的河谷神庙和祭庙进行了详细考察，包括进行绘图、拍照和做田野记录。他还在祭庙中发现了一座门卡拉雕像的碎片，在河谷神庙则发现了著名的门卡拉、哈托尔和诺

哈夫拉雕像，4 王朝，开罗埃及博物馆藏

门卡拉雕像，4 王朝，开罗埃及博物馆藏

姆女神的"三神像"。

在吉萨还发现了多处金字塔工匠村，其中最大的是马克·莱纳在门卡拉河谷神庙东侧发现的，包括4排带有泥砖围墙的狭长排房以及可能供监工居住的独立泥砖房，可能曾有1600—2000名工人在此居住。1991年，在这片区域还发现了一座面包房，以及处理鱼的痕迹。莱纳还在哈夫拉金字塔西面发现了王家工坊的所在地，出土了雕刻师使用的模型、雕像碎片和雕刻工具等。此外，20世纪30年代，在4王朝后期的肯塔卡维斯（Khentkawes）王后的马斯塔巴墓附近也发现了泥砖建造的房屋，可能曾供与王后祭祀相关的人员居住。

大金字塔的东侧和西侧发现了多位4王朝高官的马斯塔巴墓，东侧最大的墓葬之一属于宰相（维西尔）安可哈夫（Ankhhaf），从中出土了其本人的胸像。西侧墓地则发现了大金字塔的设计师、宰相海姆尤努（Hemiunu）的坐像。哈夫拉和门卡拉的王室成员的岩凿墓位于南面，靠近他们的金字塔。在吉萨的一些官员墓的墓室或竖井的底部，考古学家们发现了被称为"备用头"（reserve heads）的石灰岩头像，但未发现身体的其他部分，因此他们认为这些头像具有替代亡者木乃伊头部的作用，也许还有其他宗教或政治含义。1925年，在胡夫金字塔附近发现了胡夫的母亲荷太普赫瑞丝（Hetepheres）王后的墓葬。墓葬保存完好，从中发现了大量包金的木制家具碎片，经过仔细的记录后，这些家具得以复原，包括带有扶手的座椅、床、头枕等，还出土了镶嵌玉髓、青金石和绿松石的银手镯。在吉萨的另一片区域，扎西·哈瓦斯（Zahi Hawass）发现了数百座金字塔监工、艺术家和工匠的墓葬，陶器和铭文显示其年代可追溯至4王朝和5王朝，但由于地位较低，墓主的遗体并未制作成木乃伊，而是多采用屈肢葬的形式。

5王朝出现了一种用于崇拜太阳神拉的新型神庙。有少量证据显示，可能有一座更早的太阳神庙位于赫里奥波里斯。到5王朝时，这种神庙成为主流，铭文显示有六位国王修建了自己的太阳神庙，虽然考古学家仅发现了其中两座的遗址。这两座太阳神庙分别属于5王朝的第一位国王乌塞尔卡夫（Userkaf）和第六位国王纽塞拉（Nyuserra），位于阿布西尔（Abusir）西北方的阿布·古拉布（Abu Ghurab），保存状况不佳。纽塞拉的太阳神庙于20世纪初由德国考古学家发掘，和金字塔一样，这座太阳神庙也带有一座小型的河谷神庙，与主神庙之间有通道相连。不同的是，神庙的核心并非墓葬，而是本本石（benben），且拥有敞开式的庭院和供桌。在神庙南侧发现了一座小祠堂和所谓的"季节之屋"（Room of the Seasons），因其浮雕中描绘了两个季节的自然景象而得名。

5 王朝的第一位国王乌塞尔卡夫的金字塔位于萨卡拉，之后的 4 位国王和 1 位王后则将金字塔修建于萨卡拉以北的阿布西尔，在此地还发现了记载神庙节庆、人员安排以及每日供给的"阿布西尔纸草"（P. Abusir）。在 5 王朝最后一位国王乌纳斯（Unas）的金字塔里首次出现了《金字塔铭文》，以圣书体文字铭刻于墓室的墙壁上，目的在于保护和协助国王完成前往来世的灵魂转化。6 王朝国王的金字塔也位于萨卡拉，包括北边的太提（Teti）金字塔，以及南边的培比一世（Pepi I）、麦瑞拉（Merenra）和培比二世三位国王的金字塔，以及 3 位王后的金字塔，内部均刻有《金字塔铭文》。培比二世的金字塔东侧也配有祭庙、通道与河谷神庙，祭庙与通道有浮雕装饰。

5 王朝之后的王室成员和高官的马

国王乌塞尔卡夫雕像头部，5 王朝，开罗埃及博物馆藏

侏儒大臣塞内伯（Seneb）一家，5 王朝，开罗埃及博物馆藏

赫西尔（Hesire）墓室的木制浮雕，3王朝，开罗埃及博物馆藏

伊太提（Iteti）假门，6王朝，开罗埃及博物馆藏

斯塔巴墓一般位于国王的金字塔附近。墓中有多个房间，雕像屋中通常放置有夫妇二人以及子女的雕像。个别位于萨卡拉的马斯塔巴墓中葬有多个家庭成员，拥有多达 40 个带浮雕的房间。装饰墓葬的浮雕为日常生活的场景，包括耕种、猎鸟、捕鱼、制作手工品等场面，以及排成队列的、携带各色供品的仆从。墓主的形象比其他人要高大得多，以突出其身份地位。墓中也会随葬食物或食物模型，乃至珠宝

"村长像"，5 王朝，开罗埃及博物馆藏

首饰，但后者往往早已被盗，只留下浮雕中的形象记录。墓中一般有一个至多个"假门"（false door），假门上方饰有墓主在供桌前的坐像，以及"献祭套语"（hetep di nesu），假门四周则刻有墓主的头衔、姓名等身份信息，以确保墓主的"卡"享用其供品。[4] 在阶梯金字塔以北发现了多个保存完好的马斯塔巴墓，包括 5 王朝的高官提（Ti）之墓，6 王朝的麦瑞汝卡（Mereruka）和卡格姆尼等贵族的墓葬等。[5]

5 王朝中期之后，地方上的高官或诺姆长官通常葬在当地。在北阿拜多斯，密歇根大学的考古学家发现了地方官员温尼（Weni the Elder）的马斯塔巴墓。在上埃及象岛的库贝特·哈瓦（Qubbet el-Hawa），发现了大量古王国时期的岩凿墓，包括麦瑞拉和培比二世时期的努比亚远征队队长哈胡夫（Harkhuf）的墓葬。德国考古队还在象岛发现了古王国时期的城镇遗迹。此外，在与阿拜多斯隔河相望的纳加·代尔（Naga el-Deir）发现了从古王国早期到后期的墓葬，墓葬的形式依照墓主地位的不同而呈现出多样化的趋势，从泥砖马斯塔巴墓、岩凿墓到最简单的坑墓均有发现。1920 年，英国考古学家在法雍地区的麦地奈特·古罗布（Medinet Gurob）也发现了古王国时期的墓葬，葬有 156 人，多为屈肢葬，仅在 7 座墓葬中发现了棺木的痕迹。

古埃及文学中的多种文体都萌芽于古王国时期，首先是以《金字塔铭文》为代表的墓葬文献。考古学家在萨卡拉的 5 座 5 王朝 6 王朝国王的金字塔中发

现了这些铭文，铭刻于放置石棺的墓室以及相连的走廊和房间中。这些咒语的目的是确保国王顺利完成灵魂的转化和复活。每段咒语均有开场词，因而可以清晰地辨认出开头和结尾，其中，乌纳斯金字塔中就发现了共计 283 条咒语，加上 6 王朝出现的内容，咒语的数量超过了 800 条。《金字塔铭文》最早由库尔特·泽特（Kurt Sethe）收集整理，其英文版由詹姆斯·艾伦（James P. Allen）翻译出版。除了国王专用的《金字塔铭文》外，5 王朝官员的马斯塔巴墓中还出现了祈祷文和墓葬自传。祈祷文具有标准格式，其内容主要是与供奉相关的"献祭套语"，并祈祷墓主得到西方死者国度的接纳。墓葬自传在 6 王朝时篇幅变长，除了记载墓主一生的成就外，还加上了墓主的种种德行，譬如扶弱济贫、孝敬父母、扶助兄弟等，其目的是以文字刻画墓主的形象，使其在来世同时也在人们的记忆中得到永生。著名的墓葬自传包括宰相卡格姆尼的自传、6 王朝的尼弗尔 – 塞舍姆 – 拉（Nefer-Seshem-Re）的自传、阿拜多斯的地方官员温尼的自传以及远征队队长哈胡夫的自传等。

发源于古王国的另一类文学作品是"教谕"（埃及语称为 sebayt，即"教导"），又被学者们称为"智慧文学"。这些作品往往假借古王国著名的圣人的名号，以父亲教导儿子的口吻，向阅读者传播关于伦理道德和社会规范的种种观念，这些观念以一段段箴言的形式呈现，最终形成合集。由于留存下来的多是中王国和新王国时期的抄本，教谕的具体年代很难断定，只能凭借措辞和行文风格推测。现存的古王国教谕包括最初创作于 5 王朝的《哈杰代夫的教谕》（The Instruction of Hardjedef）和最初创作于 6 王朝后半期的《卡格姆尼的教谕》（The Instruction addressed to Kagemni）以及《普塔荷太普的教谕》（The Instruction of Ptahhotep）。[6]《哈杰代夫的教谕》借用 4 王朝国王胡夫的儿子哈杰代夫之名，讲述了一个人成家立业、修建自己的墓葬的重要性，但文献本身仅有开头的段落残存，保留于新王国的 9 块陶片以及后期埃及的 1 块木碑上。《卡格姆尼的教谕》是某位不知名的圣人留给一位名叫卡格姆尼的宰相的教诲，后者相传侍奉过 3 王朝的胡尼（Huni）与 4 王朝的斯奈夫鲁两位国王。这篇教谕发现于中王国的普利塞纸草（P. Prisse）上，仅有最后几段留存。《普塔荷太普的教谕》的完整版同样发现于这份纸草上，另外还有两份纸草抄本收藏于大英博物馆，

米特里（Mitri）雕像，5王朝末—6王朝初，开罗埃及博物馆藏

一份抄本（Carnarvon Tablet I，开罗埃及博物馆）抄写于木碑上。这也是三篇教谕中最长的一篇，包含37段箴言，以及序言和结语。教谕的内容涉及各种为人处世的规范以及人应当具备的品行，如克制、谦逊、善良、慷慨、公正等，强调应当使自己成为平和而非好斗的人。

出自古王国时期的还有埃及最古老的年鉴——《帕勒莫石碑》。石碑本身的发掘地已不可考，另有几块残片可能发现于孟菲斯和埃及中部。与国家管理相关的纸草主要出自阿布西尔和格贝林（Gebelein），由保罗·波瑟内-克里格（Paule Posener-Kriéger）等人编译。2013年，考古学家们发掘了一处古王国时期的港口（位于加尔夫干河谷[Wadi el-Jarf]），发现了一位名叫美尔（Merer）的官员的"工作日志"，这份纸草记载了从图拉采集石灰岩用于吉萨大金字塔建设的相关内容。

在宗教方面，著名的《孟菲斯神论》可能也出自这一时期。在文献本身的记述中，25王朝的国王沙巴克（Shabaqo）在普塔神庙中发现了一份虫蛀的古王国纸草或皮革手稿，遂下令在石碑上将其复刻。有学者认为这篇文献的语言的确为古王国风格，接近《金字塔铭文》，因此确为古王国时期的作品[7]。文献中首先讲述了荷鲁斯与塞特的争端，随后讲述了普塔经由"心"与"舌"创世的故事，奠定了孟菲斯作为宗教圣地和政治中心的地位。

第二节　金字塔与再分配制度

大规模石建筑的兴建，证明了国王征集全国的人力、物力资源并加以组织的能力，是专制王权强大和经济发达的标志。4王朝的物质文明达到了古王国时期的顶峰，也是埃及历史上王权强盛的黄金时期。

金字塔的修建使一个庞大的官僚机构发展起来，其主要任务就是为王室工程征集、组织和管理人力物力资源。被称作"国王所有工程的监督者"的官员要负责这些建筑工作的每个阶段的设计、劳力组织及监督。在4王朝，这一职位主要由王子来担任。此外，有大批书吏负责具体的管理工作，如对建筑工程所使用的材料进行统计和记录，并进行大量的估算，如搬运一定量的建筑材料需要多少人，应付多少报酬，这些人每天应完成多少工作量，等等，以便支付报酬，监督劳动的进展。

为保证对各地资源的征集，国家会定期组织全国规模的财产清查，作为征收赋税的依据。清查对象包括黄金、牲畜等。《帕勒莫石碑》记载了两年一次的清查牲畜的活动，这是古王国时期最重要的清查工作，"某王统治第×年"（regnal year）一词即由此而来。从古王国时期的免税法令可以看出，国家的赋税无所不在，如对某些庄园的运河、湖、井、树和水渠等都要征收赋税。

通过对这个官僚机构的管理，中央对地方政府的控制更加加强。统一之前各独立的州成为国家的基本管理单位。在古王国鼎盛期，州完全附属于中央。国王可以根据自己的意愿更换各州的长官。中央对各州的经济活动进行严密控制。在3王朝、4王朝，都城的上层贵族由国王的亲属组成。国王最重要的助手是被称作"宰相"的高级官员，他以国王的名义管理全国的经济事务并且负责最高法院的审判。有时他也可以兼任一些其他高级职务，如都城的最高管理者等。然而，在古埃及历史的大部分时间中，他没有军权，军队由另一个独立的官职——军事长官统领。以国家最高长官——宰相、军事长官、各级官吏和各大神庙的高级祭司——为代表的统治阶层牢固地附属于王室，这个中央管理体系通过不断扩大的官僚队伍来运行。

金字塔的修建和官僚制度的逐步完善进一步促进了经济生活中的"再分配制度"的发展。在古埃及社会生产中，再分配制度是国家实现开发、管理资源的重要手段。它的基本内容就是国家在全国范围内征收赋税，然后以实物报酬的形式分配给为政府服务的各个社会阶层，包括各级官员、大小祭司、各行的工匠、军人，以及所有为国家服各种劳役的劳动者。古王国时期，政府经常大规模地征集劳动力，如征集农民修建金字塔以及参加其他的大工程——如采矿等。这种征集通常是在农闲时间，如在耕种季，一般实行"部分时间工作制"，即轮流参加。在埃及历史上王权强盛、大规模频繁征集劳动力的时期，为政府供职和服役的机会也更多，社会上绝大部分的人都能参与到再分配体系中来，使之成为古埃及社会经济的本质特征。

再分配制度的一个重要特征是以

书吏雕像，5 王朝，开罗埃及博物馆藏

书吏卡伊（Kay）的雕像，5 王朝，卢浮宫藏

实物支付各种报酬，但有时这些实物是名义上的。在古埃及，大规模的经济活动之所以能在没有货币制度的情况下长期顺利进行，一方面是因为当时人们所拥有的物质财富多是以基本生活用品的形式出现，另一方面是因为古埃及人创造了一种"半货币"的流通方法，也就是说，流通物的名称是具体的物品，如面包、啤酒、大麦等，但流通过程中未必有这些物品的实际参与，甚至也可以在它们不存在的情况下进行。这种折中充分体现了古埃及人以具体事物表达抽象概念的思维方式。[8]

金字塔的修建还导致了古埃及历史上一种重要的经济制度——"宗教捐赠"制度的形成。宗教捐赠是一种永久性捐赠，主要是土地的形式。其目的是保证神庙日常仪式以及国王、贵族墓地的宗教仪式的运行。它有两种来源，一是直接捐赠财产，一是以合同的方式从其他捐赠中分割出部分财产。从理论上说，除非经过法律批准，否则宗教捐赠是神圣不可侵犯的，也是永久性的。宗教捐赠的收入分配给主持宗教仪式的祭司和其他参与神庙和陵墓管理的人，在法律允许的情况下也可有其他用途。

在古王国时期，最重要的宗教捐赠是用于王室祭祀的金字塔建筑群中的神庙。人们往往只看到金字塔建筑群作为国王陵墓的一面，而忽视了它的神庙的作用。实际上，金字塔建筑群中最重要的部分就是为国王举行宗教仪式的神庙，而巨大的金字塔只是其附属建筑。每个国王建造金字塔时，都要从王田中拿出一部分土地来维持金字塔建筑群完成后的各种开支，如维修费用、管理人员的费用（即大批祭司的费用）、各种祭祀活动和宗教仪式的费用等。这部分土地就叫作"宗教捐赠地"，法令规定它是"神圣不可侵犯的"。在神庙尚不发达的古王国时期，只有很少一些人是专职祭司，而王陵建成后需要大批祭司来负责管理及主持各种宗教活动，因此国王从民间征召了许多"俗人祭司"。这些人多数在政府机构中任职，他们拥有土地，当时属于社会的中上层。也有少数社会下层的人担任一些低等的宗教职位，如负责清扫等。"俗人祭司"采取定期轮换制，因此当时社会中的许多人都会参与到宗教活动中。他们的报酬来自"墓葬捐赠地"的收入。有时，他们也拿出这些报酬中的一部分雇人替自己服务。在古埃及社会中，有相当一部分人或多或少都参与了这种服务，作为获取收入的一种渠道。当然，这种服务绝不是他们维持生计的唯一方式。

王室的宗教捐赠来自叫作"庄园"（hwt）的王田。自前王朝时期，阿拜多斯王陵的随葬品标签中就有各地庄园的名称，是这些随葬品的产地。3 王朝萨卡拉阶梯金字塔下面发现的数百个石制器皿上，也刻有为乔塞尔和其前任国王提供丧葬用品的各地庄园的名称。"大庄园"（hwt a3）不仅规模较大，也是管理中心。比庄园更小的单位是 niwt，通常指下埃及各地。在 4 王朝国王斯奈夫鲁、5 王朝国王萨胡拉（Sahura）的金字塔祭庙的浮雕上，就有提供金字塔所需开支的各个庄园的名称和拟人化的形象。随着金字塔的完成，一部分王室庄园及庄园中的农民通过专门的国王敕令被捐赠给金字塔建筑群中的祭庙、河谷神庙，并因此享有减免赋税的特权。5 王朝的"阿布西尔纸草"记载了金字塔祭庙的管理细节，包括供品记录、祭司职责和神庙财产清单等。

除了建造金字塔及维持其神庙运转的庄园之外，从 6 王朝开始，国王在各个地方神庙中为自己增设"卡"祠堂（Ka-chapel），为此也捐赠相应的庄园。太尔·巴斯塔（Tell Basta）的考古发现展现了这类祠堂的具体情况。从出土铭文中的相关头衔看，到 6 王朝晚期，"卡"祠堂已经遍及上下埃及各地。

古王国时期的薪俸制度是按职授地，即国家依照官员职位高低授予其相应的土地，即庄园，也包含庄园中的劳动者以及房屋、牲畜等生产资料。从理论上讲，按职授地的庄园归国王所有，官员任满后应重新分配土地。大量的官员自传中提到了他们与这些庄园相关的头衔。此外，官员与神庙的神职人员通常是同一群人。神职人员的收入来自国王供奉给神庙与祭庙的贡品（被称为"流转贡品"）。

随着来世信仰及实践的普及，以官员为代表的贵族阶层也仿效国王为自己准备豪华的陵墓及随葬品，其开支来自自己的庄园，这与王室庄园用一部分收入来维持金字塔的建造和维护是一样的。

古王国时期，有三种主要类型的土地——王室庄园、神庙庄园、私人庄园，这三类土地都有一部分是围绕着丧葬和供奉仪式的，为古埃及人实现来世信仰提供了经济和制度上的支持。以国王为核心的来世信仰，在促进官僚制度发展的同时，也重构了古埃及的社会经济。

在官僚机构完善和"宗教捐赠"制度形成的过程中，作为专制王权离心力的因素也随之产生了。官僚机构的膨胀，使组织和使用各种资源的权力越来越集中到地方贵族的手中，原来王室专有的高超技术也扩散到地方，从而使地方贵族从中获取了更多的财富，在当地权势日增。一个明显的证据就是他们的墓地不再像以前那样设在王陵附近，以此表示对国王的忠诚和追随，而是建在自己的家乡，并且规模越来越大，一代比一代建得奢华。与此形成鲜明对比的是王陵规模的缩小和质量的下降。4 王朝的金字塔基本上都由大块石料建成，其塔面多用石灰岩砌成，偶尔也用坚固且贵重的花岗岩。从 5 王朝萨胡拉统治时期开始，金字塔表层下多使用质量差的小块石料填充，有时甚至用砾石。胡夫金字塔所用的石料是乌塞尔卡夫金字塔的近 30 倍。在某种程度上可以说，古王国时期金字塔的建造导致了官僚机构的膨胀，导致技术和权力的双重扩散。

"宗教捐赠"制的负面后果则是使贵族官员更多地参与到宗教事务中，并让他们借此扩展自己的政治经济实力。在古埃及社会中，地方神庙的高级祭司职位极具吸引力，因为他们把持着地方神庙捐赠财产的管理权。到了古王国末期，地方贵族已形成不容忽视的力量，对王权直接构成威胁。为取悦他们，国王不断减免对神庙土地的赋税徭役，这大大削减了王室收入，而"墓葬捐赠地"的不断划出，又使王田规模不断缩小，这一切都使王权由强大走向衰落。

随着金字塔的不断修建，越来越多的王田成为王室的"宗教捐赠地"，其管理者，即各地地方神庙的神职人员（包括专职祭司和俗人祭司），也因参与王室事务而提高了自己的地位。同时，祭司们还极力把家族势力渗透到自己任职的神庙中，如 5 王朝时太内赫（Tehneh）州的尼卡－昂赫（Nika-ankh），他既是政府官员，又是当地哈托尔神庙的高级祭司，他的妻子及 12 个儿子都在神庙中任职并获取收入[9]。地方神庙的重要职位都被当地显贵把持，国王也多从这些人当中选任政府官员，这又使神庙成为权力密集的地方政治中心。在多数情况下，拥有"高级祭司"头衔的人同时也有"州长官"之类的职位，极少有人单纯拥有宗教头衔。像赫里奥波里斯的拉神最高祭司的职位就多由宰相、王子或其他高级官员来担任。[10]

在王权神化的过程中，国王还与地方神庙建立起一种捐赠者与宗教仪式执行者的关系，即将国王和王室成员的雕像置于各地方神庙中，接受祭祀和膜拜，而王室为此向各神庙提供捐赠。国王和王室成员的雕像在地方神庙中有专门的圣殿，有时是独立的小神庙，这二者都叫作"hwt-k3"，意为"灵魂之室"。因此，作为王室捐赠的主要对象和王室权力在当地的代表，地方神庙的地位也不断提高。除进行捐赠之外，国王还经常蠲免供奉其雕像的神庙的赋税徭役。现已发现大量古王国末期国王颁布的豁免法令，被免除赋税的有阿拜多斯神庙、克普特斯神庙、斯奈夫鲁在达舒尔的金字塔祭祀庙、门卡拉金字塔的河谷神庙，等等。

应当看到，这种减免神庙赋税的恩惠绝不是无偿的，地方神庙对中央也有许多义务。如培比一世的军队中就有一部分是由上下埃及的神庙高级祭司统领的；培比二世曾下令各神庙为埃及与努比亚的商贸提供交换用的各种物品，每个神庙都不能免除。因此，中央与地方神庙之间是一种既互相支持又互相利用的关系，没有任何一方有绝对的权力优势。

在经历了几次为争夺王位而发生的宫廷内乱之后，5王朝的国王们改变了任用王室成员做最高行政官员的做法，开始任用地方贵族担任宰相等高级职位，从而更加速了地方势力的发展。他们中的一些人逐渐把持自己的职位并传给后代，形成了官位的世袭制。虽然国王也象征性地发布任职命令，但对他们已无实际的控制权。古王国末期，上埃及的地方官员的头衔的变化，从一个侧面反映出地方势力的增长。在4王朝时，一些重要职位的责任范围一般包括几个州，如斯奈夫鲁的一个大臣的头衔是"科普托斯、胡及丹德拉（Dendera）州的监察官"，而到5王朝时，官员的职责范围逐渐局限于一个州的区域内；到6王朝国王太提在位时，"某某州的长官"一类的头衔开始出现，并且在上埃及的许多州使用，表明这些官员已成为真正意义上的州长官。这一现象的产生与地方上大批豪华奢侈的陵墓的出现是同步的，说明地方势力的独立性大大加强了。

5王朝以后，宗教领域的重要现象是对太阳神和死神奥塞里斯的崇拜日渐兴盛。从国王拉杰代夫（即杰德夫拉 [Djedefra]）开始，"拉神之子"的称呼开始出现在国王个人的名字前面。在5王朝的前七十五年间，金字塔建筑群增加了一个新的组成部分，即太阳神庙，它构成享殿的一部分。为此，建造金字塔的部分原料被挪用，金字塔的规模缩小，质量下降。与此同时，死后的国王与死神奥塞里斯的结合开始出现,其表现形式即《金字塔铭文》,这是保佑国王通过冥世之路、到达来世、获得永生的宗教咒语,最早出现于国王乌纳斯的金字塔与河谷享殿之间的通道墙壁上。从此,国王与拉神、国王与奥塞里斯的双重结合在古埃及的历史上一直延续下去,这种二元化的特性成为埃及王权观念的中心:与奥塞里斯的结合象征着王权的延续和国王在冥世的神圣地位,而作为拉神之子的形象则象征着国王在今世和将来的权威。这种双重性体现了宇宙和社会秩序的延续。

古王国的崩溃是由多种原因造成的,如尼罗河水位低引起的自然灾害,对外商贸的中断,地方势力的发展,王权的衰微,以及由于培比二世的长期统治引起的种种社会问题,等等。

古王国时期的对外关系以商贸和防御为主。利比亚人的多次入侵都被击退了。南方是埃及人通过贸易换取优质木材、油、香料、动物皮等的重要地区。3王朝的国王胡尼把埃及的边境线向南推至阿斯旺,并在那儿修建了一个堡垒。4王朝的国王斯奈夫鲁也对努比亚发动了战争,并带回大量战俘和牲畜。埃及连续的征服对这个地区的发展产生了不利的影响。在第二瀑布区,埃及的一个冶铜点从4王朝末期一直存在到5王朝中期,而此后,埃及的远征队又由此向南进发。在麦瑞拉和培比二世统治期间,大臣哈胡夫曾率远征队三次前往努比亚。在这个时期,一股被称作"C部人"的人群进入了努比亚地区定居,因此远征过程中时有暴力冲突发生,据目前的记载,至少有一位埃及远征队的首领死于非命。在5王朝,埃及商贸队也曾抵达蓬特(Punt)。而从早王朝时起,埃及就开始到东北方向的西奈半岛寻求铜、绿松石,并掠回当地的居民。根据6王朝大臣温尼在自传中的讲述,他曾奉命率商贸队五次远征巴勒斯坦南部,并得到利比亚和努比亚商人的援助。

第三节 王权、秩序及其合法化

与后期文明相比,古代早期文明的主要特点是以体系化的文化形式来传递统治者的合法性,并以宗教建筑、节日庆典和仪式把它们融入人们的日常生活。

古王国时期，金字塔不仅象征着对永生的追求，也以纪念碑的方式展示来世信仰背后的经济体制。通过再分配制度，将民众接受统治秩序并参与其中的过程制度化。追求永生与追随国王融为一体，这种信仰成为当时社会的强大的稳定剂。

与早期国家的起源相伴随的是高级文化的出现，其主体打造者是服务于王室的贵族阶层，主要过程是在整合地方传统的基础上形成一整套的艺术法则和经典主体，以文字、艺术品、建筑等多种形式表达。这类作品是意识形态的集中表现和符号化表达，它们是功能性和仪式性的，基于现实又超越现实。

高级文化是青铜时代文明的主要特色，它的标志是为贵族阶层或出于宗教信仰的目的而生产和消费特定的奢侈品、举办以王权为核心的各种仪式活动，服务政治，凝聚人心，维护社会稳定。高级文化的辨识度非常高，它垄断高级知识，有特定的文学形式和艺术建筑风格。与后世精英文化的区别在于，古代的高级文化具备绝对权威，在横向上它扩展到其他地区，在纵向上则收编民间文化。古埃及的金字塔、神庙，两河流域的法典、城市等都是高级文化的表现形态。

由于地理环境和早期的发展途径不同，作为青铜时代的主要文明，美索不达米亚和埃及的高级文化性质相同，却有着不同的特色。埃及的高级文化主要是纵向发展的，社会财富按照政治程序来聚集和分配；美索不达米亚则是通过生产技术和贸易的发展、战争来聚集社会财富，进而获得政治权力，因此，将社会财富用于表达秩序及合法性的方式也不同。

从高级文化的表现形式上来看，埃及有一种等级序列，即视觉艺术高于解释性的文字，后者只是前者的一个补充。视觉艺术本身就是礼法制度的重要部分，只有国王有资格建造金字塔，因此自古王国金字塔时代以后，国王和贵族在墓制上就有了严格的等级分化，甚至法老及神的形象都不能出现在贵族墓室的壁画中。贵族只能用国王赐予自己的头衔和"自传"铭文来彰显自己与法老的关系，叙述体的文学由此产生。

而视觉艺术所表现的王室生活，如狩猎、巡视领土、建造纪念性建筑及外交活动等，是其日常生活的仪式化和戏剧化，表现的是神、王和贵族之间的互动、互惠关系和等级序列。他代表全民主持各种祭祀仪式，他的巡游被认为是周期性的仪式活动。在神庙浮雕中，国王的日常生活被有目的地虚构和理想化了，创造出不可能的场景，同时也具象化了神庙的地位和功能，而其中的两个媒介——文字和图像，有着不同的地位和作用，同样的两种主角——法老和贵族，也有着不同的表现法则和侧重。

古王国时期的金字塔建筑群构建出一个神圣时空，而国王是其中的主角。在举全国之力打造这个工程时，同时期为神建造的神庙却是规模不大的泥砖建筑。中王国时期，金字塔再没有这样的规模，而为神修建宏大的神庙成为国王的职责。新王国时期更是神庙建筑的黄金时代。也就是说，古王国之后，彰显王权的纪念物的规模再未达到这个顶峰状态。伴随着权力表达的变化，经济层面也出现了变化。古王国的王室庄园是举足轻重的经济体，此后则走向式微。到了新王国时期，神庙庄园成为主体。

王权与神权的紧密结合是古埃及"神—人关系"的重要特点。如上所述，在神与人的互动中，国王起着最关键的作用。他是神的化身，而不是占据神圣职位的凡人。在古埃及辞书的分类中，神属于天界，人属于地界，死者属于冥界，而国王同时属于这三个世界：作为祭司，他是神与人之间的中介；同时他又是人间的法官，还是死者的保护人。[11] 他们相信国王决定着国家的兴衰，自然界的秩序与社会的秩序是不可分的。当太阳升起，开始统治着他所创造的宇宙时，君主的统治也开始了，因为他是太阳的嫡系后代。埃及的君主是与宇宙共存的，这与巴比伦人的观点不同，他们认为王权是在危难时候出现的，取代了之前神的统治。

通过主持神庙的重要仪式、宣布自己是所有神的祭司，国王扮演着神与人之间沟通的媒介的角色，以此提高自己的权威。从 4 王朝开始，国王们称自己为"神之子"，这个称呼不仅说明国王就像孩子依靠父母一样依靠神——一如在其他许多文化中那样，更重要的是，它表明国王是每个神在人间的短暂的化身，而神存在于永恒的世界里。国王为神举行祭拜仪式，就是在重复荷鲁斯为他的父亲奥塞里斯举行的葬仪，以此证明自己与神之间的特殊关系。这也说明神庙的日常仪式与墓葬仪式之间有着密切的联系。

神庙与国家的分离在埃及不如在美索不达米亚那么明显。尽管新王国时期的神庙规模浩大、装饰精美，但它们并非独立于王室的控制之外。许多祭司都只是部分时间在神庙服务，大多数祭司都在政府机构中任职。

为了理解这种关系，有必要了解古埃及神话和仪式的基本结构。法兰克福（H. Frankfort）认为，古埃及宗教基本是关于人的出生、死亡与再生这一循环的，这个循环又进一步与自然界的循环联系在一起。其中的特别之处是男性的神总是靠一个既是自己母亲又是自己妻子的女性重新创造下一代的自己，如在荷鲁斯的神话中，荷鲁斯是在父亲死后才出生的，因此是父亲的化身（再生）。男性的神可以不断地"克隆"自己，而女性的神只能局限在母亲的角色中，起辅助作用。进一步说，只有男性的神可以重新创造自己，而女神只能帮助男神创造新的生命，不能创造自己。这个模式本身可能就是对法老（男性的）的权力的赞美。

古埃及的宇宙观与美索不达米亚的在两个方面有明显的差别：像许多其他古代地区一样，美索不达米亚的宇宙论相信天是男性的，通过把他的精子（雨）浸透到女性的地神体内而带来万物的生长；而在埃及的宇宙论中，滋润万物生长的雨水不是来自天上，而是来自大地，是尼罗河水，因此大地是男性的。不管是《孟菲斯神论》中的普塔，还是赫里奥波里斯神学中的盖伯，或者是盖伯之子、代表大地繁殖力的奥塞里斯，都是男性的。而天空则是女神的形象（努特），她有时也现身为太阳神的母亲，每天给他新生。她与盖伯是奥塞里斯、塞特和他们的姐妹的父母。然而，在生出这些神之后，天空就升到了高处，不再与大地结合，因此造成了她的贫瘠。相反地，大地的形象则是一个通过自我孕育而带来繁殖的神。这个主题在赫里奥波里斯创世神话中非常明确，其中提到太阳神在原始之山上以手淫的方式来创世。有的学者认为，这个神话反映了古埃及干旱少雨、依靠尼罗河为灌溉之源的现实，也可以解释为国王通过强调神而不是女神的重要性来抬高自己的地位。

在古埃及神话中，宇宙只有一个创造者，尽管各宗教中心各有自己的创世者。古埃及的神还有很强的地方性。原始之山有许多个，每个神庙都是一个这样的原始之山，不同的神学体系给它不同的位置，各地的神学体系都将本地的神与宇宙和世界起源联系到一起，强调他的重要性。多数神只是在自己所处的地方有影响力，离他的崇拜中心越远，势力就越弱。在卡纳克神庙中地位显赫的神到了其他神庙中就只是以"客人"身份出现的不太重要的神了。也正是在这一点上，法老的优越性体现了出来：如果说在众神面前他总是一个世俗的化身这一形象的话，那么，他唯一可以比神优越的就是他的普世性——他在全国各地的综合权威是远远超过大部分神祇的，古埃及历史上只有极少数的神在全国范围内有影响力，如拉神、阿蒙神、普塔神。

因此，古埃及的神学理论强调的是国王在"神—人关系"和宇宙秩序中的关键角色。相反，神则成为地方权力和利益的化身。给地方神祇以荣耀是国王关心该地区的经济和尊重当地权力的重要表现。他还要以行动来表达这一点，如向神庙供奉祭品、捐赠土地、修葺和扩建神庙，等等。有人认为，托勒密时期埃及各地大建神庙是当时的外族统治者取悦当地臣民的结果。

王室仪式也反映了国王是国家的象征而神是地方的象征。在加冕之前，国王要在全国各地巡游，拜访各大神庙；在赛德节时会从四面八方把各地的神抬来都城，参加这个节日，它们会得到国王的赏赐。国王与神之间的这种对立的平衡成为检验王权强弱的重要标准。而且这种平衡是属于伦理的而非政治的范畴。它反映了这样一种政治现实：对于中央政府来说，忽略合法的地方利益将会使国家的统一处于危险之中。因此，国王在神学和宗教领域与在政治领域中扮演着同样的角色：他是统一与秩序的唯一维护者，而埃及人相信这个秩序是不变的，而且每个人都能从中获益，即使他们也表现出对于世界将最终毁灭的恐惧。法老的角色是确保宇宙秩序的正常运行，避免进入毁灭的境界。在文学中他被称为"人们依赖他的行为而生存的神，是所有人的父亲和母亲，是独一无二的，无人可比的"。

第四节　大地像陶轮一样翻转过来了：第一中间期

古王国结束和中王国开始之间的一百零五年叫第一中间期（前2160—前2055），这是国家分裂、社会动荡以及为重建统一而展开激烈斗争的时期。正是这样一个过渡时期向我们昭示了古王国与中王国之间的差异及其形成的原因。

第一中间期是埃及有史以来第一个动荡的时期,中央政权衰落,地方割据兴起,最终形成了北方的赫拉克利奥波利斯(Heracleopolis)政权和南方的底比斯政权对峙的局面。这一时期的考古材料遗存不多。考古学家古斯塔夫·热基耶(Gustave Jéquier)于1929年在萨卡拉发现了8王朝国王伊比(Ibi)的金字塔,此外在中埃及的库姆·达拉(Kom Dara)发现了一座第一中间期的方形建筑,可能是泥砖金字塔或马斯塔巴墓,建造者身份不明。在上埃及的莫阿拉(el-Mo'alla)发现了掌控第2、第3诺姆的地方统治者安赫提菲(Ankhtifi)的墓葬,其中的自传提供了关于这段动荡时期的宝贵资料。此外,上埃及发现了多个地方墓区,出土了石制器皿、进口石珠等随葬品,以及一批属于中低层民众的石碑。这些石碑

官员雕像,第一中间期,开罗埃及博物馆藏

虽刻有简单的"献祭套语",但往往雕刻粗糙,无法与精致的古王国"孟菲斯风格"相比。这一时期的平民墓中还出现了专门的随葬明器,包括仆从和供品的木制模型,以及亚麻布与石膏粘合而成的木乃伊面具等。

统一国家的分裂和各州政治经济上的独立发展,随之而来的各州之间的冲突和战争,以及自然灾害的降临,对全国的经济结构和灌溉系统产生了一定的瓦解作用,而这两者是埃及物质生活的基础。这个时期的文献记载反映了由此带来的破坏和灾难,如土地荒芜,饥馑流行,人口下降,社会动荡,等等。较有代表性的记载是属于该时期的两部文学作品——《伊普味陈辞》(*The Admonitions of Ipuwer*)和《涅弗尔提箴言》(*The Prophecies of Neferti*)。但由于这类作品是后世"御用文人"为替统治者"正名"而作,写作手法上又多有夸张——比如,混乱的标志就是一切社会关系的颠倒,如国王成为臣民,臣民成为国王,主人成为奴仆,奴仆成为主人,富人成为穷人,穷人成为富人,等等,因此不能把它们作为可信的史料来使用。事实上,第一中间期没有长期的

拉荷太普（Rahotep）
夫妇雕像，4 王朝，
开罗埃及博物馆藏

大规模的混乱，这个历史时期的埃及在大部分时间和地区是稳定的。

国家分裂后，北部的赫拉克利奥波利斯和南部的底比斯成为两大势力中心，并由和平共处转为兵戎相见。公元前 22 世纪中叶，赫拉克利奥波利斯的 10 王朝统一了埃及的部分地区，称霸一时。后来，南方的底比斯崛起，建立了 11 王朝，与 10 王朝并立。双方有一个短暂的和平共处时期，之后开始了断断续续的战争，边境冲突频繁发生，阿拜多斯成为主要战场。在战争过程中，底比斯雇用了大批的努比亚士兵。

统一埃及的大业最终由底比斯王朝的门图荷太普二世（MentuhotepⅡ）完成。他的名字的变化反映出统一埃及的不同阶段："把心奉献给两片土地的人"（统一上下埃及的决心）、"白冠之神"（已完成对上埃及的统一）、"两片土地的

背包的仆人，6 王朝，开罗埃及博物馆藏

统一者"（已完成全国的统一）。

除了普遍出现的经济萧条外，这个时期还涌现出大批平庸甚至粗糙的艺术品，显然不是出自王室工匠之手，而是民间艺术家为社会中层的平民制造的。原来占主流的王室艺术衰落下去，艺术领域出现地方主义的潮流。虽然艺术品的品质有所下降，但表现方式上的自由化和现实主义风格，为沉闷的艺术界带来了一股新鲜的空气。

注 释

[1] "马斯塔巴"是阿拉伯语，意为"板凳"，早王朝时期国王的墓外形如板凳，故得名。
[2] 放置已故国王雕像的封闭小石室，好让国王的"灵魂"在这里与外界沟通。
[3] 参 Kathryn A. Bard, *An Introduction to the Archeology of Ancient Egypt*。

[4] 古埃及人相信人的灵魂分为两种："卡"和"巴"，其中的"卡"需要食物的供养——无论生前还是死后，因此国王、贵族等社会中的精英阶层往往拥有自己的专职"卡祭司"，也被称为"卡的仆人"，以便在下葬后能继续享用每日的供奉，确保在来世的永生。

[5] 孟菲斯墓地的材料合集可参考 Porter and Moss, *Topographical Bibliography of Ancient Egyptian Hieroglyphic Texts, Reliefs and Paintings,* Volume Ⅲ, Oxford at the Clarendon Press, 1974。

[6] Miriam Lichtheim, *Ancient Egyptian Literature, Volume Ⅰ: The Old and Middle Kingdoms,* University of California Press, 2006, p.58.

[7] Ibid., p.51.

[8] Barry J. Kemp, *Ancient Egypt: Anatomy of a Civilization,* Routledge, 2005, p.53.

[9] B. G. Trigger, B. J. Kemp, D. O'Connor, A. B. Lloyd, *Ancient Egypt: A Social History,* Cambridge University Press, 1989, p.90.

[10] 关于地方州长官的家族渊源，存在着两种可能性，一是他们是当地宗教势力的代表，把持着地方神庙的重要职位，因而被委以政府要职；一是他们原是中央政府的高级官员，所以才有机会把势力延伸到地方神庙。由于资料的缺乏，以上两种说法都只能是一种推测。

[11] Sir Alan H. Gardiner, *Ancient Egyptian Onomastica,* Oxford University Press, 1947, pp.150–154.

第五章

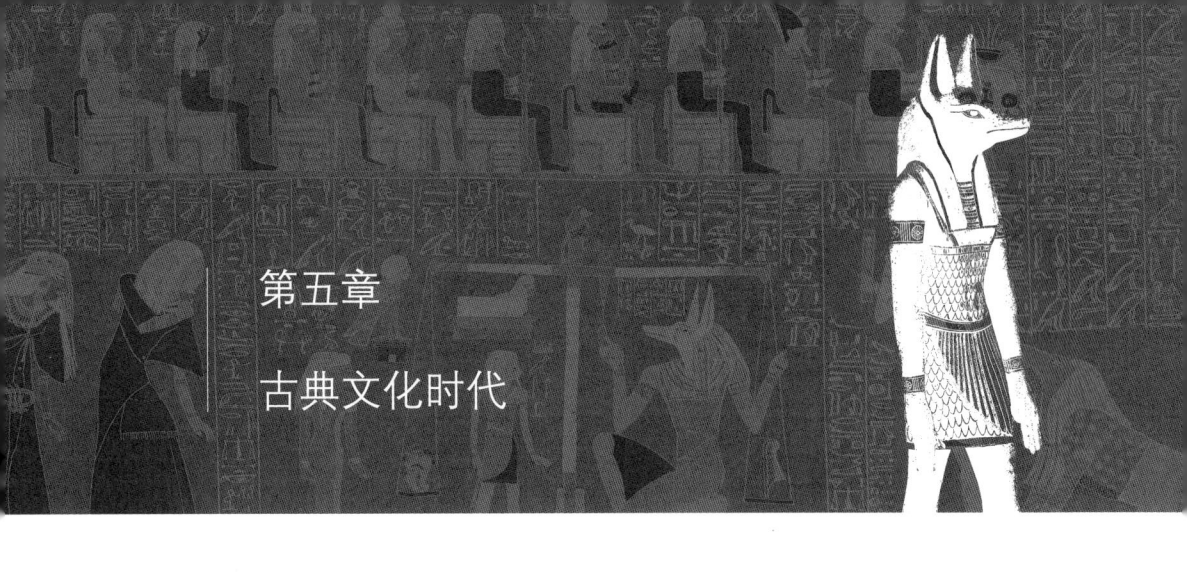

古典文化时代

第一节 中王国时期的物质遗存

在经历了第一中间期的分裂对峙后,上埃及的底比斯政权最终击败了下埃及的赫拉克利奥波利斯政权,重新统一了埃及两地。完成这一伟业的门图荷太普二世并未像 11 王朝的前几位国王那样在底比斯附近的山上修建岩凿墓,而是在代尔·巴哈里建造了一座多层式王陵。从 20 世纪初到 60 年代,来自瑞士、美国、德国的考古学家对这座融合了祭庙与墓葬的建筑进行了多次发掘和考察。12 王朝的国王们延续了古王国修建金字塔的传统,阿蒙涅姆赫特一世（AmenemhatⅠ）在法雍以东的利什特（Lisht）修建了一座金字塔作为自己的王陵,这座金字塔按照古王国后期的形制建造,并挪用了哈夫拉的吉萨金字塔建筑群中的花岗岩,但核心仍由当地开采的小型石块、泥砖和碎石构成。同在利什特的辛努塞尔特一世（SenusretⅠ,也称塞索斯特里斯一世）的金字塔则稍大一些,内部以石灰岩建造了四道用于加固的墙体。之后的国王们将金字塔建在南边的达舒尔和哈瓦拉（Hawara）,一般为泥砖构造,以石灰岩墙加固,其中辛努塞尔特三世和阿蒙涅姆赫特三世的金字塔外层也覆盖有石灰岩外壳。在辛努塞尔特金字塔的北面和南面建有 7 座附属墓,法国考古学家雅克·德·摩根（Jacques de Morgan）曾在北边墓葬的地下甬道中发现了两位公主——塞哈托尔（Sit-Hathor）和美瑞特（Merit）的首饰盒与梳妆匣,装有数百件珠宝,其中一些为黄金打造,镶有各种宝石和半宝石,堪称古埃及工艺的巅峰。在达舒尔

门图荷太普二世，11 王朝，开罗埃及博物馆藏

以南的玛兹古纳（Mazghuna）建有两座未完工的金字塔，可能属于 13 王朝的国王，但这一时期的金字塔大多未能保留下来。

从门图荷太普二世开始，中王国的国王们在上埃及地区建造了多座神庙，但多数在新王国时期被拆毁重建。其中最为典型的是麦达姆德（Medamud）的孟图神庙，法国考古学家在发掘中发现，整个神庙呈现出层叠状堆积，最上层为希腊-罗马时期的神庙，墙壁上留有罗马皇帝的浮雕，下一层为新王国图特摩斯三世（Thutmose III）时期的神庙，而中王国的部分约修建于辛努塞尔特三世统治时，其形制是巴里·坎普所命名的"早期正统式"（Early Formal）建筑，为泥砖构造，石造的部分则被挪用到希腊-罗马时期的神庙中，再下面还保留有一座第一中间期时的神庙。如此，同一个神圣地点的使用时间超过了两千年，但由于大量材料遭到拆解和篡用，使得断代工作变得异常复杂。底比斯地区另一座著名的中王国神庙是托德（Tod）的孟图神庙，其建造始于门图荷太普二世时期，但主体建筑是在 12 王朝完成的。1936 年，法国考古学家费尔南·比松（Fernand Bisson de la Roque）曾在这座神庙下发现了著名的"托德宝藏"，包括 4 只刻有阿蒙涅姆赫特二世名字的青铜匣，里面装有金、银、青金石，以及各类器皿。在卡纳克神庙的第三塔门中还发现了一座被拆解的辛努塞尔特一世的小祠堂，后经复原陈列在卡纳克神庙内，即著名的"白色祠堂"。

随着奥塞里斯崇拜的兴起，阿拜多斯成为全国重要的宗教中心。在早王朝王陵东北 2 公里处的库姆·苏尔坦（Kom el-Sultan）发现了一座泥砖结构的奥塞里斯-肯塔门提神庙，建造于 12 王朝早期。在阿拜多斯北部，皮特里曾发现多座王室的"卡"祠堂，而奥塞里斯神庙和游行大道附近也发现了大量官员和平民留下的纪念碑和小祠堂。在阿拜多斯南部，辛努塞尔特三世建有一座王陵，内有石棺和内脏罐。在这座王陵旁边还发现了一座泥砖祭庙，其中心建筑为石灰岩构造，浮雕显示与奥塞里斯崇拜有关，神庙东面保留有储藏室，西面则是居住区和办公区，神庙外还发现了生产面包、肉类和亚麻布的区域。

在墓葬方面，阿拜多斯发现了一片占地超过 80 公顷的大墓地，包含浅坑墓和竖井墓两种类型的墓葬，部分墓葬带有地面的祠堂和石碑，个别为大型的马斯塔巴墓。中埃及的地方贵族则在卡乌（Qau）、阿斯尤特、美尔、代尔·贝尔萨（Deir el-Bersha）以及贝尼·哈桑（Beni Hassan）修建了精致的岩凿墓，其中贝尼·哈桑的部分墓葬内保留有精美的彩绘壁画，在主题上延续了古王国贵族墓葬的传统，包括墓主的自传以及捕鱼、猎鸟、农耕等日常生活场景，诺姆长官克努姆荷太普二世（Khnumhotep Ⅱ）的墓中甚至还绘有游牧部落来访的画面。古王国时期的随葬模型在这一时期则变得更为精致，代尔·巴哈里的一座 11—12 王朝早期的墓葬（麦凯特拉 [Meketre] 墓）出土了 24 套保存完好的木制模型，其中一半是船只模型，其余皆为对日常生活场景的再现，包括织造、做木工等生产场面，房屋，花园，牛群，谷仓，准备食物的场景，乃至葬礼场景等。这些不仅为墓主提供了一切来世所需，也为我们留下了对于古埃及社会生活最直观的呈现。

在城镇遗存方面，19 世纪 80 年代，皮特里发掘了位于拉洪和哈瓦拉之间的卡宏（Kahun，又译为卡洪），这是考古学家们发掘的第一座古埃及城镇，毗邻辛努塞尔特二世金字塔，居民是修建金字塔的工人。城镇为长方形，北侧长约 384 米，西侧长约 335 米，有围墙环绕。此处出土了各类工具，除了建筑中用到的工具外，还有农具、渔具等生活生产用具，甚至蔬菜和花卉种子。此外，还发现了游戏棋盘和儿童玩具，以及用于私人宗教仪式或魔法仪式的象牙"魔杖"。卡宏还出土了数百份纸草残片，包括记录了工人名单、工作日期、报酬等的管理文献，可能用于纳税或服役的人口统计清单，以及学生使用的信件模板等。在阿拜多斯南部也发现了类似的工匠村，从屋子的大小可以看出此时已存在社会阶层的划分。考古学家们还在一处带有谷仓和花园的大屋内发现了"镇长之屋"（House of the mayor）的印文，以及供妇女分娩用的魔法砖。

第二节　重建秩序

经历了第一中间期的分裂与战乱，以地方贵族身份登上王位宝座的中王国时期的国王，以积极进取的态度采取了一系列有效的措施发展经济、巩固政权，使这个时期成为经济发达、文化繁荣的古典时代，也呈现出与古王国时期不同的时代风貌。

在中王国时期，地方势力对国家经济和政治生活的影响不断增强。这一现象始于古王国末期王权衰微之时，并成为第一中间期国家分裂的重要原因之一，却并没有随着中间期的结束而消亡。直到中王国的后期，许多地方贵族还在以自己的年号来记事，推崇当地神祇的崇拜，像国王一样称自己为神之子。这些地方贵族统领着实力可观的地方军队，拥有大批幕僚、卫士和仆从。即使是在王权较为强大的12王朝，他们的实力也没有被削弱，甚至还有所发展。他们的陵墓比当时的王陵还奢华。在中王国时期，地方贵族不再单纯是听命于国家的地方管理人员，而是具有相当独立权的新势力。他们的职位变为世袭，国王对新地方长官的任命已纯粹成为一种形式。

很自然，这些不得不与地方贵族分享政治权力的中王国时期的国王，其王位远不如其古王国时期的先辈们的稳固，政局在安定之中隐含着危机。11王朝的最后一位国王死因不明，他的大臣阿蒙涅姆赫特与新即位的国王阿蒙涅姆赫特一世很可能是同一个人，而这个阿蒙涅姆赫特一世后来也在一次宫廷政变中被谋杀了。该时期著名的文学作品《辛努海的故事》即以此为背景。辛努海是阿蒙涅姆赫特一世时期的宫廷官员，当谋杀发生时，他正随王子辛努塞尔特及其军队在边境抵御利比亚人的入侵。消息传来后，王子迅速率军赶回都城，而辛努海却因惧怕宫廷内乱的牵连而远走他乡。根据曼尼托的记载，阿蒙涅姆赫特二世也是被谋杀的。

因此，整个中王国时期的历史始终贯穿着地方势力与中央政权的矛盾与斗争，这个时期的许多政策都是围绕解决这个矛盾而实行的。其中最重要的一项是父子共治制的建立。该制度由阿蒙涅姆赫特一世首创，目的是减轻政变带来的混乱和威胁。其内容规定，在位的国王与王子共同统治，前者在宫中主持国内政务，而作为他的继承人，王子要承担最高军事长官的职责，并统率军队驻守边境。一旦国王去世或在内乱中被谋杀，握有军权的王子可以马上即位，迅速稳定局面。阿蒙涅姆赫特一世似有先见之明，为自己日后遭遇不测做好了准备。该制度一直为后来的国王所沿用，有效地减少了政变引起的混乱。

在对待地方势力的态度上，12 王朝的统治者采取了软硬兼施的折中政策。一方面，笼络各州势力庞大的贵族家族，给他们许多特权，如允许他们有自己的地方法庭、少量的军队，给予他们在当地进行建筑活动的权力，甚至还给予他们根据当地管理机构占有的财产来记载重大事件的特权，等等。这些地方贵族还可以自己征收赋税，在年成不好时，政府还减免他们应缴的税。另一方面，国王也维护着自己的权威，并利用任何可能的机会抑制地方势力的发展：国王保留着任命每届州长官的权力，并且每次换届时都要重新丈量该州的土地；州长官每年要向王室汇报财政收入情况；王室进行建筑活动或开采矿产时，各州要提供劳动力；等等。辛努塞尔特三世在位时，进行了一次大的行政改

辛努塞尔特三世的雕像，12 王朝，开罗埃及博物馆藏

王后诺弗里特（Nofret）的雕像，12王朝，开罗埃及博物馆藏

革，以进一步扼制地方势力的发展。他将全国划分为三个行政区，其长官直属中央。在这个时期，大规模的贵族陵墓几乎绝迹。有学者认为，这说明改革使贵族势力受到严重打击。也有人持不同见解，指出该时期的王陵规模也在缩小，有可能是受当时经济状况的影响。无论持哪种意见，辛努塞尔特改革的作用都不应被忽略。

中王国时期的国王为维护自己的利益而扶植起一个新的官僚阶层——"涅杰斯"（Nds，原意为小人物）。他们通常出身低微，却得到国王的特别提拔和重用，在王室和国家管理机构中担任重要职务，再加上没有家族势力依仗，只有追随国王才能富贵腾达，故而对王室格外感恩效忠——"国王是我们的衣食父母"[1]。因此，这批人是王室的忠实拥护者和加强王权的中坚力量。这个时期文学领域中一个新的潮流——"效忠文学"的出现和盛行，正是这一社会变化的反映。政府在法雍地区组织了前所未有的开垦荒地活动，这是为了扩大可耕地，以解决这一新兴阶层的土地分配问题。

与此相应的是商品经济的发展。第一中间期时，古王国时期的都城显贵们自给自足的大庄园经济衰落了，而属于新官僚的中小土地经济的发展既不能解决早期大庄园经济的生产资源问题，也无法满足他们自身所必需的所有工具和产品。这一缺陷只有靠某种程度的专业化生产来弥补，由此便导致各种不同经济之间发生了更进一步的交换关系。

加强王权的另一措施是进行国内建设，包括

大规模的建筑活动和对矿产和石料的开采。门图荷太普一世在尼罗河西岸、与底比斯相对的代尔·巴哈里为自己修建的享殿，就是埃及神庙建筑史上的经典之作。这组建筑群的中心是一个塔状建筑，呈长方形，共两层，周围有柱廊环绕，其顶部结构现已不存在，有学者认为复原后应为一小金字塔。阿蒙涅姆赫特三世在法雍绿洲的入口处建造了一个规模巨大的庙宇，这个石建筑群结构复杂，厅房毗连，廊道迂回，后来的希腊人对它称羡不已，把它叫作"埃及的迷宫"。众多的厅房用来供奉各地的地方神和外族神祇，以显示国家疆域辽阔、民众归附。中王国时期的埃及不仅恢复了对西奈山区的铜和绿松石的开采，而且在尼罗河和努比亚境内的红海之间不断开发新的矿源。除原有的上埃及东部沙漠以外，埃塞俄比亚北部的尼罗河谷也成为新的金矿基地。

埃及与其他地区中断的贸易往来得到恢复，规模逐渐扩大。与地中海东部国家的商贸活动重新活跃起来。黎巴嫩的雪松自腓尼基城市拜布罗斯（Byblos，又译为比布鲁斯）海运到埃及，同时商人们又开始进口锡。考古发现证明，中王国时期埃及与克里特（Crete）有商贸往来。克里特的陶器在埃及出土，而埃及的工具也在克里特被发现。此外，埃及的船队又开始远航红海南部的蓬特。

与古王国时期相比，中王国的国王在树立自己的权威方面表现出更多的世俗色彩。其实，早从门图荷太普一世开始，国王们就热衷在艺术作品中突出自己的高大形象。最值得注意的是，他

阿蒙涅姆赫特三世，12王朝，开罗埃及博物馆藏

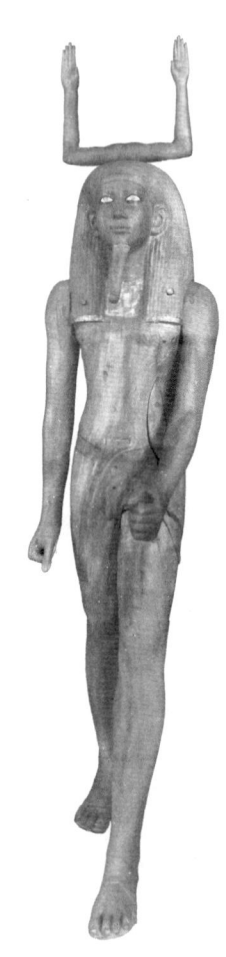

们一方面用迁都北方、修建金字塔、在文学艺术领域"复古"等举措标榜与古王国传统的渊源，另一方面，却一反古王国的传统，利用文学作品为自己树碑立传，大做政治宣传。因此，这个时期出现了一大批的御用文学。一类可称为"社会现象文学"，以《涅弗尔提箴言》为代表，它们对过去的王权观加以补充，宣扬社会虽有混乱出现，但是是暂时的，秩序最终会得到恢复，而新的王朝正担负着这一使命。这就为中王国时期的国王们从地方贵族跃居王位找到了理论上的依据。同时，这个时期还出现了一批所谓的"效忠文学"，其主要内容是陈述如何更好地效忠国王，以及由此而获得的种种好处。

在巩固对全国的统治的基础上，中王国时期的国王们在三角洲的西部和东部采取了一系列的军事行动。他们击败了时常骚扰埃及的利比亚和西亚人的部落，但更多的精力则花在加强对努比亚的控制上。这个地区在古王国时就曾臣服于埃及，长期以来是埃及所需金、铜、象牙及稀有木材的重要原产地。如前所述，从古王国末期一直到新王国开端，一些被称为"C 部人"的人在这里定居并传播自己的文化。他们的到来曾一度使埃及与这个地区的贸易关系中断（古王国末期和第一中间期）。从门图荷太普二世开始，中王国时期的国王为恢复这个地区的商贸而不懈努力。到 12 王朝时，努比亚北部基本上处于埃及的控制之下。埃及政府两度在努比亚地区修筑堡垒：第一批堡垒建于阿蒙涅姆赫特一世和辛努塞尔特共治时，它们兼有冶炼中心和商贸站的双重作用，控制着尼罗河的交通；第二批堡垒是辛努塞尔特三世稳定了第二瀑布区的南部边界线之后修筑的。他规定，除非有埃及政府批准的商业文书，任何人都不能从堡垒所在地塞姆纳（Semna）通过瀑布区。修

阿蒙涅姆赫特三世的"卡"雕像，12 王朝，开罗埃及博物馆藏

筑这些堡垒的目的是垄断当地的商贸活动和金矿开采，以获取更多的利益。

直到公元前 1720 年时，埃及在国内国际都没有衰落的迹象，从私人陵墓来看，甚至比以前更为富有。但是，受公元前 1800 年后近东地区移民浪潮的推动，这时有大批外族人移居埃及，他们被吸收到埃及社会的最下层，其中个别人也位居显要，如一个叫肯杰尔（Khendjer）的人竟然做了国王。到 13 王朝的后期，东部三角洲地区已有大批的亚洲移民居住，一些地方，如坎提尔（Qantir）[2]等，几乎所有居民都是亚洲人。此时埃及仍控制着努比亚北部地区，但派遣到当地的军队越来越独立于中央政府。

中王国之后，国家重陷分裂，其主要原因是喜克索斯人的到来。

第三节　古典时代的文化

中王国时期的文献材料大多保留于纸草上，这些纸草中最早的可追溯至 12 王朝晚期，另外也发现了大量 18 王朝、19 王朝乃至后期的抄本，有些抄写在写字板或皮卷上。纸草文献大多埋藏于墓葬中，在封闭的空间中得以保存。在底比斯的一处 13 王朝的诵经祭司墓[3]中曾发现了多达 24 份纸草，内容涵盖仪式、魔法、医学文献和咒语，以及文学作品和术语表。[4] 在法雍绿洲入口处的拉洪则出土了一批行政管理文献，这些最初由皮特里在 1889 年发现，来自三处场所，其中包括一座神庙图书馆和一处档案存放处。其中，多数纸草的年代可追溯至 12 王朝的阿蒙涅姆赫特三世统治时期，内容包括商业票据、数学、医药、颂诗以及一份节日列表。一些流传至新王国的纸草抄本则发现于底比斯西岸的代尔·麦迪纳（Deir el-Medina）工匠村。

在纪念性铭文方面，中王国承袭了古王国时撰写年鉴的惯例，这些记载国王平叛、建设神庙等成就的铭文通常被发现于神庙的墙壁上。同样沿袭自古王国时期的还有墓葬中的墓主自传。由于部分地方贵族在此时依然保有较大的权力，在贝尼·哈桑和代尔·贝尔萨他们建造了精美的彩绘墓，以长篇的自传记载他们的丰功伟绩和慷慨善举。这个时期还出现了一种特别的文体，被称为"竖琴手之歌"，通常出现在墓葬石碑上，配以一名盲眼的竖琴手端坐在墓主面前演唱的画面，其内容或是赞美亡者在坟墓中获得的不朽生命，或是感叹生命的短暂易逝、质疑来世的存在。这种文本同样延续到了新王国时期。

在宗教文献方面，11—12王朝晚期的彩绘木棺和其他随葬品上出现了《棺木铭文》。这些彩绘木棺多来自中埃及的贵族墓，但其他地方也有发现，包括利什特附近围绕王室所在地的贵族墓。[5] 此外在古老的宗教中心阿拜多斯，考古学家们在神庙区和游行大道附近发现了一批纪念石碑，碑文中记载了中王国的官员们奉国王之命主持或参与奥塞里斯节日的过程，此处也发现了来自埃及各处的朝圣者所留下的祈愿石碑，碑文形成了固定格式的"来世祈愿清单"。

一、文献的特点

中王国时期被称为埃及文明的"经典时期"，这一时期使用的中埃及语被认为是埃及语言的"经典版"，因此受到了后世的尊崇。此时形成的文字和文体也被广为传抄，成为书吏学习的模板和后期埃及文献竞相模仿的对象。这往往让现代的学者们以为这些文献存在一个完美的"最初版本"，但实际上恰恰相反，有些文献最初可能就存在多个版本。文本的抄写者会有意进行改写，例如著名的《普塔荷太普的教谕》就存在两个不同的版本。此外，文献在传抄过程中也会随着时代的演进和读者的变化而衍生出不同的版本：在中王国版的《辛努海的故事》中，主角的身份是一位平民官员，然而到了新王国的抄本中，他成了一位王子。

这个时期出现了部分学者称为"中王国文学"的一批作品，但研究显示，虽然埃及人极注重行文的优美，也会欣赏韵律乃至使用叠句，但他们并不区分所谓的"文学作品"和其他更具实用性的文本，这使现代学者无法准确地定义哪些是文学性的文本，哪些不是。扬·阿斯曼（Jan Assmann）对此给出了较为严格的限定，即文本缺少直接的应用环境，且其中出现了虚构的元素。[6] 仅有40篇左右的文献同时满足这两个条件，它们当中包括虚构性的叙事文本（"故事"）和智慧文学（包含"教谕"以及"论辩"）。但也有学者认为，除此之外，也不能忽略其他经过精心撰写、具有特定用途或情境的文本，包括宗教仪式文本和颂歌、纪念性铭文、信件以及管理和技术方面的文本，从广义上讲，它们都属于中王国文学的范畴。[7]

在主题方面，阿斯曼所定义的这类文学作品的确有着共通之处。其中一批故事以宫廷为背景，聚焦于王室和精英阶层的生活，以及官员们的行为，因此波瑟内（G. Posener）将这些作品称为"效忠文学"，称其目的是宣扬王权的正统性。英国埃及学家罗兰·恩马奇（Roland Enmarch）则认为完全从政治视角对材料进行解读是不恰当的，忽略了文本的复杂性。[8]他所提出的猜测是，这类故事可能是在宫廷中创作并从宫廷中流传出来的，尽管作者身份未知，但其叙述显然采用了精英阶层的视角，即便在一些篇章——如《能言善辩的农民》——中社会底层的小人物也偶有出场，其讲述也不能代表真实的"平民的声音"。与此相对，另一些作品却带有罕见的现实主义色彩，表现了人世生活的种种磨难和曲折。在《落难水手的故事》中，作者讲述了一次死里逃生的失败航行，《涅弗尔提箴言》则描写了传统社会的崩塌和秩序的丧失。人们甚至开始质疑传统的价值观，譬如修建坟墓的意义（如《一个人与他的"巴"的争论》），以及神灵是否应当为世上的苦难负责（如《伊普味陈辞》）。在这一时期的墓葬中出现的"竖琴手之歌"则颠覆性地劝告人们来世不可指望，应尽可能在此生及时行乐。这自然使我们想到，第一中间期的分裂和动荡或许动摇了埃及人心中对传统的信仰，但也有学者认为这类带有悲观色彩的文学作品背后，其核心思想仍指向对传统规范的肯定，以及对回归正道的盼望，与其说它们表达了某种反传统的思想，不如说它们对埃及文化的核心思想中存在的问题进行了一次深入的剖析。[9]

二、文献的分类

罗兰·恩马奇在论及中王国文学时，根据扬·阿斯曼对"文学性文本"的定义，将中王国时期的文献分为了三大类：文学性文本（包括故事、教谕、论辩、其他文学性文本）、半文学性文本（包括信件模板、颂诗与歌谣、宗教文本、王室纪念铭文、非王室铭文）以及非文学性文本（包括信件、魔法－医药纸草和数学纸草等技术性文本）。

（一）文学性文本

1. 故事

这一类文本通常为叙述性的，在埃及语中称作 sDd(t)，意为"故事、传说、讲述"，但行文方式略有不同。有的文本开篇会对故事背景进行叙述，但马上转为非叙述性的文体（如《涅弗尔提箴言》），有的文本则以叙述性的结构展开，中间穿插非叙述性的段落（如《能言善辩的农民》）。这种混合式的文体正是中王国文学作品的一大特点。

这批文本中最广为人知的就是前文提到的《辛努海的故事》。两份中王国时期的纸草上抄录了这个故事：来自12王朝的"柏林纸草3022"（P. Berlin 3022）包含311行，但缺少故事的开头；来自中王国末期的"柏林纸草10499"（P. Berlin 10499），包含203行和开头。此外，收藏于牛津阿什莫林博物馆的一块陶片上保留了19王朝的一份抄本，还有其他零散的片段出现在纸草残片和陶片上。大量抄本的存在显示出这篇故事在古埃及社会中的流行程度，它也被视为中王国散文故事中保存最完整的一篇。

《辛努海的故事》仿照官员墓葬自传的风格，讲述了一位名为辛努海的埃及官员的传奇人生。他在国王阿蒙涅姆赫特一世遇刺身亡时出于某些原因逃离了埃及，流落到当时的"瑞杰努"（Retjenu）。之后他在收留他的亚洲人部落中建功立业、娶妻生子。但在晚年时，他开始感到远离故土漂泊在外的孤独，期盼落叶归根，尤其期盼一场埃及式的葬礼。在国王辛努塞尔特一世的宽赦下，他得以重返埃及，得到国王的接见，并被允许葬在国王的金字塔附近。文中显露出埃及人眼中自我与他者的区别，以及埃及文化中的核心价值观。

同样讲述主人公奇遇的还包括《落难水手的故事》，记载了这个故事的一份纸草（P. Leningrad 1115）被发现于圣彼得堡的冬宫。故事讲述了一名从船舶失事中逃生的官员漂流到红海一个名为"卡之岛"的神秘岛屿上，遇到了一条神蛇。神蛇不仅预言了他将平安返家，还告知了自己的来历：神蛇的家族被一颗坠落的星星毁灭，仅有自己幸存。故事的最后，神蛇还赠送了主人公香料、象牙等礼物，并祝福他与家人团圆。而这座神秘的岛屿再无踪迹，隐匿于波浪之中。英国学者约翰·贝恩斯（John Baines）认为这个故事具有隐含的宗教喻义[10]，神蛇可能代表创世神，而岛屿则是原初的宇宙。

与魔法相关的，还有《胡夫与魔法师的故事》，由记录在"威斯卡纸草"（P. Westcar、P. Berlin 3033）上的 5 个小故事组成，其中 3 个故事完整地保留了下来。故事发生的背景是古王国时胡夫法老统治时期，但纸草本身是喜克索斯时代的产物。几个小故事均与魔法有关。第一个故事讲述了胡夫的前任、斯奈夫鲁王在位时，他的宫廷魔法师曾施法分开湖水的事迹。第二个则是由王子哈杰代夫直接带领一位活着的魔法师来面见法老本人。魔法师在演示了使断头的鹅复活的法术后，预言拉神祭司的三个儿子将成为埃及之主，于是引出了第三个故事，即拉神命几位女神和男神扮作乐师为祭司的妻子接生，使 5 王朝的 3 位国王降临人世，而试图向胡夫告密的侍女则死于鳄鱼之口。这些故事不仅揭示了古王国时期太阳崇拜与王权之间的密切关系，也可能是胡夫在历史上的负面形象的来源。

《能言善辩的农民》发现于中王国时期的 4 份纸草上，分别为"柏林纸草 3023"（P. Berlin 3023）、"柏林纸草 3025"（P. Berlin 3025）、"柏林纸草 10499"（P. Berlin 10499）以及"大英博物馆纸草 10274"（P. British Museum 10274，也称"巴特勒纸草 527"）。故事讲述了一名来自"盐之地"的农民为贩卖家乡的土特产而前往王都赫拉克利奥波利斯，但半路上他的驴子和货物却被一名地方官强取豪夺。农民为了夺回财产而向地方官的上司、高级管家伦西上诉。他九次呼求正义的申诉一次比一次精彩，也一次比一次犀利，最终他声言要上诉至阿努比斯神面前。这些申诉终于打动了高级管家和国王，使恶人得到了惩罚，农民的财产也得以归还。

其余一些文本则残损严重，其中包括《尼弗卡拉和萨瑟涅特的故事》《牧牛人的故事》，以及一篇主角名为"肯提卡之子斯奈弗"的鬼故事。此外还有一些故事仅余纸草残片，已无法还原其情节。

2. 教谕

起源于古王国的另一类文学作品是"教谕"，又被学者们称为"智慧文学"。这种文体通常采取一名智者教导学生的形式，以智者的口吻陈述古埃及社会的道德准则和礼制——埃及人称之为"正确的生活方式"。其中有强调"忠君"的教诲,《凯瑞斯的教谕》(*Loyalist Instruction of Kaires*) 和《一个人给他儿子的教谕》(*Teaching of a Man for his son*) 均属此类,后者甚至指出一个人的生命全部掌握在国王手中,国王不仅是官员们生活的保障,也是唯一能为他们提供体面葬礼的人;前者则在宣扬国王的伟大地位的同时,强调精英阶层对其下属和仆从的依赖性,提出了不应过分压榨劳动者、不应对下属过于严苛等告诫。此外,它们还涉及一些道德伦理,譬如不可嘲弄不幸者,不可对比自己强的人妄下定论等。

相比之下,《凯提的教谕》(*The Satire of the Trades*,又名《对百工的讽刺》)则尖刻得多。这篇文献的抄本发现于18—19王朝的多份纸草(P. Sallier Ⅱ、P. Anastasi Ⅶ等)、写字板以及陶片上。文中以一位父亲的口气告诉儿子成为书吏的好处,但采用的方式是对其他社会地位较低的职业——予以尖锐的讽刺。譬如,铁匠的手腥臭如鱼子,粗糙如鳄鱼皮;陶工则像猪一样与烂泥为伍;剃头匠需要走街串巷,疲惫不堪;木匠的劳作则无休无止。唯有书吏不缺吃穿,生活富足,因此他教导儿子"要比热爱母亲还要热爱书吏这份工作"。此外,文中还列出了多条待人接物的规矩,可以说是一份年轻书吏的"入行指南",可能正是因为这样,这份文本在19王朝时极为流行,作为书吏训练的模板而广为流传。

一些教谕文学假托古王国的圣人之名,宣扬传统道德和行为准则。例如前文提及的《普塔荷太普的教谕》,它借古王国5王朝的宰相普塔荷太普之口,教导自己的继任者在工作中如何与下级、同级和上级相处,在发生争议时应保持沉默和审慎,在倾听诉求时应给予申诉者诉说的机会,此外在生活中还应顺应内心的指引,追求应得的幸福和财富,早日建立家庭等。

除此之外,还有两篇教谕声称是由国王亲自写成的,风格均偏向现实主义乃至悲观主义。《美里卡拉的教谕》(*The Instruction of Merikare*)将写作背景放在了第一中间期,一位9王朝或10王朝的北方统治者给他的继承人美里卡拉留下了"马基雅维利式"的教谕。从如何镇压反叛者、如何靠雄辩取胜到如何行使公义、笼络人心,文中均给出了翔实的建议;但同时,文中也承认国王死后也会因其行为而受到审判,并暗示他曾亵渎过圣城阿拜多斯的墓地。最后,教谕又回归到传统道德的范畴，对创世神献上了一连串的赞美。这篇教谕出现在18王朝的三份残缺的纸草上，分别是"莱宁纸草"（P. Leningrad 1116A）、"莫斯科纸草"（P. Moscow 4658）以及"卡斯伯格纸草"（P. Carlsberg 6）。

另一篇则是著名的《阿蒙涅姆赫特的教谕》（*The Instruction of Amenemhet*），这篇文献原保留于18王朝的米林根纸草（P. Millingen）上，但原件已遗失，仅有1843年的一份抄本存世。教谕以国王阿蒙涅姆赫特一世的口吻向他的儿子兼继承人、辛努塞尔特一世讲述了自己在深夜遇刺的悲惨遭遇，并告诫新王不可信赖任何人，亦不可亲近任何人。文中对国王遭遇刺杀的过程描写得极为生动，对王子的殷殷嘱托更令人动容。这场王权交接的风波在《辛努海的故事》中也有提及。这篇教谕与其说记载了一次宫廷阴谋，不如说是辛努塞尔特一世继位后宣扬自身合法性的手段。

其他较为零散的教谕文本还包括保留于"拉美西姆纸草"（P. Ramesseum Ⅱ）上的《拉美西姆教谕》，但内容晦涩，更接近格言，可能是后期部分世俗体教谕文学的前身。牛津阿什莫林博物馆保存的一块写字板上，也有残缺的文献探讨了人与神之间的关系。

3. 论辩

这类文本在埃及语中缺乏一个准确的名称，有学者[11]认为mdt即是指这类文本，即"演讲、话语"之意。形式上，这类文本通常采用冗长的独白或对话的形式，对埃及分裂时期社会秩序的崩坏提出质疑，带有强烈的悲观色彩。因此这也是埃及文学中最接近希腊-罗马的哲学思辨的一类作品。

《涅弗尔提箴言》保留于一份18王朝的纸草（P. Leningrad 1116B）上，也有一些片段出现在18王朝的写字板和19王朝的陶片上。这篇"预言"将叙述的背景放在了4王朝斯奈夫鲁王统治的"黄金时代"。一位名叫涅弗尔提的诵经祭司在国王面前做出了对未来的预言。在他的描述中，埃及陷入了一片混乱，河流改道，外敌入侵，人们自相残杀，社会秩序处于崩溃状态，但他也预言了救世主的崛起——一位从南方来的国王将终结一切乱象，重新统一两地，而他的名字"阿蒙尼"显然影射12王朝的国王阿蒙涅姆赫特一世。这篇以古人之口做出的"预言"实为埃及人对第一中间期的记忆的文学化呈现，而预言中的救世主则是中王国时期的国王。这种对于乱世的符号化描写，在这类论辩文本中一再出现。

《哈凯普瑞塞奈布的诉说》(The Words of Khakheperreseneb) 在主题上与《涅弗尔提箴言》极为相似。这篇文本以一名祭司独白的方式向自己的心倾诉他目睹乱世的人心不古、世风日下而感到的痛苦。但研究表明，这篇文本应创作于中王国 12 王朝的辛努塞尔特二世统治时期，从现存的史料来看，那是一段和平繁荣的时期，因此罗兰·恩马奇认为这篇文本描绘的乱世是一种文学想象[12]，表达了埃及人所关注或担忧的社会问题。米里亚姆·利克泰姆（Miriam Lichtheim）则认为其中带有隐喻，暗含对当时政治的不满[13]。这篇文本完整地保留于大英博物馆的一块写字板（大英博物馆 5645 号）上。

《一个人与他的"巴"的争论》则将这种内心的困苦以和自己的"巴"（Ba，灵魂）对话的方式呈现出来。这篇 12 王朝的文本保留在"柏林纸草 3024"（P. Berlin 3024）上，开头部分已遗失。在文中，一位悲观厌世者向他的"巴"倾诉自己对死亡和来世的渴望，但"巴"却劝说他珍惜生活，及时行乐，因为没有人能从坟墓中归来，那些修建了豪华大墓的人也无法避免墓葬被荒废、无人献祭的命运，与死在河边曝尸的人没有区别。最后，厌世者与灵魂达成了妥协，同意过好此生，但也为来世做好准备。

在《伊普味陈辞》中，主人公伊普味针对乱世之苦向神提出了质疑。他首先描绘了一幅乱世的惨景：外敌入侵，人们自相残杀，强盗横行，饥荒和战争使得尸横遍野，连河水都被染红。随后，他指责国王和创世神对此坐视不理，任由混乱发生。神却将这些灾难归结为人类自身的堕落所致。文本对埃及人眼中可怖的乱世做出了详细的描摹，以此来强调埃及传统的"统一"观念，凸显一位强有力的国王的重要性。这篇文本目前仅有一份残损严重的纸草存世，即 19 王朝的"莱顿纸草 344"（P. Leiden 344）。

其他论辩类的作品只留下一些零散的片段。譬如《伦塞涅布的话》，仅留下了开头部分。《萨索贝克的论辩》似乎讲述了主人公的入狱和重获自由，以及他对生命无常的感叹，《捕鸟者的申辩》则是一名捕鸟人对官员的恳求，与被毁坏的纸草丛有关。

4. 其他文学性文本

一些文本无法归类为故事、教谕或论辩，但隶属中王国文学的范畴。其中最重要的几篇保留在 18 王朝的纸草上（现藏于莫斯科的普希金博物馆）。这些文本记载了埃及人的"山水田园诗"，即在沼泽中捕鱼猎鸟的休闲时光。一篇被称为《渔猎之乐》的文本生动描绘了多种类型的捕猎以及满载而归后对神灵的供奉。文中提到了法雍绿洲，其语言风格也指向了中王国后期。另一篇名为《国王游猎记》，似乎是一份对于国王前往沼泽地参加渔猎的较为正式的记载。文中，大臣仪式性地向国王呈上各种捕猎的武器和王权标志。由于捕鱼猎鸟在埃及具有深厚的宗教意义和神话内涵，这篇文本可能描写的是一次仪式性的渔猎活动。

（二）半文学性文本

1. 信件模板

信件模板（埃及语为 kemyt）通常用于书吏训练。开头有固定格式，称作"孟菲斯套语"（Memphite Formula），写信人一般自称"仆人"，将收信人称为"主人"，并写有祈愿主人身体健康、受到神灵庇佑等祝福语。信件的主体部分是以第一人称的口吻叙述的，随后还有类似自传中的自我夸耀，最后以赞美书吏这一职业收尾。文本整体上连贯性不强，可见其作为教学样板的实际功效要大于作为叙述性文本的意义。

2. 颂诗与歌谣

中王国已出现了献给神明的颂诗，一般刻于石碑或其他纪念物上。在中王国和新王国时期的多个纪念物上发现了献给奥塞里斯的颂诗，通常以第二人称呼唤神的诸多名字和称号，这些称号一般与奥塞里斯神话有关。神明颂诗也记载于纸草上。在从拉美西姆墓葬中出土的纸草上就发现了鳄鱼神索贝克（Sobek）的颂诗。此外还有献给尼罗河的《泛滥颂》（The Hymn to the Inundation），赞美尼罗河是"带来食物者、伟大的供给者"。对国王的颂歌也出现在这一时期，其中最著名的是拉洪出土的多篇歌颂辛努塞尔特三世的赞美诗。[14] 这些赞歌将国王歌颂为埃及和埃及人的庇护者，类似的措辞和文风也出现在教谕文学和《辛努海的故事》中。

中王国时期没有所谓的民谣留存，也没有情歌，仅有一些墓葬墙壁上保留有赞美墓主的歌谣片段。譬如，在12王朝早期的萨伦普特（Sarenput I）墓、底比斯的英泰非克尔（Intefiqer）之母塞涅特的墓中，竖琴手以墓主之子的身份向哈托尔女神献唱。一些中王国时期的石碑上也刻有这种"竖琴手之歌"，内容通常是歌颂受到庇佑的墓主和墓葬，而在新王国时期，这些"竖琴手之歌"开始流露出对来世的质疑，其中最著名的是《英泰夫国王墓的竖琴手之歌》，表达了"没有人真正知晓来世的情况，因此人应当及时行乐"这一观念。

3. 其他宗教文献

中王国时期出现了被称作《棺木铭文》的一套咒语合集，主要书写在11—12王朝的棺木上。刻有铭文的棺木多数出自中埃及的贵族墓，但埃及各地均有发现，包括中王国时期王室的所在地利什特附近的墓地。《棺木铭文》的部分内容来自古王国时期的《金字塔铭文》，也有部分是全新的内容，并首次出现了名为"两路之书"的冥世"地图"，目的是确保死者成功进入来世，成为"英灵"。因此，这些咒语或与葬仪相关，或旨在帮助死者克服冥世路途中的重重艰险，还有一些带有宗教剧的特点。在宗教思想方面，铭文中出现了创世神的一段宣示，内容是在宇宙创造之初他为了人类而做的"四善行"，包括创造空气、令尼罗河泛滥等，反映了埃及人的宇宙观。

在宗教仪式方面，拉美西姆墓葬中出土的"宗教剧纸草"（P. Dramatic）是已知最早的配有插图的纸草，上面以宗教剧的形式描绘了辛努塞尔特一世的登基仪式，其中国王以荷鲁斯的身份登场，仪式的每个场景都配有简单的标签以说明其神话含义。

4. 王室纪念铭文

中王国时期出现了一种经过精心撰写、具有标准格式的王室纪念铭文，这类铭文通常刻于神庙中，记载国王在战争和建设神庙方面的丰功伟绩，并配有国王在臣子面前讲话的画面。这种铭文可能起源于11王朝，但最著名的例子是12王朝的辛努塞尔特一世的托德神庙铭文，其中记载了他在镇压叛乱后重建托德神庙的事迹。此外，还有一篇铭文记载了这位国王修缮赫里奥波里斯的阿图姆神庙的过程，但仅有新王国的抄本留存下来。[15] 这种传统一直延续到后世，在第二中间期也发现了多篇类似的铭文，譬如索贝克荷太普八世（Sobekhotep Ⅷ）的卡纳克神庙石碑和17王朝卡摩斯（Kamose）国王的石碑。

这一时期的王室铭文还包括辛努塞尔特三世竖立的塞姆纳界碑。为对抗努比亚人，这位国王在尼罗河第二瀑布修建了多座堡垒，并立碑记载他征服努比亚人的成就。碑中将后者贬低为"不值得丝毫尊重的卑劣小人"，并要求自己的后世子孙捍卫他所设下的边界。

此外，中王国还继承了古王国时期撰写王室年鉴的传统，这种表格形式的年鉴一般出现在神庙中，用于记录重大的事件。其中最著名的是阿蒙涅姆赫特二世的年鉴，记载了这位国王执政期间的王室远征、神庙建设与节日庆典等活动，甚至还有一段讲述了国王前往沼泽参加渔猎的情形，与前文提到的《国王游猎记》中的记载相吻合。

5. 非王室铭文

中王国的墓室自传在古王国的传统之上加入了新的内容。除了墓主的名字、头衔、美德以及成就之外，我们还发现了对第一中间期的动荡与战乱的描写。在中王国时期重新建立起统一王权之后，地方贵族的墓室自传中开始宣扬墓主与国王之间的亲密关系。例如贝尼·哈桑的地方长官阿蒙尼（Ameny）的自传中就记载了他追随辛努塞尔特一世远征努比亚的功绩，而克努姆荷太普二世则详细记录了他的家族成员在多个行省所担任的要职。阿斯旺的地方长官萨伦普特的石碑记载了他修缮象岛当地一位圣贤赫卡伊布的祠堂的善举。在尼罗河谷以外的偏远地区，一些负责矿产开采的官员也留下了相关的铭文，譬如阿蒙涅姆赫特三世统治时的官员哈维尔瑞在塞拉比特·卡迪姆（Serabit el-Khadim）的哈托尔神庙石碑上记录了他克服万难为国王开采绿松石矿的经历。铭文对远征所遇到的艰难险阻的刻画与前文提到的《落难水手的故事》极为相近，二者之间可能存在相互影响。

一些官员也留下了个人的纪念铭文，这些纪念铭文的首要目的是让路过者大声读出碑文上的"献祭套语"，这些带有魔法性质的咒语能为冥世的死者提供面包、啤酒、肉类、亚麻布等供品，只需大声念诵即可。因此许多这一时期的个人纪念碑上除了写有墓主的名字和头衔之外，就是以"对生者的恳求"的形式，祈求过路者念出上面的"献祭套语"，并许诺以种种庇佑。此外，在奥塞里斯的圣城阿拜多斯的神庙区和游行大道旁发现了一批中王国和第二中间期的官员所留下的纪念碑，这些石碑记载了他们奉国王之命修缮奥塞里斯神庙、参与奥塞里斯节日的功绩，其中最知名的是辛努塞尔特三世的大臣伊赫诺弗里特（Ikhernofret）的石碑，以隐晦的方式描写了奥塞里斯节日中的仪式过程。

（三）非文学性文本

这类文本包括信件、技术文献以及管理文献，以传递即时和实用信息作为主要功能。

中王国时期留存的信件中既有家庭成员间的通信，也有官员间往来的信函。12 王朝早期的"赫卡纳克特信件"为我们翔实地记录了一位底比斯的祭司的日常事务和家庭矛盾；拉洪则出土了一批 12 王朝后期的信件，其中一些被抄录在神庙的管理文档中；从拉美西姆墓葬中出土的纸草上发现了所谓的"塞姆纳函件"，其中保留有努比亚要塞的官员之间往来的书信。此外，中王国墓葬中还发现了"写给死者的信"，以书信的形式请求去世的亲人对家庭事务提供支持。

技术文献包括拉美西姆墓葬和拉洪出土的魔法－医药纸草，这些文献用于治疗疾病和提供保护，往往是魔咒和药物疗法的混合。类似的纸草在第二中间期也有发现，例如"保护母亲与孩子的咒语"中通过对病魔的申斥来阻止它们对孩童造成伤害，带有一定的表演性质。这一时期还发现了用于诅咒仪式的"诅咒文"，多与诅咒埃及之敌的官方仪式有关。其他技术文献还包括以"莱茵德纸草"（P. Rhind Mathematical）为代表的数学纸草（出自第二中间期）[16]，以及经过精心编纂的节日列表，后者在拉美西姆墓葬中也有发现。

中王国时期的主要管理文献包括纳加·代尔的一处墓葬中出土的 12 王朝早期的纸草，为造船厂的记录、账目以及与建设相关的管理文件。拉洪发现了中王国后期与神庙有关的管理文件、账目以及私人记录。底比斯西岸一处书吏墓中出土的"布拉克纸草"（P. Boulaq 18）上则保留有 13 王朝底比斯的宫廷管理记录。

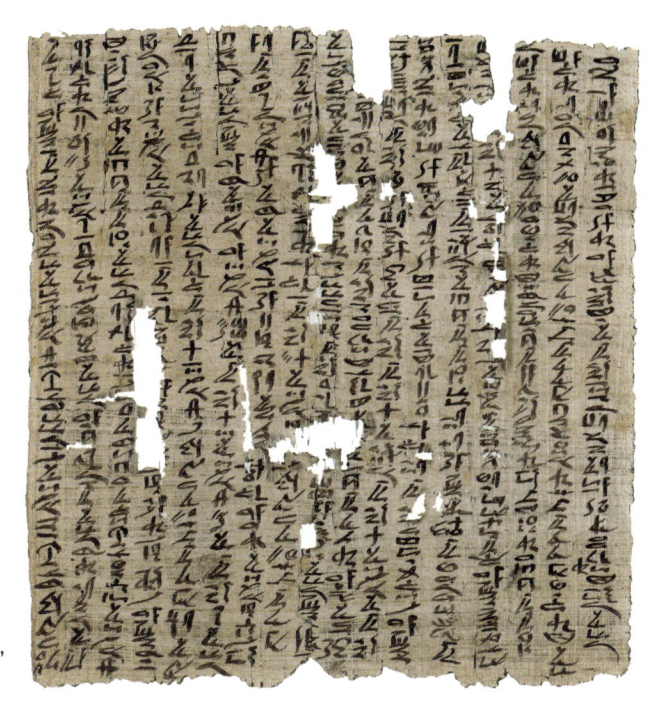

赫卡纳克特的第一封信，
纽约大都会艺术博物馆藏

第四节　喜克索斯人与第二中间期

　　第二中间期时埃及人与来自西亚的喜克索斯人的争斗在多处考古材料中均有体现。这一时期的许多圣甲虫印章上刻有充满异域风格的王名，可能代表来自阿瓦利斯的喜克索斯统治者，但他们的名字未见留存于其他物件或后世的记载中。17王朝的国王塔阿（Taa）的木乃伊上留下了多处利器造成的伤口，他的继承人卡摩斯在中埃及的库塞（Cusae）立下了界碑。在底比斯发现的两块石碑记述了他对喜克索斯政权的抗争。在上埃及的霍尔干河谷（Wadi el-Hol），考古学家发现了带有17王朝印文的堡垒遗迹以及努比亚风格的陶器，显示上埃及的统治者可能曾雇用努比亚人作战。而18王朝的开国君主阿赫摩斯（Ahmose）征讨喜克索斯人、最终统一两地的过程，被详细记载于伊巴纳（Ibana）之子阿赫摩斯位于埃尔卡布（el-Kab）的墓葬自传中。

　　喜克索斯一词是古埃及语"hk3(w) h3s(w)t"（意为外族统治者）的希腊语

形式，指的是在第二中间期前期建立 15 王朝、统治三角洲部分地区的外族人。它指的是一个统治政权而不是一个民族。[17]

公元前 4—公元前 3 世纪时的民间文献把喜克索斯人建立的王朝称作"牧人王朝"，这是一种错误的称呼，源自古埃及语中的 s3sw（即牧人）、h3k（即掠夺者）。实际上，新王国时期的文献中从未出现这种称呼，因此这可能是公元前 4—公元前 3 世纪时基督教各派之间争辩时产生的一种说法。由于把曼尼托所说的"anthropvi genos asemon"译成"种族不明的人们"，即将"种族卑微的人们"译成"种族不明的人们"，致使许多学者长期无效地进行对号入座式的研究工作，先后把喜克索斯人当作阿拉伯人、印度-伊朗人、赫梯人、胡里安人、希伯来人，以及神秘的亚洲牧马贵族等。事实上，曼尼托所用的世俗体埃及语 asemon 一词，在古埃及语中的对应词是 hsi，应译为"卑微的"而不是"种族不明的"。[18]

虽然在太尔·达巴（Tell el-Daba）发现的人类遗骸显示出欧洲人种的特征，但此类证据较少，远远不能证明喜克索斯人的种族所属。从语言学的角度进行考察，我们发现当时的埃及语文献中普遍称喜克索斯人为 a3mw，这个词可泛指所有的亚洲人，但更多地是特指讲西闪米特语（即阿摩利语）的亚洲人。此外，留存下来的喜克索斯人的名字中，多数是阿摩利语的，因此，可以肯定喜克索斯人是讲阿摩利语的民族。曼尼托的记载也证实了这一点，他称 15 王朝源自"腓尼基人"（即埃及语中的 h3rw 或 Fnhw，特指地中海东部沿岸）[19]，但是，曼尼托所说的 15 王朝究竟源自何处，仍是一个难以解决的问题。喜克索斯偏爱山神，也许他们的故乡在尼盖博（Negeb）、塞菲拉赫（Shephelah）附近的巴勒斯坦或黎巴嫩高地，或者在叙利亚内地，但这种说法缺乏有力的证据。目前我们只能对喜克索斯人的故乡有一个大致的推测，即最北部不超过黎巴嫩边界，最南部不过约旦高地。[20]

喜克索斯时期的遗址主要集中在三角洲地区，尤以尼罗河的古代支流培鲁萨克东部为主。代表性的遗址是太尔·雅胡地亚（Tell el-Yahudiyeh）、太尔·马什胡塔（Tell el-Maskhuta），以及图米拉特干河谷（Wadi Tumilat）沿岸的一些遗址，如因斯哈斯（Inshas）、太尔·法拉莎（Tell Farasha）。特别是上面提到的太尔·达巴，它是这些遗址中唯一的一个城市居民区，是喜克索斯人的主要居住点，哈姆扎（Hamza）首次断定该遗址即是喜克索斯人的都城阿瓦利斯，也就是后来拉美西斯二世建立的新都培尔－拉美西斯（Pr-Rameses）。该城的废墟覆盖了约2.5万平方米的面积。该遗址从1966年开始发掘，作为喜克索斯人在埃及期间的唯一一个在考古上有连续性的居住区，它对研究喜克索斯人的历史和文化有着重要的意义。

在三角洲以外的地区，很少发现刻有喜克索斯王名的纪念物。喜克索斯王名出现的最南端是格贝林，在那里发现了阿波菲斯（Apophis）的一个石灰石的屋楣，以及赫伊安（Khyan）的一个花岗岩石块。在尼罗河谷很少发现喜克索斯人的纪念物和居住遗址，这说明他们在中埃及和南部埃及主要是依靠当地的傀儡来维持统治的。这一点在17王朝国王卡摩斯的《第二石碑》中能得到证实。喜克索斯人扩张和统治的历史很难知其详情。有些学者已成功地排列出圣甲虫纪念物上喜克索斯王名的年代顺序，但研究官员名字和头衔仍较为困难，因为这些名字中很少有外来名，很难把使用埃及名字的喜克索斯官员和埃及的当地官员区分开来。

喜克索斯人如何征服埃及一直是一个争论的热点。曼尼托的叙述中有着明显的倾向性，即把喜克索斯人描绘成入侵者。处在他生活的时代，难免有一种把亚洲人当作外来入侵者的偏见，因为亚述人、巴比伦人、波斯人对埃及的连续入侵就发生在不久之前，提起亚洲人，人们就联想到出现在埃及东北地平线上的一次次暴力入侵，因此，曼尼托在使用史料时带有主观性在所难免。

另一个重要的观点是把喜克索斯人的到来当成一个长期的"和平移民"的过程。该观点的主要论据是以纽约布鲁克林博物馆的纸草为主的一批文献。这批文献证明，在12王朝、13王朝期间，有一大批亚洲战俘在埃及从事仆役劳动。尽管这些人只是集中在三角洲，但一旦中央政权衰微、边防松弛，大量外来移民就会乘虚而入，与已在埃及定居的同族汇合。他们不仅在数量上超过当地的埃及人，而且在军队、政府机构中逐渐形成一股强大的势力，最终把持了最高统治权，建立了异族的统治。持这种观点的人认为，喜克索斯人对埃及的征服是一种和平渗透，没有暴力入侵的成分。

都灵王表（19 王朝时期的一个王表，记载了从中王国时期开始的 120—130 位国王）是唯一一个记载喜克索斯人国王的埃及王表。在这个王表中，在 12 王朝王表和喜克索斯人王表之间有这样一句话——"在塞荷太普伊伯拉（Sehetepibre）之后的……"，之后便是一串长长的名字。这些名字很明显是外族人的，但没有明确说明，因此即使是埃及书吏也不清楚这些人的身份。而这些名字之后的一个词 h3swt（意为外国的土地）经过长期的误传，最后在大约一千年之后的曼尼托时代，与 h3sww（是三角洲地区的一个地名，在希腊文中叫 Xois）一词混淆了。因此，曼尼托在使用"都灵纸草"时就把这串名字当成了一个王朝的王名，而把 h3sww(Xois) 当成该王朝的都城，14 王朝由此而来。早在 20 世纪 80 年代，就有学者怀疑 14 王朝的真实性，但直到 1986 年，美国学者唐纳德·瑞德福特才彻底揭开 14 王朝之谜。根据他的考证，被曼尼托当作 14 王朝王名的这串名字，实际上只是喜克索斯人的祖先的名字，因为阿摩利人有祖先崇拜的传统，在王表前面列上该家族祖先的名字是证明王权合法性的必要程序（这也是其他西闪米特民族的传统）。而如上所述，h3sww 在这里也不是 Xois，而只是 h3swt（意为外国的土地）的误传。因此，14 王朝是一个根本不存在的王朝。[21]

曼尼托和"都灵纸草"都记载了 15 王朝的 6 个国王，但关于该王朝统治的时间，两个文献的记载有很大的差异。在后人引用的曼尼托的《埃及史》中有三种不同的说法，欧西比乌斯（Eusebius）引文中是二百五十年；阿福瑞卡努斯（Africanus）是二百八十四年；约瑟夫（Joseph）引文中是五百一十一年。而"都灵纸草"的记载是一百零八年，或者平均每个国王十八年。根据相对年代法和近东地区陶器的碳-14 法测定，喜克索斯人统治埃及的时间是一个世纪左右。[22]

如上所述，喜克索斯人的到来伴随的是军事征服。除了文献中提到的喜克索斯国王塞斯（Sheshy，即 Salitis）之外，还有其他一些小的军事首领。根据"都灵纸草"的记载，塞斯在位的时间很短，因此，对埃及的征服是他之后的两代或者三代喜克索斯国王最终完成的。在这个过程中，孟菲斯和伊提-塔威（Itj-tawy）曾被攻下并遭劫掠。埃及国王戴杜摩斯（Dedumose）被迫仓皇撤退，据守南方的底比斯。

同时，也许更早一些时候，中王国时期埃及控制之下的努比亚北部地区开始出现叛乱。当地的部落首领攻占了埃及人的军事堡垒。不久，在尼罗河的上游，以第三瀑布区的克玛（Kerma）为中心，建立了一个努比亚人的"王国"——它模仿埃及的政治体制，并且在文化上也以埃及为范本。埃及在努比亚的居民点甚至南部埃及的一些居民区都遭到克玛王国的劫掠，当地的雕像及各种艺术品被抢劫一空，成为努比亚人仿效埃及文化的样本。

偏安南方、摇摇欲坠的13王朝，现在面临双重威胁。在卡纳克发现的该时期的两块石碑生动地记载了当时的情况。其中一个石碑上，埃及贵族伊赫诺弗里特把自己描绘成某城市的拯救者，他"给人们带来了食物，驱逐了来自异国的敌人"；另一块石碑上，国王门图荷太普也宣称自己赶跑了"来自异国的敌人"，并把他们比作野兽，"在埃及的堡垒四周灰溜溜地寻觅着水源"[23]。虽然这些叙述有很大成分的夸张，但也反映出当时底比斯屡屡遭受喜克索斯人和努比亚人双重进攻的局面。这与考古发掘中发现的底比斯这个时期的地层有一层灰土相吻合。尽管我们现在尚不清楚攻克底比斯的究竟是喜克索斯人还是努比亚人，从地层上看，喜克索斯人确实在底比斯居住了一个时期，并且在底比斯南边的格贝林留下了大量的建筑物。

当然，喜克索斯人不失时机地与努比亚人取得了联系。双方的联系途径是穿过巴赫里亚、达赫拉、杜什（Dush）绿洲。在乌拉尔图和克玛的埃及军事堡垒中，发现了喜克索斯国王塞斯的大量圣甲虫纪念物和印章。双方还有商贸活动，会交换油、木材、武器等。

三角洲中部和西部以及尼罗河流域，虽然历经改朝换代，当地的埃及居民仍一如既往地生存着。卡摩斯在驱逐喜克索斯人的战争中，曾指责那些"屈从于亚洲人，背叛了埃及——他们的母亲"的同胞，由此可见确有一部分埃及人与喜克索斯人合作。曼尼托说萨里提斯（Salitis）在他征服的所有地区都建筑堡垒，同时期的铭文也证实了这一点，如卡摩斯铭文在提到中埃及那些"喜克索斯人的地方"时，用了"亚洲人的巢穴"[24]这个特别的说法。曼尼托提到了喜克索斯人在整个埃及范围内征税，这点也在同时期的文献中得到证实，如卡摩斯铭文说："在喜克索斯人的重税盘剥下，无人能安度日月！"[25]

关于喜克索斯人在埃及的管理机制，我们所知甚少，因为在驱逐入侵者之后，埃及人大量销毁了他们在埃及留下的一切痕迹，至今还没有文献证明宰相一职的存在。另一方面，"财政官"头衔在圣甲虫印章上大量出现，似乎说明这一职位在喜克索斯政府机构中的重要性。此外，有大量文献提到"王子"（King's sons），这曾是古埃及的一种官职，是喜克索斯人仿效埃及人所设，抑或就是真正的王子？这个问题尚未得到解决。另一个常见的头衔是"侍从"（Retainer）。当然，我们也应考虑到有时这些头衔很可能只是人们用来夸耀自己的虚称，没有实质的意义，这种情况在国家陷于分裂时（如第一中间期）常常发生。喜克索斯国王的王名完全模仿13王朝的埃及国王。从某种程度上说，喜克索斯人维持了埃及原有的政治制度，并且任用埃及人参与管理。[26]

喜克索斯人也保留了原有的一些传统，如阿摩利人的封君制。大国的君主被称作"伟大的国王"，其附属国的国王则是他的"儿子"。这一习俗在近东地区非常普遍。

阿波菲斯在位期间是喜克索斯人在埃及及周边地区统治的鼎盛期。阿波菲斯自称控制了赫尔摩波利斯到皮-哈托尔、阿瓦利斯之间的广大地区，实际的范围要小得多。而喜克索斯人对亚洲地区的控制可以说只是名义上的，与其说他们在那儿建立起了帝国的统治，不如说他们在这些地区有着较大的政治影响力，因为他们是第一批在埃及建立统治的亚洲人。在叙利亚、巴勒斯坦地区很少发现喜克索斯国王的名字。

无论如何，阿波菲斯统治时期在文化上是一个繁荣的时期，至少喜克索斯的统治阶层开始接受埃及文化的熏陶。阿波菲斯甚至自称爱好文学并学习象形文字。在一个书吏的调色板上，他称自己是"拉神的书吏，受教于图特神……当他准确地读出所有艰涩的文字时，他的功绩如尼罗河一样滔滔……"我们有理由相信阿波菲斯的确爱好文学，因为正是在他统治期间"莱茵德数学纸草"以及"威斯卡纸草"得以重新抄录。这个时期的阿瓦利斯富庶坚固，北边是繁忙的港口，周围是平坦的沃土，东边与沙漠接界处是为王室种植葡萄的果园。然而，这样的日子好景不长，驱逐喜克索斯人的号角已经遥遥地响起。

17王朝的国王是打着驱逐喜克索斯人的旗帜登上历史舞台的。以《阿波菲斯与塞肯拉的争斗》这一19王朝的文学作品而闻名于世的塞肯拉·陶二世（Seqenre Tao Ⅱ）因英勇反击喜克索斯人而被同时代的人称作勇士。根据这个故事，阿波菲斯曾派人给陶二世捎信，指责底比斯神庙池塘里的河马鼾声太吵，使400多里外的他不能安睡，令陶二世制止河马的叫声。这是明显的挑衅。虽然这个故事纯属虚构，但陶二世确实曾与喜克索斯人进行过艰苦、激烈的战斗，他的木乃伊显示出重创而死的明显迹象：肋骨和脊椎骨被击碎，头盖骨也被击伤。

塞肯拉的长子卡摩斯即位后，继续与喜克索斯人斗争。他召集各地的贵族商议反击喜克索斯人的大计，尽管后者为保存各自的实力，对卡摩斯的鼓动无动于衷，却没有动摇卡摩斯的决心。他在自己的部队中引进喜克索斯人使用的马和战车，以骑兵突袭第15诺姆的尼夫鲁什城，然后摧毁了第17诺姆的辛努波里斯（Sinupolis）。在这个过程中，阿波菲斯曾企图寻求努比亚的援助，因信使被卡摩斯截获而未能如愿。卡摩斯乘胜进攻阿瓦利斯，他利用尼罗河运送军队直抵城下，首先击溃了港湾中的舰队，取得初步的胜利。文献中记载他用上百只船装运战利品，并自称"征服了南方，击败了北方"。事实上，卡摩斯并未取得攻克阿瓦利斯城的最后胜利，因为他的石碑铭文对这次战斗之后的情况只字不提，正说明这场战斗最后是以卡摩斯败北而告终。[27]

卡摩斯死后，他的弟弟阿赫摩斯即位，重新开始收复失地，并攻克了孟菲斯。接着他举兵进攻赫里奥波里斯。两个月后，西勒的边防堡垒也被埃及军队攻下。沙鲁亨（Sharuhen）——喜克索斯人的王室成员的居住地，在埃及军队连续三年的围攻下，最终也被攻破。这些战争的情况见于当时的自传体文献和年鉴，叙述最为详尽的是埃尔卡布的一个海军军官的自传——《伊巴纳之子阿赫摩斯》。尽管这些记载多有夸张之处，阿瓦利斯是否是阿赫摩斯攻克的尚存疑问，但考古发掘确实向我们表明，太尔·达巴的喜克索斯人居住地层是突然中断的，且这一层的墓被洗劫一空，直到18王朝末年，这个地区一直被废弃，无人居住。有学者提出，在青铜中期第三期的末期和青铜晚期的第一期，南巴勒斯坦的许多城市被破坏或废弃，这与埃及军队的蹂躏有很大的关系，这一说法曾得到许多考古学家的赞同，但也有学者持反对观点。

注 释

[1] M. Lichtheim, *Ancient Egyptian literature, Volume I : The Old and Middle Kingdoms*, p.128.

[2] 坎提尔是现代城市名称，此处在古代先后建有喜克索斯人的都城阿瓦利斯、19 王朝的培尔 – 拉美西斯。阿瓦利斯位于现今的达巴村。

[3] 因为出土地区后来建有拉美西姆神庙而得名。

[4] 参 R. B. Parkinson, *Reading Ancient Egyptian Poetry: Among other Histories*, Wiley-Blackwell Publishing, 2009, pp.138–160。

[5] Alan B. Lloyd(ed.), *A Companion to Ancient Egypt, Volume II*, Wiley- Blackwell, 2010, p.678.

[6] Jan Assmann, "Der literarische Text im Alten Ägypten. Versuch einer Begriffsbestimmung," in *Orientalistische Literaturzeitung 69*, Münster, 1974, pp.117–126.

[7] Alan B. Lloyd(ed.), *A Companion to Ancient Egypt, Volume II* , p.665.

[8] Roland Enmarch, *A World Upturned: Commentary on and Analysis of the Dialogue of Ipuwer and the Lord of All*, British Academy, 2009, pp.59–60.

[9] Alan B. Lloyd(ed.), *A Companion to Ancient Egypt, Volume II* , p.668.

[10] John Baines, "Interpreting the story of the Shipwrecked Sailor," in *The Journal of Egyptian Archaeology (76)*, pp.55–72.

[11] R. B. Parkinson, *Poetry and Culture in Middle Kingdom Egypt: A Dark Side to Perfection*, Equinox, 2002, pp.110–111.

[12] Roland Enmarch, *A World Upturned: Commentary on and Analysis of the Dialogue of Ipuwer and the Lord of All*, p.20.

[13] Miriam Lichtheim, *Ancient Egyptian Literature, Volume I : The old and Middle Kingdoms*, p.146.

[14] Alan B. Lloyd(ed.), *A Companion to Ancient Egypt, Volume II* , p.676.

[15] A. De Buck, "The building inscription of the Berlin leather roll," in *Studia Aegyptiaca I. Analecta Orientalia* 17, 1938, pp.48–57.

[16] Ibid.

[17] Donald B. Redford, *Pharaonic King-lists, Annals and Day-books*，Benben Publications, 1986, pp.240–242.

[18] Ibid.

[19] James Weinstein, "Hyksos," in *The Oxford Encyclopedia of Archaeology in the Near East*, edited by E. M. Myers

et al., Oxford University Press, 1997. Vol.3.pp.133–136.

[20] Ibid., p.103.

[21] D. B. Redford, *Egypt, Canaan, and Israel in Ancient Times*, Princeton University Press, 1992, pp.106–107.

[22] Ibid.

[23] Ibid., p.112.

[24] Miriam Lichtheim, *Ancient Egyptian Literature Volume II : The new Kingdom*, University of California Press, 1976, p.56.

[25] Ibid.

[26] R. Giveon, "Hyksos Scarabs with Names of Kings and Officials from Canaan," in *Chronique d'Egypte* 49/98(1974), pp.222–233.

[27] H. Goedicke, *The Quarrel of Apophis and Seqenenre*, Van Siclen Books, 1986, pp.37–40.

第六章

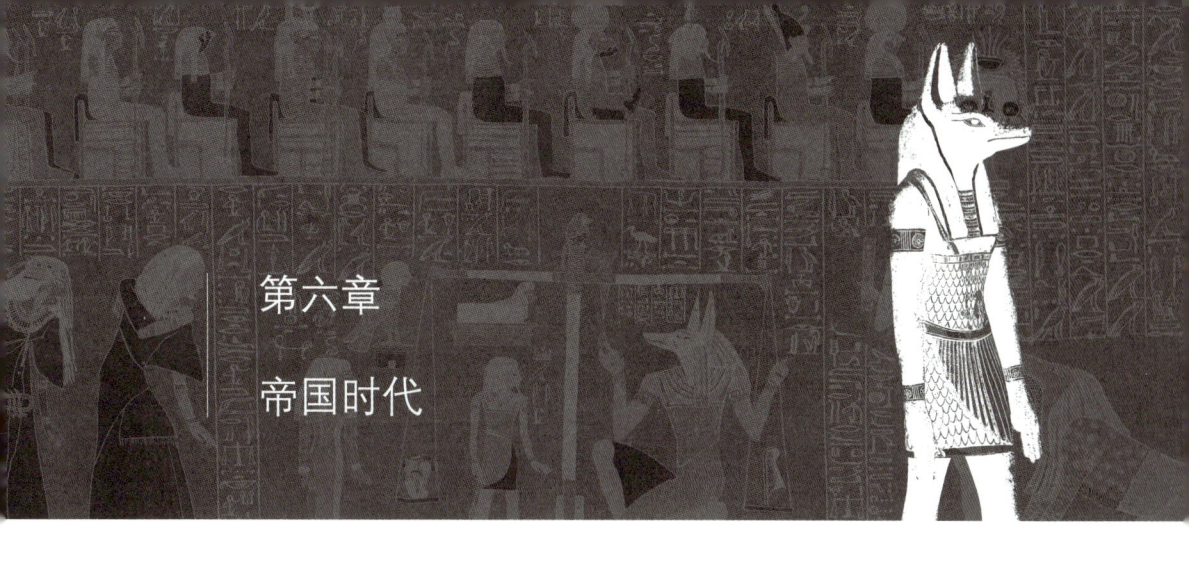

帝国时代

第一节 新王国时期的物质遗存与文献资料

一、物质遗存

18王朝的开创者阿赫摩斯击败了喜克索斯人,在喜克索斯的旧都阿瓦利斯建造了一座宫殿,并在埃及古老的崇拜中心阿拜多斯留下了多座纪念建筑,包括一座金字塔、一座献给奥塞里斯的神庙,以及为他的祖母泰提舍利(Tetisheri)王后建造的小圣所。王朝初年,统治中心迁至孟菲斯,但这座都城和其他新王国时期的城市(阿玛尔纳除外)都少有建筑保留下来。阿拜多斯以北的地区也没有大规模的新王国神庙遗存,这些神庙大多被拆毁,充当了后来的纪念物的建材。最大的新王国时期的神庙建筑群保留于卡纳克和卢克索。阿蒙荷太普一世开启了卡纳克神庙的建造工程,在之后的一千五百多年中,这片宏伟的神庙建筑群成为埃及最大的宗教中心。阿蒙荷太普一世可能还是新王国时期第一位建造祭庙的国王,他祭庙的浮雕发现于西底比斯的德拉·阿布·纳加(Dra Abu el-Naga)。第一位在帝王谷修建王陵

女王哈特谢普苏特,18王朝,开罗埃及博物馆藏

大臣塞奈姆特（Senenmut）与公主，
18 王朝，开罗埃及博物馆藏

国王图特摩斯三世，18 王朝，开罗
埃及博物馆

的新王国时期的国王是图特摩斯一世——此时的国王已不再修建金字塔，而是以隐秘深邃的岩凿墓作为自己的长眠之地。除此之外，图特摩斯一世还在西底比斯修建了一座祭庙，但仅在文献中发现了对它的记载。

图特摩斯一世的长女哈特谢普苏特（Hatshepsut，见上页）执政时期，在埃及和努比亚修建了多座纪念建筑，其中最著名的是她在卡纳克神庙修建的"红色祠堂"，以及她在代尔·巴哈里修建的祭庙——这是第一座保存完好的新王国时期的王室祭庙，在墙壁上刻有女王派遣船队远赴蓬特的场景。她的继承人图特摩斯三世17次远征西亚，奠定了埃及在古代近东地区的霸主地位，他征服的族群列表被铭刻于卡纳克神庙的第六塔门上。卡纳克的圣船祠堂四周的墙壁上则刻有记载他的西亚战役的"图特摩斯三世年鉴"。图特摩斯三世在卡纳克神庙中建造的最大建筑是他的"庆典大厅"（Festival Hall），他还在西底比斯的麦地奈特·哈布和代尔·巴哈里各建造了一座神庙，在谢赫·阿布德·库尔

阿玛尔纳时期的壁画，18王朝，开罗埃及博物馆藏

纳（Sheikh Abd el-Qurna）建造了祭庙。尼罗河第四瀑布以南的格贝尔·巴卡尔（Gebel Barkal）也建有图特摩斯三世时期的神庙。

阿蒙荷太普三世统治时期是埃及历史上最繁荣和富饶的时期，当时的社会精英在西底比斯和孟菲斯地区修建了大量装饰豪华的墓葬，国王本人的纪念建筑更是遍布埃及全境，最为集中的是底比斯地区。在卢克索，他建造了一座大型的砂岩神庙；在卡纳克的阿蒙神庙以南，他修建了穆特神庙，在北面又修建了一座孟图神庙。他扩建了卡纳克的主神庙区，并建造了第三塔门。在西底比斯的玛尔卡塔（Malkata），阿蒙荷太普三世修建了一大片宫殿建筑群，在那附

尼弗尔提提胸像，18 王朝，
柏林埃及博物馆藏

近还发现了一座大型港口。他的祭庙以门口的两座"门农巨像"而闻名，但祭庙本身并没能保存下来。阿蒙荷太普四世继位后，在东卡纳克为阿吞神建造了 4 座圣所，但很快，他将自己的名字改为埃赫那吞，并将王都迁往中埃及的"埃赫塔吞"，即今天的阿玛尔纳，正式开启了一神教改革的序幕。阿玛尔纳是埃及为数不多的保存完好的古代城市遗址，包括阿吞神庙、宫殿、官员住宅区、工匠村，以及位于城市东部的墓葬区。19 世纪 90 年代，皮特里主持了对阿玛尔纳的首次发掘。1912 年，德国考古学家在城中一位雕刻师——图特摩斯的工坊内发现了著名的尼弗尔提提胸像。埃赫那吞死后，他的继承人图坦卡蒙将都城迁回了孟菲斯，恢复了旧神信仰。1922 年，图坦卡蒙墓的发现被称为 20 世纪最伟大的考古成就之一。这座保存完好的王陵出土了大量精美绝伦的随葬品，霍华德·卡特（Howard Carter）细致的记录也使我们得以知晓每件随葬品的原境（context），为之后的埃及学研究提供了不可小觑的帮助。

短暂的阿玛尔纳"改革"结束后，各大崇拜中心的建设工程回归正轨。19 王朝的塞提一世在阿拜多斯修建了一座宏伟的神庙，供奉奥塞里斯、阿蒙 - 拉等主要神祇。其中著名的"阿拜多斯王名表"为我们提供了从 1 王朝到塞提一世统治时期的几乎所有国王（除了个别几位"异端"统治者外）的名单。他的

图坦卡蒙墓出土的战车，18王朝，开罗埃及博物馆藏

儿子拉美西斯二世在位长达六十多年，留下了大量的纪念建筑。在底比斯，拉美西斯二世完成了卡纳克神庙多柱大厅的建造，并在神庙西侧修建了一处连接尼罗河的码头。他为阿蒙荷太普三世的卢克索神庙扩建了宽阔的前庭和塔门。在努比亚，拉美西斯二世建造了壮观的阿布辛布（Abu Simbel）双神庙。在三角洲东北的坎提尔，他建起了一座新的都城——培尔-拉美西斯。在西底比斯，他还建造了自己的祭庙——拉美西姆。这位长寿的国王留下了100多个子嗣，他的儿子们葬于帝王谷的一处合葬墓中。

新王国后期，来自埃及外部的侵扰开始频繁出现。卡纳克第六塔门附近的铭文记载了19王朝拉美西斯二世的继承人美尼普塔抵抗利比亚人和来自地中海的"海上民族"的入侵的战争。1896年，皮特里在底比斯发现了《美尼普塔胜利石碑》（《以色列石碑》），上面有一系列西亚和利比亚城市的名字，还首次出现了"以色列"这个名字。20王朝的拉美西斯三世曾多次战胜利比亚人和"海上民族"，战争场面出现在拉美西斯三世位于麦地奈特·哈布的祭庙浮雕中，浮雕上还标出了"海上民族"的不同族群的名字。此外，阿蒙神庙的势力开始超出国王的控制。大英博物馆收藏的"大哈里斯纸草"（Great Harris Papyrus）上记载了拉美西斯三世给予神庙的捐赠，显示出神庙拥有整个埃及三

卢克索神庙

阿布辛布的拉美西斯二世岩窟庙

拉美西斯三世雕像，20王朝，
开罗埃及博物馆藏

分之一的可耕地。拉美西斯五世时的"威尔伯纸草"（P. Wilbour）则记载了神庙在中埃及拥有并出租的土地的数量。外敌的侵扰、饥荒和内乱逐渐使社会秩序走向崩溃。从拉美西斯九世时起，底比斯的墓葬开始遭到疯狂盗掘，连帝王谷的王陵也难以幸免。在21王朝时，多位新王国时期法老的木乃伊，包括图特摩斯三世、塞提一世、拉美西斯二世、拉美西斯三世等，均被除去所有配饰后重新安葬。他们的合葬墓一处位于代尔·巴哈里附近的320号墓，一处位于帝王谷的阿蒙荷太普二世墓中。

新王国时期重要的考古遗迹还包括城镇遗址。早期新王国的城镇遗址包括三角洲的太尔·达巴（即喜克索斯人统治时期的都城阿瓦利斯）和代尔·巴拉斯。阿玛尔纳和玛尔卡塔的宫殿遗存提供了有关王室仪式的图像和文献材料，此外，阿玛尔纳的民居和工匠村也保留了这一时期民间生活与信仰的珍贵资料。针对孟菲斯和培尔－拉美西斯的最新考察使我们得以了解新王国时期的中心城市和军事基地。西底比斯的代尔·麦迪纳则保留了为帝王谷修建王陵的工匠们的生活痕迹，包括信件、文件和碑刻等。工匠村人口密集，典型的房屋带有4—6个房间和小型的敞开式庭院，并有楼梯通往屋顶。工匠的一切所需都由国家供给，在国力逐渐衰微后，此处还发生了最早的罢工——20王朝的"都灵罢工纸草"（P. Turin Strike）上记载了拉美西斯三世的工匠们由于未收到报酬而拒绝上工的历史事件。

二、文献资料

（一）王室铭文

新王国时期是古埃及国力的巅峰，许多举世瞩目的纪念性建筑都兴建于这一时期，这些建筑成为国王们书写政绩的载体，也成了今天我们所研究的王室铭文的来源。位于代尔·巴哈里的哈特谢普苏特女王祭庙中的浮雕则生动地刻画了女王的船队远赴蓬特，带回没药树苗的壮举；卡纳克神庙的图特摩斯三世年鉴记载了图特摩斯三世17次远征西亚的战争，特别是对第一次战役，即麦吉多（Megiddo，又译为米吉多）战役的记录极为详尽；塞提一世将自己对西亚的军事征服记载于卡纳克神庙多柱大厅的墙壁上；拉美西斯二世的卡叠什（kadesh，又译为卡迭石）战役铭文有叙事体和诗歌两种文体，出现在阿拜多斯神庙、卢克索神庙、卡纳克神庙、阿布辛布神庙和拉美西姆神庙中。随着新王国后期外敌骚扰愈加频繁，战争场面中开始出现来自利比亚和地中海世界的来犯者：美尼普塔与利比亚人的战争铭刻在著名的《以色列石碑》上，石碑放置在国王的祭庙中，在卡纳克神庙也保留有一份副本；拉美西斯三世抵御"海上民族"的宏大战争场面和铭文出现在了麦地奈特·哈布的祭庙中。

一些铭文与宗教方面的建设与革新相关，例如，18王朝哈特谢普苏特女王在献给卡纳克神庙的方尖碑上表明了自己与父亲阿蒙神的亲密关系；阿蒙荷太普三世在西底比斯的祭庙中竖立石碑，纪念自己建造卢克索神庙、卡纳克第三塔门以及其他纪念物的成就；发起宗教改革的埃赫那吞在阿玛尔纳界碑上写明了自己如何选择了新的都城所在地，并将其作为奉献给阿吞神的圣城。还有一些铭文记载了国王在内政方面所做出的努力：《图坦卡蒙复兴碑》记录了"后阿玛尔纳时期"图坦卡蒙试图重建社会秩序、恢复众神信仰的举措；位

"蓬特女王"哈特谢普苏特祭庙浮雕，18 王朝，开罗埃及博物馆藏

于卡纳克神庙的"荷伦布（Horemheb，又译为霍伦海布，18 王朝国王）敕令"则颁布了一系列律法，对偷盗、掠夺、欺诈等行为施以严惩；在瑙瑞（Nauri）发现的塞提一世敕令则记载了国王建设阿拜多斯神庙和对神庙财产的保护政策。

在外交方面，新王国时期的埃及无疑在古代近东的"大国俱乐部"中拥有举足轻重的地位。18 王朝后期的"阿玛尔纳信件"是我们研究埃及与南部黎凡特（Levant）地区政治交往和外交博弈的重要材料，这批书信用阿卡德语写成，共有 382 块泥板，发现于阿玛尔纳城中的一处被称为"国王书信室"的建筑中，通信对象包括赫梯、塞浦路斯、巴比伦、米坦尼（Mitanni）、亚述，以及黎凡特地区其他小国的统治者。此外，拉美西斯二世与赫梯统治者哈图西里签订的《银板条约》是人类历史上已知最早的和平条约，两国约定了互不侵犯、互相提供军事援助以及互相引渡逃犯等多项条例。这份条约的埃及版本保留在卡纳克的阿蒙神庙和拉美西斯二世的拉美西姆神庙中，赫梯版本则由德国考古学家发现于赫梯首都哈图沙（Hattusa）的王室档案馆中。鼎盛时期的埃及对周边地区的控制还体现在各式各样的"地名列表"中，这些列表铭刻于神庙的墙壁上（例如图特摩斯三世的"卡纳克地名表"）、雕像的基座上（例如阿

图坦卡蒙头像，18 王朝，开罗埃及博物馆藏

蒙荷太普三世的"爱琴列表"），甚至出现在柱子底部或门廊处（例如阿蒙荷太普三世在索勒布的神庙），其中不光列出了埃及在西亚和努比亚控制的城镇和地区的名字，也包含了埃及暂时未能征服的或仅有贸易往来的地区（例如利比亚和蓬特）。考古学家在巴勒斯坦、黎巴嫩南部和努比亚地区的发掘已部分证实了埃及对这些区域的实际影响力。

（二）墓室自传

新王国官员的墓室自传中最具代表性的就是《伊巴纳之子阿赫摩斯》，这篇铭文刻写在他位于埃尔卡布的岩凿墓中，其中 1—31 行刻于石厅的东墙，32—40 行刻于南墙。这篇铭文继承了传统的自传体风格，讲述了伊巴纳之子阿赫摩斯作为一名老兵，追随阿赫摩斯、阿蒙荷太普一世和图特摩斯一世三位国王南征北战的一生。自传中不仅记载了阿赫摩斯驱逐喜克索斯人、征讨努比亚的过程，更提及了阿蒙荷太普一世的努比亚战争和图特摩斯一世的叙利亚战争，它也因此成为研究新王国初期历史的重要材料。

图特摩斯三世的雕像，18王朝，开罗埃及博物馆藏

阿赫摩斯的孙子帕赫瑞也葬在埃尔卡布，生前他曾担任国库的书吏，以及奈赫布与伊乌尼特（即埃尔卡布和艾什纳）的地方长官。他的墓葬自传刻写在他墓室大厅的一整面墙上，是新王国时期典型的官员自传，总共分为四部分：首先是传统的供奉祈祷文，其中列出了一系列墓主期望得到的供品和应受供奉的节日；第二部分是对于来世的祈愿，细致地描述了帕赫瑞在来世成为"活生生的巴"，分享神灵的祭品，并在"芦苇地"耕种的情景；第三部分则是陈述帕赫瑞作为官员的德行，为自己进行无罪辩护，以求顺利通过冥世的审判；最后是"对生者的恳求"，通过许以路过者种种祝福，诱导其读出供奉祈愿。

图特摩斯三世的宰相瑞赫米拉的墓室铭文对宰相的职责进行了最为详尽的描述。这几篇铭文刻写在他位于底比斯的墓葬祭室中，包括瑞赫米拉本人的自传，国王图特摩斯三世在瑞赫米拉就任宰相时给予的指示和叮嘱，以及对宰相职责的详细说明。这份说明开头描写了宰相的办公地点应有的种种陈设、辅助的官员以及礼仪，随后是他听取汇报和向国王汇报工作时的情形，除此之外，还包括他在任命官员、听取诉讼、地方行政乃至调动军队方面的具体职责和工作流程。这篇铭文是我们了解新王国时期埃及政府管理体系的重要材料。

（三）教谕和智慧文学

新王国时期的教谕文学有了更加细致的划分，从对古代传统的抄写转变为对口授教导的记述，此时的作品也有了真实的作者，而不像中王国时期那样借古代故事表达其思想。在19王朝，有了专门用于高级书吏训练的"文集"（miscellanies），出现了地方化、个性化的教谕文本，教导的内容也从行为上的指导逐渐走向更抽象的、对思想品德的规范。

这一时期的书吏训练中除了抄写中王国时期的经典作品外，还要求年轻的书吏们驾驭不同的文体和不同的字体，由此产生了一种由专人编写的"文集"，其中包括中王国时期的经典文学、记录、技能手册、颂歌和祈祷文。中王国时开始出现的教谕文本《成为书吏的好处》和信件模板也归属其中。在孟菲斯和底比斯都发现了大量这样的文集，显示出此时的高级书吏们已有了标准化的教材。在代尔·麦迪纳出现了一种针对地方官员的行为规范的教谕文本，通常抄写于陶片上，代表作是20王朝早期的《门纳给儿子的信》，这封信不仅引用了新王国时期的《阿尼的教谕》，还引用了中王国的两篇名作《落难水手的故事》和《能言善辩的农民》中的词句，以展现作者在引经据典方面的娴熟技艺。同样发现于代尔·麦迪纳的陶片上的还有《阿蒙纳赫特的教谕》和《荷瑞的教谕》，主题均与培养书吏相关，以及一篇被称为《禁忌之事》的文本，抄录在五六块19王朝、20王朝的陶片上，通篇以"你不可"开头，列出了一系列官员在品德和行为上的禁忌。一份较为特别的文本是大英博物馆收藏的《阿纳斯塔西纸草讽刺文》。这篇文本的形式是一封书吏之间的书信，但其中包含了大量近东地理方面的知识，以及书吏应掌握的与现实相关的数学计算，如运送方尖碑所需的人数、应付给士兵的军饷等。

新王国时期曾流行两篇教谕文学，一篇是《阿尼的教谕》，一篇是《阿美尼摩普的教谕》。《阿尼的教谕》发现于底比斯和萨卡拉的五份纸草上，年代是从19王朝后期到晚期埃及，但文献本身的历史可追溯至19王朝前半叶。尽管在传抄过程中有修改的痕迹，学者们依然认为这份文本存在一个标准版本。这篇教谕以一位名叫阿尼的书吏的口吻，向他的儿子孔苏荷太普传授为人处世的经验，涉及的依然是中王国以来的传统信条——善待他人、成家立业、敬奉神明、遵纪守法等，但其独特之处在于它的写作者是一位中层官员，因此文中强调的是偏重物质生活的"中产阶级"的人生哲学，譬如"为你自己的财产建一座仓库……造一座花园，让你的双手中握满鲜花……不要依赖他人的财物，看好你自己的劳动所得"等，皆是十分具体且实在的劝诫。值得注意的是，在文末，作为儿子的孔苏荷太普却对父亲的教诲不以为然，认为强加的说教没有用，因为"每个人皆有自己的天性"。这种观点在新王国的"文集"中并不罕见，前文提到的《禁忌之事》[1]则干脆告诫受教者"你不可硬将弯的改为直的……每个人受制于其天性，就像身体一般难以割舍"。

《阿美尼摩普的教谕》的全篇出现在大英博物馆收藏的一份26王朝的纸草上（P. BM10474），其片段还发现于其他纸草（Stokholm MM 18416）、3块写字板（分别收藏于都灵、巴黎和莫斯科）和1块陶片上，其中开罗埃及博物馆所藏的20王朝的陶片可能是已知的关于这篇文献的最早的证据。文献分为30节，开篇是一段序言，写明了教谕的目的和作者阿美尼摩普作为土地与粮仓监管者的身份。教谕名义上是写给他最小的儿子荷尔姆玛阿赫汝，后面的29个小节均以诗歌的形式呈现。在主题上，《阿美尼摩普的教谕》与传统的教谕文学略有不同，不再宣扬外在的、物质上的成功，而是提倡人的沉默安忍，以及依赖于内在虔敬的人神关系。文中出现了诸如以下的词句："保持静默，你就能找寻到生命，并在地上得兴盛"，"神永居于完美，人却往往会失败"，"你对神的计划一无所知，不要为明天哭泣，安住于神的臂弯中，你的静默定能取胜"。有学者提出，这篇教谕与《旧约》中的《箴言》存在语言和思想上的相似性，因此有文化输出的可能，但也有学者认为二者间的相似性仅仅是由于相似的社会环境使教谕中存在共同的主题，《阿美尼摩普的教谕》在本质上依然只是一本"书吏教科书"。

（四）故事

故事是新王国时期书吏的"文集"中不可或缺的组成部分，这些故事并非简单的民间传说，而是经过细心编写的作品，其中蕴含了埃及的神话、历史乃至宇宙观，因此被认为是一种高雅文学，可能用于当时的宴会场合。和中王国时期一样，这些故事主要保存于纸草上。19王朝的"萨利尔纸草"（P. Sallier I）上的《阿波菲斯与塞肯拉的争斗》记录了第二中间期末期北方的喜克索斯政权和南方的底比斯政权分庭抗礼的故事。其中，北方的喜克索斯国王被冠以埃及的混沌之神阿波菲斯的名字，而南方的埃及国王则是17王朝的塞肯拉·陶二世。同样基于历史改编的故事还有《攻克卓帕》，这则故事记载于19王朝早期的"哈里斯纸草"（P. Harris 500）上，讲述了图特摩斯三世的将领杰胡提智取西亚城市卓帕（Joppa，又译约帕，即今天的以色列城市雅法）的故事。有趣的是，故事中提到了杰胡提将士兵藏进篮子里偷运进卓帕城的计策，与特洛伊战争的木马计如出一辙。这则故事成文的时间距离图特摩斯三世征服巴勒斯坦地区的战争已有两百年，因此有学者认为其创作源于当时埃及人的"大国优越感"，或是对过往辉煌的追忆。[2]

这一时期的故事离不开神话元素。最早的新王国时期的神话故事是《阿斯塔特的传说》，写作时间约为18王朝阿蒙荷太普二世时期。随着图特摩斯三世对西亚的征服，一些近东神祇被引入了埃及，因此故事中出现了女神阿斯塔特、海神亚姆，以及与迦南神巴尔合体的塞特–巴尔。另外一则著名的神话故事是《荷鲁斯与塞特之争》，记载了这则故事的"切斯特比提纸草"（P. Chester Beatty I）发现于底比斯地区，年代为20王朝拉美西斯五世统治时期。与以往的奥塞里斯神话中对此问题一带而过的处理方式不同，故事中的荷鲁斯开始时并未能顺理成章地继承父亲的王位，尽管他得到了母亲和九神中其他成员的支持，作为众神之主的拉神却属意更年长也更强壮的塞特来继承王位，因此塞特向荷鲁斯发起了挑战。两位神角逐了八十年，荷鲁斯在母亲伊西斯的帮助下一次次化险为夷，最终取得了胜利。这则故事一反常态地表现了众神接近人类的一面：拉神的反复无常，伊西斯的聪明狡黠，塞特的凶暴愚蠢，就连早已去往冥界的奥塞里斯也向众神发出了威胁。因此有学者认为故事以一种讽刺的、虚构的方式影射了20王朝后期埃及政局的动荡。[3]

同样带有神话色彩的还有《两兄弟的故事》，这篇故事记载于19王朝的"欧宾尼纸草"（P. d'Orbiney）上，抄录者是塞提二世时期的书吏埃南纳（Ennana）。故事的男主角、年轻的农夫巴塔因拒绝嫂子的诱惑而被污蔑，出逃到"松树谷"（应为盛产雪松的黎巴嫩地区）。诸神赐予他一个妻子，但妻子又一次出卖了他，导致他一再死去。他又在哥哥阿努比斯的帮助下以种种奇异的方式复活，最终惩治了恶人，并成为埃及的国王，统治了三十年。故事融合了埃及宇宙观中的许多元素，主角巴塔的死亡与复活结合了太阳神拉、奥塞里斯、阿蒙－拉－卡穆特夫三位神祇的神话。该故事与《创世记》中约瑟被波提乏的妻子引诱的故事有相似之处。同一类型的故事还有《真理与谬误之争》，这份19王朝的纸草（P. Chester Beatty Ⅱ）有残损，因此故事的开头和结尾残缺不全，主角是名字分别为"真理"和"谬误"的兄弟俩，弟弟"谬误"设计坑害哥哥，导致他失去了双眼，但一位女子爱上了"真理"，并为他生下一个男孩。男孩长大之后极为聪明优秀，在获知父亲的冤屈后，到九神面前提起申诉，最终争得了公正的判决。这一批神话故事皆有相似的主题和情节，因此它们可能是用于在公共场合表演的，但其中有的故事，如《真理与谬误之争》，写作风格严肃，因而可能具有教育功能。

还有一些故事反映了埃及人的世界观。在发现于"哈里斯纸草"（P. Harris 500）上的《厄运缠身的王子》一文中，一名王子在出生之前即被哈托尔女神预言会死于鳄鱼、蛇或狗，国王担忧不已，因而把王子藏在沙漠中的石头房子里。王子长大后渴望自由的生活，于是假扮一名普通战车兵前往纳哈林，并获得了公主的爱情，但预言中的厄运也开始一一应验。由于纸草残损，故事的结尾已不可考，但文中揭示了埃及人所具有的命运观——人的命运是注定的，可以预知但很难逃避。除此之外，还有20王朝的《头颅与躯干的寓言》。这篇残损的文献只保留了"躯干"最后在诸神面前的陈词——他认为是自己联合了四肢，因此享有更高的地位。这则故事隐喻了当时社会中存在的矛盾冲突，可能和《真理与谬误之争》一样有教育功能，但不太可能用于表演。

在新王国末期，埃及的国力走向衰落。在代尔·麦迪纳出土的《赫塞姆哈布与鬼魂的对话》（The Tale of Khonsuemheb and the Ghost）创作于19—20王朝，记述了一个生前是国王财政总管的鬼魂向一名阿蒙神祭司抱怨他的坟墓如何破败不堪，无人祭奠，导致他饥肠辘辘、衣不蔽体。祭司同情他的悲惨遭遇，为他重修了墓地，并安排了新的祭仪。这个故事的主题与新王国时期流行的"竖琴手之歌"存在相似之处，皆是告诫人们来世乃是虚幻，人生应及时行乐，也在一定程度上映射出新王国后期社会和信仰上的裂痕。这一历史境况也反映在一些文学作品中，其中最著名的是保留于"莫斯科纸草"（P. Moscow 120）上的《温纳蒙出使记》（*The Report of Wenamun*），年代应为20王朝末期。故事讲述了来自底比斯阿蒙神庙的高级祭司温纳蒙远赴黎凡特地区为圣船采购雪松木的故事，然而，与早先故事中风光的埃及人（譬如辛努海）不同，他一路遭遇了货款被盗、卖家的羞辱，甚至被迫逃亡。虽然有学者认为这是一篇真实的报告，但新近的研究表明它依然是一部虚构作品，意在表现当时埃及在近东地区控制力的衰退。

（五）颂诗与歌谣

新王国时期的"文集"中包括几类诗歌体文献：神明赞美诗、城市赞美诗以及爱情诗。有研究显示，这些诗歌有着相同的源头，而神明赞美诗是世俗诗歌的模板。

著名的神明赞美诗包括18王朝的《阿蒙摩斯石碑》上的《奥塞里斯颂歌》，这首颂歌是现存最完整的、由埃及人自己书写的奥塞里斯神话。大英博物馆收藏的一块阿蒙荷太普三世时期的石碑（《苏提和荷尔石碑》）上则记载了两首太阳神赞美诗，诗中有多位埃及人崇拜已久的神祇，诸如阿蒙、凯普利、阿吞，都被视为太阳神的化身。太阳神成为万物的创造者，获得了至高神的地位。到了阿蒙荷太普四世（即埃赫那吞）统治时期，太阳神也由至高神转变为独一神：阿吞。献给阿吞神的颂歌发现于阿玛尔纳的多座贵族墓葬中，包含短篇颂诗与祈祷文，以及著名的《阿吞大颂歌》。这首阿玛尔纳时期的宗教经典保留在大臣阿伊（Ay）墓的西墙上，另外三首较短的颂诗和祷文则铭刻于东墙上。《阿吞大颂歌》中，阿吞神不仅是独一的神，也是凡人不可接近亦不可理解的神，只有国王才是他与凡人间的唯一媒介。而到了19王朝，"个人虔信"逐渐兴起，与先前的宗教隔绝形成了鲜明对比。在代尔·麦迪纳工匠村出土的

《涅布拉石碑》（柏林埃及博物馆藏）上发现的《阿蒙-拉赞美诗》中，阿蒙神被称颂为"穷人的拯救者"，"听到穷人的呼唤就会赶来的神"。在这一地区出土的多座石碑上，都发现了当时修建帝王谷王陵的工匠们献给神明的赞美诗和祈祷文，祈求治愈疾病、宽恕罪孽，体现出宗教信仰的个人化趋势。

"城市赞美诗"是新王国时期所独有的一种诗歌体文本，在纸草"文集"和陶片上都有发现。这种赞美诗一般分为"城市颂"和"思乡诗"两类。"城市颂"通常是书信的一部分，赞美的对象包括孟菲斯、培尔-拉美西斯等新王国的都城。诗中描绘了城市中的建筑、风光和节日景象，这种颂歌往往与献给国王的颂诗联系在一起，因此被认为是对统治者的另一种赞美方式。"思乡诗"则常出现在祷文中，内容一般是表达对某个地方城市的思念或赞美，祈祷者往往离家在外，诗歌中流露出对异乡的陌生和疏离。这类诗歌不仅揭示了埃及不同地区的生活方式的差异，也成为埃及人对国家内部不同地区和文化的一种模式化表达。

古埃及的爱情诗主要保存在"切斯特比提纸草""哈里斯纸草""都灵纸草"的残片以及开罗埃及博物馆收藏的陶片上，实际分为三类文体：讲述（rw）、诗句（tsw）和歌谣（hswt），其中部分文本以章节划分，每一章均带有标题。诗中以第一人称独白的方式倾诉对爱恋之人的渴慕，倾诉者或为男性，或为女性，或采用男女交替诉说的方式，并将爱慕对象称为自己的"哥哥"或"妹妹"。诗中表达爱情的方式多种多样，或赞美爱慕对象身体上的完美（如"切斯特比提纸草"，C组第一首和第六首），或以男性追求者的口吻抱怨深爱的姑娘紧闭房门将自己拒之门外（如"哈里斯纸草"，第一组第七首），或以女性的语气哀叹一夜风流的结束（如"哈里斯纸草"，第一组第一首）。一些诗中则将爱情比喻为醉酒后的狂喜、相思之疾或是陷阱，另外还有一些诗中（如开罗埃及博物馆陶片，编号1266＋编号25218）则竭力描绘一对情人隔着物理上难以逾越的障碍（例如一条潜伏着鳄鱼的大河），不畏艰险只求相见的心声。这些诗歌充满奇妙的想象，极富热烈而质朴的情感，因此它们可能出现在饮宴的场景中，对于沉浸在美酒、香膏和音乐中的嘉宾们而言，情歌无疑是最佳的助兴节目。

（六）宗教文献

新王国时期出现了一系列的宗教文献，其中最著名的即是《亡灵书》（*Book of the Dead*），被埃及人称为"在白昼现身之书"（Book of Coming Forth by Day）。这是一套保护亡者顺利前往来世的咒语的总称，一般写在纸草、亚麻裹尸布或棺木上。写有《亡灵书》的纸草卷被放置于亡者遗体上、石棺上或特殊的容器中。《亡灵书》的内容在新王国初期成形，其中的部分咒语和仪式来自古王国时期的《金字塔铭文》和中王国时期的《棺木铭文》，最终在26王朝形成了"标准版本"，一直使用到公元前50年。《亡灵书》的精致程度取决于花费，购买者可以选择"批量生产"的作品，在空白处填上自己的名字即可；如果时间充裕、财力充足，也可以定制自己专属的版本。《亡灵书》也和葬礼中的仪式密切相关，在许多咒语末尾都注有所需的祭仪和供奉物，目的是借由这些咒语和仪式完成亡者灵魂的转化，使其成为神灵世界的一员。

在新王国时期帝王谷的王陵中，出现了国王专属的墓葬文献，现代学者们称之为"冥世之书"（Netherworld Books），包括《密室之书》（*Amduat*）以及《门之书》《地之书》《洞之书》等多部文本。在这些文本中，文字多作为图像的注释出现，主题与太阳神在夜晚的12个小时中通过冥世的不同区域的旅程有关，以太阳沉入西方地平线为始，以太阳在东方的地平线重生为终，其间涉及冥世的神话地理、栖息于每个区域的神灵、太阳神与奥塞里斯神在地底最深处的融合，以及太阳神与巨蛇阿波菲斯的战斗等内容。但从太阳神的形象到太阳船上的成员，每部文本皆有自己的一套表达体系。除了出现在墓葬中，在阿拜多斯的塞提一世祭庙中的"奥赛里翁"（即塞提一世的假墓）中也出现了大量对"冥世之书"的刻画，其年代可追溯至19王朝的美尼普塔统治时期，此处也被视为奥塞里斯本人的墓葬。随着新王国王权的衰落，这些墓葬文献不再是王室的专利。21王朝时《密室之书》开始出现在底比斯的阿蒙神大祭司及其亲属的墓中，且不再刻于墓室墙壁上，而是书写于棺木和纸草上。30王朝和托勒密早期时，"冥世之书"出现在王室和非王室成员的石棺上，其中部分段落一直传承至罗马统治时期。

（七）医药文献

新王国时涌现了一批书写于纸草上的医药文献，使我们得以了解古埃及的医学实践。这些纸草上通常会给出疾病的症状、诊断结果以及治疗方案，治疗手段包括草药、外科手术乃至魔法咒语。其中较为著名的包括"埃德温·史密斯纸草"（P. Edwin Smith），以僧侣体书写，可能是更早期的一份介绍外伤治疗的医药文献的抄本，包含了48个外伤病例，体现出古埃及人对人体器官的了解；"埃伯斯纸草"（P. Ebers）长达110页，可能是现存最长的医药纸草，其中涉及多种疾病的治疗：皮肤病、消化系统疾病、外伤、牙病以及妇科疾病；"卡斯伯格纸草"涉及眼科疾病、产科和儿科问题，尤其提到了如何预测胎儿的性别；"切斯特比提医药纸草"上有治疗头痛和肛肠疾病的药方；"赫斯特纸草（P. Hearst）上则记载了治疗泌尿系统疾病和毒虫咬伤的方法。

第二节　帝国的建立与发展

新王国开始于驱逐喜克索斯人的战争。这场从公元前1570年持续到公元前1540年的战争对埃及的外交政策和历史发展有着重要的影响，埃及从此走向了发展帝国的道路。

与第一中间期不同的是，第二中间期是由外族入侵造成的，对埃及影响最大的是外交政策。埃及在文化上并没有中断，特别是底比斯南部地区，中王国时期的很多古典作品都在传抄，如前文提及的《普塔荷太普的教谕》《胡夫与魔法师的故事》《对马里卡拉王的教谕》《涅弗尔提箴言》等。文化上的中断发生在18王朝埃赫那吞宗教改革之时。

新王国时期的法老是以军人的角色登上历史舞台的，驱逐喜克索斯人之后，随即走上了发展帝国的道路。此后一千年间埃及作为一个强大的帝国卷入近东世界的争霸斗争，先后与米坦尼、赫梯、亚述帝国争雄，将叙利亚、巴勒斯坦和努比亚都置于自己的势力范围。

新王国时期，帝国主义和军事主义发展到顶峰，理想的国王是英勇善武、能征好战的形象。拓展疆土成为国王即位后首先要采取的行动。驱逐亚洲人的解放战争迅速转化为征服战争。18王朝、19王朝的法老致力于对外扩张、与近东诸强抗衡，最终确立了埃及作为一个军事强国的地位。[4] 扩张的两个主要目标是南方的努比亚和东北的叙利亚、巴勒斯坦，而对前者的征服更为迅速，控制也更为严密有效。努比亚有史以来就是埃及重要的商贸基地，是埃及获取黄金、象牙、乌木、油等的主要来源，进入帝国时代之后，将之变为附属地以得到永久的收益，成为法老们的征服活动的最大推动力；加上这个时期努比亚地区居民减少，更利于埃及在此建立牢固的统治。早在18王朝图特摩斯一世时，埃及就在努比亚设立了"总督"（King's Son of Kush），由法老直接任命、管辖，由当地官员辅佐。这个固定管理体制的设立使得对该地区的统治具备更多的殖民色彩。

相比之下，对叙利亚、巴勒斯坦的统治更松散和不稳定。这个地区有许多各自为政的小国，彼此争斗不息，在政治上更是善于见风使舵，在各大强国间周旋，随时准备背叛原来的宗主国，投靠势力强大者，毫无信用、立场可言。埃及并没有在这个地区设立固定的管理机构，主要是靠定期的军事征服对它们进行威慑，迫使各小国的国王以油涂顶，向埃及法老行臣服礼，承诺向埃及交纳贡品；同时又以"教化"为名，把附属国的王子带到埃及作为人质。

在征服叙利亚、巴勒斯坦地区的过程中，有决定意义的一次战役是图特摩斯三世在位时进行的麦吉多之战。图特摩斯一世已率军打到了幼发拉底河并立碑纪念，但埃及军队回师之后，其势力范围也逐渐失去。其后的图特摩斯二世在位时间很短，哈特谢普苏特女王是和平爱好者，终其一生没有进行过对外战争，使埃及在近东地区处境被动。女王去世后，被她流放的图特摩斯三世重登王位，他立刻改变外交策略，积极备战，于约公元前1456年率军迎击以卡叠什为首的多国联盟，围困其聚集点麦吉多达7个月之久，最终大败联盟军队，威震一时。此后，图特摩斯三世又多次率军远征，约公元前1446年再次到达幼发拉底河，并立碑纪念。可以说，埃及在叙利亚、巴勒斯坦地区的帝国统治是图特摩斯三世奠定的。

奠定了军事大国的基础之后，埃及开始面临近东诸强的挑战，最早与埃及抗衡的大国是米坦尼。麦吉多之战后，米坦尼深感自己在叙利亚、巴勒斯坦地区的霸权受到威胁，多次组织军事力量与埃及较量，埃及法老阿蒙荷太普二世、图特摩斯四世先后与之交锋。由于双方势均力敌，战争长期不分胜负，考虑到各自的实际利益，两国开始讲和，达成友好协议，划分了势力范围：在内陆地区，以埃及附属国卡叠什以北为界；在沿海地区，埃及的势力范围达黎巴嫩北部的阿姆鲁（Amuru），而米坦尼则通过中立国乌加里特（Ugarit）对沿海各地施加影响。两国的友好关系又通过"外交联姻"得以加强——图特摩斯四世娶了米坦尼公主为王后。

与米坦尼的战火刚刚熄灭，赫梯又悄悄崛起，并迅速发展成近东的一大强国。它与埃及的关系也由开始的友好相处转为兵戎相见。图特摩斯四世和阿蒙荷太普三世时期，赫梯羽翼未丰，因此埃及本着"拉弱打强"的原则与之交好。阿蒙荷太普四世在位时，赫梯已逐渐强大起来，但他沉迷宗教改革，疏于外交事务，赫梯趁机在叙利亚、巴勒斯坦地区发展自己的势力。年轻的法老图坦卡蒙去世后，由于没有后嗣，他的王后为避免朝臣篡夺王位，曾致书赫梯国王，请求派一个赫梯王子做自己的丈夫和埃及的法老。后来王子在去埃及的路上遇害，导致两国关系彻底恶化，一系列的交锋随即开始。埃及在军事上的失利使其附属国阿姆鲁投靠了赫梯的附属国卡叠什，埃及帝国的疆界向南推移。

埃及历史上最著名的法老之一、19王朝的拉美西斯二世最终解决了与赫梯的争端。这个过程历时十六年，其间既有激烈的战争，也有复杂的外交策略。公元前1274年的卡叠什之战，是规模最大的一次交锋。由于听信了赫梯方面奸细的假情报，拉美西斯二世及其军团陷入赫梯军队的包围，幸而援军及时赶到，埃及军队才得以逃脱。这次战役可以说是未决胜负，但之后两国却都吹嘘自己是胜利者。此后的一段时间，双方意识到在势均力敌的形势下，继续战斗只能两败俱伤，而且"海上民族"的席卷而来又使它们都面临新的威胁，加上赫梯后来的国王是个篡权者，而本该即位的王子被逐后逃到了埃及，使埃及方面有了要挟赫梯的理由，因此，公元前1259年，埃及与赫梯最终缔结了和平条约，约定两国永久友好、互不侵犯、攻守同盟、相互引渡逃亡者等，这是人类历史上第一个真正体现平等原则的和约。之后，拉美西斯二世至少迎娶了两位赫梯公主，与赫梯长达百年的争霸战争宣告结束。

在一系列的战争中，埃及确立了近东大帝国的地位。新王国时期的法老还多次击败利比亚人和"海上民族"的侵袭；对叙利亚、巴勒斯坦地区的战争更是频繁，因为每届法老即位时，都面临附属国的考验性挑战，这时法老必须表现出个人的军事才能和勇武果断。

埃及能作为一个军事强国立足近东世界，也与其发达的经济有很大的关系，尤其是其丰富的金矿，在当时的外交关系中起到了重要的作用。"阿玛尔纳书信"[5]向我们展示了拥有黄金的埃及如何利用这一优势交好"兄弟"国（指与埃及平起平坐的大国），拉拢、收买其附属国。

第三节　埃赫那吞的宗教改革

帝国的确立也给埃及的社会结构带来了重大的变化，这就是祭司阶层和军人阶层力量的不断加强，与王权的矛盾也最终演化成冲突。王权与神权的结合是古埃及政治的基本内容，国王被赋予神性，而神权又是王权不可缺少的工具。在帝国时期，阿蒙神逐渐成为帝国的主神，并通过与太阳神拉的结合而凌驾于众神之上，获得了至高无上的地位。每任法老都大力建造神庙建筑，使这个时期成为神庙建造的鼎盛期。每次征战回来，法老们都向阿蒙神庙奉献丰厚的贡品，神庙成了"国家财富的储藏库"。[6]随着帝国的发展，阿蒙神逐渐走出国门，成为宇宙之神。但是，如前所述，构成地方势力主体的祭司阶层早在古王国末期就已对王权产生威胁，在整个中王国时期一直是国王们力图扼制的对象，王室还提拔了一批出身卑微的官员作为王权的支持者。到新王国时期，由于扩张的需要，一批军事新贵加入了这个行列，使其力量更为强大。埃及在扩张过程中得到的丰厚的物质财富，一部分被法老用来拉拢新贵，又有相当一部分被用来安抚旧贵族，以调和二者之间的矛盾，结果形成恶性循环，使祭司阶层的力量不断膨胀。

另一方面，帝国经济的繁荣，军事集团的崛起，官僚机构的进一步完善，也促使王权不断强化，使之与祭司阶层的冲突不可避免。在建立帝国的过程中，形成了王者尚武的习俗，历代法老都以体魄强健、勇猛善战为荣，他们在神庙等大型纪念物上记载战功，戏剧化地夸张个人的才能和业绩，这种模式甚至成为一种风尚。

在即位的第五年，埃赫那吞迁都阿玛尔纳，开始宗教改革。埃赫那吞的新宗教有两个主要内容，一是禁止崇拜阿吞以外的神，甚至"神"这个词的复数形式都不能出现；一是建立一种崭新的、简化的崇拜仪式，废除传统宗教的一切繁文缛节。阿吞神的形象是一个太阳光轮，他是创造之神、宇宙之神，也是世间一切生命之源泉。他的神庙是一个露天的柱式大厅，人们在太阳下与他直接交流，而不再像过去那样被阻隔在层层庙宇的外面。由此可见，埃赫那吞改革的意义在于除旧而不是创新，他并没有创造新的宗教思想——阿吞在内涵上并没有超出阿蒙，他的独特之处就在于独一无二性和排他性。由于去掉了传统宗教礼仪的沉重包装，王权发展为个人崇拜——埃赫那吞自称是阿吞唯一的儿子，他及王后尼弗尔提提是阿吞和人民之间的唯一的媒介，因而同阿吞一起受到人们的崇拜。

有学者认为，宗教发展经历了三个主要阶段：1.多神崇拜；2.只崇拜一个最高神但不否认其他神；3.只崇拜一个神并否定其他神的存在。埃赫那吞的新宗教，已经属于第三阶段。他主张只崇拜一个神——日轮形状的阿吞，不允许崇拜其他神。他下令大规模地抹除神庙等纪念物上的阿蒙等神祇的名字。同时，他废除烦琐的神庙仪式，主张以简洁的方式在露天庭院中与阿吞神直接交流。与后世一神教的神不同的是，阿吞是日轮形象的太阳神，是可以看见、可以感知的，而犹太教开始的耶和华是超脱物质世界和时间的，是不可见的，也是至高无上的。

此外，埃赫那吞的一神教接近"真理一神论"，他强调太阳神是万物之源，但除了破坏其他神祇的纪念物，对它们只是排斥而已，并没有从神学理论上对它们进行诋毁和否定。犹太教是"忠贞一神论"，它明确承认其他神的存在，并且以此为前提，要求信徒抵抗其他神的诱惑，只对耶和华忠贞。同时，犹太教继承了两河的契约传统，以与神订立盟约的形式要求信徒严格遵守戒律。这种"忠贞一神论"不具有普世性，它是帝国时期遭受灾难性创伤的情况下产生的偶发性革命。基督教的"真理一神论"比埃赫那吞的主张更为极端，早期教

埃赫那吞及家人祭拜阿吞神，18 王朝，开罗埃及博物馆藏

父们对异教发动了语义毁灭之战，信上帝是善，不信则是罪。禁止造像，是为了证明异教的一方不是真实的存在，只是空洞的偶像。

由于挣脱了传统宗教的控制，文化领域出现了一种崭新的风格，史称"阿玛尔纳风格"。它在建筑上表现为力求简化神庙结构，因为人们在露天的庭院可以更直接地感受到阿吞光芒的照射。在雕刻和绘画领域，表现为两个方面：一是以描绘家庭生活为主题；一是采用与传统艺术迥异的"自然主义"的表现手法，即捕捉人物的瞬间表情和动作，采用一种特殊的形象模式——埃赫那吞及其家人、臣民都被表现为长脸、宽额、厚唇、窄肩、大腹的样子。有人认为这是一种写实主义，是埃赫那吞本人的样子。实际上这种风格有着更深层的含义：即神与人之间在形象上的彻底分离。传统的埃及艺术是将神的形象人格化，而将人的形象完美化，因此神与人的形象很难区别开来。埃赫那吞在将神的形象简化为人人可以看得见的太阳光轮之后，又将国王及其家庭生活以一种全新的方式表现出来，并使这些艺术作品成为臣民们朝拜的对象，这既是艺术上探索以具体形式表达抽象概念的新尝试，又是个人崇拜的毫无顾忌的表现——在温馨的家庭生活画面、国王及其个人化的形象之后，是"阿吞之子"的至高权威。"阿玛尔纳风格"在文学中表现为倡导口语书面化的运动。由于传统的祭司阶层垄断了知识界，埃赫那吞摈弃了已臻成熟的语言形式，而提倡将方言、口语书面化。这就是当代学者所称的"新埃及语"的兴起。

埃赫那吞的宗教改革以失败告终，他的后继者们很快恢复了旧的传统，阿蒙神又卷土重来，王权与神权的矛盾持续存在。在新王国后期，以底比斯为中心的阿蒙神庙祭司甚至建立了自己的王朝，与法老王朝分庭抗礼。

第四节　拉美西斯二世和他的时代

拉美西斯二世所处的时代是埃及帝国的鼎盛期，也是由盛转衰的转折点。他在位期间，前文提及的与赫梯在卡叠什的交战是埃及历史上留下记录最多的一次著名战役。拉美西斯二世在位的第十六年，赫梯刚刚即位的国王——穆瓦塔利之子乌尔赫-太苏普（Urhi-Teshub）被叔叔哈图西里罢黜，逃亡到埃及，埃及与赫梯的局势再度紧张。但此时亚述帝国不断征服附属赫梯的小国，对赫梯造成严重威胁。哈图西里权衡再三，决定与埃及讲和。此时，埃及西部边界面临"海上民族"的入侵，也无心与赫梯进行长期的拉锯战。于是，埃及与赫梯签订了和平条约。前文已有提及，这个条约维持了两国之间长达半个世纪的和平关系，赫梯王室成员患病时，埃及会派遣医生，赫梯遭遇饥荒，埃及会运送谷物援助。赫梯都城哈图沙的粮仓内的大部分谷物都来自埃及，可存放两三万人一年的口粮。两国的盟友关系使得亚述和其他国家不敢轻易发动军事进攻。

《出埃及记》的真实历史背景，目前还是学术界争议的话题，但很多证据都指向拉美西斯二世的时代，如《出埃及记》里提到的两个积货城——兰塞（Rameses）、比东（Pithom）就是拉美西斯二世时期修建的培尔－拉美西斯和培尔－伊特姆（Pr-itm）。考古资料显示，以色列人第一次出现在迦南的中央高地上是在公元前1200年左右。根据《圣经》记载，以色列人在旷野流浪四十年才进入迦南地区，如此推算，以色列人出走埃及的时间就约在公元前1240年。另外一个重要的材料是《四百年石碑》，这是拉美西斯二世为了纪念其父塞提一世所立，上面的浅浮雕表现的是拉美西斯二世在向塞特神献酒，而画面上的塞特神，身穿亚洲风格的服饰，是巴尔（Baal）神的形象。碑文开头提及该家族执政第四百年，为了表示政权的连贯性而立此碑。喜克索斯时代与拉美西斯二世立碑的时间相距四百年，因此有学者据此认为拉美西斯家族的祖先来自喜克索斯王室。根据《出埃及记》记载，以色列人从约瑟开始定居埃及，到摩西带领以色列人出埃及，中间间隔四百三十年。

拉美西斯二世与赫梯签订和平条约之后，两国长达半个世纪的和平关系也直接影响到埃及在叙利亚、巴勒斯坦地区的政策。这要从埃及新王国时期的外交开始说起。埃及是在被亚洲的喜克索斯人入侵、征服、统治了一个世纪后，开始发展帝国的。在近东诸强中，埃及是被动走上扩张和发展帝国的道路的。此前埃及没有强大的常备军，也缺少战争经验。进入帝国时期，埃及靠着黄金外交（即以埃及的黄金拉拢大国、收买小国）、拉弱打强、外交联姻、人质学校（战败的外国王子被带到埃及受教育的学校）等外交策略，迅速跻身近东大国俱乐部，成为举足轻重的大国。在阿玛尔纳发现的18王朝的一批外交书信

拉美西斯二世雕像，19王朝，开罗埃及博物馆藏

中，我们可以看到当时国际关系的一些细节，当时大国之间互称兄弟，小国对大国要自称为儿子或者狗。

作为被动型的帝国，埃及更倾向于在战争中争取和平，不错过任何讲和及结盟的机会。拉美西斯二世与赫梯的和平条约并非出于偶然。作为一个近东的新帝国，埃及很快面临兵源短缺的问题。叙利亚、巴勒斯坦地区的雇佣军成为埃及军队的重要组成部分，自19王朝以后，"海上民族"不断骚扰地中海东岸的近东诸国，他们因地震或者海啸而失去家园，举族迁徙，寻找居住地。埃及人把被击败的"海上民族"安置在固定的"定居圈"，并用他们来补充兵源。公元前1300年后，不论是叙利亚、巴勒斯坦地区的还是从"海上民族"部落中征募的雇佣军，埃及政府都配给土地和粮饷，让他们在战后安居下来。其中一部分被分配到地中海东岸的埃及附属地驻守要塞。

拉美西斯二世在位期间与赫梯维系的长期和平，使得大量的雇佣军闲置，

拉美西斯二世雕像，19王朝，开罗埃及博物馆藏

随之而来的社会问题逐渐凸显出来。埃及政府试图以配给土地的方式改变这些原本是游牧民族的士兵的生活方式，但这并非易事。土地资源的有限以及游牧民族的习性，使得这些雇佣军成为社会动荡的隐患。拉美西斯二世第十三个儿子，也是他的继承人——美尼普塔所立的一块石碑（即前文提及的《以色列石碑》，这块石碑上出现了历史上最早的"以色列"一词，也是埃及文献中唯一一个有"以色列"一词的例子）就反映了这种情况。石碑的主要内容是记载美尼普塔在位第五年时打败了入侵的利比亚人，石碑的最后12行，以被打败的叙利亚、巴勒斯坦小国首领的口气来赞颂美尼普塔。铭文描绘了胜利之后，赫梯与埃及处于和平状态，迦南等地在掌控之中。石碑中与"以色列"一起出现的还有另外两个名字，一个是Yanoam，一个是Kharru，从限定符号看，都是地理名称。Yanoam是加利利湖西南的地区，Kharru在叙利亚附近。碑文中对

Yanoam 的描述是"已经不存在",意思是被降低为没有人身自由的依附民;对 Kharru 的描述是"已经成为埃及的寡妇",意思是被迫离开了埃及的要塞,不再属于埃及;对以色列人的描述是"荒废了,其后裔不复存在"。这几句后面紧接着就是"所有这些土地上的人在和平中团结起来","所有那些游荡之人,都被美尼普塔抓获了"。对照这段开头提到的外国军人"都不再戴头盔"——意思是放下武器,停止骚乱,碑文传递出的愿景就是:即使战事终止,仍应给军人保留土地,避免游荡之人带来动乱。如果联系这个时期的背景——埃及政府安置军人、禁止游牧生活,那么这个愿景是非常合理的。

《以色列石碑》的另一个重要信息就是"以色列"这个词的限定符号是表示"人群"的,而同时出现的 Yanoam 和 Kharru 的限定符号都是地理名称。学术界普遍以此为时间标志:在美尼普塔在位第五年时,以色列人还是游民,没有自己的国家。通过对《以色列石碑》的解读,我们可以确定的是,以色列人与 Yanoam 人、Kharru 人一样,是埃及要塞的雇佣军,战争时期为法老作战,领取佣金和分配的土地。在和平年代,如何将这些游牧民出身为主的雇佣军安置于土地之上、减少社会动荡,是法老面对的主要问题。

新王国时期埃及的另一个重要变化是一神信仰的萌芽。18 王朝的国王埃赫那吞推行宗教改革,摈弃众神,唯尊太阳神阿吞,他迁都到"处女地"阿玛尔纳,并立下 14 块界碑,誓言不离开这片净土。埃赫那吞去世后,他的新宗教随之终结,传统宗教卷土重来。但是宗教改革给埃及人留下了深刻的集体创伤。在 19 世纪考古学家发现阿玛尔纳之前,埃赫那吞被彻底遗忘了三千多年,他的名字不仅在官方记载中被彻底抹除,在民间也完全消失,成为被"加密"的创伤记忆。

埃赫那吞的一神教与犹太教有何关联?如果《出埃及记》的类似事件发生过,合理的时间是在 19 王朝,在《以色列石碑》出现之前。埃赫那吞去世后,他的新宗教是否还有追随者?传统宗教复辟后,这些追随者的命运如何?《以色列石碑》中提及的雇佣军群体,唯有以色列人是没有地理范围的,是一群特别的游民。《圣经》中摩西的形象是否就是一个被遗忘的法老的一种转化?

在曼尼托和古典作家笔下,也有类似《出埃及记》的故事,这些故事有着高度的相似性，都有瘟疫或者麻风病患者被迫害，以摩西为首聚集沙漠，反叛、逃离，在巴勒斯坦建立新宗教等情节。塔西陀（Tacitus）的故事是个综合版本，其中特别提到了新宗教的原则是"对抗、反转和倒置"。例如，新宗教的信徒在神庙中立驴的塑像，宰杀传统宗教的神圣动物，如羊、牛等。这些故事中的人物和事件常常是时空错乱的，如摩西与约瑟在一起，被迫害的麻风病人向耶路撒冷的喜克索斯人求助，等等，因此，学者们通常忽略这些故事的历史价值。

在论述犹太教的产生时，埃及学家扬·阿斯曼提出一个重要的概念——counter-religion，即对抗宗教。前缀 counter- 即"相反""相对"的意思，由此可见，这种宗教的特性就是相反、相对。按照扬·阿斯曼的理解，任何一种人为建立的或"主动"的宗教（positive religion），都必然是对抗宗教。因为它们总是必然要相反于一个传统（即它们从中脱生的那个传统）。这样的宗教扬·阿斯曼称之为二代宗教（secondary religion），这是相对于它们脱胎而出的那个原初宗教（primary religion）而言。这两种宗教间最大的差别，就是前者的建立往往要考虑到后者的存在，并刻意与之相反。摩西的一神教（monotheism）是作为一个对抗性宗教而产生和存在的，并从产生之初就与埃及的传统宗教处处相对。

对历史学家来说，作为复杂的宗教文学作品，希伯来《圣经》中的各种传统和传说更多地体现了以色列人如何认识自己的早期历史并有意识地构建它以服务于自己的宗教信仰。《出埃及记》故事的效果是把以色列人置于迦南之外，必须在耶和华的护佑之下通过神圣战争征服迦南，以此来证明耶和华兑现了自己的诺言，让以色列人定居下来繁衍生息。逃离埃及的戏剧化情节，对于他们提升民族自信心、强化文化身份认同、坚定信仰是至关重要的。

克罗齐说："一切历史都是当代史。"现在是由过去所萦绕的，而过去则被现在所塑造、发明、再发明与再建构。一旦人们开始回忆和叙述历史，就开始以今天的概念编织历史之网，以此达到自己的目的，历史也逐渐成为神话。

如果我们不仅仅关注过去是怎样的，同时也关注过去是如何被记忆的，我们会发现历史也好，神话也好，都有着极其真实的塑造动机。

在专著《埃及人摩西》（Moses the Egyptian）中，扬·阿斯曼以文化记忆的理论和方法对《出埃及记》做了细致的个案研究,但终究没有对"对抗"的背景和原因进行深入的探讨。对新王国时期埃及宗教的演变、拉美西斯二世的和平政策及其后果的深度考证,也许可以解答这个问题。

拉美西斯二世处于两个时代之间,以王为神的时代渐行渐远,以神为王的时代慢慢走来。这是青铜时代文明向铁器时代文明过渡和转型的一个缩影。

新王国的衰亡有内外两方面的原因。首先,是利比亚人和"海上民族"的入侵。早在19王朝初期,埃及就面临他们的威胁。拉美西斯二世曾多次击败这些外族人对边境的侵扰,他的后继者美尼普塔也进行了大规模的抵制战争。但是,埃及法老对这些外族人的安置政策是失败的:他们的侵入常常是携家带口的"移民"式入侵,所以埃及法老设立"定居圈",让他们在这些范围中生活并对之进行"教化"。事实却证明,一方面,这些外族人,尤其是利比亚人的传统习俗很难改变,他们反而对埃及社会产生了反作用力:随着移民人数的增加,他们逐渐越出"定居圈",渗入埃及人的社会;另一方面,在新王国后期,由于埃及军队兵源严重不足,政府以利比亚人作为补充,这使得埃及军队中利比亚人的数量日渐增加,其中一些人由于战功显赫而位居显要,影响不断扩大,逐渐形成一个利比亚雇佣兵阶层,其势力不断发展直至左右政局。到第三中间期时,就出现了22王朝、23王朝两个由利比亚人建立的王朝。

新王国衰亡的另一个重要原因,是其末期时经济实力的逐渐下降。一方面,埃及在技术上更进一步落后于同时期近东的其他国家。19王朝以后,赫梯帝国灭亡,冶铁技术的垄断局面也随即被打破,近东其他地区的民族迁徙、人口流动和频繁的战争,也使得技术的传播在那里更加迅速;而埃及在地理和文化上相对封闭,虽然相对安全,但负面的后果是接受新技术也相对迟缓,因此,在近东地区,埃及是最晚进入铁器时代的。另一方面,曾经作为埃及帝国经济支柱的金矿在新王国后期已经被开采殆尽,使得法老们失去了一个重要的外交法宝,这也直接影响到他们在近东诸霸中的地位。这一点从前文已提及的经典之作《温纳蒙出使记》中可以明显地看到。20王朝末年,大臣温纳蒙受命前往黎巴嫩地区换取建造底比斯神庙大船所需的木材。由于他所带的用于换取木材的金银财物被窃走,拜布罗斯的国王拒绝提供木材。

拉美西斯时期的王后，
开罗埃及博物馆藏

尽管温纳蒙能言善辩，仍受到各种刁难，以至于在海滩上号啕大哭。当他辩解说以前拜布罗斯曾多次为埃及提供过木材时，国王不耐烦地打断他，说那是因为过去的法老们带来了足够的金银。虽然故事情节有虚构的成分，但埃及帝国经济匮乏、气数将尽的背景描绘是真实的。

此外，新王国末年也是埃及历史上贫富分化最为严重的时期，因而社会矛盾极为尖锐。帝国的发展一方面带来了大量的财富，另一方面也更加加速了贫富两极分化。尤其是神庙经济势力的不断膨胀，加剧了土地集中，大批失去土地的农民被迫沦为债务奴隶。由政府直接支付报酬的工匠处境恶劣，盗窃陵墓更为盛行，社会动荡不安。

王室内部的纷争也一直不断。拉美西斯二世时期的一次宫廷内乱规模最大，阴谋泄露后，许多嫔妃和大臣被牵连进去，一时人人自危。

新王国灭亡的标志是底比斯的阿蒙神庙大祭司荷瑞赫尔（Herihor）自称法老，与位于三角洲地区的法老拉美西斯十一世两分天下。埃及从此结束辉煌的帝国时代，进入第三中间期。

第五节　古文明的余晖

新王国结束后，埃及历史主要经历的是连续不断的外族入侵、政权的频繁转移、人群的逐渐混杂。在这个过程中，古埃及文明逐渐衰落，但其辉煌的成果却在与其他文明的融合中得到延续。古埃及的人群、国家成为过去，但其文明却永远存在。

从第三中间期到后期埃及，在埃及建立政权的外族人先是作为埃及近邻的利比亚人、努比亚人，然后是近东的波斯人，最后是西方的希腊人、罗马人。在这个过程中，定居埃及的外国人不断增加，从种族上呈现融合的趋势。此外，在丧失国家主权的情况下，传统文化失去了依附的主体，而随着强大的中央政府的解体，埃及人也以更加务实和客观的态度来看待外来文化，"自我中心"的排他意识有所缓解，因而对外面的世界也有了更多的理解。这一切都加速了古埃及文明与其他文明的融合。

在公元前8世纪时，埃及有几个王朝并存，它们是利比亚人建立的22王朝、23王朝，三角洲的24王朝（即舍易斯王朝）及南方努比亚人建立的25王朝。这个时期的主要事件是舍易斯王朝与努比亚王朝之间的战争，最后努比亚人获胜，重新统一了埃及。在公元前8世纪末到公元前7世纪初的几十年间，尽管地方主义倾向仍然存在，但国内局势一度稳定。在位的努比亚统治者崇尚埃及文化，古典传统有所复兴。

25王朝后期，亚述人开始大规模入侵埃及。亚述国王亚述巴尼拔（Ashurbanipal）扶植舍易斯王朝为其傀儡，协助他最终打败了25王朝的国王塔努塔玛尼（Tanutamani），但由于巴比伦爆发了叛乱，亚述人仓皇撤离埃及。

亚述人的傀儡舍易斯王朝开始了独立的26王朝，这个时期各民族的融合有了进一步的发展。国王普萨美提克一世（Psamtek I）的一个重要举措是雇用希腊人和迦南人为士兵，这在埃及史上是首开先例，此后的三百年中，埃及国王们沿用了这一做法。定居埃及的外族人大大增加了，甚至出现了专门的定居城市。尽管26王朝末期的国王阿赫摩斯二世（Ahmose II）曾采取了一些限制措施，如规定希腊人的贸易活动只限于三角洲地区的瑙克拉提斯，外族士兵只能居住在孟菲斯，等等，但融合的趋势已经不可阻挡。到波斯人入侵之前，在埃及到处可以见到外国人。

在外交方面，26王朝有两个主要政策：一是在近东世界继续"拉弱打强"的策略，维持一种权力平衡；一是极力想恢复对叙利亚、巴勒斯坦的霸权。这个时期近东的霸主是新巴比伦王国，因此埃及联合许多小国与之抗衡，但对叙利亚、巴勒斯坦的征服活动基本上没有什么收获。

26王朝的国王中，尼科二世虽然在后世人中口碑甚差，却颇有作为。他改进了埃及海军的设备，使用三层桨战船；又开凿了连接红海和地中海的运河，这条运河在公元前5世纪时成为重要的国际航道。据希罗多德记载，尼科二世还曾进行过环球航海活动，是否真有其事，还有待进一步的考证。

26王朝是埃及的末代王朝。此后，埃及开始沦为波斯、希腊马其顿、罗马帝国的一部分。

波斯在埃及的统治，先是27王朝（前525—前404），后来埃及又争得独立，建立了28王朝、29王朝、30王朝（前404—前343）。公元前343年，波斯人第二次征服了埃及，建立了31王朝（前343—前332）。

波斯人对埃及的统治基本上是外在的。他们维持了埃及原有的制度，在基层管理结构中甚至还任用原来的埃及官员。波斯帝国主要是把埃及当作帝国税收的来源，采取了高赋税政策，因而埃及人的反抗也很激烈。代表传统文化主体的祭司阶层在这些反抗活动中起到了领导作用。为巩固自己的统治，大流士（Darius）采取了拉拢神庙势力的措施，这在某种程度上有助于传统文化的延续。他还完成了尼科二世时开始开凿的运河，使之成为连接埃及和波斯的重要通道。

法老埃及三千多年的历史结束于公元前332年亚历山大的东征。从亚历山大之死（公元前323年）到罗马帝国诞生（公元前27年）的三个世纪，古代世界经历了希腊文化与东方文化第一次大规模交融的过程，即"希腊化"时期。托勒密埃及作为马其顿统治下的一个独立王国，在希腊世界中占据着极其重要的位置，同时，埃及的传统文化也对这一时期的文化潮流产生了深刻的影响。

公元前30年后，埃及成为罗马帝国的一个行省。与托勒密王朝不同的是，罗马统治者在埃及之外统治埃及，并把它变成了整个帝国的"大粮仓"。埃及是一个比较特殊的行省,因为地理位置上的孤立和土地的富庶,成为政治家发展势力的理想基地,因此罗马统治者严禁高级官员涉足埃及,他们自己(包括王室成员)也很少临幸。虽然罗马总督常驻埃及,但重大的决定都是在意大利制定的。在管理上,罗马政府也实行严密的税收政策,与托勒密王朝的不同之处在于,一是其手段更为强硬,二是所征收的大量粮食和其他财富都源源不断地流入外省,而不是在本地消费。

在这种背景下,埃及神庙的政治经济地位日渐下降。统治者不仅停止资助神庙的修筑,而且还以各种方式缩减神庙的土地,有时用钱粮交换的方式,有时则以减免新增的赋税为由将部分神庙土地收归国有。政府定期对神庙进行巡视,并设立了"亚历山大和全埃及的大祭司"一职,由罗马官员担任,负责监督所有神庙及其祭司。祭司的特权日渐减少,他们不仅要交纳许多曾被豁免的税,如人头税等,还要担负政府专门对神庙经营的手工业设立的各种税。

与托勒密王朝不同,罗马统治者确保税收的方法不是消极地惩罚,如将交不上税的人变为国有债务奴隶,而是积极地采取更为严密、强硬的手段,将农民牢固地束缚在土地上,如通过征收一种特殊的税来弥补这类逃亡造成的损失,即逼迫村里其他居民来填补这项空缺。有时由于赋税过重,某些地区的全体居民会集体逃亡。3—4世纪,一些基督徒或单独或结伙前往沙漠附近的河谷边缘居住,既是逃避政府,也是逃避世间罪恶的诱惑。

在罗马时期,"埃及人"的概念已有了很大的变化,包括本土埃及人和希腊移民两类。到这个时期,希腊移民已成为新的土著埃及人,以城市居民、官僚和商人为主,并且对罗马人的高压统治政策强烈不满,如205年,亚历山大城居民发动了反抗罗马的暴动,最后惨遭屠杀。在反抗罗马统治的共同目标下,民族融合进一步加深。基督教在埃及的传播,又增加了希腊教徒和讲科普特语的埃及教徒之间在信仰上的认同感。

7世纪,伊斯兰教兴起、阿拉伯人入侵埃及时,由于人们对罗马的苛政强烈不满,他们没有遭到什么抵抗。罗马帝国对埃及的统治就此结束。

在历史舞台上的最后一幕中,古埃及文明由尼罗河汇入地中海边更广阔的世界,在与其他文明的汇合中得到永存。

注 释

[1] Alan B. Lloyd(ed.), *A Companion to Ancient Egypt, Volume II* , p.692.

[2] Ibid., p.700.

[3] Ibid., p.704.

[4] 一般把阿赫摩斯重新完成统一作为18王朝的开始，实际上17王朝、18王朝是连续的。

[5] 阿蒙荷太普三世和埃赫那吞统治时期埃及法老与近东其他国家国王的外交书信。

[6] Barry J. Kemp, *Ancient Egypt: Anatomy of a Civilization*, p.185.

第七章

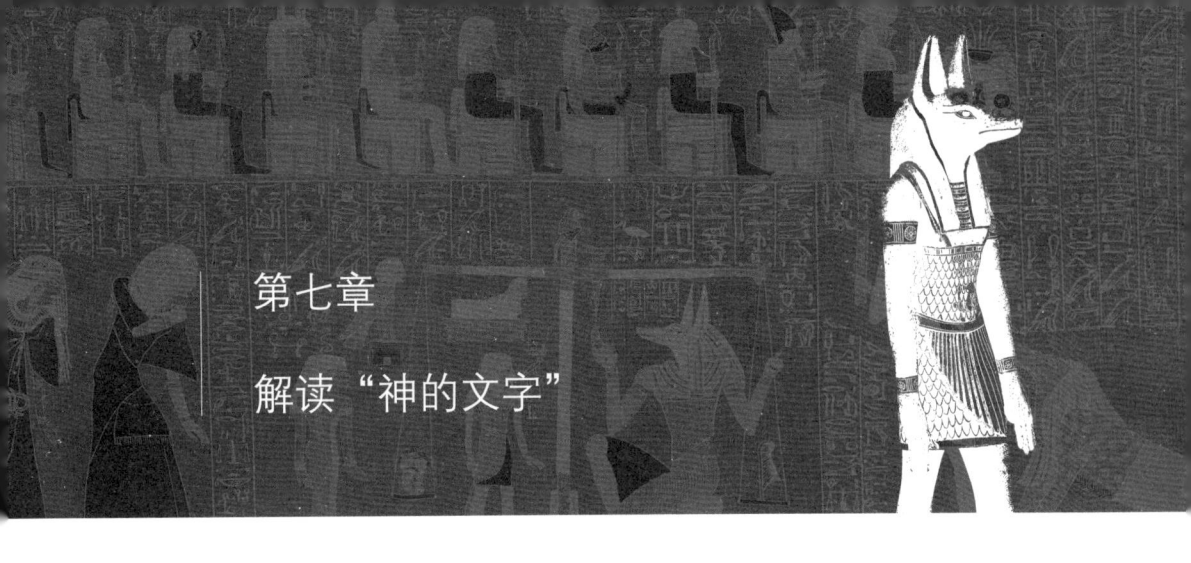

解读"神的文字"

古埃及文明有如下几个方面的意义：它与古代美索不达米亚文明、印度文明、中国文明一起构成了世界四大古文明；同时，它又是靠内部动力促进并延续发展起来的文明的最好例证，与内部与外部动力共同推动发展的文明如美索不达米亚文明形成了鲜明的对照。此外，古埃及文明对其他地区的影响也非常深远，它的象形文字书写体系和其他的文化成就为古代苏丹所吸取，西方字母文字之母腓尼基文字在发展过程中也借鉴了埃及象形文字的成果。叙利亚、巴勒斯坦深受古埃及宗教和艺术的影响。西方文明的重要源头——希腊-罗马文明及《圣经》的传统都与埃及文明有着渊源关系：古埃及神祇的崇拜延续到了希腊-罗马时期，古希腊早期的文化，如哲学，特别是艺术，深受古埃及的影响，而《圣经》中也可发现古埃及思想的踪迹。在当代，有关古埃及的考古发现和历史研究已使它成为公众广泛关注和感兴趣的话题。

古埃及文明的特质可以用成就显著、延续性强、变革微弱来概括。主要的成就包括其统一政局的持续和社会的相对稳定，古埃及社会有足够的剩余产品维持着一个由管理人员、士兵、祭司、工匠组成的社会上层，并奠定了发明和使用文字的基础。文字使管理更加有效和稳定，也促使宗教、文学和科学知识不断丰富。反过来，这种种发展又促进了规模浩大、技艺高超的砖建筑和石建筑的大量兴建，以及古代世界最为引人注目的卓绝艺术品的创造。

延续性是另一突出特点。埃及的宗教思想、社会秩序的观念以及高度中央集权的政治制度在三千年的时间里基本上没有大的变化。环境的稳定对这种延续性起到了一定的作用，种族和语言的延续也有不可忽视的作用；埃及不像近东其他地区那样有着频繁的民族迁徙,因此也很少吸收新的语言和观念。

变化和革新也有,有时还相当剧烈。埃及统一王朝之间的中间期是政治上分裂、经济上出现危机的时期,是由内部矛盾(如王权的衰微)引起的。此外,在稳定统一的时期也有变化。如为了王权的利益,官僚结构需要定期进行调整和改革。宗教观念也日益丰富和复杂。艺术和建筑风格也不断有些微妙的变化以迎合新的需要和趣味,但可以看出,所有那些成功的变革都没有远离传统。

要了解古埃及人的思想,首先要理解他们特殊的思考方式以及在这种方式下表述出来的观念,然后才能进行解读。这里试图通过对古埃及人特殊的语言文字与文学的介绍,展现他们那些具体表述后面的抽象思维,以期从一个侧面反映古埃及文明的特质。

第一节 破解古埃及语

一、古埃及语的特点

我们对古埃及文明的了解,主要依赖大量的文字资料和丰富的考古发现,包括建筑、艺术作品中多彩的画面。文献资料遗存丰富的原因,一是埃及的气候干燥,二是古埃及人勤于创作。这些文献资料的最大特点是字画结合,在许多壁画、浮雕的空隙间都缀以圣书体象形文字的解释词。

古埃及语是亚非语系的一个独立分支。亚非语系是美国当代语言学界使用的术语,在西欧及比较语言学界它被称为含米特－闪米特语系,在东欧叫作闪米特－含米特语系。从古至今,亚非语系是世界上传播最广的语系之一,在地理上涵盖的范围包括东地中海的全部、北非和西亚。除了苏美尔语和赫梯语之外,古代和现代近东最重要的语言都属于这个语系。古埃及语与贝加语(库什语系)、闪米特语及柏柏尔语有密切关系,与库什语和乍得语关系较疏远。[1] 古埃及语有四千多年的历史,是进行历时语言学和类型语言学研究的理想领域。

埃及象形文字最突出的特点是实用性。这种文字不仅省略了烦琐的词尾或用以断词的音读，而且也常常省略动词，因为每句话都有对所描绘的事件的图像表达，即使没有动词，也不影响对整句话的理解。而且，象形文字在书写上没有任何固定的模式限制，书写的方向、句子的长短、布局的排列，一切都没有定式，其目的是充分利用空间，因为在许多情况下象形文字（特别是圣书体）是与图画并用的，起到的是点缀和解释的作用，同时也要迎合建筑特征的要求。这与亚述人那种将楔形文字直接写在上方的习惯截然不同。

当然，这并不是说象形文字的书写没有任何规律。在整体结构上，多以画面上人物面对的方向来决定书写的方向，即人物面朝的方向是书写方向，如果人物面对面站立（如表现国王向神献祭时），则双方所说的话分别向各自面对的方向书写；如果没有人物，则以中轴线为中心自内向外书写——在右边自左向右，在左边自右向左。因此画面与铭文构成一体，充分体现了埃及人对均衡和结构的稳定性的重视。此外，在不同的历史时期，书写也有不同的习惯。例如，在古王国时期，用文字作为建筑物的点缀还远不如后来普遍，这一是因为当时神庙的修建远不如王陵的规模浩大，二是因为直至 5 王朝的最后一个国王在位时文字才出现在王陵中，因此，这个时期的文字普遍是自右向左书写。

尽管早期铭文的表现形式还很有限，但已有了表音、表意和限定符号的区分：表意符号是指对具体物体的直接描绘，表音符号表示单词的读音，而限定符号则本身不发音，在词尾表示单词的种类和性质，类似汉字的偏旁。有时一个符号可以同时属于上述三种类型，如符号 ⌐⌐，可以表示房子，做表意符号，也可以在动词"走出、出去"中做表音符号，又可以做表示建筑一类的词的限定符号。

在埃及的神话传说中，文字是图特神创造的。这是一个长着朱鹭鸟头、人身的神，他接受神的启示并教给人们书写、计算和历法。图特同时又掌管知识和魔法，其崇拜中心是上埃及的赫尔摩波利斯。有的学者据此认为，古埃及文字的发明，可能是由于人们从河边沙地上鸟的足迹中得到了启发，目前这还只是一种推测。

人们往往以为埃及人最早的文字更接近图画文字，其实不然。埃及人较早的文字资料内容多涉及经济事务，有许多抽象的信息。如类似"×× hekar

图特神，托勒密时期，开罗埃及博物馆

优质利比亚油"（hekar 是计量单位）、"××hekar 焙烤值为 30 的面包"等的记载，常常提及产地、数量、质量，如我们今天的产品介绍一样；又如，埃及人特别注重让现世的功绩流传百世，因此文字中很早就有对人名、地名的记载，等等。

一些早期的埃及学家相信象形文字脱胎于一种更古老的、严密的图画文字系统，如库尔特·泽特在其著作《从图像到字母》（*Vom Bilde zum Buchstaben*）中就表达了这种观点。但该书出版后不久就受到许多学者的质疑，而考古发现更是否定了这一假设，因为如果在公元前 3000 年前就有另一种文字系统的话，在埃及这样干燥的气候之下不可能不留下一点痕迹。

今天，绝大部分学者同意象形文字是公元前 3000 年左右发明的，甚至还有人还提出象形文字是某个人的发明。当然，这已不是什么新观点，柏拉图在《斐德若篇》中就提到是一个叫图特（亦译为图提）的人发明了象形文字。无论如何，古埃及人发明自己的文字时，目的是表述用其他方法不能表述的信息，而且文字的诞生是建立在艺术发展的基础之上的。在公元前 3000 年左右，古埃及人已有了丰富的图画艺术词汇，这使他们能表现诸如狩猎、征服敌人、葬仪，以及对来世的期望等复杂的主题。为了表达更多、更复杂的信息，他们需要发展和完善这种能力，需要一种不仅有图画而且有读音的符号系统。在这种需求的刺激下，文字逐渐诞生了。

在有文字之前，埃及人已经能够用艺术形象表现国王的行为，如高举权杖打击敌人、率领众人进行建筑活动以及举行各种仪式等，但无法表示他的名字。

为了表现国王的名字，需要一些能表示其读音的附加图画，但不规则的元音无法解决这个问题，只有固定的辅音才能胜任。前文提到的著名的纳尔迈调色板就是一个很好的例子。这件纪念性作品描绘了对下埃及的征服，塑造了一个高举权杖打击跪在他面前的俘虏的国王形象。在调色板的两面，上方都有一个鱼和凿子的图画，它们与战争和胜利的场面毫无关系，而是用来表示纳尔迈的名字的读音：nr-mr。现在我们还不能断定这个调色板标志着上下埃及的真正统一，但它无疑标志着埃及有文字记载的历史的开始。

古埃及语的历史可分为两个主要阶段，它们之间的主要区别是名词性句法和动词系统由综合式到分析式模式的转变。

（一）早期埃及语（约公元前3000—公元前1300年普遍使用，此后在宗教文献中使用，直至公元前3世纪）

1. 古埃及语，自古王国时期至第一中间期使用的语言文字。主要应用于宗教文献《金字塔铭文》和一批数量相当可观的自传中，后者刻写在贵族官员石窟墓的外墙上，主要内容是颂扬他们一生的功绩和美德。

2. 中埃及语，即古典埃及语，自中王国时期至18王朝末期使用的语言文字，是古埃及文学的古典语言文字，使用它的铭文可分为以下四种类型：墓葬铭文、教谕文学（即智慧文学）、故事、赞美诗。

3. 晚期中埃及语是指自新王国时期至古埃及文明结束这段时间的宗教铭文（仪式咒语、神话、赞美诗）使用的文字。晚期中埃及语，也叫传统埃及语，与后来的新埃及语并存共用达一千年之久。从语法学的角度看，晚期中埃及语继承了古典埃及语的语言结构，但是它增加了大量的象形文字符号，特别是在希腊-罗马时期（托勒密埃及时期）。[2]

从语言学的角度，早期埃及语的特点是倾向于综合式的语法结构：例如，它有一整套词法上的后缀来表示格和数，例如阳性、单数：ntr"神"；阴性、单数：ntr.t（女神）；阳性、复数：ntrw（神们）；阴性、复数：ntr.wt"女神们"。它没有明确的冠词，rmt既可以表示"人"，也可以表示"一个人"，它在动词系统中采用的是"动词+主语+宾语"的顺序：如，sdm.k n.f，等于"May you listen to him",意思是"你听他说"。

(二)晚期埃及语,时间为19王朝到中世纪时期(约公元前1295—公元1300年)

1. 新埃及语是新王国后半期的书写文字,它主要用于19王朝丰富的娱乐文学作品中,包括智慧文学和叙述体文学,如《阿尼的教谕》《阿蒙尼蒙普的教谕》以及《两兄弟的故事》《温纳蒙出使记》等,但一些新的文学体裁,如神话故事和情诗,也使用新埃及语。新埃及语也是拉美西斯时代的官方文献使用的文字,如底比斯墓地出土的管理文献以及学校文献,叫作"杂录"(或"文集"),等等。新埃及语并非是一个全新的文字体系,以它书写的铭文与古典埃及语(即中埃及语)的铭文有不同程度的类似之处,[3]特别是较早的和较正式的铭文,如历史文献或文学故事,从古典埃及语中借鉴了更多,而较晚些时候的铭文和管理文献中,古典埃及语的形式出现得较少。

2. 世俗体象形文字是后期埃及管理文献和文学作品的书写文字。它在语法上与新埃及语关系密切,但是在书写形式上与之相差甚大。世俗体象形文字的重要文献是塞特耐–哈姆纳斯(Setne-Khaemnase)和派杜巴斯提斯(Petubastis)的叙述体文集,以及"恩辛格纸草"和"昂赫塞尚克纸草"上的教谕作品。[4]

3. 科普特语是基督教埃及的语言文字,其字母为22个希腊字母和6—7个世俗体象形文字符号,后者用来表示希腊文中所没有的埃及语辅音。科普特语本是一种口头语言,后来逐渐变为一种书写文字,在10世纪以后为阿拉伯语所取代,但它至今仍在埃及的基督教教堂中使用,这类教堂也被称作"科普特教堂"。

除了辅音上有一系列演变之外,晚期埃及语倾向于分解式模式。首先,表示不同词法(阴性、阳性、单数、复数)的标识性后缀渐渐被省略,其功能被前缀性标识——如冠词——所取代。新埃及语和世俗体象形文字中,阳性单数的"神"一词是p3-ntr,科普特语中是p-noute,意为"the god"(这个神);新埃及语和世俗体象形文字中,阴性单数的"神"一词为t3-ntr(.t),意为"the goddess"(这个女神);复数的"神"为n3-ntr(.w),意为"the gods"。其次，指示代词"这个"和数词"一个"演变为定冠词和不定冠词：科普特语中的 p-rome，意为"the man"，源自"this man"；ou-rome，意为"a man"，源自"one man"。再次，迂说法模式以"主语＋动词＋宾语"的语序取代了以往的动词模式：科普特语中，"ma-re pe:k-ran ouop"直译为"Let do your name be pure"，等于"your name be hallowed"（"你的名字被神圣化了"），这与古典埃及语的综合式结构模式是不同的——wab(.w) rn.k，直译为"shall－be－purified your name"（"应被神化你的名字"）。[5]

科普特语出现之前，埃及语几乎没有什么方言上的差别，这也许是古埃及社会高度中央集权的制度造成的。然而，文字最早可能起源于埃及南部地区，而早期埃及语的各种语言类型则在下埃及孟菲斯附近出现，晚期埃及语的语言类型则在上埃及底比斯周围出现，前者是古王国时期的首都，后者是新王国时期的宗教和政治中心。[6] 科普特语有不同的方言，但彼此间差别不大，主要差别是在符号的书写习惯上，在词法和词汇上有个别的差异，而在结构上则几乎没有什么不同。

在其发展过程的四分之三的时间里，古埃及语的基本书写形式是"象形文字"，这一点是基本得到公认的。象形文字（hieroglyphic）一词出现于托勒密时期，是古埃及语中"mdw. w-ntr"（神之语）一词的希腊文对应词，即"神圣的雕刻字母符号"。在整个埃及历史上，象形文字一直被用来书写纪念性的文字，主要书写材料是石头，其次是纸草纸。象形文字发展出两种草体形式，分别是"僧侣体"（priestly writing）和"世俗体"（popular writing），前者在古王国时期至公元 3 世纪使用，后者在公元前 7 世纪至公元 5 世纪使用。从希腊化时期开始到埃及完全基督教化这段时间，象形文字及其各种形式的书写体逐渐字母化，先是部分单词，进而是整个铭文为字母化的转写所取代。基本上是使用希腊字母，希腊语中没有的埃及语辅音就用世俗体象形文字的符号来表示。这一过程的最后结果就是科普特语的产生，它是古埃及语的最后阶段，在 4—10 世纪应用，之后逐渐被阿拉伯语代替。

古埃及象形文字符号的数量在不同时期有所变化，在古王国时期约有 1000 个符号，到古典埃及语时期减少至 750 个，在希腊－罗马时期又增至几千个。[7] 这些符号是一种表现各种生物和各类物体的图画符号，如神祇类、人类、动物类、动物或人体部位类、植物类、天体类、建筑类、家具类、器皿类等。

古埃及语的符号可以分为以下类型：

（一）表意符号

顾名思义，表意符号就是用图形表示词语的意义，二者之间关系密切。所有的表意符号都不发音。最初基本上一个图形符号就代表一个词，如用三条波纹来表示水，用圆环来表示太阳，等等。随着人们语言的逐渐丰富，为了表达复杂的事物和抽象的概念，一些表意符号有了引申的含义，如圆环不仅能表示"太阳"，也可表示"白天"。

古埃及人在确定一个符号的写法时，总是力求简洁明了。比较难以表现的人体部位就用动物的来表示：如"牙齿"一词，不用人的牙齿的形状来表示，而大胆地使用大象的；用蛇的舌头表示"舌"；用牛的耳朵表示"耳朵"和"听"，等等。但是那些较容易表现的人体部位，如头、眼、嘴、乳、臂、腿等，就直接用人体的来表示。至于体内的各种组织，则很难判断选用的是人体的还是动物的。

不论描绘身体还是其他事物，古埃及人都尽量尝试从最方便的角度来表示。因此眼睛、嘴都是从正面来画，哺乳动物和鸟画侧面，蜥蜴、蜜蜂、鹅等从俯视的角度画。为了明确画面的含义，有时把多种角度的画面结合起来表现，如"划船游戏"，从上面的角度表现船，从侧面的角度表现游戏，等等。

有时，人们需要选择一个代表性的符号来表示某类事物的总体。在这种情况下，他们也往往选择一个简洁明了的图案，如用农家院子的形状表示房屋：一个长方形表示砖砌的围墙，在其中的一面开一个口表示门。一般来说，符号的写法一旦确定，较少更改。尽管房屋和神庙建筑的实际样式在变化中，这个符号却在几千年中一直延续使用。

当然，要使符号做到足够明确和简洁，也不可避免地需要一个过程。许多表示鸟的符号是随着时间的推移才逐渐有了清晰、优美的图案：在早期，表蜜蜂的符号并没有明显的特征，只是到后来才看起来像蜜蜂；而另外一些符号则经历了由繁到简的过程，如表示"路径"的符号最初是弯曲的，上面有足迹和许多标志边界的灌木，后来才省略了足迹，简化成 ▭。

当出现新的建筑形式时，新的符号也随之出现。金字塔、方尖碑、各种形状的柱子、塔门、神庙正门以及石碑、假门等都有象形文字的表达，而新式武器、各种工具、动物以及外国人也都可以用象形文字来表示。当喜克索斯人统治埃及时，埃及人开始使用马和战车，于是在新王国初期也有了相应的象形文字符号。总之，随着时间的推移，随着与其他地区联系的扩大，新的符号不断出现，象形文字成为一个永不停滞、不断完善发展的系统。

与其他文字系统相比，象形文字独特的一点是把色彩运用到符号中去，这种倾向说明了它与图画的密切关系。虽然象形文字不是纯粹的图画，但它们源自实物，因此能在一定程度上反映和表现实物的色彩。符号可以是既有形又有色的，但古埃及人只用红、黄、绿、蓝、白和黑，他们不会把这些颜色混合起来制作出新的颜色，也不会表现色彩的浓和淡。在这些颜色中，绿色表示植物和植物制品，红色表示身体和木制品，天是蓝的，地是黑的，等等。

除表现事物的自然色彩外，象形文字的颜色还有两种重要的功能，这说明了为什么在许多情况下符号的颜色与物体的自然色有所不同。首先，是象征作用。对古埃及人来说，颜色可以表现物体最基本的特征。在象形文字中，"色彩"一词可以用作"本质"或"特质"的同义词。因此，他们用红色的麻雀表示"罪恶"，因为红色使人联想到"血"。其次，色彩还有一种把符号区分开的实际作用。例如，麻雀和燕子这两种鸟的外观是相似的，就把麻雀画成红色的以示区别；此外，表示人头侧面和正面的符号形状是一样的，于是前者用红色，后者用黄色。

在某些情况下，象形文字的形状和色彩的简单化限制了符号的发明。如表示园林的符号只有一个，各种花草的符号间区别也不大。古埃及人熟知各种植物、果实和蔬菜，但象形文字中只有荷叶、黄瓜、无花果、葡萄等少数几个符号。

另一方面，象形文字系统包含了大量的鸟的符号（约有 80 种以上的鸟及其各种姿态），其中一些还是最常用的符号。如在图画艺术中不甚重要的猫头鹰，在象形文字中表示辅音 m，且使用非常频繁。鸟的符号的普遍使用成为象形文字的一个基本特征，以至于后来中世纪的伊斯兰作家把象形文字称为"鸟的文字"。即使是古埃及的书吏和工匠有时也会混淆这些外观相似的鸟符。通常颜色能帮助区分，有时上下文的内容也能帮助决定它们的含义。

相对来说，哺乳动物的符号则比较容易辨别，有些来自苏丹或更远的非洲的其他地区，如大象、犀牛、长颈鹿、狒狒等；然而，尽管熊和鹿这两种近东地区的动物在艺术作品中确有出现，在象形文字中却没有相应的符号。

（二）表音符号

古埃及人为了把词语的发音表示出来，把一部分表意符号作为音符，赋予它们音值。当一个表现某物体的名词读起来与另一个词相似时，这个符号可以变成一个表音符号，逐渐脱离了它最初的、严格的图画意义。如兔子（wn）因与"打开"的符号同音，成为表示"打开"的音符；同理，农院（pr）成为动词"走出去"的音符，星（sb3）成为"教"的音符。在这类演变中，元音和单词的后缀可能不同，辅音的相似是最重要的。

表音符号在发展过程中逐渐由繁到简，到公元前 600 年左右基本规范化，形成 24 个单辅音及许多双辅音和三辅音。学者们通常认为埃及象形文字中的单辅音是字母的萌芽状态。

像闪米特语系中的希伯来文和阿拉伯文的最初阶段一样，古埃及的象形文字也不标明元音，人们在口语中知道在什么情况下发什么元音，但对于几千年后研读它的人们来说，这造成了极大的困难。为方便起见，学者们在该加元音的地方都加上同一个"e"。因此，到今天为止，象形文字仍是一种无法正确地读出来的文字。

象形文字的单词有时可能完全是音符的组合，没有表意和限定符号。又由于象形文字有省略元音的习惯，因此这类单词常常成了辅音的组合。这种情况在神名的书写当中最常出现，如普塔神 Ptah——p-t-h，鳄鱼神 Sobek——s-b-k，阿蒙神 Amun——i-mn，等等。尤其是在古王国时期，这种倾向特别严重，甚至会以独立的辅音符号作为单词的后缀。

（三）抽象符号

在应用过程中，出现了一些表示抽象含义的象形文字符号。例如，"风"或"狂风"用一个帆船来表示，"老"用一个弯腰的老人表示，"骨头"用骨做的鱼叉尖表示，"金"用金制的项圈表示，"射击"用被箭刺穿的兽皮表示，等等。有时这些词非常抽象，如用一个黑洞来表示"死"或"被击毙的敌人"，用曲线表示道德意义上的"狡诈"，而"隐蔽"则用空白来表示，是个无字的符号。

（四）限定符号

限定符号在词尾，目的是限定词语的范畴，尤其是在同音不同义的情况下帮助读者了解确切的含义。限定符号本身不发音。如 sb3 一词，分别用星、墙、手持教鞭的人来限定，就有星、墙、教等不同的含义。

原则上讲，任何图像都可以成为象形文字符号，但为文字的简洁和行文的方便，古埃及人很明智地、尽可能地限制符号的不断增多并大量使用限定符号。随着人们对更多的词语的需求，以及原有词语含义的不断增多，限定符号的使用更加广泛。在中王国和新王国时期，"行走的腿"用于限定所有表示行为的动词，"兽皮"限定各种哺乳动物，"太阳"限定表时间的各种词，等等。

古埃及文字没有严格的缀词法，也没有标点符号，因此限定符号的使用也起到句读的作用。

即使是直接由辅音组成的词，有时也具有象征意义，因而能更具体地表达词语的含义。如普塔神的名字本身就包含了对他创世行为的暗示，该词由天空、大地及将二者分开的神三部分组成，后来随着其含义的演变，圣甲虫的符号代替了大地。

（五）护身符

埃及象形文字中还包括了一个起护身符作用的完整的符号系统，其中包括荷鲁斯受伤的眼睛、生命、甲虫、表示丰收时第一批作物的捆束符号等。这些词在铭文中有具体的含义，但又有作为魔符的第二层含义。普通符号表示单一、明确的含义，而象征符则在本质上是多义的、复杂的，能表达单个词语能关联到却无法完全表达的概念和思想，甚至那些永远无法用词语解释的含义。这类象征符的后面是复杂的神话，尽管我们可能联想起这些神话的所有细节，却永远不能彻底了解它们的全部含义。

在象形文字使用的最后阶段，祭司们垄断了文字的使用并故意使之神秘化，这些象征符发展为密码或谜语书写，并被普遍使用。在这个时期，在土地下生活的甲虫被用来表示"土地"，牛、狮子等被用来表示"统治"，蛋被用来表示"居于其内"的概念，蛇被用来表示"女神"，带翅的太阳被用来象征"国王"，而国王的头衔则由神的形象组成，以向人们显示其神性。这种密码书写甚至也包括了作为动词的象征符。密码书写是与一般的象形文字书写结合使用的，即铭文中只有一部分是密码，但祭司们从不对这些密码做任何注释或解释，这给当代学者的研究工作带来了极大的困难。密码文字的进一步发展即是将这些形象转化成象征国王名字的雕像群。

从历史的角度看，字母文字体系的形成并非是非字母文字体系发展的必然结果（像人们通常认为的那样），两种体系的差别源于书写观念中某些潜在的差异：随着希腊化文化的迅速传播，以及4世纪时埃及最终的基督教化，当一种新的宗教和文化背景更倾向于接受字母文字时，象形文字符号就完全为科普特语字母所取代了。科普特语是从左向右书写，由希腊字母和6个（在某些方言中是7个）世俗体象形文字的符号组成，后者用来表示希腊文中没有的辅音。

附录二是古埃及语单辅音符号表，包括它们的拉丁转写及读音。这些"字母"符号包括了古典语言中的全部辅音因素。唯一的例外是 /l/，这是一个可由不同的符号组合来表达的音素。由于古埃及语的元音在书写中不体现出来，在发音时视具体情况而定，所以当代的埃及学家在"阅读"一个埃及铭文时无法复原埃及语单词最初的发音，只能将短元音 e 插入单词的辅音之间（htp—hetep）；半元音的滑音多数情况下被当作相关的元音来读（jmn=/imen/, prw=/peru/）。

象形文字中有一系列符号表示从 10^0……10^6 的数字和分数 1/2、1/3 和 1/4。表示自然数时，基本数字单位的符号重复出现，并且按照从高到低的顺序组成，如 356 是这样表示的

$356=3×100，5×10，6×1$。

下图是表示如何运用象形文字的一个实例[8]，将同一段文字用四种形式表现出来。上面的号码表示每个符号的顺序；斜体表示表音符号，表意符号用较小的大写表示，限定符号用较小的大写和引号来标明，为使相关单词在语法上更加完备而附加的音素用圆括号标明。

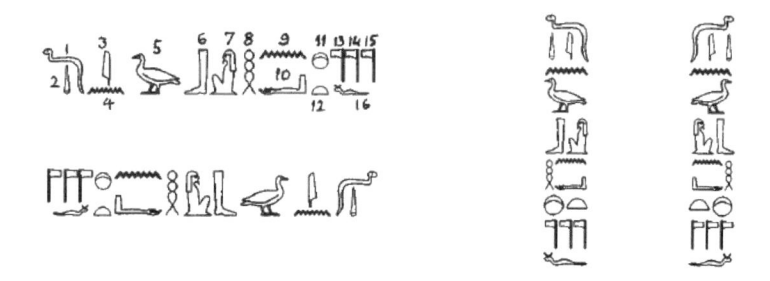

TRANSLITERATION: $^1\underline{d}$ ^{2}MDW ^3j - ^4n ^5gb - ^6b - ^{7}"GOD" $^8\underline{h}$ - ^9n - ^{10}'
^{11}PSḎ - ^{12}t - $^{13\text{-}14\text{-}15}$"GODS" - ^{16}f

TRANSCRIPTION:　　$d(d)$　　$mdw(.w)$　　jn　gbb　　$\underline{h}n$'　　$ps\underline{d}.t$-f

TRANSLATION:　　"To say　the words　by Geb　with　his Ennead"

CONVENTIONAL READING: [jed me'duu in 'gebeb 'ḥena peseje'tef]

用四种形式来表现同一段文字

象形文字书写体系主要用来写纪念性的文字，在中王国和新王国时期也用来书写宗教文献（以草体的形式）。在其发展历史上，象形文字发展出两种字体：僧侣体是一种较直接的草体形式，有一系列连接符和分字符；世俗体则通过引入一种速记式的、简化的象形文字符号彻底改进了象形文字的书写系统。下图是僧侣体和世俗体的象形文字铭文的实例，下方是相对应的圣书体象形文字。[9] 需要注意的是，将世俗体转写成圣书体是当代埃及学者所为，古埃及人从未有过这样的尝试。

僧侣体与正规体象形文字的对照

世俗体与正规体象形文字的对照

古埃及语书写的基本方向是自右向左，所有的符号面向左面。在纪念性的圣书体铭文中，书写方向是自由的，视布局、结构的对称性和优美而定。草书体铭文则永远是自右向左书写。

二、古埃及文字的历史演变

上文描述了象形文字的总体特征，这些是自前王朝末期起源时（约公元前3000年）至4—5世纪象形文字圣书体和世俗体最终消失期间该文字体系的共同特征。但是在这三千多年里，由于潜在的"书写原理"的细微调整，埃及的书写系统也在不断地发展演变。上述原则基本上适用于象形文字各类型的每个阶段，但我们有必要探讨该文字系统在历史上的发展演变过程，以便正确地判断这些演变的结果是一种新的文字形式还是原有形式的变体。更有意义的是，这些语言学的变化与具体的历史事件是同步发生的，这些事件本身也代表着埃及的文化生活的其他方面的重要转折。相应地，人们可以看到埃及文字历史上六个阶段的演变：

（一）古风时期

传统上，人们常常把文字在埃及的出现与中央集权制在全国的逐渐发展联系起来，这就是所谓的埃及统一问题和埃及国家的相应出现。尽管细节至今尚未完全考证清楚，这个历史进程与埃及文字的发展是同步的，后者始于前王朝阿拜多斯最后几个国王时期（蝎王、伊瑞赫尔、阿哈、纳尔迈，时间是公元前4千纪末）到3王朝末，一种相当完备的单辅音和双辅音系统确立起来。这种早期的文字被用于印章、封泥、调色板、简短的墓志铭和其他王室或管理范围内的纪念物的书写，其中有大量的符号起着表意符号的作用，但此时表意的和表音的原则已结合在一起。例如，前王朝时期最后一个国王的名字是纳尔迈，即 nr-mr（大鲇鱼），在埃及语中是这样书写的：一个表意符号 nr（catfish，鲇鱼）后面跟一个凿子形状的符号 mr；mr 作为表意符号时表示"病的"，但它在这里已成为双辅音表音符号，表明两个音素 m-r。这种用法是基于同音异义原则而产生的。在这个时期的书写中，每个单词在写法上允许有一定程度的灵活性，一个概念可以有一个以上的表达方法，如 hrrt（玫瑰形饰物）和 hrw（鹰）都可以用来表达 hrw "Horus"，即国王一词。

（二）古王国时期

随着社会的发展，成文文献的数量和复杂性都极大地增加了。从这个时期开始，我们有丰富的文献展示一个建立在系统的而非散乱的使用规则基础之上的成熟的文字体系。这个时期约有1000多个符号，表意符号中同一词语存在多种写法的可能性减少了，但是在表音符号中进行替换的可能性却在继续：s-d-sdm-m ∥ 𓍱 𓂧 和 s-dm-sdm ∥ 𓍱 𓂧 𓅓，这两组都是 sdm（听）一词的不同写法。这些变化通常是用辅助辅音来表达的，它们有时在符号前，有时在符号后。这个时期的铭文主要有王室墓地的管理文献、孟菲斯附近贵族墓室壁画上的神话传说、上埃及岩凿墓外墙上的自传，以及自5王朝以来至古王国末期王陵墓室中的宗教文献《金字塔铭文》。[10]

（三）古典体系

中王国时期，在经历了约一个世纪的分裂（第一中间期）之后，中央集权重又确立起来，一种面向官僚贵族的新的学校教育体制发展起来。在此过程中，埃及语的"正字法"得以固定，[11] 其方式是限制一词多种写法：传统上任何词语都可以有多种表达，但在此前的古王国时期每个词语有更多可能的书写方式，而在这个时期，每个词只有一种或两种书写形式是得到承认的。根据这种传统的词语"正字法"，一个单词通常由以下几个部分组成：一个表意符号（是词汇中最基本的名词），或者一系列的辅音，后面跟随一个限定符号作为补充，如 ⬚ 🦉 ▭ sdm/+m/+det (sdm[听] 的"抽象含义"）。与古王国时期相比，此时表意符号相对减少，总数现在是 750 个。[12] 那些相互之间差别不大的象形文字符号都用一个基本形式来表示。古典体系的原则在纪念性象形文字以及手写体的僧侣体象形文字中一直持续使用到 18 王朝末。

（四）拉美西斯时代的正字法

在 19 王朝早期，象形文字特别是僧侣体象形文字的书写传统有了重大的变化。在纪念性铭文中，那些正式书写象形文字铭文的空白处，即所谓的"标准方格"，经历了一个美学上的再调整。在以前，通常是这样来布置一组符号的：每个方格里或放置一个较大的符号（如猫头鹰 /m/），或放置两排平的符号（如一条蛇在一个人嘴中 /f:r/），或者是两排竖向的窄的符号（如一个座位后跟一条面包和一个房子 s.t[座位]），最多时是 4 个平直的、窄的象形文字符号（如 ptpt）。现在则不同了，每组符号都被组合进一种三层的结构中去，也就是说，每个"标准方格"现在包含了最多 9 个小的单位。

在实际的书写中，埃及语产生了意义更为重大的变化。拉美西斯时代及新王国后期的僧侣体正字法是两种矛盾的倾向相互作用的产物：一种倾向是在许多情况下都以各种方式维持词语现有的写法，以保证这些词的可辨认性，另一种倾向是体现自古典传统确定以来辅音系统发生的显著演变。其结果是在同一个词的内部，两种倾向交互作用：书写上维持传统，而辅音表达上体现新趋势。例如，dr.t（手）一词的读音在这个时期已略去了最后的 /t/（正如在科普特语中"twpe"一词的情况），但在书写时却依旧把它写出来；而当它后面跟随着第三人称所有格代词 t 时，要通过再附加一个 /w/（写作 <tw>）来表明该辅音在发音时的永久性：dr.tw.f（他的手）。

（五）世俗体

在公元前 1 千纪，随着专制统治的衰落、地方主义的发展，离心倾向也影响到书写传统。26 王朝时，一种新的草体书写——"世俗体"，首先在王室居住地所在——北部埃及发展起来，并逐渐向南部地区延伸。而在南部埃及，属于"僧侣体"的一种名为"非正规的僧侣体"已存在了近一个多世纪。[13] 僧侣体的符号组与最初的圣书体非常接近，而世俗体的符号则与这种传统决裂了，它们的数量相对减少，形式上更为程式化、抽象化，该字体与圣书体对应符号之间的关联几乎看不出来，因此在使用时更可能是纯粹的表音符号。同时，这个时期的限定符号在很大程度上丧失了其作为单词限定者和区分者的功能。世俗体系统既不是音节的也不是字母的，因为它的符号形式非常有限，所以对书写者的职业训练要求也更高，它的发展标志着埃及纪念性和草书体书写之间分裂的开始，这对象形文字系统的演进产生了巨大的影响。

直到罗马时期末期，世俗体还是管理文献和文学文献使用的字体，已发现的最晚的铭文是 452 年。

（六）托勒密系统

在后期埃及，人们逐渐认识到，用于表达词语的符号与这些词语的语义之间有种固有的象征意义，对这种象征作用的进一步探索产生了两种结果，一是发现了一些前所未知的语音价值，一是所谓的密码学的产生，到希腊-罗马时期这种倾向更为显著。密码学最初源于祭司圈子，直到最后也是为一个极其有限的知识分子圈子所垄断，一方面，它倾向于大量增加符号数量，至此时已达数千个，使得普通人更难了解这种文字体系；另一方面，它最大限度地开发出了每个象形文字的潜在含义，使这种文字体系作为一种图画形式的书写系统更为完美。正是希腊－罗马时期书写系统发生的这种本质上的巨大变化，导致从古代晚期至当代埃及学建立这段时间，象形文字在西方世界一直被定位为"象征性的"而非功能性的文字。[14] 例如，在欧洲的文艺复兴和新古典主义时期，埃及象形文字竟被当作装饰图案来使用。

不同于此前的象形文字，托勒密系统大量使用"正字法"，即以一个单词的外观形式为基础阐发相关的含义，而较少使用双关表音，即对各象形文字符号的发音进行断定。如，符号 ⎯⎯ 和 ⌒ 在古典系统中只是用来表示表音符号 /g-s/ 和 /f/；在托勒密系统中，它们则创造性地结合到一起表达两个动词 aq（"进入"）和 pry（"出来"）。蛇形符号"进入"——gs 这个符号表示 cq "进入"（⌒⎯⎯）；蛇形符号画作从 gs 中"出来"的样子则表示 prj "出来"（⎯⎯⌒）。在这种对古典文字系统进行改进以扩展其功能的过程中，最基本的标准是"表音原则"，根据它，多辅音符号可以通过下列几种方式获得新的音值：使用该符号最强的辅音，如三辅音符号 ⌇（nfr）可以有 n 或 f 的音值；或者利用相似的辅音，如 ⌇ ib 中的唇音 p 和 b，用来指 p；或者利用相邻的辅音（如 ⌇ imn 指 i-m）。然而，当所谓的"顶层原则"（即只保留多辅音符号的第一个辅音，不管它有多长的音素）运用于某些宗教文献中时，大大加速了托勒密时期"密码学"的发展。"密码学"是一种将单词的书写隐喻化的形式，如表现神的名字时，每个辅音都用象征性的符号写成，以期引发观者对其神性的直观联想。如赫努姆神的名字——⌇⌇⌇，在这里，甲虫通常读作 hpr，用它的第一个辅音音值 h；蜥蜴（古典系统中很少用这种形式），取其 n 的音值；羽毛，最初读作 m3c，取其第一个 m 的音值。同时，这组符号也引发人们对神的性质特点的具体想象：通过甲虫与太阳神拉结合，通过蜥蜴与耐赫伯卡（Nehebkau，墓葬之神）结合，通过羽毛与玛阿特（真理、正义女神）结合。"密码学"自古王国以来就零星地出现在宗教文献中。除极少数例外，托勒密系统只应用于纪念性铭文。

三、象形文字的终结和它的再发现

如上所述，在希腊化时期就零星出现了一些附有希腊文副本的世俗体铭文，这些副本的作用是帮助人们确定正确的发音，这种"助读"是埃及文化与其传统书写体系分裂的标志。逐渐地，希腊铭文的使用变得越来越频繁，在公元后的两百年间，古埃及文字中最特殊的一种出现了，它的大部分字母是希腊字母，有6—7个字母是世俗体符号，这就是一般所说的"古科普特语"。这里我们还要提及唯一一篇以希腊文单词写成的长篇埃及铭文，即 P. BM10808 纸草，它的语法结构属晚期中埃及语，但在书写形式上已希腊化了。随着埃及的基督教化，出于宗教上的种种原因，适应字母系统的压力大大增加了，此时埃及文化与传统书写体系的分裂也大大加剧。从这个方面看，3世纪代表着一个转折点：象形文字铭文在语法结构上和正规符号形式上都表现出衰落之势，象形文字铭文最晚出现于394年。世俗体铭文的数量锐减，埃及语作为书写文字最终为希腊文所取代。在接下来的世纪里，新的文字形式——我们称之为"科普特语"——完全确立，埃及文字现在是用希腊字母来书写了。[15] 到5世纪，埃及贵族已失去了解象形文字的本质的兴趣。赫拉波龙（Horapollo）的《象形文字》（*Hieroglyphica*）对象形文字的解读完全是象征性的推测。

在西方，随后的几个世纪里，人们对象形文字的兴趣一直持续不减，但直到当代该文字系统的真实面目才被发现。17世纪，阿塔纳修斯·基歇尔认识到科普特语是由象形文字衍生而来的，但他仍认为象形文字是种象征化的书写；在18世纪，让-雅克·巴泰勒米（Jean-Jacques Barthélemy）设想那些环绕着一些象形文字词语的圆圈是神名或者王名圈，后来证明这是正确的设想。前文提及，拿破仑远征埃及时，其士兵发现了《罗塞塔石碑》，这个三文对照的石碑（圣书体、世俗体象形文字及希腊文）提供了将两种未解读的文字与希腊文对比研究的可能性，这为后来象形文字的解读打开了大门。

第一个在方法论上做出贡献的是德·萨西（De Sacy），他创立了日后一直延续使用的规范；约翰·大卫·阿克布拉德对世俗体文字做了研究，而英国物理学家托马斯·扬（Thomas Young）则得出了实质性的结果，但他只局限于对王名的解读。最关键的贡献是法国学者商博良那封《致 M. 达西尔先生的信》

（1822年），特别是《古埃及象形文字体系纲要》（1824年）。在阅读象形文字铭文中的希腊名字的基础上，他读出了象形文字的若干辅音，首次打破了自1世纪后该文字消亡以来，在西方流行的那种将象形文字看作象征性文字的传统观点。他的立足点是写在王名圈内的托勒密王名，辨认出托勒密名字在象形文字中是 ▭ 之后，他可以确定每个象形文字符号的读音，它们是 p-t-el-m-y-s，以及其他托勒密时期纪念物上王名的读音，如 cleopatra, q-l-i-o-p-3-d-r-3-t——▭。因此，他在解读象形文字上获得的是突破性进展。[16]

理查德·莱普修斯自1837年后继承并发展了商博良的研究工作，才真正完成了象形文字的解读，学术界的注意力开始投向研究古埃及文字的特点。此后几代研究古埃及文字的学者主要集中研究其语法，如结构特征和历史发展等。

自20世纪埃及象形文字被解读以来，对古埃及语语法的研究主要有以下四个阶段：柏林学派对古埃及语语法的探索，伽丁内尔（Alan H. Gardiner）确立了古埃及语的研究规范，普罗斯基（H. J. Polotsky）提出埃及语句法的"标准理论"，以及近年来向功能语言模式方向的倾斜。

一、埃尔曼（A. Erman）及其所代表的柏林学派对当代埃及学的主要贡献是以下几点：将埃及语的历史分为两个主要阶段（埃尔曼称之为 Altägyptisch 和 Neuägyptisch，约相当于"早期"和"晚期"埃及语）；基本确立了埃及语各阶段的句法形态特征；[17] 编撰了古埃及语最权威的词典——*Wörterbuch der ägyptischen Sprache*，该词典至今仍是研究古埃及语最完备的辞典工具书。埃尔曼及其后的三代后继者（库尔特·泽特，施泰因多夫［G. Steindorff］，埃德尔［E. Edel］，韦斯滕多夫［W. Westendorf］）事实上是以历史哲学的方法为模式的，这一点与同时期的闪米特语言学研究类似。可以说，闪米特语言学研究在语法、术语和转写方面为柏林学派提供了条件。

二、伽丁内尔和古恩（B. Gunn）等人对埃及语研究的贡献在于一种实用主义的探索，这种探索精神也许是源于他们的盎格鲁－撒克逊传统。虽然他们在相当程度上保留了埃尔曼的"新语法"传统，但他们对埃及语特点的考察是以古典语言以及"标准的欧洲语言"为参照的。如果说埃尔曼和柏林学派在方法论上是"闪米特中心论"的，伽丁内尔及其所代表的语言学研究可算作是"欧洲中心论"的，[18] 他们对古埃及语的研究同时也是对埃及思维与西方思维之间的差异的研究，其主要目的在于如何正确地"翻译"古埃及铭文。

三、20世纪40年代，由于普罗斯基的新体系的建立，伽丁内尔及其所代表的语言学研究受到更大的挑战，人们开始怀疑基于"标准的欧洲语言"为理论框架去研究古埃及语法是否恰当。普罗斯基的研究在20世纪60年代以后才开始得到广泛的承认，他本人对古典埃及语的研究在1976年臻于成熟，对科普特语的研究则是在1987—1990年才更为完善。普罗斯基的"标准理论"[19]的基本特征是在句法结构的关节点，如名词性短语（NP）或副词短语（AP）中系统地应用"替代"规则：根据这个规则，埃及语中的多数动词短语（VP）应被当作一个名词短语或一个副词短语的结构。这样一来，这些动词短语的谓语功能就产生了戏剧性的变化。如在转换成名词性的同时，它们也失去了自身作为谓语的功能。

四、近年来，随着埃及学家们对普罗斯基体系的了解的增加，也由于综合语言学领域方法论上的发展，"标准理论"看来已耗尽了它的革新潜力，逐渐被更加"动词化"的探讨所取代。如对埃及语结构中的动词短语的研究，不是把它们"转化"成叙述中的其他成分，而是维持它们全部的"动词"属性。近年来有许多这方面的著述，从综合语言学及历时语言学的角度去研究古埃及语语法将逐渐成为主流趋势。

四、图画世界的解读

古埃及文字的最大独特之处，是"象形文字"这一形式的长期沿用。其他文字的最初阶段也曾采用这种形式，但随后便为抽象的符号或字母所代替，而古埃及文字从产生到最后消亡一直保持最初的形态。这并非偶然的现象，而是古埃及人特殊思维方式的体现。古埃及的书写系统，神的象征以及 cnh、djed、udjat 等既出现在文字中又有更深层含义的护身符，都有助于我们认识他们的图画的潜在的表达意义。

古埃及的文字除了传递信息外，还具有艺术品的作用。如上所述，圣书体象形文字通常是出现在神庙墙壁、纪念物上，与壁画共同构成一个整体。文字不仅解释和说明这些画面，同时也补充了画面所表达的含义，成为有着象征意义的符号。再加上古埃及文字的符号大多取材于本土的动植物，因此与绘画有异曲同工之妙。古埃及人是把象形文字的画面作为描绘和建构客观世界的一种尝试，他们赋予这些图画以超越词汇表达能力的含义。

在古埃及文字和绘画共同的表述方式中有许多特定的程式，只有通过解读，才能理解其潜在的意义。例如，在新王国时期的神庙中，塔门内外的墙上到处是法老高举权杖打击敌人的形象，这些画面的目的是把罪恶的灵魂从神庙周围驱逐出去。正如太阳的运行象征上下埃及的统一一样，此类画面的形象表现的是程式化的主题而不是特定的事件，其内涵远比画面上的深远，它们揭示的是古埃及人认识到的物质世界的普遍规律。

阿玛尔纳时期以后，这种概括化的象征形式逐渐让位于多少有点现实性的对具体战争的描绘，但这种具体描绘只不过是另一种程式。例如，拉美西斯二世在卡纳克神庙中反复地描绘卡叠什之战，突出自己作为战役胜利者的形象，这次战役连同相关的铭文在阿拜多斯、阿布辛布、卢克索及底比斯的神庙中先后出现了 10 次，在纸草文献中也有记叙。如前文提到的，实际的情况是在卡叠什之战中，埃及和赫梯双方都不能算是胜利者，由于情报有误，埃及军队陷入包围，在援军及时赶到的情况下才得以全身而退。这一类的伪造和夸张在神庙浮雕中比比皆是。

此外，古埃及的形符还含有魔力的概念。一些吉祥的字符，如"生命""永恒""健康"等，以及能保佑人们、给人们带来福祉的神的名字或他们身体的一部分，都可以成为人们的护身符，最常见的有"拉神"的名字、"荷鲁斯之眼"等。古埃及人深信一个人的名字一旦用文字表达出来，就成为这个人的组成部分，甚至能代表人本身。毁掉这个名字，就是直接加害这个人，所以他们最忌讳雕刻或书写的名字被凿去或擦去。同理，为防范那些有危险的人和动物，他们故意将其画得残缺不全，或在其要害部位插上刀子。这种情形在墓室中最常见。

古埃及文字的特殊形式，加深了它的封闭程度，使之为祭司阶层所垄断，成为"神的文字"。这种垄断，一方面维持了象形文字这一形式在法老统治时期的长期存在，另一方面也直接导致了它在埃及失去民族独立后彻底消亡。在后期埃及，象形文字的封闭性更为严重。当时外族统治者为安抚人心，对埃及祭司阶层采取拉拢政策，因此有大量神庙是在这个时期修建的。虽然尚有一席安身之地，但传统文化的政治依附——法老政权已成为过去，本土文化式微是不可阻挡的大趋势。在这种形势下，祭司们为了守护古老的神圣知识和残存的民族自尊心，也为了维护自己的社会地位，在原有的象形文字符号的基础上大量扩充了同音异符和同符异音的符号，并发展出更为艰深的密码符号系统，使象形文字更为复杂，只有长期沉迷其中的祭司才能读懂。这样一来，出于维护传统文化、使"神圣文字"不流入外族人之中的初衷，却使它更加与世隔绝，最终导致了它的消亡。

古埃及文字的封闭性，使之在上述几种职能之外，更具备了一种作为传统文化标志的作用，体现了古埃及文明中王权与神权紧密结合的本质特征。虽然文字的产生是为适应经济生活的需求，但官僚与祭司两个阶层实为一体的社会结构，使得当时以文字来表述的文化为少数人所掌握，造成了祭司阶层垄断文字、垄断知识的局面。

古埃及人称自己的文字是"神的文字"，我们也只有从他们神话式的思维方式入手，才能解读这些神秘图像的真正含义。

第二节　坟墓中的文学

从形式多样的文学作品到各种体裁的历史记载，从烦琐的经济文书到各种玄奥的宗教手册，得天独厚的干燥气候和沙漠使古埃及人为后人留下了丰富的文献资料。穿越几千年岁月的阻隔，这些文字向我们传递着丰富的信息。象形文字的释读使得我们能够接受、阅读这些信息，但如何对它们进行细读、处理，了解它们的叙述者的真实的生活状况，则需要对他们的写作动机、观念、表达程式做深入分析，避免表面化的理解。

本节的目的是展示古埃及文学作品的特殊表述模式以及这种模式形成、发展并持续的历史原因,从另一个侧面了解古埃及人的思维方式。

古埃及的文学呈现自下而上的发展趋势,最早的文学作品与王室无缘,而是古王国时期官员的墓室铭文,中王国以后才逐渐有了王室文学。根据埃及人的传说,为3王朝国王乔塞尔设计阶梯金字塔的伊蒙荷太普(Imhotep)最早创作了格言箴语。他是埃及人心目中的圣贤,后来被奉为医药之神,但至今我们尚未发现这些传说中的作品。现已发现的年代最早的文学作品是古王国时期官员的自传体墓碑或墓室铭文,正如埃及学家扬·阿斯曼所说:坟墓是埃及文学的学前期。

刻在墓碑或墓室中的官员自传是古王国时期文献的主要形式。最初非常简短,只记载官员的姓名、官衔和简单生平,比较刻板;后来内容逐渐增多,开始记叙死者生前的业绩和美德,虽然篇幅不长,却不乏溢美之词。

古埃及人刻写自传的目的是为死者的来世服务。他们笃信来世,并且以乐观和功利的态度对待死后的生活。这不仅表现在制作木乃伊、期望肉体永存的做法上,而且也表现在他们对身后的"永久居所"的积极准备上。在陵墓里放置随葬品之外,古埃及人更相信壁画和文字的魔力,因此他们在墓室墙壁上充分展现了理想生活的画面,认为这一切在来世能成为现实。

这种对来世的态度决定了早期自传的内容和程式。前文已提及,在5王朝以前,古埃及人的来世观是以国王为中心的,只有国王及其周围的人死后才能进入永恒世界,他们的灵魂升上天空,与不朽的神灵结合在一起。臣民获得来世必须依靠追随神王,因此将自己的坟墓选在王陵附近是最大的幸事。如果不能如愿,把自己的墓碑立在王陵所在地也是一件幸事。在这样一种心态下,自传中效忠王室是最高的行为标准,效忠国王和国王的奖赏是最主要的话题,是每个人一生业绩的辉煌之处。许多自传中都有对跟随国王南征北战的详细记载,完成国王委托的行政事务的条条目目,以及对国王褒奖的夸张描述。

此外,后来的自传中反复出现的大量"颂德"的套语在古王国时期也已开始形成,如"我给饥饿者面包,给裸露者衣服;我渡无船者过河,我埋葬那没有子嗣的亡人"。这表明,除了遵守社会等级秩序之外,一般社会的一些基本道德标准在这个时期已经形成。

　　古王国时期另一种重要的文学体裁——教谕也产生和成长于民间。它以父亲对儿子训诫的方式阐述做人的准则和处事的方法，它与自传体作品最能反映古埃及社会理想的伦理观念。总体来说，古埃及人的思想很实际，教谕的内容多涉及实际生活中的各种问题，很少提到抽象的道德伦理准则，而这些实际的处世之道与各种行为规范在后来的教谕中基本保持不变。

　　与后期的教谕文学相比，古王国时期的教谕文学有两个重要特征，一是贵族性，即以古代圣贤训诫后代的形式出现，如前文提到的《哈杰代夫的教谕》和《普塔荷太普的教谕》，它们分别是以4王朝王子哈杰代夫和5王朝宰相普塔荷太普之口叙述的，而《卡格姆尼的教谕》也是一位圣贤（名字佚失）对宰相卡格姆尼的训诫。[20]二是以乐观和进取为理想的人格。例如，《普塔荷太普的教谕》中有这样一段话："若你居于领导地位，能够号令民众，你应该力求完美，直到所行没有任何缺失。玛阿特为大，正义长存，自古以来从未受到干扰。不守法的人将会受到惩罚，（虽然）不轨的行为在那贪婪者的企图中，而无耻之徒也想盗窃财富，然而不合道义的行为终不能得逞。……当末日来临的时候，公理就会得到伸张。"[21]

　　文学进入王室是在第一中间期之后。第一中间期的分裂和中王国时期的重新统一，使埃及社会经历了从混乱到有序的过程，这一过程对文学领域产生了重要的影响。首先是源于民间的文学体裁开始为王室所用——在埃及历史上法老们第一次开始以叙述体的形式记载自己的文治武功；教谕文学也以遗嘱的形式出现于王室作品中，这就是著名的《对马里卡拉王的教谕》。其次是民间文学中的个性化倾向也在王室文学中有所流露。这个时期的法老一直面临着地方势力的威胁，个人的领导能力与王位的稳固密切相关，这就促使他们更加积极地采取富国强民的种种措施，如组织大规模的垦荒和采矿，完善官僚机构，加强军队实力，扩大对外贸易，等等。王权在实践中走向成熟，忧患意识也随之出现。在《阿蒙涅姆赫特的教谕》中我们听到一位过世的国王满怀沧桑地感慨：

我救济乞丐，抚育孤儿，我使贫穷者和富有者都获得成功；然而，我所抚养的人却起来反对我，我所信赖的人利用我的信任来谋反。那些穿着我给的华美衣服的人却心存非分，用着我赐予的没药的人竟暗怀不尊。你是我尚活着的同类，我在人间的伙伴，向我致以空前的哀悼吧，有谁见过如此惨烈的斗争。

这位被谋杀的国王告诫他的儿子："小心那些身份低下的臣子，他们的阴谋不为人知。不要信任一个兄弟，不要认识一个朋友，不要结交知己，因为那是没用的。当你躺下时，要自己多加小心，因为人在危险的日子里是没有跟随者的。"[22] 这里我们看到的是一个充满忧患意识的统治者，而不是披着神性外衣的法老。

在同时期的王室雕像中也首次出现了表现法老的个性的作品，打破了过去那种完美、刻板、威严的模式。最典型的是辛努塞尔特三世的头像，表现的是一个年迈的、忧虑的君王，那深陷的双眼、消瘦的面孔和嘴边两道深深的皱纹使人看到了一个成功的君主内心的沉重负担。

此外，中王国时期还出现了大批的御用文学作品。第一中间期王权的崩溃和社会的分裂使人们对传统的社会秩序产生了深刻的怀疑，在这种情况下，出身地方的新统治者为稳定社会，以及满足为自己正名的需要，鼓励一些维护统治秩序的御用文学的创作，一种是所谓的"社会现象文学"（最典型的代表是《伊普味陈辞》和《涅弗尔提箴言》），其基本模式是相同的：一个古代圣贤以预言的形式描绘社会出现混乱时的局面，最终贤明的国王出现，秩序得到恢复："秩序将回到她的王位上去，而罪恶将被驱除。"[23] 在这类作品中，与秩序相对立的混乱得到具体而夸张的描绘。作品中没有任何具体历史事件的描述，而是充斥着这类陈词滥调，其最终目的是证明神圣王权对社会秩序的不可或缺。另一种叫作"效忠者教谕"，最初出现在塞荷太普伊伯拉的碑铭中，随后风靡各地，成为时髦文学，其主要内容是如何更好地效忠国王以及因此而获得的好处。因此，这个时期埃及人的社会秩序观有了更加世俗的内容和表达方式。这类作品的政治宣传作用大大降低了其史料价值，但对这种文学模式的了解有助于我们正确地使用文献资料。

中王国是埃及文学的古典时期。除上述几种体裁外，还出现了故事、诗歌等多种文学形式，语言文字结构也更为系统和完善，形成了古埃及文字的古典文体——"中埃及语"，现代人学习古埃及文字，首先要从中埃及语入手。更为可贵的是，中王国时期的文学作品反映出人们思想领域中两种截然对立的思潮：一是个人主义倾向的发展以及由此滋生的对传统道德观的怀疑和否定，一是以更高、更完美的道德标准来维持社会秩序。这两种思潮的出现标志着古埃及人的自我意识的觉醒。

第一中间期社会的分裂和秩序的混乱给埃及人留下了难忘的印象，促使他们第一次对社会和人生深刻地进行反省。传统的社会价值受到怀疑：法老并非永远是神圣和高高在上的，神定的秩序也会受到破坏。"社会现象文学"虽然强调王权必胜，却也充满对纲崩礼坏的余悸，而《阿蒙涅姆赫特的教谕》对国王被谋杀的描写，更是史无前例，是对神性王权的绝大讽刺。与此并行的是个人主义思潮的发展：自传体作品中充溢着自我夸张的情绪，一些人也不再相信道德的力量了。前文提及的《一个人与他的"巴"的争论》中有这样一段话："今天我能向谁诉说？兄弟险恶，朋友不再友爱。今天我能向谁诉说？人心贪婪，人人都从邻家抢夺财物。今天我能向谁诉说？仁爱泯灭，傲慢侵袭每个人。"传统的社会秩序崩溃，甚至来世也不再可靠："如果你想到埋葬，那是令人心碎的事，是悲哀的泪水。那时你要被人从家中拖出抛到山上去，你再也不能起来看日出了。那些用花岗石做建筑材料的人，那些在华美的墓中修建大厅的人——他们死后，祭坛却一片荒凉，其命运同那些因没有坟墓而被弃尸河岸的人是一样的。……"[24]

另一种观点主张通过完善个人道德来恢复和维持社会的有序。与古王国时期那种纯朴的乐观主义相比，这个时期的人们有一种更为主动的社会意识，这在《能言善辩的农民》中有明确的体现。故事讲述了一个农夫被人无理抢劫后，请求财政大臣为他伸张正义的过程（内容可参见本书第五章第三节）。引起我们注意的是故事强调了这样一种思想：人间的公道并不是自动出现的，必须通过人的行为来实现："讲正义之言，行正义之事，因为正义神秘伟大，必将永远流传";"为了正义的利益行正义之事,那么你的正义才会永存"。[25] 这种思想在《对马里卡拉王的教谕》中也有详细的表述:

在神面前做到公正,那么即使你不在场,人们也会说你战胜了邪恶。良好的本性是一个人的天堂,暴怒的咒骂是痛苦之源。

不要行恶,慈善为好,你的爱心会使你流芳百世。增加人口,繁荣城市,神会赞美你的赠奉。人们会赞美你的仁爱,并为你的健康祈祷。

用你美的品质感召人民,觊觎邻人土地的人是险恶的,妄想别人财富的人是愚蠢的。世间生活转瞬即逝,那些为人们所怀念的人才是幸福的。

拥有出众属下的人是出众的,拥有得力大臣的国王是强有力的,臣属富有的人才是真正富有的人。即使在自己家中也讲真话的人,他的官员才尊重他。

做正直之人,行正义之事,因为这是人类灵魂之依托。这样你就无愧于西方永久之地,就会获得稳固的栖身之所。[26]

新王国时期的埃及进入了近东国际化的世界,文学也呈现更为繁荣的局面。这个时期的王室文学中军事化的倾向占据了主流,新的程式、新的套语大量出现。

在民间文学中,最引人注目的是"情诗"这一体裁的出现。对现代人而言,这些情诗中大量使用的文字游戏、比喻和冷僻的词语,比较难以理解。但这些情诗内容的独特、笔法的大胆充分展现出古埃及人丰富的想象力和对爱情的执着追求。如"在你臂膀中的一天,胜过世上千万日";"我妹妹的爱在水那边,我俩之间横着一条河流。水势湍急,鳄鱼潜伏,我踏着水浪,我心坚忍无惧,我视鳄鱼如老鼠,而视洪水如陆地。她的爱给我力量,成为我的避水符。

我看着心爱的人，她站在我的面前。当我看见我爱走来，我心欢喜，我张开双臂拥抱她，我心怦然而舞，好似池中的金鱼。啊！愿今晚永远属于我，因为我的女主人来了"；"七日不见我爱，疾病侵入我身。……只要对我说，她在这里！我就可以康复。……只要她说话，我就感觉强壮。只要拥抱她，我的病痛就消失——但我已七日不见我爱！"[27]

新王国时期的自传和教谕作品中，传统的道德内容出现了微妙的变化。首先是这个时期作为"社会道德准则"的教谕文学作品由贵族阶层扩散到社会中层，增添了更多实际、朴素的处世经验；同时一改以往教谕中"父亲谆谆教诲、儿子洗耳恭听"的模式，出现训诫者与被教者（即父亲和儿子）之间争论的例子，儿子对父亲的教诲表示不能理解也难以遵守，也就是说，教谕未必真的能教谕他人，其思想观点会受到怀疑并引发争论，而教谕者也不再是无所不能的。如《阿尼的教谕》中，阿尼之子对阿尼说：

> 每个人都受其本性的驱使……不要讲太多的道德说教，否则人们会提出质疑。

> 不要利用你的权威迫使我接受你的思想，你所说的一切都很好，但那需要具备美德才能做到。……[28]

除个性化和自我意识增强外，这个时期的文学作品更多地表现人内在的满足和反省，理想人格是自制、安详、安贫、谦卑。教谕中的理想人格具有更强的自制力："勿与好辩之人起纷争，不要以话语刺他，在对手前稍停，在敌人前弯腰，在说话前先睡足，一个暴躁的人发作时，就如烈火烧干草所引起的风暴，离开他，让他去，神明知道如何回答他。"理想的人也更加谦卑："不可坐在啤酒屋中结交那比你重要的人，不论他是一个因官位而显贵的年轻人，或者是一个因出身而得尊荣的老年人。与一个和你地位相当的人为友，拉神会在远方相助。如果你在户外见到一个地位比你高的人，谨慎地走在他的后边。扶持一个醉酒的长者，如他的子女般尊敬他。伸手打招呼不会让手受伤，鞠躬不会使背折断,说话甜蜜者不会失败,言语粗鲁者不能得胜。"与《普塔荷太普的教谕》中追求成功与财富的人生目标相比,这个时期的理想人更加安贫守分:"不要贪求财富,没有人能忽视命和运。不要胡思乱想,每个人都有他的时机。不要竭力求取余财,应满足于你已经拥有的,若你的财富是偷来的,它不会同你过夜……不要因偷来的财富而欢喜,也不要抱怨贫穷,……贪婪者的船陷在泥淖中,沉默者的船乘风而航。"[29]

综上所述,古埃及的文学产生于民间,随着地方贵族跃居王位而进入王室,在中王国时期出现"古典时代";新王国时期,帝国强盛,文学的形式也更加丰富多彩。在其发展过程中,笃信来世的宗教思想、国家从统一到分裂的变迁、王权至上的观念等都留下了深刻的印记,形成了一系列模式化的表达方式,对文学的发展产生一定的限制。但在这些模式的背后,我们也能看到社会伦理观念的变化,对社会现象的反思以及人自身的内省。

第三节 仪式化的历史

古埃及人留下了丰富的历史文献——从早期的年鉴到后来的王表,以及大量刻在神庙上的记功文字等,但审视这些文献时我们发现:一方面,这些记载偏重于王室为中心的社会上层,对大多数人的生活极少提及;另一方面,所谓的历史记载与事实有很大的出入。这两个特点在其他古代地区的文献中也存在,但在古埃及的史学文献中似乎更为突出。

古埃及人并没有故意歪曲历史,但他们选择、记载历史事件的目的和背后的历史观念与今天的有着很大的差异。在他们笔下,历史是一个个在我们看来陌生难解的模式,历史事件被仪式化了。那么,操纵这些仪式的"咒语"是什么?怎样解读它们?

两个因素决定了古埃及人历史观念的独特性:一是以玛阿特为中心的自然和社会秩序观,一是循环的而不是线性的时间观念。这两个因素的形成又与古埃及特殊的地理环境和历史发展进程有关。古埃及人有着相对优越的生存环境,物质文明很早就达到了较高的水平;同时,由于少受外族入侵和迁徙的影响，政局也相对稳定。在这种背景下，古埃及人认为自然和社会的这种和谐的秩序是神定的，也是完美的，应极力加以维护。即使有了短暂的混乱，也会迅速恢复秩序。历史的规律是"秩序—混乱—秩序"的循环，时间也是循环的，正如墓室壁画中表现的那样，是一条咬住自己尾巴的蛇。

古埃及人在史初就开始编写年鉴，最早的时候不是逐年编史，而是按照重大的事件，如"击败亚洲人之年""众神之星荷鲁斯之年""河马之年"，这些年代的名称通常都被刻在容器的内壁。后来政府开始定期清查全国的财产以确定赋税的数额，因此逐渐开始以财产清查作为纪年的方式，如"第某次牲畜大清查""第某次黄金大清查"等。

古王国时期之后，才普遍使用按国王在位的年代来纪年的方式，如"某王第某年"等。使用这种方法，王朝的更替意味着纪年的重新开始，因此纪年是循环的而不是延续的，每个国王即位都标志着新纪年的开始。然而，即便如此，国王们仍重复叙述以前发生的事，就像他们相信今生的生活在来世可以重复一样，这从另一个侧面证明了古埃及人并不按直线的时间观念来思考。

循环的时间观在文献内容上表现为王权秩序的延续性。每个法老的统治都被模式化了，法老的个性和历史的具体事件被各种模式所掩盖。最突出的例子就是在整个古王国时期都没有出现传记体的王室文学。法老本身就是神，他的功业体现在国泰民安中，他的威严体现在高耸的金字塔上，他不需要为自己树碑立传也能流芳百世。3 王朝、4 王朝和 5 王朝早期的金字塔甚至无一字铭刻。直到 5 王朝最后一位国王乌纳斯的金字塔中才第一次出现有关来世的宗教文献《金字塔铭文》。其中，对过去历史的记载是神话的而非历史的。例如，提到以前的法老时，笼统地说他们是"过去的神"，"与他们的'卡'结合的神"；现在的法老则是"神的后代"，出生于神的圣地赫里奥波里斯，出生的时间是"当'拉'是九神会之主，'尼弗尔太姆（Nefertem）'是人类之主时"。[30] 法老的个性和特殊性被完全抹杀了。

到古王国末期，几种王室管理文献，如年鉴、王表等都走向了程式化。王表中所记载的事件大致有这么几种类型：制作雕像，建造神庙，庆祝节日，新王即位典礼、赛德节，战争和狩猎，尼罗河的水位、泛滥时间[31]，等等。这一系列事件有规律地简单重复着，偶尔会在事件的前面加上序列号，如"第一次击败东方"或"第二次太阳节"等，这样更强调了循环的特征。著名的《帕勒莫石碑》虽然列出了长长的王表，但除上述内容外，很少有对具体历史事件的记叙，更没有做解释的尝试。民间文学作品中也贯穿着这种延续不变的观念，如赞美国王的统治有方时，最常见的句子是："看啊，他的统治和他父亲统治时一样。"[32]

在这种历史观的影响下，古埃及人的历史文献中充溢着雷同的事件。著名的纳尔迈调色板和各种纪念物上表现的主要人物虽不同，但基本角色是一致的，即世界秩序的维护者，而且他是永远不可战胜的；他的臣民忠实地追随其后，时刻准备接受差遣，而敌人则匍匐在地，乞求他的宽恕。

由于恪守这种理想法老的模式，在记载史实时就不免有夸张和伪造之词。在新王国时期，法老们开始以军事英雄的形象出现，他的个人才能和战功都被戏剧化地夸张了，这种模式甚至成为一种时尚。较早的一个例子是图特摩斯三世的石碑：

> 这是对这位贤明君主神奇的勇猛之处的记述……因为有太多的例子了，无法一一列举。他习惯于射铜制的靶子……事实上，在阿蒙神庙就有这样一个。它是铜制的，有三个手指那么厚，上面还留有一支陛下射的箭，那箭穿透了靶子，并在另一面露出三掌之长……我在准确地描绘他所做的……绝无虚假之处……陛下是当着全体士兵的面射的……我绝没有夸张……每当他有一点时间放松一下时，他会到沙漠中打猎，捕获的猎物动辄超过他全体军队士兵的人数。他在片刻间射中了七头狮子，并在一小时之内射中了十二头野牛！[33]

新王国时期以后，伪造史实的文献更是大量出现。如女王哈特谢普苏特在斯庇欧斯·阿提米多斯（Speos Artemidos）铭文中叙述了她驱逐喜克索斯人的经过，但她统治的时代距喜克索斯人被逐已有半个世纪之久；拉美西斯家族各国王刻在神庙上的战绩看起来非常相似，因为父辈的武功可以直接抄在自己的记功碑上。

又如对前文提到的古埃及传统的王室仪式——赛德节的记载，这是从早王朝一直持续到托勒密时期的一个重要仪式，在每个国王在位三十年后举行，目的是为王权注入生命的活力。古埃及人相信通过这个仪式国王会永葆青春。许多国王在各种建筑物上留下了庆祝赛德节的记载，而实际上只有极个别的国王的统治时间超过了三十年——这是能庆祝赛德节的标准。因此，对大多数国王来说，赛德节的记载都只是一种理想的寄托。

古埃及人对历史的夸张和伪造更多地是出于他们特殊的宇宙观和宗教信仰，因此有学者称古埃及人是"虔诚的伪造者"。在古埃及人眼里，过去、现在和未来都是一样的，也只有在这个意义上，过去才有价值。因此，古埃及的历史记载和艺术作品向我们展现的是一个神圣的、仪式化的世界，而不是真实历史的写照。在古埃及的文献中，历史就像许多人共同参与的宗教戏剧一样，历史事件是人们日常生活中宗教活动的强化，人物有固定的角色，事件也像宗教仪式那样有着固定的作用。

在这些宗教戏剧中主角是法老和他的敌人。在古埃及人的信仰中，法老是神在人间的代理，为神行使在人间的职责，维护神创造的秩序。法老具有神性但不是神，其神性通过"拉神之子"这个王衔和"神与人结合的神话"体现出来。哈特谢普苏特女王享殿中的壁画就具体地阐明了这个神话的过程：太阳神阿蒙来到王后的宫中，与之媾和，女王诞生。古埃及人认为法老代表的是创世之神——太阳神，正如太阳升起就能驱逐黑暗一样，法老的出现能使所有破坏秩序的敌人溃败。当他驾驶战车驰骋疆场时，他身上的光芒如离弦之箭射向他的敌人，从不迷失方向。这就是古埃及人记载的历史的主旋律。

不仅如此，古埃及的历史叙述还具有宗教功能。从最早的年鉴开始，大规模的宗教节日和国王的庆祝活动都被当作重大的历史事件记载下来；在神庙壁画、浮雕中，祭祀的场面常常与对战争、狩猎的描绘同时出现。在神庙塔门上，法老把敌人踩在脚下，使他们远离神庙圣地；在神庙内的墙壁上，动物祭祀的画面象征着对神的敌对势力的镇压，而国王狩猎的情景则是作为战争场景的附属部分。总之，祭祀和史实、伪造的史实都混淆在一起了。在古埃及人眼里，对真实历史事件的描绘和一个泛泛的象征性形象没有什么区别，它们都起到同一种作用，即驱逐一切可能危及圣地的邪恶势力。古埃及人相信，经过神圣的仪式之后，墓室、神庙中的文字和图画就具备了永久性和魔力，能永远地护佑法老及其子民，维护神创的秩序。

古埃及人的这种历史观反过来又影响着他们的历史行为。首先，为了追求完美的法老形象，国王们往往以创世者自诩，通过大规模兴建建筑物、纪念物来证实自己的身份。因此，许多国王在即位之初就开始大兴土木。如拉美西斯二世统治埃及六十多年，但在位的第一年就完成了一批主要建筑物的筹建，包括阿拜多斯、阿布辛布、拉美西姆等地的神庙，以及卢克索神庙的塔门等。此外，他还完成了卡纳克神庙的立柱大厅，并开始动工建造帝王谷的王陵。这种现象只能以古埃及人特有的观念来解释。正因为有理想法老的种种模式，国王们——不管在位时间长短——才争相在各地留下大批的建筑物和纪念物。这些建筑物上都以镀金装饰，壁画上也有夺目的色彩，在晴空下焕发着太阳般的光泽。这种辉煌神秘的气氛正是法老们刻意营造出来的，他们自以为创造了一个完美的人间天堂，而自己就是这个世界的太阳。

其次，国王们在各地大力兴建建筑物、纪念物的行为，也是为了证明他们有能力重复创世主在原初之时所进行的创造活动。对古埃及人来说，创世不是一次性的行为，它需要不断地重复和更新。每个新的王朝都标志着世界一次新的开始，在此之前则是黑暗、混乱的时期，因为那时原来的国王刚去世，国家处于无政府状态，直到新国王即位才会恢复原有的秩序。而这种认识常常与历史现实无关，因为在古埃及历史上，各朝代之间很少出现真正的分裂和混乱。即使出现这种局面，人们也相信新的王朝迟早会出现，并带来繁荣和秩序。作为创世主的代理，国王的职责是把无序变为有序，把混乱变成以他为中心的和谐。为强调他的这种创造能力，他在和平年代也不断进行建造活动，使人们重新感受到创世时的活力。

虽然古埃及人相信并套用"秩序—混乱—秩序"这种循环的历史模式，但他们也认识到了循环的具体环节是不同的，循环并不意味着重复。尽管处于萌芽状态，这却是一种真正的历史意识的觉醒。这首先体现为对个体的历史人物的认识。在早王朝时期，古埃及人就在纪念物上表现国王的名字，最著名的例子是纳尔迈调色板和蝎王权标头。两个国王的名字写在王宫围墙形状的"王名圈"中，上面是鹰神荷鲁斯的形象。由于古埃及人的绘画传统是不讲透视原则的，所以荷鲁斯实际是在王宫内。王名的出现，使这两个纪念物从神话般的概况性描述中摆脱出来，有了具体的历史信息，纳尔迈和蝎王也成了具体的历史人物。

古埃及人还认识到历史人物只能存在一次。他们在文献中明确地表述道："一个国王在所有的永恒中不会重现。"新王国时期的王室铭文中，国王为炫耀自己的功绩，更喜欢强调自己做了前人没有做过的事，且年鉴中从未有过类似的记载，例如，"亘古以来从未发生过这类事"，"使全体臣民大吃一惊"，等等。这一方面是出于超越前人的成就和延长生命的愿望，另一方面也表明了一种对历史人物个性的肯定。

此外，在众多烦琐、刻板的王室铭文中，偶尔也有例外，表现出国王鲜明的个性。6王朝的大臣哈胡夫的自传中，有一封年幼的培比二世写给哈胡夫的信，信中说道：

> 你在这封信中说你从南方带回了一名侏儒，……你告诉我说从来没有人从雅姆带回像他这样的人。你真知道如何行你的主人所喜欢和所赞赏的事。你真是日夜计划行你的主上所爱、所赞赏、所命令的事。我将给你和你的子孙许多荣耀。……立即北上来到王宫，带着这名你从南方运回来的侏儒，安全、健康地前来，好（让他）跳"神之舞"来娱乐国王的心。当他随你乘船前来时，让可靠的人围在他的四周，以防他落入水中。当晚上睡觉时，让可靠的人躺在他帐篷中围绕着他。每晚检查十次。朕想要见他，甚于见从西奈和蓬特来的礼物。如你抵达王宫时，这名侏儒是安全、健康的，朕将重重地赏赐你……

在这封信中，年幼的国王对大臣为他找来侏儒一事表现出的欣喜之情溢于言表，对侏儒的关切和喜爱也没有丝毫的掩饰。这里我们看到的不是带有神性的法老，而是一个洋溢着童心的孩子。

但是，这种表现法老个性的记载毕竟是极少数，古埃及人的历史意识也被玛阿特为中心的秩序观所钳制了。由于相信神定的秩序是最完美、最和谐的，法老为中心的金字塔状的社会结构不可更改，我们在官方文献中看不到古埃及人对法老之外的个人的详细记载。无论是金字塔状王陵的设计者，还是吉萨大金字塔的建筑师，都没有在王室文献中留下名字。民间文学中表现的群体，都以维护、遵守现有的社会秩序为个人价值取向，因此，为王室效忠尽职是最高的成就，法老所赐予的各种头衔是最大的荣耀。

此外，在尼罗河谷这样一个生存环境中，日月的无穷循环、自然界万物的荣枯、尼罗河的定期泛滥和消退、由地理环境相对封闭而形成的较为稳定的政局，加上法老为中心的统治秩序的长期延续，使古埃及人相信历史的发展也如自然界一般是无限循环的，并设想出在这种循环过程中所有事件的发展定势。这种历史观在整个法老时期一直持续着。正如国王图坦卡蒙的《复兴石碑》所说，法老的终极目标是使"世界又恢复到它初创时的样子"。也就是说，人们在现在和未来不断努力就是为了达到远古之时、创世之初的那种和谐与完美。古埃及的历史文献所要展现的就是这样一个过程，所强调的就是这样一个主旋律。

总之，从古埃及人的文学作品和史学作品中，我们既可以看到古埃及文明的特殊历史进程，也了解到这种背景下所形成的独特的对自然、社会、历史的认识。古埃及文明有较大的延续性，但也绝不是停滞不前的，只是较早的文明成就和文明特质决定了其发展方向。这体现为循环的时间观、仪式化的文学与史学以及以来世为中心的宗教思想。

第四节　神话世界的建构

尽管神话是古埃及宗教至关重要的方面，却在很大程度上属于口头文学的范畴。特别是在古埃及历史的早期，似乎从来没有把神话书写下来，至少没有出现我们今天所说的神话的那种叙述体形式。或许也有过真正的神话，只不过没有被完整地保存下来。在古埃及历史的后期，神话有时在巫术咒语中有着实际作用，因此在巫术手册中才开始有了成文的神话。但这些神话更多地反映了普通人的宗教生活，而不是作为古埃及文化主流的官方宗教。在拉美西斯四世奉献给死神奥塞里斯的赞美诗中，有这样一句话：当巫术出现后，神话开始"被写下来，而不是口头相传"。显然，古埃及的神话与其他形式的宗教文献有着很大的差别。

另一方面，古埃及神话常常在各种非叙述体文献中间接地出现——例如献给神的赞美诗或仪式文献，而且它们也是新王国时期发展起来的造型艺术作品中常见的内容，在众多的随葬品——石棺、墓碑等，墓室的墙上，以及随葬的纸草文献中都有出现。

神话似乎是古埃及宗教一个极其隐秘的部分，像矿石一样，从表面上只能看到一部分。最能证明这一点的是著名的奥塞里斯与伊西斯的神话，尽管这个神话肯定源自远古，但它在古埃及文献中从未以直接的叙述体形式出现过。直到公元前2世纪，在希腊作家普鲁塔克（Plutarchus）的作品中才出现这个神话的叙述体文本。

在古埃及文字中，没有专门表示"神话"的词，表示故事常用的词是"sddt"，意思是"那被讲述的"。这个词可以指人们当作故事讲述的任何事情，不管是否是以事实为基础的，可以是异国见闻，也可以是过去发生的事情，可以是国王的功绩，也可以是神的神迹。有时，这个词最好是译成"传闻"或"逸事"，或者类似的词。有一个例子中这个词的意思是"谣言"。很明显，"sddt"的基本含义中没有"真相"的意思。这个词也可以用来指那些先辈流传下来的故事或者是以往贤哲说过的箴言。神话也是一代一代传下来的，但是因为神话涉及宗教教义，所以"sddt"从不用来指神话。这也是个很重要的现象，在许多文化中，神圣的神话与其他故事之间都有明确的区分，前者有时只有祭司才知晓，而后者是大家都知道的、带有娱乐性的。只有一个例子中"sddt"是指宗教知识。在18王朝中期的一个自传中，自传的主人——一位高级官员吹嘘道："我多次目睹卡纳克阿蒙神庙的修建，如制作圣船以及为它镀金，使它看起来像升起的拉神，像关于太阳船的传说中所讲述的那样。"这里把阿蒙的圣船比作神话中太阳神巡游天空所乘坐的船,从内容来看,关于太阳船的传说是口头流传的,而不是书写下来的。即便如此,这个故事也是对于事实的描述,而非有情节的神话叙述。

由于神话故事相对罕见,有些学者得出结论说,在埃及历史的早期没有神话,神话是很晚才发展起来的,是被"发明"出来给以往已经存在的仪式增加神圣色彩的。他们认为,最初古埃及的神祇数量不多,而且尽管从神学理论上讲一个神可能是另一个神的儿子或兄弟,但他们彼此之间的关系是静态的,没有互动关系,因此也就没有关于他们的神话故事。结果他们认为,最初神话在古埃及的仪式中没有特别的意义,只是到了后来的阶段,随着宗教仪式逐渐走向神圣化,才开始出现描述神的世界的种种事件的神话,借助它们增强仪式的效验。这种观点的危险性在于,现在只发现了后期阶段的文献记载,之前的阶段现在还没有文献证据,其实际情况只能是一种假设。此外,埃及最古老的宗教文献——《金字塔铭文》中有多处线索表明,在古王国时期就已经有了关于奥塞里斯被谋杀的神话以及荷鲁斯和塞特之间争斗的神话。

关于早期文献中没有神话的现象,更为可信的解释是:它们最早是口口相传的,也许是因为只有那些直接参与官方仪式的人(即国王和极少数后来发展成祭司的高级官员)才能掌握它们。这一点从"st"这个词的使用就可以看出来,它的意思是"秘密的"或"神秘的",在后期埃及的一份文献中,它特指拉神和奥塞里斯神结合的神话。在这篇文献中有这样的话:"那个揭示它的人将会被处死,因为它是个伟大的秘密,它是拉神,是奥塞里斯神。"此外,"st"这个词也被用来描述放置在神庙最深处的神像,除了高级祭司之外没有任何人可以看到它。该铭文本身,以及它所提到的"st"一词,显然表明神话是一种神圣的知识,必须保持其神秘性,原则上只有国王和高级祭司才知道。考古发现也证明了这一点,我们现已发现的少数几个官方记载的神话文献确实都是在一般人不能接近的地方找到的,都是藏在神庙或者底比斯帝王谷王陵的最隐秘处。墓葬画也一样,那些复杂的神话象征画面只有少数人能理解,对大多数人而言,它们是神秘莫测的。

在古埃及,宗教的教义主要以赞美诗、各种仪式以及墓葬铭文或墓葬画等

荷鲁斯与塞特祝福国王，后期埃及，开罗埃及博物馆

来表达，而不以神话来体现。因此，就了解古埃及宗教而言，给神话一个太狭隘的定义可能是不太现实的。所以我们将采取一种很实际的做法，不考虑神话作为一种文学体裁应有的叙述的一面，给神话一个这样的定义：通过描述人类之外的世界、描述发生在人类历史之前的事件，它们赋予现实世界一定的意义，使之变得可以理解，并且表述了对未来的看法，试图以象征性的术语解释社会现实与人类的存在。如果这样来定义神话，那么古埃及的各类文献中都有很多神话。

埃及历史上只有一个短暂的时期几乎完全没有神话，那是18王朝的末年，法老埃赫那吞倡导只信仰一个神——阿吞。一神教未必一定没有神话，但阿吞信仰却没有神话，甚至到了反对或者仇视神话的地步。不仅神之间没有互动，而且人类也没有神话式的前生和来世。世界是非常客观的物质存在：阿吞神用阳光赐予万物生命。然而，在埃及历史的大部分时间里埃及人还是奉行多神崇拜的，而且很多神都是地方神，关于这些神之间关系的神话叙述也很多。

注 释

[1] W. Bright (ed.), *International Encyclopedia of Linguistics*, volume Ⅲ, Oxford University Press, 1992, pp.36–37.

[2] Ibid., pp.56–60.

[3] J. Winand, *Etudes de néo-égyptien*, CIPL, 1992, pp.3–20.

[4] W. Helck, "Demotic", in *Lexikon der Ägyptologie, Band Ⅱ*, p.68.

[5] J. Cerny and S. I. Groll, *A Late Egyptian Grammar*, Biblical Institute Press, 1984, pp.87–90.

[6] W. E. Crum, *A Coptic Dictionary*. Oxford at the Clarendon Press, 1990, pp.22–24.

[7] Sir Alan H. Gardiner, *Egyptian Grammar: Being an Introduction to the study of Hieroglyphs*, 1957, pp.88–90.

[8] Ibid., p.25.

[9] Ibid., pl. 2.

[10] J. Kahl, *Das System der ägyptischen Hieroglyphenschrift in der 0.–3. Dynastie*, Harrassowitz Verlag, Wiesbaden, 1994, pp.223–225.

[11] Barry J. Kemp, *Ancient Egypt: Anatomy of a Civilization*, p.62.

[12] Sir Alan H. Gardiner, *Egyptian Grammar: Being an Introduction to the study of Hieroglyphs*, pp.438–548.

[13] P. W. Pestman, *Chronologie égyptienne d'Après Les Texts Démotiques*, E. J. Brill, 1967, pp.127–129.

[14] Erik Iversen, *The Myth of Egypt and its Hieroglyphs in European Tradition*, G. E. C. Gad, 1961, pp.98–99.

[15] Roger S. Bagnall, *Egypt in Late Antiquity*, Princeton University Press, 1993, pp.235–236.

[16] Ibid., pp.240–241.

[17] A. Erman, *Ägyptische Grammatik*, Reuther und Reichard, 1929, pp.78–81.

[18] Sir Alan H. Gardiner, *Egyptian Grammar: Being an Introduction to the study of Hieroglyphs*, pp.48–62.

[19] L. Depuydt, "The Standard Theory of the 'emphatic' forms in Classical (Middle) Egyptian".

[20] Miriam Lichtheim, *Ancient Egyptian Literature, Volume Ⅱ: The New Kingdom*, p.58.

[21] Ibid., p.64.

[22] Ibid., pp.136–137.

[23] Ibid., pp.143–144.

[24] Ibid., pp.165–167.

[25] Ibid., p.181.

[26] Ibid., pp.100–107.

[27] 参蒲慕州,《尼罗河畔的文采》, 台北远流出版公司, 1993 年版, 第 194—198 页。

[28] Miriam Lichtheim, *Ancient Egyptian Literature, Volume Ⅱ: The New Kingdom*, pp.144–145.

[29] Ibid., p.150, 152–153, 160–161.

[30] Donald B. Redford, *Pharaonic King-lists, Annals and Day-books*, pp.136–137.

[31] 泛滥时间决定着土地的肥力和每年国家应征收的赋税的数额。

[32] Donald B. Redford, *Pharaonic King-list, Annals and Day-books*, p.137.

[33] Donald B. Redford, *Akhenaten: The Heretic King*, Princeton University Press, 1987, pp.30–31.

第八章

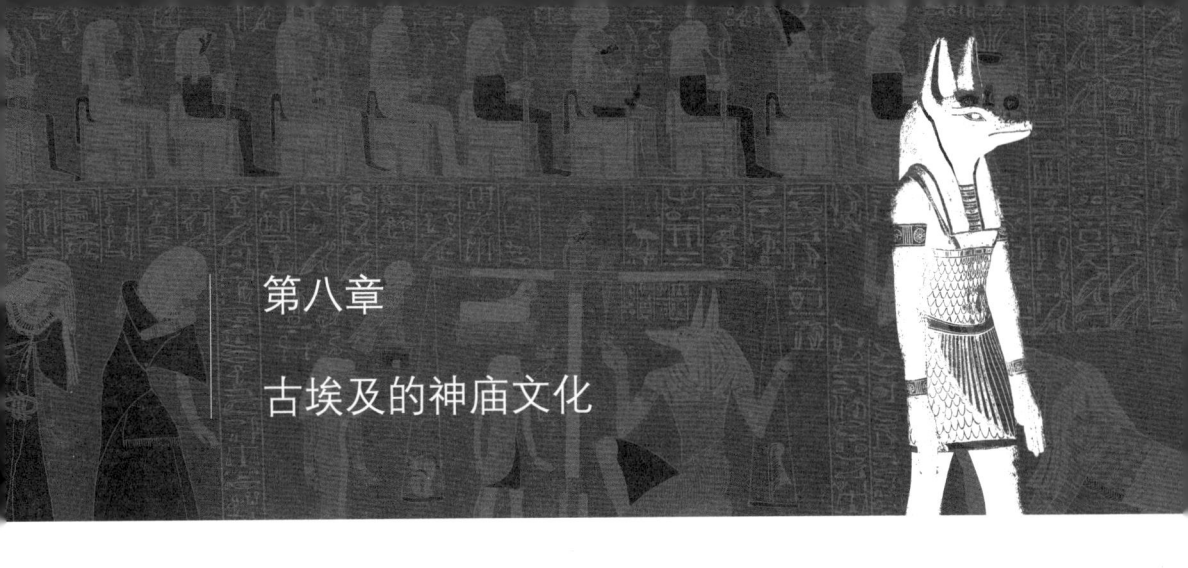

古埃及的神庙文化

如果说金字塔的建造代表了早期建筑史的最高成就，那么神庙建筑则是后期建筑的辉煌。古王国衰落之后，地方贵族的势力成为王权永久的威胁。为加强王权，中王国时期的国王扶持了一个中下层的新贵，但矛盾并没有得到解决。新王国的扩张，部分原因是为了把国内矛盾引向域外。战利品和掠夺来的财富有三个流向：王室、新贵族和旧贵族，体现了拉拢与安抚并重的政策。贵族阶层又是各地神庙祭司的主要成员，因此神庙在战争中暴富。

作为神圣空间的载体，埃及神庙建筑的设计也展现了礼法的等级秩序。神庙都以中轴线为中心，呈南北方向延伸，依次由塔门、立柱庭院、立柱大厅和祭祀殿组成。神庙围墙、最外的塔门，紧靠塔门的国王巨像或高耸的方尖

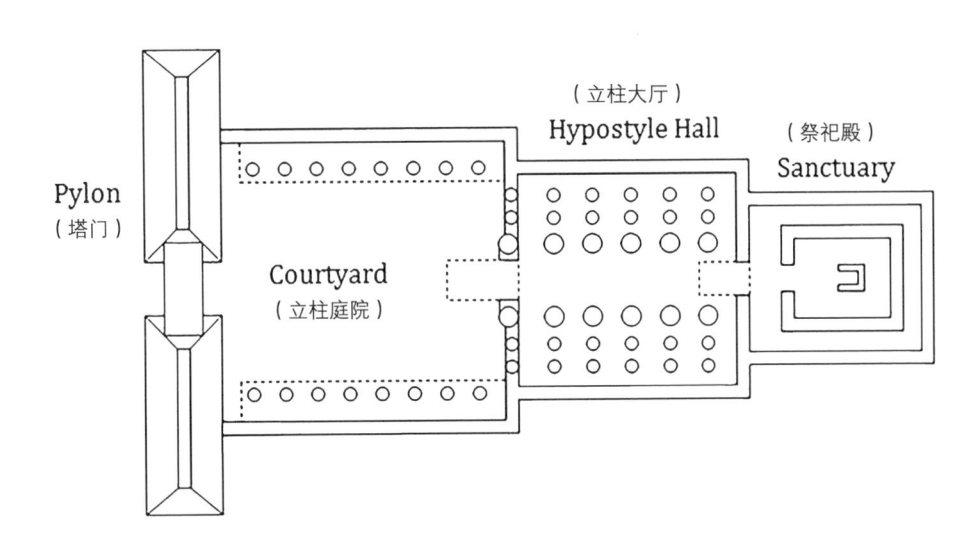

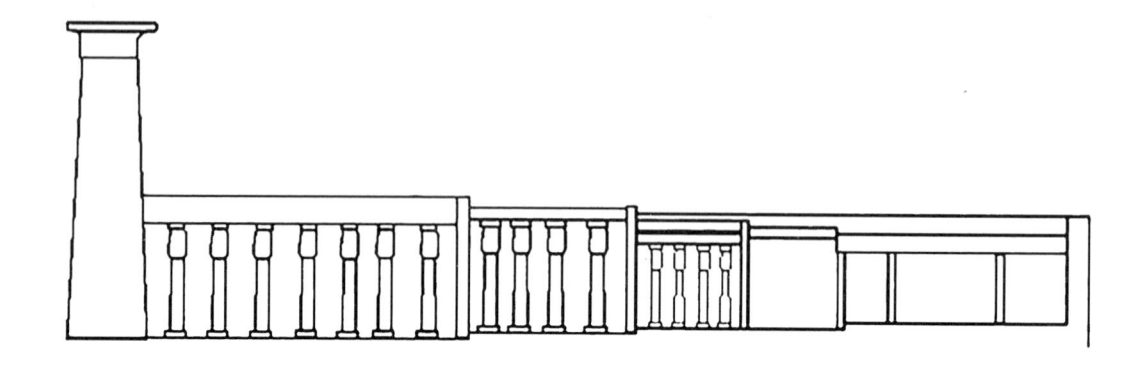

碑，以及塔门上国王打击敌人的形象，都是保护和震慑的象征。越往神庙内部走，地势就越高而天花板则越来越低，使得内部的空间逐层减小，营造出一种神秘而幽闭的氛围（见上图）。神像裹在亚麻布里，即使在节日盛典被抬出神庙时，神像也是遮蔽着的，不能示人。每日清晨，祭司们打开神龛，解开神像身上的包裹，为神像清洁全身，进而献上供奉。包裹和遮蔽神像的目的是划分神圣与世俗。普通人没有资格与神接触，他们对神的祈祷都要通过高级祭司传达。

第一节　王权与神权

古埃及的宗教信仰有以下几个特点：多神崇拜，神祇没有鲜明的个性，神人关系和谐，王权与神权紧密结合。虽然在新王国时期埃及也出现过阿蒙神这样的"国神"，但各地的地方神崇拜一直延续着，而普通人更是从实际需求出发各有自己崇拜的神。比较重要的神就有200多个，存在时间较短或者影响不大的神则数不胜数。在信仰与生活的互动中，埃及人表现出明确的实用主义态度。

神与人的关系的相对和谐是古埃及宗教的一大特色，这从真理女神玛阿特的信仰中可以得到证明。古埃及人认为，宇宙和社会秩序是神创造的，是一种完美的状态，人为维持这个秩序所做的努力即是对神的最好报答。玛阿特的基本内容就是宇宙和社会秩序。"埃及人认识到一种秩序，它建立于创世之初……是一切存在的本质，不管我们是否能意识到它的存在。"[1] 玛阿特这一符号出现于古王国早期，根据赫尔克的解释，这个符号的最初含义是"基础"，因此玛阿特的最早抽象意义应为"世界和人类生活的基础"。5王朝时，拟人化的形象——玛阿特女神出现，从此在所有的王室文献中国王都自称是"靠玛阿特生存的""享受着玛阿特的"或"为玛阿特所拥抱的"[2]；而且，几乎所有的神庙中都有这样的描绘：国王双手捧着玛阿特女神，连同面包、啤酒等供品一起敬献神前。这个简单的仪式包含着丰富的含义：玛阿特代表着神赐给人类的物质世界，它在国王管理下维持了初创时的和谐完美，在此时又由国王归还给神。这个给予和归还的过程象征着神与人之间的合作，即神创造世界，而人类以维持神创世界秩序的方式对神表示感激。这样一来，神的创世行为就有了真实的意义，而神与人之间也就有了交流的渠道。通过这种合作，神与人共同维持着他们的存在，达到永恒的境界。正如哈特谢普苏特在斯庇欧斯·阿提米多斯铭文中所说："我已把阿蒙所喜爱的玛阿特给了他，因为我知道他依赖她而生存，同样地，她也是我的面包和甘露，我正是与她共存的人。"[3]

虽然这种初创的完美不断受到扰乱，但总是暂时的，必能在人的努力和神的佑护下得到恢复。在提到秩序被打断时，古埃及人说"玛阿特被置于一边"，却不说她被毁灭，因为贤明的君主会使她重获荣耀和地位。[4]

以这种认识为前提，古埃及人对神的理解可以概括为：神是完美的，主宰着人类的命运，人逃脱不了神的安排，也永远无法企及神的完美境界。正如新王国时期的《阿美尼摩普的教谕》（参见本书第六章第一节）所说："不要躺在那里担忧明天会怎样，人类无法了解明天的事；神永远是完美的，人永远是失败的。人说的话是一回事，神做的又是另一回事。神的面前没有完美，只有失败。如果人执意追求完美，那么就在那执着的一瞬间他就已经破坏了完美。"

第二节　神庙仪式与节日庆典

奥塞里斯和荷鲁斯的神话反映了王权的神圣性。在位国王的合法性是基于这样一种神学观念：他既是活着的"儿子"，也是他死去的先辈的再生。新王国时期，神庙的浮雕常常表现"神圣国王的诞生"这样一个主题，画面描述创世神来到王宫，与王后结合，生下合法的继承人，因此在位法老其实就是他在人间的化身。当新的国王加冕时，"九神聚集到一起，给予他拉神的登基庆祝和作为国王的荷鲁斯的寿命"（荷伦布墓的加冕铭文）。法老的敌对者无法战胜他，因为"他已经在赫里奥波里斯进行了争辩，九神发现他是有罪的"（见于《以色列石碑》）。这个原则在普通人中间也同样适用：生命力从父亲传给儿子意味着父亲的位置应传给儿子，这是其合法性的保证。如人类学家分析的那样，世袭制是通过神话来体现其神圣性的。

神学观念需要以建筑的形式来充分表达其内涵，神庙制造出特殊的气氛。新王国是神庙建筑的黄金时代，在这个时期，神庙建筑的法则逐渐形成，神庙数量大增，规模也不断扩大。这是帝国扩张和繁荣的必然结果，也反映出古埃及宗教思想的进一步成熟。

王权理论的成熟是神庙建筑发达的另一个促动力。神庙是神在人间的居所，也是以法老为首的人们向神供奉、与神交流的神圣之地，是神定秩序的运转中心。此外，历届法老都在即位之初大兴土木，也是对创世主原初之时创世活动的模仿，通过这种行为表达创世需要不断重复进行的思想，从而强调法老在人间的活动的神圣性。

这种宗教理论决定了神庙的基本建筑法则。从结构上看，神庙具有极强的象征意义，它是微观的宇宙。埃及神庙的象征体系有三大主题：原始的宇宙结构、持续的宇宙运行和宇宙再生。根据古老的传说，在时间初始，一个土丘从无处不在的原初之水中升起，一只隼出现在岛上的芦苇上。原始之丘是在赫拉康波里斯和其他地方的早期神庙遗址中发现的带有围墙的沙堆的神话原型。神庙的围墙为一道道塔门所隔断，同时围墙的顶部起伏不平，呈波浪状，象征着原初之水，而高耸的神庙则是在这片混沌之中升起的原初之山，山顶是人类创造者的居所。进入神庙的人们犹如在混沌之水中经过了洗礼,带着纯净的灵魂来到神的面前。神庙的墙上也布满了对自然景物的描绘:上部和天花板上是繁星点点的天空,张开翅膀的鹰神护卫着神的国土;墙壁下部常常点缀着自然界的花草,象征大地的繁盛。庭院和大厅的柱子代表棕榈、莲花或纸草植物,其复杂的柱头描绘了这些植物的叶子或花朵。当尼罗河泛滥时,浅浅的河水漫入庙中,在壁画的映衬下,神庙正如河谷的缩影,古埃及人视这种景象为一个神迹。围绕神庙建筑群的围墙通常有凹凸起伏的层叠或地基,代表时间之初原始海洋的波浪。

持续的宇宙运行是通过神庙的中轴设计来体现的。以太阳的昼夜循环来表现宇宙的持续运作。入口塔门的建造是为了影射阿赫特,即"地平线"的圣书体文字,而太阳每天都从地平线上升起。塔门两侧成对的方尖碑也是太阳的象征,表现太阳神在早晨与夜晚的显现,或者象征地平线上的两座山。神庙的主要巡行路线复制了太阳每日在世界中旅行的路线,在东方升起于塔门之上,穿过柱厅和庭院,其形象出现在过梁和门楣下,并最终西落,那里正是内部神殿的所在地。神庙设计中各部分建筑的高度逐渐向后降低就是模仿了这种移动,在大多数情况下,里面的各部分变得越来越暗,直到神殿本身几乎完全沉浸在黑暗之中。神庙中的纸草花式柱也用来表现太阳旅行,它们在外庭是闭合的形状,在内厅是绽开的形状。很多神庙浮雕的铭文和图像也描绘了太阳之旅,象征上下埃及的植物纹样也分别出现在神庙的南北墙上,表现了与太阳轨迹相交的南北方向。

神庙也象征着宇宙的不断重生。根据埃及人的世界观,神庙位于天、地和地下三界的连接处,因此它是神、人可以从一界进入另一界的门户,就像神庙的塔门在太阳循环中象征性地起着阿赫特或"地平线"的作用一样。正如物理地平线是天地之间的接点,从落日的角度而言,也是今天和明天、现在和未来、此世和此世之外的接点,所以无论是哪种类型的神庙,都被视为这些界或域之间的接点。这就是为什么神庙和陵墓有很多相似的建筑特征。如许多神庙内部都有如古王国时期以来金字塔神庙和私人陵墓中的"假门"这一建筑结构。此外,希腊-罗马时期神庙内部的圣殿嵌套得像被神殿围绕的王室棺椁，而在所有神庙中，神的形象都可以被看作是一个"卡"雕像（代表生命力），向神供奉的食物和物品则类似于向死者供奉的祭品。金字塔通过葬祭仪式与神庙联系在一起，贵族墓有时会仿照神庙的样式，而神庙有时被认为是神或人的坟墓，如阿拜多斯神庙有奥塞里斯之墓，21王朝的国王就把陵墓安置在神庙内。生与死的仪式、此世和来世间的转换是古埃及宗教思想的核心。

如前文所述，典型的古埃及神庙一般以中轴线为中心，呈南北方向延伸，这种纵深的结构使得神庙可以无限地继续修建下去。塔门多时达十几道，因为法老们喜欢在前人修建的神庙的基础上增增补补，而塔门又是最易完成的部分。其他部分也显示出累积完成的特点，如古埃及规模最大的神庙建筑群——卢克索神庙和卡纳克神庙都历经了漫长的修筑过程，许多重要的部分是在托勒密时期完成的。古埃及人这种建筑神庙的原则反映出他们"无限延续"的愿望，不仅人的肉体、灵魂永远不灭，神的居所也要不断地延伸下去。

塔门是古埃及神庙最具特色的部分之一，它由对称的东西两个门楼和连接它们的天桥组成，象征东西地平面，是太阳神每天的必经之路。塔门上通常有国王高举权杖打击敌人的形象，象征着对一切邪恶势力的巨大威慑力，这种威力迫使它们远离神圣之地。紧靠塔门，通常有国王的巨像或者高耸的方尖碑。自哈特谢普苏特首创斯芬克司大道以来，在塔门前面铺设一条两侧摆满石像的通道成为一种惯例。

进入塔门之后，神庙的屋顶逐渐降低，而地面却逐渐增高，从象征意义上讲，这与世界初始时从水里升起的原始之丘周围较低的沼泽状环境是一致的。神庙最深处高起的位置也象征着这部分建筑与玛阿特的关系，因为通往神庙入口及其内部的坡道和台阶在视觉上让人联想起放置神像的坡道或底座，它们都呈现出圣书体符号⎯的形状，而这个符号就是玛阿特一词的写法。到了最深处的祭祀殿中，光线已非常暗淡，气氛也越发肃静神秘。普通人只能进入立柱庭院，只有国王和大祭司才能到祭祀殿中，那里供奉着神像或国王的雕像，它们只在盛大的宗教节日才被抬出神庙与公众见面。在审理重要的案件而难以裁决时，也依赖神旨，通过看神像是点头还是摇头来断案。

菲莱神庙塔门

　　神庙中高大的石柱给人留下了深刻的印象。常见的柱头装饰有纸草花式、莲花式、棕榈叶式、哈托尔女神式等（见下页图）。为了更好地采光，立柱大厅外围的柱子比中间的要低，这是成功地运用"自然采光法"的较早例子。柱子上布满文字和画面，如果保存得较好的话，还能看到些许最初的色彩。

　　神庙有结构上的双重含义，一是隐蔽，一是显现。新王国时期神庙"显现"的一面更为突出，比如节日庆典中抬着小型宗教偶像在公共场所巡行，其中最为人熟知的是太阳船。它在古王国时期就已出现，是重要的宗教象征物，到新王国时期更为奢华，最著名的一艘叫作 Userhat-Amun（意为"船首的强大威力是阿蒙"）。通常这些太阳船都是木制的，外面镶金，内设密封舱以放置神像。两侧各有5个孔供祭司抬扛之用。这个时期的神庙以太阳船为中心，整体设计是为突出太阳船出现时的戏剧效果。神庙中也有其他神的神像，但只能居于次要地位。太阳船地位显赫是由于该时期地方神庙地位的提高。此时神庙已成为城中占主导地位的建筑物，太阳船从长长的通道上行进也成为充满宗教氛

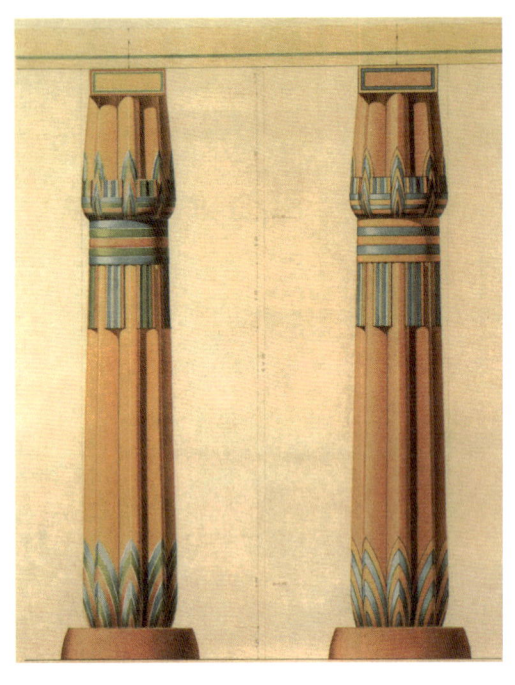

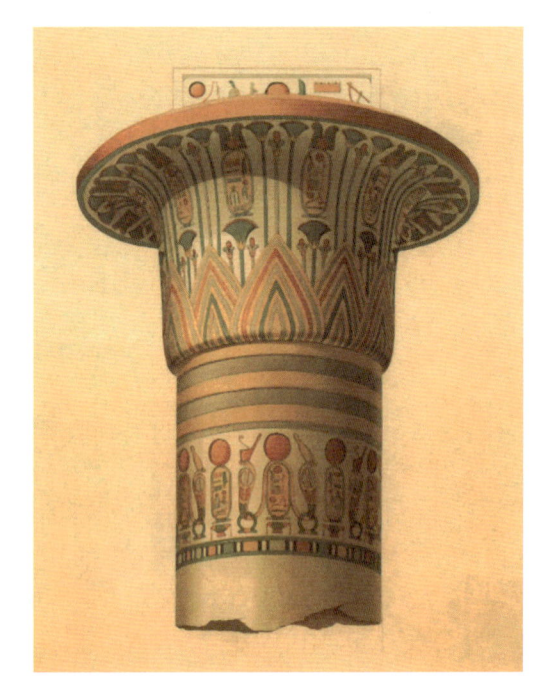

上：纸草花式柱

下：复合柱和莲花柱

围的城市生活的新景观。新王国时期的神庙在某种程度上取代了古老的政府机构，更深远地影响着人们的生活，烦琐的仪式营造的气氛，使人们在心理上对国王更有亲切感。

以城市主体建筑形象出现的神庙在很大程度上起到的是象征功能，因此新王国时期的神庙的外部结构也更为富丽堂皇：以眩目的白墙为背景，石墙上是色彩艳丽的壁画。但这并不是神庙与外界的交界处，在二者之间还有一个中间地带，即泥砖结构的附属建筑——小殿堂，周围是泥砖墙。新王国时期的太阳神庙的围墙，从外观上看像座堡垒，有塔和城垛。

巴里·坎普提出典型的埃及神庙经历了四个不同的发展阶段，他将其定名为"形成前期""形成早期""成熟期"以及"形成晚期"，并把神庙分为王室祭庙和地方神庙两种类型。他认为，王室祭庙在早王朝和古王国时期就已采用了"形成早期"的风格，而地方神庙规模较小，其风格直到中王国时期仍停留在"形成前期"。巴里·坎普提出，自中王国时期之后，地方神庙才达到王室纪念建筑的复杂程度，也是从那时起，这两类建筑才齐头并进，共同经历了新王国时期的"成熟期"和希腊-罗马时期的"形成晚期"。

大卫·奥康纳则认为王室和地方神庙是同步发展的。他认为，在早王朝时期和古王国早期，这两类神庙的建筑群从平面图上来看基本采用了同一种形制。例如，所有这些建筑都将一个入口设置在围墙的东南角，另一个入口设置在东北角。赫拉康波里斯神庙中神圣土丘的位置和其他这些建筑中土丘的位置是相同的，而乔塞尔的阶梯金字塔也模仿了这一设计。这表明在早期埃及，神庙、假墓和金字塔围墙均采用了同一种设计模式。

古埃及神庙只有一部分向公众开放，却是所有人生活的中心。众神之屋的大量祭司与神庙人员所要负责的不仅有各种宗教仪式，还有经济、教育、法律及埃及社会其他方面的事务。最重要的是，埃及神庙也是伟大的宇宙戏剧上演的舞台：剧由国王和祭司集团领衔主演，但埃及民众也可以以群众演员的角色参与。

古埃及神庙既是宇宙的象征模型，也是以仪式来激活宇宙运行的中心枢纽。介于神与人两界之间、此世与来世之间、过去与未来之间的神庙，对于埃及人而言，是现实与神话的交界点，是所有事物归一的整合点。理论上，生命更新是古埃及文明最为关心的主题，而神、王权与对生命更新的渴望在神庙的运作中、在神庙崇拜的实践中凝聚到了一起。将神与人结合在一起的仪式，其目的远非盲从神权统治，而旨在满足双方的特殊需求。

神庙开工建造或者扩建时，要由国王主持名为"拉紧绳结"的奠基仪式，为神庙定位并划定其范围。从理论上讲，由此开始，神庙里所做的一切，都是以国王的名义并代表国王完成的。这不仅包括神庙的建造和装饰，还包括完工之后的保护和维护，定期的祭祀和供奉，以及举办节日庆典。国王只参加部分神庙节日并主持重要的仪式，因此，神庙浮雕中处处可见的国王为神祇呈奉各种供品、在巡行活动中引领神船等多数是象征性的。如果国王真到访了神庙，浮雕或纸草文献上会记载国王给神奉献的供品的具体清单。

神庙中的祭祀活动有两个主要内容，一是对神感恩，一是祈求神的帮助，这些都通过一系列烦琐的仪式来完成。日常仪式由大祭司完成，每天早晨他要沐浴更衣，然后才能进入祭祀殿，打开神像所在的神龛门上的封条，熏香，呈奉玛阿特，捧出神像，为之沐浴更衣，涂油并佩戴各种配饰，再奉上食物和饮品等供品。神祇享用完毕后，供品会分给祭司，这叫作供品流转。供奉结束后，神像归位，祭司倒退着扫净地面上的脚印，圣殿再度封闭起来。在重大的宗教节日，国王亲自主持祭祀活动，以各种颂诗表达对神的感激，如阿蒙颂诗中说阿蒙神的恩德"比天高，比地宽，比海深"。

国王呈献给神庙主神最重要的供品是玛阿特女神像，这具有高度的象征意义，表明国王会维持神创的秩序，这是对神最好的回报。玛阿特代表着真理、秩序、平衡、正确、公正、宇宙和谐及其他特质，是高度抽象的概念。这个仪式强调了国王作为神与人之间的媒介，在宇宙运作及再生复新过程中的关键角色。

神庙的其他仪式，如托勒密时期爱德福神庙每年举办的荷鲁斯击杀塞特的神话表演，表达的是同样的象征含义。与之类似的还有神庙浮雕的某些特定装饰，如塔门上国王抓着俘虏的头发击打，国王在沙漠打猎、在沼泽地捕鱼抓鸟，以及天花板下的墙面上国王托举着天空，等等。通过神庙仪式，国王将宗教和政治的角色结合在了一起。

生产的女子，托勒密时期，开罗埃及博物馆藏

　　古埃及人对神的崇拜有强烈的功利性，他们认为，神接受人类的供奉，就有责任保佑人们平安幸福，否则人类有权不敬奉他。这也说明了古埃及多神崇拜的局面长期延续的原因：每个人都根据实际的需要选择自己崇拜的神，即使有一个高高在上的国神，也不能代替给他带来实际好处的小神，因此官方宗教与民间宗教是长期并存和互利的。因此，神不仅享受优美的颂诗，也要倾听民间的疾苦，帮助穷人和受病痛折磨的人。出于这种信念，人们逐渐把神庙拟人化了，神庙里的每样东西都有神性和魔力，他们从神庙的石墙上抠下碎末，当作良药和圣物。也是出于这个原因，国王们喜欢在旧神庙的基础上扩建，以保留其神力。即使不得已要拆除它们，也尽可能地把所有的原材料整理出来，用到新建筑中。学者们曾对古埃及法老大肆拆用旧建筑迷惑不解，以为那是一种偷工减料的做法，其实真正的答案应在这里。

　　因此神庙有双重面孔：一是现世的神秘威严，一是节庆时的轻松祥和。古埃及有大量宗教方面的资料留存下来，这使得今天的人们有这样一个印象：这是祭司主宰的世界。在大规模的建筑中，到处可以看到国王向神献祭的场面，如不通晓古埃及文字，人们会以为这里是一个大祭司统治的国度。当然，古时"祭司"和"国王"这两个词的内涵与今天的很不一样。祭司的身份较难辨明，有时只是一种头衔，多数官员都有；现代语言中的"祭司"一词易引起误会，以为有一支专职的僧侣队伍。所以，我们不能认为在古埃及宗教是涵盖一切的。宗教只是当时人们表达各种观念的一种语言。

古埃及人给予神庙"土地拥有者"的地位，使神的概念更具体化。此外，大量经济文献里提到，扩大神庙的物质财富是国王的重要职责之一。在新王国时期，帝国对外征服所获得的战利品源源不断地流入阿蒙神庙。正如唐纳德·瑞德福特所说，神庙成了"帝国财富的储存库"。因此，神庙有政治和经济方面的双重角色，神庙事务也分两类：一是固定的宗教仪式，一是管理和劳役方面的事务。

神话和仪式中的国王并非完全依靠个人的能力，宗教气氛遮盖了个性的弱点。新王国时期法老与阿蒙神的结合就是一个证明。

"拉神之子"的称号从4王朝就已经出现了，中王国后期的一个故事讲到5王朝的国王们是拉神与拉神祭司的妻子结合所生，但直到新王国时期才有了拟人化的太阳神形象。古埃及人很早就开始将他们崇拜的神人格化了，拟人化的神更适合赞美诗、祈祷和供奉衬托出的神秘氛围，但是把太阳神拟人化却不容易，因为它是最直观和最明显的超自然力量。新王国时期之前，太阳神也有一种形式是人形鹰头的，但更多地是以"太阳圆盘"或圣甲虫（象征创世神凯布利 [Khepri]）为标志，或者是立于太阳船上的羊头人身形象。从仪式上看，太阳神庙是露天的，祭司们站在平台上颂赞美诗、献祭品，这种直接崇拜大大减弱了神秘的气氛。

新王国时期的神学家克服了这一点。太阳神作为国王之父和王权的基础被赋予人的形状，即阿蒙。它是底比斯的地方神，随着底比斯政治地位的提高而逐渐地位显赫，被称为"阿蒙－拉，众神之王"。

新王国时期的神学中，太阳神与国王的结合更具体化。阿蒙荷太普三世在卢克索神庙的墙壁上就有如下的描绘（见下页图）：阿蒙与王后相对而坐，一手挽着王后的手，另一手递给她象征生命之符。铭文说："底比斯之主，以她

第八章 古埃及的神庙文化 225

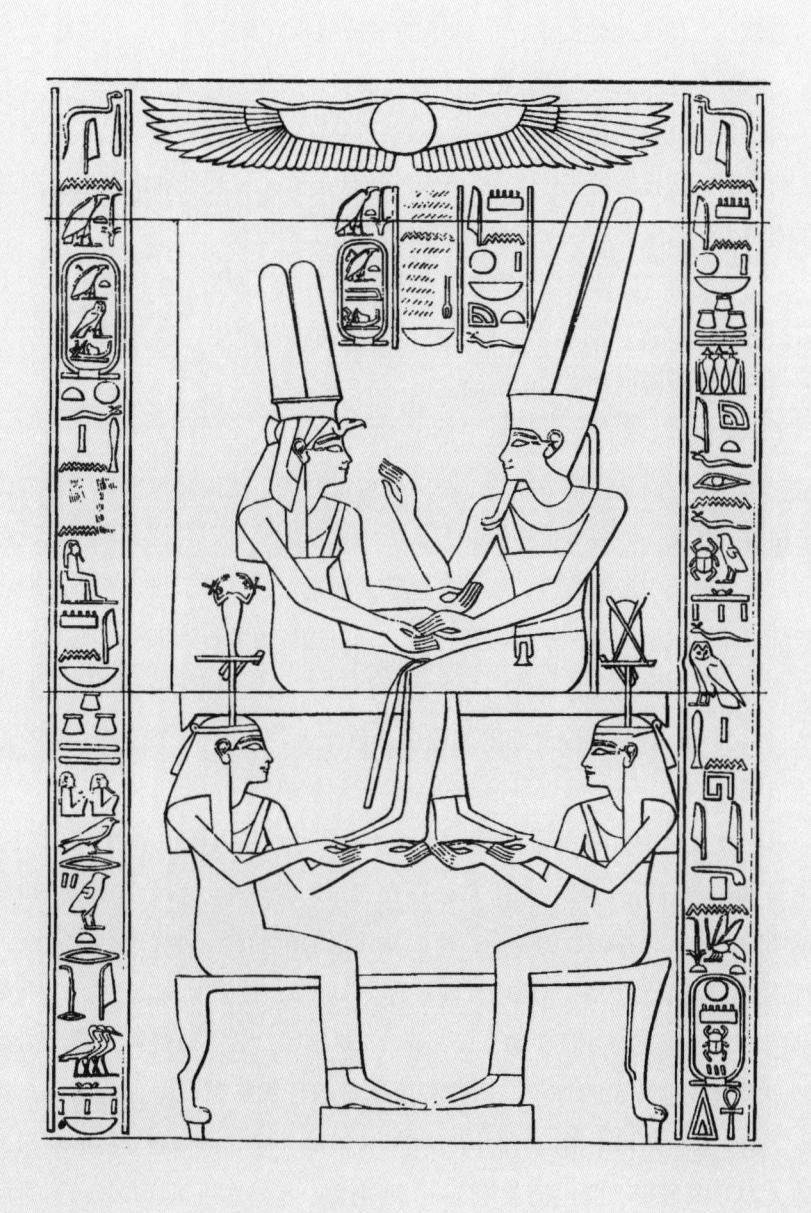

丈夫（即图特摩斯四世）的形象出现在后宫，赐予她生命。他看见她在宫殿深处沉睡。神的芬芳之气使她苏醒，她转向她的主人。他径直走向她，她唤醒他的激情。当他来到她面前，他神圣的形象显现在她眼前，其完美之状使她欢悦。他的爱进入她的身体，整个王宫弥漫着神的芬芳，那是蓬特那地方的香气。"在王后发出短促的欢叫之后，他说："我放入你子宫的这个孩子的名字是阿蒙荷太普，底比斯的王子。"接下来的情形是婴儿及其灵魂由创造之神赫努姆在陶轮上制造出来并在众多灵魂护佑之下出生的过程。

女王哈特谢普苏特是图特摩斯一世的女儿、图特摩斯二世的妻子，丈夫亡故后，她先与其侄子图特摩斯三世共治，继而将他驱逐，独自统治。她在代尔·巴哈里的享殿也有类似的描绘。

希罗多德说，希腊诸神满足于每年为他们举办一次节日，但埃及人的节日不是一年一次，而是经常举办的。在罗马埃及时代，法雍某村每年庆祝节日的日子超过 150 天。许多节日持续几天，最为重要的节日则会持续几周。虽然某些节日，如奥塞里斯的节日，埃及各地都会庆祝，但许多节日是在特定地点专门祭拜该城市或地区的神祇或国家神的。许多这样的节日的细节是已知的，特别是希腊-罗马时期爱德福神庙与丹德拉神庙节日以及底比斯新王国时期的神庙节日的细节。在新王国时期的底比斯，每年大约庆祝 60 个节日，有的是在神庙范围内举行，另一些则是抬着神像巡行到其他地方。

古埃及文字中有两个词表示节日：一个是 hb，指周期性举办的庆典活动；一个是 Kha，意思是出现，指平常封存在密室的神像出现在公共空间的时间，如神像的巡游。保存较好的神庙，可以从建筑的布局看出神像巡行的路线，距离远的巡行需要走水路。有的节日被称作 khenet，放置神像的船上，船头船尾都装饰着戴花冠的神祇头像。公元前 1500 年后，从图像资料上看，抬神像的轿子多做成这种船的样子。这种神像巡行的形式来源于国王的巡行，甚至"Kha"这个词也是用来指巡行时国王戴的王冠的。卢克索神庙立柱庭院和神殿前的大幅浮雕展现了欧比德节（Opet）时阿蒙、穆特和孔苏（Khonsu）的神像从卡纳克抬出拜访卢克索神庙的壮观场景。

发现于拉洪的一份纸草文献，记载了公元前 1800 年的一次节日中歌者和舞者的出勤情况。这是公元前1500年前唯一一份关于节日的文献记载。这些歌者和舞者被分成四个组，采用的是轮值制，每个月每组提供一个新成员。歌者都是埃及名字，而舞者都是亚洲人或麦加人的名字。表演人数少，不意味着观众少。新年节中，只有两个歌者。

最早的节庆供奉的物品清单出现在一篇长篇祭文中，它位于6王朝国王培比二世的金字塔旁边的祭庙南边墙上，这个空间是当时举行仪式的地方。此后这个供奉清单也出现在民间的墓葬中。更多的证据来自新王国时期，在卡纳克、阿拜多斯、象岛和西底比斯的拉美西姆和麦地奈特·哈布都可以找到神庙历法的例子。从希腊-罗马时期开始，类似的日历在丹德拉、爱德福、艾什纳和科翁坡的神庙中均有发现。

根据这些日历，埃及年的一些主要节日如下（没有标明地点的节日是地区性或全国性的）：

		主要节日
阿赫特：泛滥季	第一个月	新年节、奥塞里斯的瓦格（Wag）节、奥塞里斯的"出发"节（阿拜多斯）、图特节、醉酒节（哈托尔的一个节日）
	第二个月	普塔的墙南节（孟菲斯）、欧比德节（底比斯）
	第三个月	哈托尔节（爱德福和丹德拉）
	第四个月	索卡尔节、塞赫麦特节
佩雷特：生长季	第一个月	耐赫伯卡节、圣隼加冕节（爱德福）、敏神节、穆特"出发"节
	第二个月	胜利节（爱德福）、大节
	第三个月	小节、阿蒙诺菲斯节
	第四个月	雷纳努特（Renenutet）节
舍姆：干旱季	第一个月	孔苏节、敏神的"出发"节
	第二个月	美丽河谷节（底比斯）
	第三个月	美丽相会节（爱德福和丹德拉）
	第四个月	拉-荷拉赫提节（Re-Horakhty）、新年节

闰日：奥塞里斯、荷鲁斯、塞特、伊西斯和奈芙缇丝节（连续庆祝5天）。

神像巡行是古埃及神庙生活中最基本的一个部分。底比斯城中有宽阔的巡行大道，以石头铺成，两边是狮身人头或狮身羊头像；中间还有休憩站，叫作"神的帐殿"。

最重要的节日是欧比德节，在每年泛滥季的第二个月庆祝。18王朝中叶时该节日有11天，20王朝拉美西斯三世在位时增至27天。当时在麦地奈特·哈布庆贺该节日时消耗了11341条面包、85个饼和385罐啤酒，盛况空前。这个节日的核心节目是底比斯神祇家族在卡纳克和卢克索之间长达3公里的巡行。在哈特谢普苏特时期，出行是陆路，回程是水路，到18王朝末期往返都是水路。每个神像由一艘船载着，抬至岸边人群的面前，这时人们可以上前向神或国王的"卡"雕像请愿。

卢克索神庙面朝卡纳克而不是面向尼罗河，这表明它是卡纳克神庙的附属建筑，主要目的是为诸如欧比德节之类的节日提供场所。这些节日的最终目的是为法老及其政府的统治制造神秘的面纱。

每年一次的节日以国王的出现为最高峰。18王朝中期以后，国王不再在底比斯居住了，他们多数时间居住在北部，特别是孟菲斯。因此每年为参加欧比德节，王室成员要在尼罗河上由北至南做长长的巡行，这使得更多的人加入庆贺的人群中，节日的筹备也因而更加复杂，各州长官要负责王室成员巡行期间的食宿，负担日重，到18王朝晚期时王室要发布专门敕令解决这一问题。

国王与阿蒙神在节日盛会中现身的政治意义在于用神话装饰现实。王室继承中可能会充满暴力与血腥——拉美西斯三世就是被篡位者杀死的，但神话、节日和宏伟的宗教建筑会形成一道保护层，将各种怪诞的史实都隐匿起来，淡化不正常的一切，甚至使篡权者成为合法继承人，如荷伦布篡权后即在卡纳克庆祝欧比德节。这种宗教保护层保证了法老统治的延续，而这种延续性也是古埃及文明的重要特质之一。

拜访底比斯西城也是重要的宗教活动。帝王谷石窟墓的附属庙宇建筑通常被称作"享殿"，但它们实际上是供奉一种特殊形式的阿蒙神的。通过在自己的享殿中供奉这种阿蒙偶像，国王死后能与之融合，当然，活着时拜访神庙也能达到同样的目的。在代尔·巴哈里这种阿蒙被称作"至圣者"，在"拉美西斯之居"的拉美西斯二世的享殿中叫"与底比斯结合处的阿蒙",在麦地奈特·哈布叫"与永恒结合的阿蒙"。总之,每个享殿实际上都是阿蒙神庙,当然在其中也能安放国王的雕像。19 王朝的塞提一世、拉美西斯二世,20 王朝的拉美西斯三世的王陵都把享殿最神圣隐秘的部分,即后部的中间部分,作为阿蒙的祭拜中心。那里有一个立柱厅堂,阿蒙的神像就置于其中的船形神龛中。北边有一个露天的庭院,里面设有带阶梯的石平台,上面是唱颂太阳颂诗的地方,古埃及人称之为"阳伞"。阿蒙礼拜堂南边是祭拜国王及其祖先的地方,也设有船形神龛。

另一个重要节日是美丽河谷节,每年举行一次,即在收获季(干旱季)的第二个月庆祝,在新王国时期恰逢夏天。在节日期间,底比斯三神组——阿蒙、穆特和孔苏的神像被抬出,在一大群祭司和民众的簇拥下前往西岸,拜访西岸的神殿,以及已故和被神化的国王的祭庙。巡行有陆路和水路两个环节,这个节日最初是为了纪念死者,节日期间人们前往尼罗河西岸拜谒死去亲人的陵墓。

在爱德福举行的美丽相会节始于收获季的第三个月,丹德拉的哈托尔女神雕像经水路到达爱德福的荷鲁斯神庙,在到达后的新月之日,经过各种仪式后,女神像与爱德福的荷鲁斯像一起被放置在神庙的诞生之屋,两位神祇一起度过接下来的几个晚上,直到满月时节日结束。

荷阿克节(Khoiak Festival,意思是"卡"在"卡"之上),从泛滥季第四个月的第十二天开始,延续 18 天,主要内容是重现奥塞里斯复活的过程。这个仪式在新王国之后逐渐成为最为盛行的仪式,各地的神庙都会举行。具体过程从"谷物奥塞里斯"的制作展开,由祭司用谷物和泥在模具中制作两个完整的奥塞里斯神像,再制作 42 个碎片,象征神话中奥塞里斯被分解的尸体。将这些都放入石制的容器中,每天浇水,直到第二十二天取出晒干,把碎片拼合包裹起来。其后,要在神庙的圣湖中举行由 34 条船的船队组成的航行仪式,点燃 365 盏灯。最后,为完成的"谷物奥塞里斯"举行"开口仪式",先把去年的"谷物奥塞里斯"取出,再把刚完成的埋葬,之后再举行"竖起杰德柱"(象征奥塞里斯的脊椎)以及宰杀象征塞特的红色公牛的仪式,至此节日结束。[5]

新年节、欧比德节、美丽河谷节、美丽相会节、荷阿克节等，是全国规模的重大节日。这些节日的内容不同，但有个共同的核心——强调生命的复新。这是古埃及节日的本质特征，虽然设立的初衷不同，但一经设立，许多节日往往倾向于强调这一含义。如神的生日、为纪念国王而举行的禧年节和其他节日，甚至是军事胜利等重大事件，都可以通过重复庆祝其最初的主题而表现出更新的基本思想。这个特点也体现在节日中使用的供品上，例如，在节日中大量使用鲜花作为供品，卡纳克神庙每年要使用上百万的鲜花。古埃及人视鲜花为生命与再生的象征，它们通常被放置在生命符号形状的花托中，或捆成大花束来呈奉（埃及语中"花束"一词与"生命"一词的读音相同）。

古埃及文明的发展过程中，在整合地方传统的基础上形成了一整套艺术法则和经典主体，以文字、艺术品、建筑等多种形式来表达。神庙、墓葬建筑及其图像是意识形态的浓缩和符号化表达，它们是功能性、仪式性的，基于现实又超越了现实，向我们展现的是一个神圣的、仪式化的世界。

第三节　神庙与秘传知识体系

希腊-罗马统治埃及时，少数埃及知识精英开始将传统的"秘传知识"系统而集中地以文本、图像、建筑等种种形式表达出来，成为赫尔墨斯主义的发端和后世赫尔墨斯文献的原型。此后，埃及的智慧之神图特与希腊的智慧之神赫尔墨斯融合成为赫尔墨斯主义的核心。上古晚期，随着基督教合法化，赫尔墨斯主义与诺斯替主义等被边缘化的古代思潮成为"异端"，但它们保存着古代文明的内核，在西方文化史上始终绵延不绝地以各种面目出现。其"秘传"的出身和"异端"的身份使其形成了独特的晦涩表达形式，在现代社会，这些东方思想的精华渐渐不为人知。

对古埃及"神秘知识"的研究中，有两种观点较具代表性，其中一种认为"神秘知识"这一现象反映了古埃及社会等级制度造成的知识分配不均，是少数人掌握特殊权力的体现。约翰·贝恩斯认为："知识从根本上来说是实现权力的手段，是古埃及社会化过程的组成部分，是统治者的控制方式，其基本的前提是没有人了解所有的事情。"[6] 另一种观点则强调"神秘知识"是古埃及知识精英对神圣宇宙秩序的认识，是神圣世界与世俗世界之间的界限，在后期埃及则成为祭司阶层的文化身份的象征，最终成为欧洲思想史上关于古埃及的文化记忆。[7] 这里将结合古埃及人自己对"神秘知识"的记载与后世对其所做的评注和演绎，从秘传知识的实践和流传过程对其实质进行解读。

古埃及语中，表达"神秘知识"的词语有很多，可以分为三组：第一组词的意思多为隐蔽的，含有神秘的意思——hbs、hAp、kAp；第二组是 sStA，是个使动结构，词根是 st3，意为神秘的、难以接近的、晦涩的；第三组词是 jmn，意为隐藏的。[8]

古埃及的"神秘知识"有着悠久的传统，古王国时期就有一种叫作"掌管秘密者"（Hrj-sStA）的头衔，多由高级官员或祭司担任。从词源上讲，"掌管秘密者"的写法就是墓地守护神——豺狼头的阿努比

阿努比斯神，托勒密时期，希尔德斯海姆博物馆藏

斯的形象，暗示着"神秘知识"的核心与死亡相关。古王国时期 6 王朝的官员卡努姆就曾有"黑暗之秘密的保有者"的称号。中王国时期，12 王朝的一位州长，艾尔－巴尔沙（el-Barsha）的杰胡提荷太普（Djehutihotpe）也有类似的头衔："神之言辞的秘密之保有者，……每一个（神圣）官职的掌控者"，"图特之家中看到一 [ ] 之秘密的保有者"，"仪式之秘密的保有者"。[9]13 王朝，奈弗尔荷太普（Neferhotep）铭文中曾记载国王能够发现和阅读官员们不能解释的文献，这样的记述正与"秘密的保有者"这一头衔相吻合，都指明了宗教仪式知识的分隔性和书写知识的限制性。

中王国时期拥有这个头衔的大臣伊赫诺弗里特在阿拜多斯的纪念碑中提到自己掌握了秘而不宣的"神秘知识"，其内容之一是象形文字的秘密，之二是工艺诀窍，之三是艺术风格的秘密。新王国时期的《亡灵书》多次提到国王通晓一种别人都不知道的神秘文字，那种文字是东方神灵所说的话语。[10]在民间传说中，这些秘传知识被称为《图特之书》（*Book of Thoth*），共四十二卷。古代晚期的作家中，不止一位提到过它，如普鲁塔克、著名的基督教学者亚历山大的克莱门特（Clement of Alexandria）和亚历山大的西里尔（Cyril of Alexandria）等。后世的各种神秘思潮，如赫尔墨斯主义、诺斯替主义等，都与古埃及的"神秘知识"有着渊源关系。

在古埃及的文化传统中，"神秘知识"是专属于国王和极少数知识精英的，对普通人而言则是一种禁区。托勒密时期的世俗体文学作品《塞特纳·哈姆瓦斯故事Ⅰ》（*Setne Khamwas I*）用主人公的传奇经历讲述了这个道理。故事的主角哈姆瓦斯王子的原型为新王国时期的国王拉美西斯二世的第四个儿子、孟菲斯普塔神庙的祭司，他对魔法特别好奇，到处寻找传说中的魔法书——《图特之书》。最终，他在王子纳奈弗尔卡普塔的墓中找到了它。纳奈弗尔卡普塔之妻阿赫瓦尔的鬼魂向他讲述了丈夫因为魔法书而遭到神谴、家破人亡的故事，但哈姆瓦斯王子不听劝阻，执意拿走了魔法书，并当众宣读，再次触怒了神，被神引诱杀死了自己的儿子。哈姆瓦斯将魔法书还回纳奈弗尔卡普塔墓中才结束了灾难。据说，魔法书最初被藏在一个湖的中心，湖中心有一个铁盒，铁盒里边有铜盒，铜盒里边又有木盒，一层一层包裹，最后有个金盒子，里边装的是魔法书，这周围还有蛇蝎毒虫环绕着以保护它。魔法书打开之后，会震动天地山河，诵读者能听懂飞鸟、游鱼以及走兽的语言，能看到天空中的九神。[11]

一、从阿拜多斯神表到泰布图尼斯祭司手册

在阿拜多斯的19王朝国王塞提的神庙中，有两个神殿刻写着孟菲斯"诸神列表"，其原型是古王国时期的神表，这是秘传知识的一个重要线索。塞提神庙的建造，是19王朝君王恢复文化传统的重要举措。19王朝面临着埃赫那吞宗教改革留下的集体创伤，埃赫那吞主张独尊太阳神阿吞，并破坏了部分阿蒙神庙等纪念物，对传统的多神信仰体系造成了巨大的冲击。当塞提一世在阿拜多斯建造集神庙及奥塞里斯墓于一体的建筑时，将古老的仪式、神话等以文字、图像和建筑等多种形式表达出来，使得这个神庙成为一个承载文化记忆的纪念碑。

在索克尔和尼弗尔太姆神殿中的"诸神列表"有63列，但保存得不好；保存在索克尔神殿的有51列，相对完整。除了拼写特点之外，列表中的一些名字也与古王国时期的一致，学者们基本确定该列表有古老的原型。列表的内容是古代孟菲斯的神学地理。[12] 1—12栏描述了普塔神各方面的特质，15—17栏有关于创世及创造人类的神话内容。33、41、51栏提及"南方角落的荷鲁斯""石头上的塞赫麦特"等仪式地点。根据谢斯（Kees）的考证，3—8栏的内容在两个古王国时期的大臣墓中也有出现，一个是纽塞拉的大臣普塔塞普西斯（Ptahshepses）墓中的假门（现存大英博物馆），一个是75—100年后太提的大臣萨布（Sabu）墓中的假门（现存开罗埃及博物馆）。值得注意的是，这两个大臣都是"普塔－索克尔"神的大祭司，他们都有几个鲜为人知的祭司头衔，其中阿拜多斯神表上的6个名字在两个大臣的假门上以三对的形式出现，其中两对与阿拜多斯神表上的顺序一致。[13]

这种描述神学地理的列表，目前发现的例子中很少有古王国时期的。除了这两个大臣的假门之外，最相似的是吉萨一个5王朝的大臣墓中出土的写字板，上面有2—5王朝的王名、神名、庄园名。[14]

阿拜多斯神表

虽然神学地理列表很少见，但列表式样的其他辞书类文字早在 3 王朝乔塞尔的金字塔神庙中就出现了，4 王朝斯奈夫鲁的金字塔河谷神庙以这种形式表现各地庄园的供奉，5 王朝纽塞拉的太阳神庙中的四季堂浮雕以图文并用的列表辞书表现再生循环的主题。约翰·贝恩斯认为，早期文字在以列表形式记录经济活动的同时，也以同样的形式书写神圣文献，如神庙中的诸神列表，金字塔铭文中的神名、地名等，但后者受制于知识等级制度，只有国王和少数贵族可以使用，因此也有少数贵族以此炫耀其身份地位，这就是为何在上述贵族墓假门以及写字板上会出现诸神列表。[15]

从诸神列表在阿拜多斯神庙中的位置及环境来看，其作用可能是作为仪式的引导。该神庙浮雕的铭文中有很多对话，像某种宗教戏剧，神表是系列仪式中的一个环节。关于阿拜多斯奥塞里斯秘仪的记载非常有限，其中两个在自传中描述奥塞里斯秘仪的官员都是阿拜多斯奥塞里斯神庙的大祭司，一位是前面提到的 12 王朝的大臣伊赫诺弗里特，另一位是生活在 18 王朝图特摩斯三世时期的奈布瓦威（Nebwawy）。12 王朝的辛努塞尔特三世在阿拜多斯建造了奥塞里斯神庙以及纪念奥塞里斯的假墓，图特摩斯三世的墓中发现了最完整的《来世之书》，这些都不是偶然的巧合，而是对核心宗教文献进行整理和保存的时代留下的印记。[16]

托勒密时期的希腊作家克莱门特记载了古埃及神庙祭司所需要掌握的基本知识，他提及这些知识集中在 42 本书中，分为六类，神庙中不同种类的神职人员要掌握不同的专业知识，不仅要牢记于心，还必须能够熟练地运用。其中，第三类神职人员是神庙书吏，他们要掌握 10 本圣书体书籍，"必须熟知圣书体文字，知晓宇宙学和地理学、日月的位置，还有 5 颗行星；还要熟知对埃及的绘图和尼罗河的地图、祭司用具和对他们的神圣之地的描述，以及神圣仪式的步骤与使用物品"。第四类神庙人员是圣衣者（stolist），他们也要掌握 10 本书，所涉及的内容包括"给予众神的荣誉，埃及人的祭祀事务；有关供品、初熟之物、赞美诗、祈祷文、游行、节日等，以及教育和献祭之事"。[17]

这些描述与诸神列表在古王国到新王国时期高级祭司群体中的使用是一致的，而且罗马时期的泰布图尼斯图书馆中系统收藏了上述的"祭司知识"。其中发现的用于培训祭司的手册共有三份，一份是圣书体象形文字书写的，两份是僧侣体书写的，学者们通常称它们为"塔尼斯地理纸草"（Geographical Papyrus of Tanis），其内容分为十个部分：

第 1 部分：天与地，时间与空间的划分；
第 2 部分：39 个诺姆的列表（罗马时期的划分）及习惯信息；
第 3—4 部分：圣物及其祭司相关信息的附录；
第 5 部分：更古老的三个诺姆的名称，下埃及 18—20 诺姆；
第 6 部分：圣物及其相关信息的附录；
第 7—8 部分：神庙日历；
第 9—10 部分：社会等级。[18]

祭司手册的多份抄本，也说明了以神庙为编撰中心的宗教知识手册的扩散应用。在泰布图尼斯图书馆发现的仪式文献中，6 份是开口仪式用的，6 份是供奉仪式用的，3 份是日常仪式用的。其中，用于开口仪式的手册是首次发现的在神庙而非在葬仪中使用的僧侣体手册。日常仪式用的手册与 19 王朝阿拜多斯塞提神庙及公元前 10 世纪底比斯发现的纸草抄本的内容是一致的。[19]

二、《努特之书》

第二章已提及在阿拜多斯塞提神庙后面的奥赛里翁，其墓室的天花板上雕刻着《努特之书》，图像与铭文都已经残缺不全。在千年之后的泰布图尼斯图书馆出土了对它进行评注的纸草，这份纸草上还有对公元前 2000 年阿斯尤特的铭文的临摹。奥赛里翁是个墓葬结构的建筑，建成后就封闭起来了，其墓室天花板上的《努特之书》，古时候人们应该是无法看到的。同样的《努特之书》还出现在底比斯西岸帝王谷的拉美西斯四世墓的墓室天花板上，说明当时是有纸草版的蓝本的。而千年后的纸草上出现对它的复制和评注，说明这正是祭司内部流传的高级知识。

"卡斯伯格纸草"有两份抄本，都保存在哥本哈根大学博物馆，其中"卡斯伯格纸草 I"约 68 厘米长，30.5 厘米高，开头极可能有塞提神庙的《努特之书》的绘图，但这部分及第一栏开头部分的文字都没能保存下来。"卡斯伯格纸草 Ia"约 25 厘米长，虽然内容与 I 相似，但并非是它的复制品。[20]

"卡斯伯格纸草"由两部分组成，第一部分是对塞提神庙的《努特之书》的评注，按照从左到右的顺序，每个部分先描述位置，然后解释画面的含义。

A 是对整个画面的总括介绍。

B 提及太阳神从东南方向升起。

C 描述太阳神从杜阿特（黑暗的冥界）向上升起，并且提到了确切的时间——"第 9 个小时"。这也是第一次有文字材料说明古埃及人认为太阳与群星的起落是相关联的，它们都是消失在杜阿特，又从中再次出现。

D 描述世界的边界，世界的外围环绕着一望无际的黑暗的水域，太阳也无法到达，日月星辰及大地都在这个黑暗水域的环绕之内。

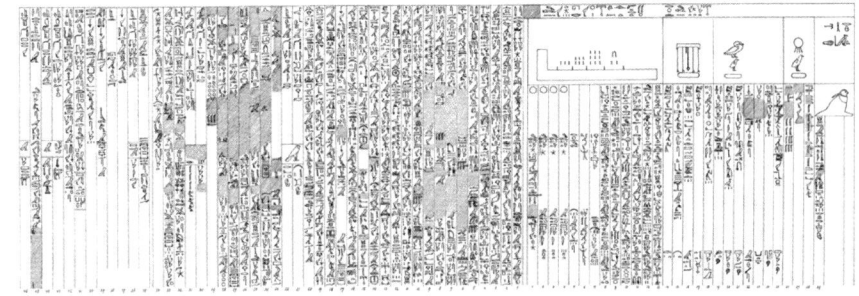

《努特之书》[21]

E 解释太阳和群星的运行规律。旬星"出生"后在东边天空活动 80 天，之后在中部天空"工作"120 天，然后在西部天空"居上"90 天，最后在杜阿特停留 70 天（无法在夜空看见）。每个夜晚可以看见 29 颗旬星在夜空中"活动和工作"，7 颗在杜阿特中无法看见。[22]

F 以神话叙述的方式描绘太阳运行，日落时太阳进入努特之嘴，得坎群星尾随进入。当太阳从努特子宫出现时，恢复到他最初的年轻样貌。此处再次描绘世界边界，西部边界即女神的头部外侧，有两个椭圆形的"冷水之巢"，那里栖居着人头、讲人类语言的群鸟。[23]

"卡斯伯格纸草"的第二部分非常特别，它是极少数保存下来的戏剧题材的文献。虽然这部分纸草残缺不全（可能是它所依据的蓝本本身就是残缺的），但其主要情节还可以看到。它以戏剧对话的形式描述群星的运行，把它们进入努特之口描述为努特不断吞吃自己的孩子，而地神盖伯为此一直与努特争吵。每个夜晚有 7 个旬星是看不见的，只能看到 29 颗。旬星进入杜阿特之后，在那里停留 70 天，它们在那里就像黑暗之湖的鱼，它们的眼泪也变成了鱼。但最终在盖伯的命令下它们脱离了杜阿特，重返天空。旬星会在天空消失 70 天后又重现，正如月亮也会在消失 28 天之后重新出现。"卡斯伯格纸草"的作者在总结这些规律的同时，提及旬星、月亮都与太阳相关联，正是这种关联使得它们消失又再现。[24]

自拉美西斯四世开始，国王墓室的天花板开始以成对的天空女神努特的浮雕来装饰，即两个努特的形象背对背构成对称的两个部分，与阿拜多斯的一样，画面不仅表现太阳的行程，也有旬星等其他天体的轨迹。26 王朝的穆提尔底斯（Mutirdis）的墓中也有极其相似的《努特之书》，其后出现在墓室或者棺椁上的《努特之书》多数是不完整的。

三、《法雍之书》

《法雍之书》（*The Book of Fayum*）现存的多数版本都发现于罗马埃及时期的法雍，是在泰布图尼斯神庙的一个窖藏中发现的。最初的版本可能是写在纸草上的，有大量的插图，现在保存比较好的三个部分分别是"拜因里希纸草"（P. Beinlich）、"布拉格纸草"（P. Blag）、"阿姆赫斯特纸草"（P. Amherst），这几份纸草上的文字都是圣书体。拜因里希认为，最初完整的《法雍之书》应该有 10 米长，为了方便使用，它最开始就是分别写在两片纸草上的。[25]

在科翁坡神庙的墙上，雕刻着《法雍之书》的部分内容，没有任何插图，整个浮雕被分为两部分，一部分是关于供奉天牛的内容，另一部分是一些较短的段落。两部分是出自同一个粉本。最重要的是，《法雍之书》也出现在其他地方，而且是铭刻在神庙中。

此外，还有若干僧侣体的版本，大部分残缺严重，只有一份保存相对完好的，有圣书体版本的六分之五的内容。[26]

法雍是开罗西南的一片低洼地，通过巴尔·约瑟夫河与尼罗河谷相连，该河注入法雍湖，现在湖区有 233 平方公里，古代时面积更大。约始于公元前 2000 年的几次垦荒工程，为了获得农田，将注入湖中的支流切断了，使得湖水水量大幅缩减。该地有大量鳄鱼，因此鳄鱼神索贝克是当地的主神。在《法雍之书》中，太阳神在夜间是以鳄鱼的形象游向他第二天升起之处的。而死神奥塞里斯则是法雍湖之水,随着尼罗河泛滥而来,象征着繁殖,蕴含着太阳神每日复新的潜力。

《法雍之书》的地理描绘是从巴尔·约瑟夫河开始的,向北展开表现法雍湖区,然后聚焦在三个城市:东南的塞迪特(Shedyet),北边的巴赫亚斯(Bacchias),西南的奈特神的阿卡西亚(Acacia)。图文穿插在一起,把法雍的地理特征、宗教中心及神话中的存在交织在一起,这是按照古埃及人心目中最重要的地方构建的嵌套的神圣景观。古埃及人在各种层面上模仿和建构宇宙,小到房屋、宫殿,大到神庙、诺姆乃至整个国家。[27]

《法雍之书》的开头是一对象征山丘的符号,围绕着7条横向的画带,延伸约1米长。中间的画带是空白的,上下3条画带由内到外依次描绘的是鱼类、鸟类、树木,再向外侧则是一系列神祇的形象,旁边的铭文写着他们所在的地方。(见下页图)第二部分是巨大的女神迈赫特乌瑞特(Mehet-Weret)的形象,从她的臂肘蔓延出两条曲折的运河,代表法雍南北两条注入湖水的运河。这两条运河是托勒密时期修建的,因此该文献的年代应该是托勒密时期或者之后的。第三部分是拉神的形象,他的身体一半浸没在水中,然后是两艘载着鳄鱼神索贝克的船,上下相对,呈镜像状态。这三个部分表现的是法雍湖的景观。接下来是一个长长的椭圆形地带,表现的是法雍地区的陆地。如前边的画面一样,在两侧有神祇形象及描述其所在地的铭文。之后是一系列鳄鱼神的形象,最后的画面是一个岛屿,上面有奈斯(Neith)女神的祠堂、创世八神的祠堂以及鳄鱼神的祠堂。全书的结尾是一个巨大的王名圈,里面的文字内容是"法雍是拉神、奥塞里斯、荷鲁斯和法老的领地"。鳄鱼神祠堂的外观是古老的样式,由3个表示庄园的符号 hwt 组成,两侧各有一个旗杆,这是塞迪特神庙的象征,因此此处又将人们的视线引回法雍主城。[28]

约翰·泰特(John Tait)认为,从内容看,《法雍之书》与辞书是一种类型的,只不过辞书没有插图而已。二者的基本逻辑和结构是一致的,只不过《法雍之书》近一半的内容是图表,又以地图的形式结合了地貌背景。[29] 笔者认为,从其表现形式看,《法雍之书》最接近新王国时期帝王谷的"冥世之书"系列,是创造性地以传统体裁表现托勒密时期法雍地区的宗教地位的尝试。

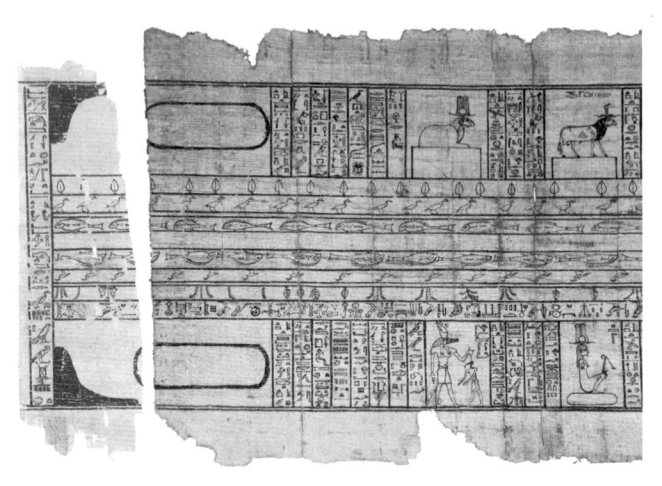

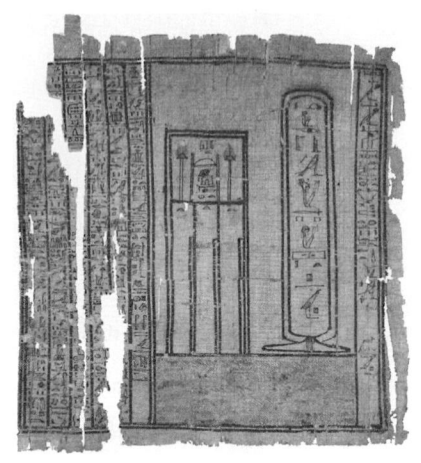

《法雍之书》的开头[30]和结尾部分[31]

　　《法雍之书》的创作者和使用者无疑是祭司群体。大部分版本都是在神庙的窖藏中发现的，是一批弃用的文献中的一部分。此外，现存主要版本是圣书体，这是只有祭司阶层才能掌握的高级知识，在希腊－罗马时期更是如此。

　　如何使用《法雍之书》，在学界一直有争议。圣书体的版本极其复杂，插图出自不同的画匠的手笔，有的文字方向是颠倒的，从阅读的角度看极不方便。作为地图式的资料，查阅起来也非常困难。长达10米的卷轴，如果展开阅读，相对小的画面还可以，但较大的画面，如表现法雍陆地的部分，是不可能一个人持卷打开、尽收眼底的。有的学者认为这种文献是举行仪式时用的，在特定仪式上悬挂在神庙中，而且大部分时候是收藏在神庙圣所的。也有的学者认为这是祭司训练用的，除了几个主要版本，还有僧侣体的抄本，这些都没有图像，其内容类似神庙仪式中的祷文，可能是祭司日常使用的。其中一个僧侣体抄本的最后有这样一段话：

　　　　这份文献由帕－盖伯（Pa-geb）完成，他是为贝亨（Bekhen）之主索贝克－拉（Sobek-Re）神的第一预言师写的。他也是泰布图尼斯和盖伯之主索贝克神的第一预言师，众神的王子。他的名字是拉－索贝克，他也是在贝特努（Betenu）主持仪式的瓦布祭司。哈德良在位二十年，泛滥季第一个月，第八天。[32]

从目前发现的多种抄本来看，很可能当时一些神庙的高级祭司想有自己的一份《法雍之书》，而这个作品从文字到艺术的精湛程度都足以使它成为祭司训练的模本。

现存的圣书体纸草版本共有三个部分，分别收藏在三个博物馆，其中最长的两个很可能最初就是故意写在两个纸草卷上的。《法雍之书》总长10米多，在膝盖上展开一个纸草卷的极限长度应该是5米左右。科翁坡是法雍之外的第二大鳄鱼神崇拜中心，《法雍之书》在此出现绝非偶然。根据这种分为两部分的结构，以及相关正字法的研究，科翁坡神庙墙上的《法雍之书》所依据的模本应该是泰布图尼斯的纸草版。因此，《法雍之书》在作为祭司训练用的范本之外，还是使用该类文献装饰神庙及其他相关场所使用的模本。

四、神庙图书馆与秘传知识体系

4王朝开始，古埃及神庙就有收藏管理文献和典籍的机构，这个传统一直延续到希腊－罗马时期。考古发现的神庙图书馆遗址极少，主要有19王朝拉美西斯二世祭庙、罗马时期的纳戈·马第（Nag Hammadi）图书馆、泰布图尼斯图书馆、底比斯图书馆等。其中的文献分为管理类和典籍类，前者主要是经济文书等管理档案，后者包括宗教祭仪、天文、文学等经典，这些经典既是一种知识库，也是高级文化的呈现，秉承着古老的传统，在收集、选择基础上编订而成，其主要作用是为祭司、司法活动和医学活动提供知识储备，规范日常生活和品行的基本准则，体现社会精英的文化身份。与亚历山大图书馆这类国家图书馆不同的是，神庙图书馆的基本原则是保存经典和遵循知识等级制度，其中的"生命之屋"就是整理、保存经典的核心机构，也就是前文提及的"神秘知识"的产生之地和传承之地。

发现于20世纪30年代的罗马埃及时期的大型图书馆——泰布图尼斯图书馆，目前已发现2500份纸草文献。在哥本哈根大学凯茨伯格纸草国际学术委员会的主持下，阿克塞尔·维尔滕（Aksel Volten）和朱塞佩·博蒂（Giuseppe

Botti）两位学者花了近三十年对这批文献进行了整理，完成了分类、编目和部分识读。吉姆·瑞霍尔特（Kim Ryholt）则对泰布图尼斯图书馆所存的叙述体文献进行了细致的研究，其专著《来自泰布图尼斯神庙图书馆的叙述类文学》(*Narrative Literature from the Tebtunis Temple Library*) 有对这些作品的完整转写、翻译和注释，并剖析了文本保存、故事背景、人物与历史事实的关联性等问题。[33]

与其他神庙图书馆相比，泰布图尼斯图书馆是保存图书最多的。虽然爱德福神庙的"生命之屋"的墙上留下了此处曾经收藏的书的目录，但文献没有保存下来。此外，泰布图尼斯图书馆的藏书风格相对保守，迪米（Dime）图书馆的很多藏书是世俗体的，奥克西林库斯（Oxyrhynchus）图书馆甚至有很多藏书是译成希腊文的，目的是保证发音的正确。而泰布图尼斯图书馆的藏书多数是僧侣体的，而且它们或者早于其他地方的图书，或者是依据了更古老的版本。

泰布图尼斯图书馆绝大多数纸草文献的成文年代约为 1—2 世纪（处于罗马埃及时期），少量为公元前 1 世纪和公元 3 世纪。纸草文献按内容分为三类：宗教仪式 110 篇（50%）、科学文献 60 篇（25%）和叙述文学 60 篇（25%）。

宗教仪式类文献又细分为五类：祭司知识手册、仪式手册、宗教赞美诗、魔法文献和祭司教育文献。其中祭司知识手册是祭仪类文献中最重要的一个子类，其中有 6 部作品尤其重要，已发现的这 6 部作品的手稿数量约有 50 多份，占祭仪类文献手稿总数的将近一半。[34]

1.《神庙之书》(*The Book of the Temple*)，约有 50 多个手册抄本；

2.《图特之书》，约 10 篇文献，为"爱学习之人"与智慧之神的对话；

3.《法雍之书》，有 8—10 篇，以鳄鱼神索贝克崇拜中心法雍为原型的神话地理；

4.《努特之书》，5 篇僧侣体纸草文献，描述来世的神话地理；

5.《神话手册》(*The Mythological Manual*)，4 份僧侣体手稿，叙述埃及各地的神话传统；

6.《祭司手册》(*The Priestly Manual*)，3 份手稿，其中一份为圣书体，另外两份为僧侣体。此即"塔尼斯地理纸草"，包括天文地理、地方区划、神圣知识、神庙历法以及礼仪制度等 10 个方面的内容。[35]

祭司教育文献是神庙祭司接受训练的主要内容，包括圣书体文字的语法和词汇，以及词典和词汇表。其中以僧侣体写的专有名词词典长达10米多，其前半部分为按主题排列的动词和名词组成的中埃及语"词典"，后半部分为祭司知识手册和日历。[36] 教育文献还包括古王国时期的国王敕令、中王国墓葬铭文的抄本，应该是祭司们学习写作的范本。[37]

如果把前文考察的三种文献传统——祭司手册、《努特之书》、《法雍之书》放在泰布图尼斯图书馆收藏的整体背景中，可以看出这些作品都有悠久的流传过程，而且在泰布图尼斯以外有多种抄本，既是王室专用的墓葬文献，也是官员彰显社会地位的标签。它们作为经典和秘传知识，在数千年的历史长河中以各种形式出现。

从古埃及秘传知识的内容和流传过程看，宗教经典和仪式指南是并重的，掌握经典是基础，但更关键的是通过参与仪式，在宗教实践中体悟经典的真谛，这是学习的两个阶段。古埃及人用两个不同的动词表达这两个阶段的学习：rekh 和 sia。rekh 是指掌握技术和现实层面的知识，即语言和文字交流中所必须使用的概念；sia 则是一种绝对的直觉或者综合的知识，不能归于合乎逻辑的知识。具备完整的 sia 的只有创世主，其他的神则或多或少具备一点。对于人类而言，rekh 和 sia 之间的距离为他们提供了一个开放的空间，让他们不断地探寻，但是人永远无法进入神的境界。[38]

如前所述，古埃及语中表达"神秘"的词中，最常用的是 sStA，其词根的意思是"困难的""难以接近的"，在世俗文学中这个词也是表达这个意思的，特别是在数学纸草中，用这个词来表示"难懂的""艰深的"。这个基本含义与上述的感悟式学习所强调的是一致的：真理的最高境界是"知行合一"。

约翰·贝恩斯以知识等级解释"神秘知识"的形成以及其在社会礼制中的作用，扬·阿斯曼等人强调"神秘知识"与古埃及人宇宙观的联系，这些都没有充分强调古埃及高级文化传承中"知"与"行"的统一。这种高级文化不是自然演变的结果，而是统治手段的核心部分，并通过节日庆典、贵族自传、墓葬文学等辐射到整个社会。特别是自中王国时期开始、在后期埃及发展到极致的来世信仰的大众化，使得核心文化日渐普及。但作为一种以生命哲学为核心

魔法师雕像,托勒密时期,开罗埃及博物馆藏

的综合性知识,唯有少数社会精英可以在神庙的特定仪式环境中以特定的生活方式浸濡其中,克服认知的障碍,进入感悟的境界。

对神庙典籍的内容及源流的考察证明,祭司教育中除各个门类的知识之外,作为仪式指南的祭司手册有着指导实践的重要作用,而神庙典籍中的核心文献,如作为仪式引导的诸神列表和辞书字典,作为神庙及墓葬装饰蓝本的《努特之书》《法雍之书》,在后世被评注和传抄,并出现在多种纪念性建筑中,更证明了这类知识的实践性。所谓的"神秘知识",其门槛不仅是对内容的掌握,更主要表现为在实践中体悟的资质和能力。即使对于体验到这种知识的祭司来说,也不会是一劳永逸的,需要一次次重新建立连接。而关于普通人不可僭越"神秘知识"限制的提法,多数出现在大众文学中,因为不可企及而增加了其神秘色彩。

第四节　神庙与奥塞里斯秘仪

一、奥塞里斯秘仪

从中王国时期开始,为追随奥塞里斯而前往阿拜多斯的朝圣活动日渐兴盛。中王国时期的国王们为加强自己的正统性而推动了"寻找奥塞里斯运动",他们将乌姆·卡伯的 1 王朝王陵——杰尔墓认定为奥塞里斯葬身之处,在其周围兴建了一系列纪念奥塞里斯的神庙、祠堂。每年的荷阿克月,都有纪念奥塞里斯的仪式,参与者不仅限于主持仪式的祭司,还有全国各地的信徒,叫作"图特的追随者",暗指图特神在奥塞里斯复活中所起的重要作用。仪式分为几个层次,有一部分在神庙外的场地举行,供大众参与;而最神圣的部分,即用以确保奥塞里斯及其追随者重生的部分,则在神庙中一处隐秘的场所由特定的祭司来完成。[39]

有关仪式的描述,最长也最详细的文献是 12 王朝辛努塞尔特三世时期的大臣伊赫诺弗里特在阿拜多斯的纪念碑,铭文描述了他受王命前往主持奥塞里斯仪式的具体过程。其中一段集中描写了他在仪式中所做的事情:

> 我安排了应为荷鲁斯为父报仇的行程,我将反对者自奈什麦特神圣船上赶下,我战胜了奥塞里斯的敌人,我庆贺伟大的仪式。我追随我的大神,令神船前行,由透特掌舵。我为船装点了一座神龛,确保(奥塞里斯)的派克尔(Pkr)之行体面风光。我为神前往佩卡前的墓地洒扫以待。我在那伟大的战斗中替温尼弗尔(Wennefer,指奥塞里斯)报了大仇,我在奈狄特(Nedyt)的沙岸上战胜了他所有的敌人,我令他顺利走入神船。这彰显了他的美丽,是我让东边沙漠中的人们/墓主开怀,给东边沙漠中的人们/墓主带来了欢愉。当船行至阿拜多斯时,他们见识了它的美丽;

我随神来到他的居所，我主持了他的净化仪式，打开了他的座椅，安置了他的住所（……并且在）他的随从之间……[40]

另一个是前文提到的大臣奈布瓦威在阿拜多斯的纪念碑，他的官衔之一是阿拜多斯奥塞里斯神庙的大祭司：

我被任命为这个神庙（指奥塞里斯神庙）的主持，代理神庙事务。
一天，国王给我的委任到达，
我要在黄金之屋（House of the Gold）的仪式中扮演"他所爱之子"（指荷鲁斯），
在阿拜多斯之主的秘仪中。
我是那个双手纯洁的塞姆祭司，为神呈上供品。
我是这个完美之神所信赖之人，
因为我的指挥，每个船都顺利行进……
我没有出任何差错……
作为见证奥塞里斯之人，达十一年之久，
陛下因此喜爱我，我被任命为奥塞里斯的大祭司，
主管神庙的一切事务，以王室仆人的身份得到信任。
我再次得到信任，
去往阿赫米姆（Akhmim）的敏神神庙，
将他的父亲荷尔恩多提斯（Harendotes，敏神的另一个名字）带来……
我主持了奈什麦特圣船的修缮，击退了那些反叛陛下之人。[41]

综合这些自传中的描述，奥塞里斯秘仪的主要过程是：
1. 将奥塞里斯的神像从神庙中抬出，放置在奥塞里斯专用的奈什麦特圣船上，以各种宝石装饰船龛，极尽奢华。在奈布瓦威的石碑中提到了敏神雕像从阿赫米姆抬来。
2. 祭司们将船龛抬出来，由开路者维普瓦维特开路，环绕神庙围墙一周

后，游行队伍经过河谷前往派克尔，即乌姆·卡伯的奥塞里斯墓。[42]

3. 在游行途中，一群"奥塞里斯的敌人"会袭击圣船并杀死奥塞里斯，奥塞里斯的追随者一边保护着奥塞里斯，一边与奥塞里斯的敌人作战。参加节日的民众也参与进来。

4. 游行队伍到达奥塞里斯墓，开始入葬仪式，包括洁净、防腐、复活等环节。这一阶段只有高级祭司在场，朝圣的民众都不能参与。节日的高潮是奥塞里斯的复活。人们会在黄金之屋中准备好奥塞里斯的新神像，由扮演九神的祭司抬回。

5. 祭司向众人宣布奥塞里斯的复活，之后奥塞里斯神像离开帕克，再次登上奈什麦特船，回到他的神庙，开始以盛宴和舞蹈为主的哈克节。[43]

这些仪式过程的描述，缺少了很多奥塞里斯神话的关键情节——比如伊西斯的角色，特别是奥塞里斯如何被害，等等，而这些在墓葬文献中有隐喻性的表达，下文将展开讨论。

二、阿拜多斯的神庙墓

阿拜多斯的遗址最早可上溯到史前时期的涅伽达一期，这里是最早的王陵所在地，1900年就在这里发现了1王朝的所有国王和2王朝的两个国王（帕瑞布森、哈塞赫姆威）的王陵，近年来又在这里发现了0王朝、00王朝的王陵。

阿拜多斯的地方神是墓地之神肯塔门提乌。在5王朝、6王朝时，肯塔门提乌开始与起源于下埃及的繁殖之神奥塞里斯结合，奥塞里斯逐渐成为冥世之神。到中王国时期，阿拜多斯已然是民间信仰的主要中心，这里每年都会举行前文提到的"奥塞里斯的神秘"这一仪式。人们在这里留下了大量的纪念碑、祠堂，希望不错过任何一次节日和庆典。

阿拜多斯古城的中心是一个叫库姆·苏尔坦的土墩，这里最早的神庙是供奉肯塔门提乌的，12王朝后成为奥塞里斯的神庙。该神庙是泥砖建成的，只有部分结构——如旁柱和过梁——是石头的。历朝历代的国王都在这里进行修建和祭祀活动，几乎每个古王国时期的国王的名字都在这里出现过。1 王朝国王阿哈的石瓶碎片、胡夫唯一的象牙雕像都是在这里发现的。11 王朝的门图荷太普，18 王朝时阿蒙荷太普一世、图特摩斯三世、阿蒙荷太普三世都曾修葺该神庙。后期埃及的阿普瑞斯（Apries）、阿玛西斯（Amasis，即阿赫摩斯二世）和尼克塔尼布一世（Nectanebo I）也在此进行过修建活动。奥塞里斯神庙一直使用到希腊-罗马时期。[44]

在阿拜多斯，有两个与奥塞里斯崇拜关系密切的墓，一个是 12 王朝的辛努塞尔特三世在阿拜多斯建造的衣冠冢，一个是 19 王朝塞提一世在其神庙后面建造的奥塞里斯墓，这是我们要重点讨论的。

辛努塞尔特三世在阿拜多斯建造的衣冠冢在库姆·苏尔坦南边约 3 公里处，最早发现于 1901 年。2005 开始，约瑟夫·韦格纳（Josef Wegner）率领的宾夕法尼亚大学考古队打开了墓室内部，进行了系统的发掘。韦格纳对这个墓与帝王谷早期的墓进行了比较研究，提出了"Amduat 墓"理论[45]，认为辛努塞尔特三世在阿拜多斯的这个墓是这个类型的先驱，其特点是将《来世之书》作为建筑粉本，墓的构造是《来世之书》里展现的。其革新之处在于放弃了此前中王国国王沿用的金字塔墓，改建地下墓，而且陵墓与旁边的祭庙没有连接通道。此前辛努塞尔特二世在拉洪的金字塔，就已经与祭庙各自独立。这为新王国时期王陵与祭庙分开的设计开了先河。另一个革新是陵墓没有任何地上建筑，但因为紧靠金字塔形状的峭壁，处在峭壁与平原的连接点，借用了天然金字塔的自然景观。新王国时期帝王谷也是在金字塔形状的山峰下面，二者异曲同工。韦格纳认为，辛努塞尔特三世这个墓是新王国时期帝王谷王陵的模板，因为墓的内部有多处封闭墓室的机关，他认为这不是之前学者认为的衣冠冢，而是有真实的王陵。[46]

在陵墓的围墙内，发现了刻有"Dw-anubis"字样的印章，意思是阿努比斯之山，说明了旁边的金字塔形状的山丘的象征意义。墓室的结构也含义丰富：墓是东西方向展开的，入口在东，进去是下行通道，与《来世之书》描述的朝西进入冥界吻合。下行通道之后，是一个前室，天花板以圆形石柱拼成，与乔塞尔金字塔入口处的柱廊天花板一样，是一种复古风格。再向前，两个相连的竖井通向下面的一个墓室，这是象征奥塞里斯埋葬处的建筑，帝王谷的部分王陵有类似的结构。最值得注意的是国王的墓室，它以红色石英岩建成，古埃及文献有明确的证据证明这是象征太阳神的石材，而且这个墓室就位于墓道的转折点上，墓道由此转变方向，以弧形展开，指向东方，正符合《来世之书》中太阳神船的巡行方向。[47]

塞提一世的神庙结构很独特，整个建筑群呈 L 形，有两个塔门，每道塔门后都有一个庭院，再往里先后有两个立柱大厅，再后面是七个祠堂一字排开，从南边数起分别是供奉塞提一世、普塔、拉－荷尔阿赫提（Re-Harakhty）、阿蒙－拉、奥塞里斯、伊西斯和荷鲁斯的。其中奥塞里斯祠堂（第五个）后面连着一个很大的祠堂，宽度与神庙的宽度一样，这里是祭拜奥塞里斯的地方，有两个柱厅，两边还各有一套供奉奥塞里斯、伊西斯和荷鲁斯的三神祠。最奇特的是第二个柱厅，里面有两根柱子，有壁龛和一个从开始就设计成无法进入的小房间。有学者认为这是神庙内部的井，也有人认为这是存放仪式用品的地方。这个柱厅的位置、其中的壁龛、表现冥世的部分等非常像古埃及人传说中的"生命之屋"。至此我们描绘的是神庙的 L 结构的长端部分，从上述的 7 个祠堂向南就开始了 L 结构的短的部分。首先看到的是祭拜孟菲斯之神尼弗尔太姆和普塔－索克尔的大厅，旁边是一个长廊，长廊一侧的浮雕是塞提一世和拉美西斯二世正在套牛的生动画面，另一侧则是著名的阿拜多斯王表，是祭拜祖先用的。长廊通向一套仓房，在仓房的前面有一个泥砖造的王宫，里面有一些厢房，这大概是国王在节日期间到访这里时用的。神庙内部的浮雕是塞提一世时期完成的，外墙上的浮雕，包括第一个立柱大厅内的则是拉美西斯二世时期完成的。[48]

在塞提一世神庙的后面，沿着同一轴线，是奥塞里斯墓的所在，这部分主要是国王美尼普塔建造的。建筑结构模仿了新王国时期的陵墓建筑，内部有甬道、葬室和石棺模型，石棺周围有象征原初之水的水渠。它的入口是在北边，有一道长长的下行通道，到尽头之后向左拐，分别是两个大厅，前边的大厅看起来像一个岛屿，另一个则建成外棺的样子，屋顶上是天象图案。岛屿状的大

阿拜多斯奥塞里斯假墓

厅的中间部分是露天的，象征着创世之初的世界：岛屿是原初之山，周围是原初之水，岛中间曾种植大麦来象征奥塞里斯的复活。[49]

就在塞提一世神庙后面的奥塞里斯墓里，发现了大量的"冥世之书"的浮雕，这是墓葬之外的建筑中出现最多的例子。入口处，西墙的浮雕是《门之书》，东墙的是《洞之书》，柱厅有《赞美西方的拉神》，柱厅后面的横向房间，其形状是一个巨大的外棺，象征着太阳神拉与奥塞里斯结合之处。这个房间的天花板上装饰着《努特之书》与《夜之书》，墙上则是《创造日轮之书》。[50]

在塞提一世神庙的西北方向，拉美西斯二世建造了一个小神庙，其浮雕保存得非常好，该神庙的结构与麦地奈特·哈布的神庙非常相似。在与神庙柱廊相连的一个祠堂里，发现了《赞美西方的拉神》中的"拉神之名"部分的简版。卡纳克神庙对应的位置也发现了相似的内容。

在麦地奈特·哈布神庙的太阳神祠堂中，有著名的《作为太阳祭司的国王》，旁边就是《日之书》与《夜之书》。门楣上，国王跪着，与四个狒狒一起崇拜圣船上的太阳神，这个场景与《门之书》第十二小时的画面非常相似。而且，这个神庙与上述阿拜多斯小神庙的结构也非常相似。[51]

奥塞里斯墓与塞提神庙在建筑上有惊人的相似之处，它们都是 L 形状的；奥塞里斯墓的下行通道的长度与神庙塔门到 7 个神祠的距离是一样的，由此我们可以想象同样的仪式巡行路线。而两个建筑的 L 形状的短翼部分，总体面积、排列方向及内部比例也是一致的。在神庙中，索克尔和尼弗尔太姆的祠堂是举行仪式的核心地点，而在对应的奥塞里斯墓中，这个位置是奥塞里斯的墓室，也就是索克尔之洞，太阳神复活之处。

"冥世之书"与帝王谷王陵在结构上有巧妙的对应之处。18 王朝晚期到 19 王朝初的墓室都是椭圆形的，如王名圈的形状，与《来世之书》第四小时索克尔隐身的椭圆墓穴一致。19 王朝早期的王陵（从塞提到拉美西斯二世），下行通道到达两个竖井之间的墓室——象征奥塞里斯墓则对应《来世之书》的第四、第五小时中索克尔统领的罗塞陶，是奥塞里斯的尸体所在。

三、神庙、秘仪与文化记忆

自古王国时期开始，古埃及人就把陵墓想象成冥世本身，将陵墓当作另一个世界的小宇宙。最特别的是，古埃及人同时赋予这个想象的冥世以时间的概念，时空的结合是古埃及人的来世观念的最大特点。金字塔石的四面刻写着太阳神的四种形象——早晨的荷普尔、中午的拉、傍晚的荷尔阿赫提和夜晚的阿蒙-拉。这是在告诉我们，这个空间是以时间构成的，或者说，时间是我们可以看得见的天空。[52]

这个观念到新王国时期有了更明确的表达。这个想象的冥世在帝王谷的"冥世之书"系列中展现的是时间和空间的合体。首先，《来世之书》与《门之书》等都是把冥世划分为 12 个小时来描述的，而《来世之书》中有些小时会有具体的长度和宽度，比如第一个小时的长度是 120 伊特鲁（itrw，直译为河，约 10.5 公里）[53]，而第二小时、第三小时的长度都是 309 伊特鲁，宽度是 120 伊特鲁。[54]

前文论及自传描述的奥塞里斯秘仪与"冥世之书"第四、第五小时的内容的对应关系，恰恰从第四小时开始，就不再有长度和宽度的数字出现了，恰恰从这个小时开始，太阳神的船队进入了黑暗的沙漠之中的罗塞陶，"拖曳之地的神秘道路"，也就是太阳神与奥塞里斯结合、复活进行的时空。

在拉美西斯二世的王后尼弗尔塔丽（Nefertari）的墓中，有一个墓室画面描绘了拉神与奥塞里斯的合体——羊头加木乃伊的身躯，旁边的铭文写道："拉神在奥塞里斯之中，奥塞里斯在拉神之中。"[55] 这个最精练地表达了古埃及人来世信仰的核心：象征光明和时间的太阳与象征生命复活的奥塞里斯的结合，是到达永恒来世的希望。

辛努塞尔特三世、塞提一世在阿拜多斯所建造的空墓，以建筑的形式表现了"冥世之书"描述的世界。最重要的是，塞提一世的奥塞里斯之墓与其毗邻的神庙一起构成了一个完整的仪式空间：奥塞里斯秘仪的高潮部分在奥塞里斯祠堂后面的第二个奥塞里斯厅及其左侧的索克尔和尼弗尔太姆厅，而这两个部分，正对着奥塞里斯墓的第二祠堂，也就是岛屿状的环绕着水的奥塞里斯外棺样子的建筑。

根据自传文献的描述，奥塞里斯秘仪开始于神庙，神像被抬出后会巡行到奥塞里斯墓，在那里度过一个夜晚，第二天返回神庙。从塞提神庙与后面的奥塞里斯墓的位置关系、铭文内容来看，奥塞里斯墓就是这个夜间仪式进行的地方，也就是说，仪式中最神秘的环节就在此进行。祖先崇拜的浮雕内容，以及上行的台阶，围墙圈定的台阶后的道路方向，明确把神庙与后面的奥塞里斯墓联系起来。奥塞里斯仪式在神庙内部举行的过程，依次是前面7个祠堂的仪式，之后进入后面的奥塞里斯祠堂、第二奥塞里斯祠堂，最后进入索克尔和尼弗尔太姆祠堂，然后将奥塞里斯神像放在台阶左侧房间的神轿上，由祭司抬着，拾级而上，前往奥塞里斯墓。

进入奥塞里斯墓之后，按照入口到柱厅到第一祠堂（也就是外棺形状的建筑）的顺序依次出现的是《门之书》与《洞之书》、《赞美西方的拉神》、《努特之书》与《夜之书》、《创造日轮之书》。在塞提一世的石棺上，《门之书》的各个小时是按照连贯的顺序出现的，从足挡外侧开始，到头挡内部结束，因此总结性的场景会直接出现在死者头部的后方。而在奥塞里斯墓中，也是这样依序出现的。

古罗马作家阿普列乌斯的《金驴记》记载了古埃及人的伊西斯秘仪。卢修安由驴变回人后，要求祭司让他体验伊西斯秘仪。沐浴净身之后，他等待夜晚的降临，仪式过程的描绘是文学化的：

> 我进入了冥府，踏入冥府的门槛，我经历了所有种种，我返回人间。我在午夜时分看到闪耀的太阳，看到了天堂和地下的诸神，我与他们面对面，并向他们致意。[56]

这段描述，完全符合进入奥塞里斯墓之后看到的铭文的内容。

辛努塞尔特三世的金字塔在达舒尔，塞提一世的墓在帝王谷，而他们都在阿拜多斯建造了规模巨大的"假墓"。在整个埃及历史上，衣冠冢只有这两个。

《来世之书》是"冥世之书"中唯一一种铭文以僧侣体呈现的。图特摩斯三世墓中的《来世之书》最为完整，看起来像纸草卷在墓室的四面墙上展开，甚至有的部分写着"此处纸草破损"，其最初的粉本是纸草文献这点是确定无疑的。从语法和词汇特点看，它也是古典中埃及语。中王国时期的王陵内部没有任何装饰，迄今为止，除了阿蒙涅姆赫特和肯杰尔的金字塔石上有简短的咒语之外，没有发现中王国时期的王陵所使用的墓葬文献，学者们推测这个时期王陵所使用的是纸草或者其他不易保存的载体。[57]

对比之下，《来世之书》仿佛是把辛努塞尔特三世在阿拜多斯的墓临摹到了纸草上，或者说，这个墓仿佛是以《来世之书》为图纸建造的。其后，18王朝的第一位国王阿赫摩斯也在阿拜多斯建造王陵，而且建造了一个金字塔形状的祭庙。整体的设计与辛努塞尔特三世的极其相似。

因此，阿拜多斯成为理解奥塞里斯崇拜与太阳神崇拜结合的聚集点，奥塞里斯秘仪的神圣空间也得以完整展现。古王国末期是太阳神崇拜的一个高峰，之前 5 王朝的太阳神庙即是证明。自中王国早期国王在阿拜多斯建造奥塞里斯神庙，开启以奥塞里斯仪式为中心的朝圣活动，到辛努塞尔特三世以假墓的形式表现太阳神崇拜与奥塞里斯崇拜的融合——金字塔形状的山丘下面修建 Amduat 样式的陵墓，再到 19 王朝的塞提一世重返阿拜多斯并在此建造了神庙墓，在上千年的历史中，阿拜多斯逐渐成为太阳神与奥塞里斯神融合的纪念碑。

中王国时期和 19 王朝对阿拜多斯的回归，是以文化记忆巩固传统、修复政治创伤的成功案例。第一中间期之后，重新完成统一的底比斯王朝始终面临地方离心力的挑战，在采取行政改革、开发法雍、恢复商贸、在努比亚地区修建军事堡垒、迁都北方的伊什塔维（iT-tAwy）等一系列措施的同时，文化复兴的措施也在逐步推行，阿拜多斯的奥塞里斯崇拜成为核心举措。如前文所述，中王国时期的国王已开始推动奥塞里斯和太阳神信仰的融合。人们在奥塞里斯身上寄托着复活和永生的希望，将国王死而复生的神话以更为具体的仪式和节日庆典来呈现，产生了巨大的凝聚力，成为国王的合法性和正统性的有力支持。奥塞里斯仪式和庆典的部分环节的公开化，也推动了魔法的盛行。到场的普通人立下纪念碑，希望以此让仪式每年再现、实现不断重复参加的愿望，而更多身处远方不能到场的人则通过在阿拜多斯立碑、建祠堂来达成追随奥塞里斯的心愿，沟通神、人和冥界的魔法有了更多的用途。神学理论和宗教实践两方面的发展使得奥塞里斯信仰更加深入人心。

如前文所述，19 王朝面临着埃赫那吞宗教改革留下的集体创伤，虽然在埃赫那吞去世后不久，传统宗教就得到恢复，但这场宗教改革触及的是神人关系中国王的角色和地位。作为神在人间的代理，国王维护神定秩序，以此作为对神的回报，如果造成秩序混乱的是国王本身，人们对这个角色的信任就会开始动摇。从 19 王朝开始，"神—国王—民众"的模式发生了变化，人们普遍开始寻求与神直接交流，虽然还有作为众神之王的国神阿蒙，但更多的人有自己的保护神，崇拜方式也更为多元化。

当塞提一世在阿拜多斯建造集神庙及奥塞里斯墓于一体的建筑时，始于中王国时期的奥塞里斯与太阳神的融合达到了顶点，可以说，此时已经出现了一个更超然的新神——拉－奥塞里斯，太阳神与奥塞里斯神分享彼此的神格。

正是在阿拜多斯的塞提神庙最深处的索克尔和尼弗尔太姆柱厅的墙上，刻写着诸神列表，即秘传知识的重要线索。如果把这些线索联系起来，在墓碑上展示诸神列表的古王国时期的官员就是拥有"掌握神秘知识"头衔的人。"神秘知识"和秘仪本没有向外传播的渠道，之所以留下了这些线索，恰恰是因为阿拜多斯作为古埃及人打造文化记忆的圣地，留下了各个时代的宗教实践和仪式庆典的轨迹。

奥塞里斯及其相关仪式，是古埃及数千年文化记忆的符号，如果没有历代国王，特别是中王国时期的辛努塞尔特三世、新王国时期的塞提一世等对这个远古文化记忆的追溯、再造和传承，上述的各种线索不可能存在。奥塞里斯是一个传说，也是一段回忆，更是在这二者基础上的一段真实的思想史。他在不同的历史时期给人们带来了相同的希望，这也是文化记忆对我们的意义。

注 释

[1] Henri Frankfort, *Ancient Egyptian Religion : An Interpretation*, Columbia University Press, 1948, pp. 63–64.

[2] Erik Hornung, *Conceptions of God in Ancient Egypt*, Cornell University Press, 1982, pp. 213–214.

[3] Ibid., p. 216.

[4] Ibid., p. 217.

[5] Sylvie Cauville, *Le Temple de Dendera: Guide archéologique*, Institut Français D'archéologie Orientale, 1990, pp.68–75.

[6] John Baines, "Restricted knowledge, hierarchy, and decorum: modern perceptions and ancient institutions," in *Journal of the American Research Center in Egypt*, vol. 27 (1990), pp. 1–23.

[7] Jan Assmann, "Der Tempel der ägyptischen Spätzeit als Kanonisierung kultureller Identität," in J. Osing and E. K. Nielsen (eds.), *The Heritage of Ancient Egypt: Studies In Honour of Erik Iversen* , University of Copenhagen, 1992, pp. 9–25.

[8] Jan Assmann, *Sonnenhymnen in thebanischen Gräbern* (Theben Ⅰ), Verlag Philipp von Zabern, 1983, p.10.

[9] John Baines, "Restricted knowledge, hierarchy, and decorum: modern perceptions and ancient institutions," in *Journal of the American Research Center in Egypt*, vol. 27 (1990), p.9.

[10] Ibid., pp. 1–23.

[11] Miriam Lichtheim, *Ancient Egyptian literature, Volume III : The late period*, pp. 128–29, 146.

[12] John Baines, "An Abydos list of Gods and an old kingdom use of the texts," in *Pyramid Studies and Other Essays: Presented to I. E. S. Edwards,* Egypt Exploration Society, 1988, pp.125–129.

[13] Ibid.

[14] Ibid.

[15] Ibid.

[16] 见颜海英,《神圣时空下的文化记忆:〈冥世之书〉与奥塞里斯秘仪》,《外国问题研究》2020 年第 3 期。

[17] Kim Ryholt, "On the Contents and Nature of the Tebtunis Temple Library: A Status Report," in Sandra Lippert and Maren Schentuleit, *Tebtynis und Soknopaiu Nesos: Leben im römerzeitlichen Fajum,* Harrassowitz Verlag, 2005, p.160.

[18] Ibid., p.150.

[19] Ibid.

[20] O. Neugebauer and R. A. Parker, *Egyptian Astronomical Texts Vol.* I, Brown University Press, 1960, pp.36–38.

[21] 图片出自 H. Frankfort 的 The Cenotaph of Seti I at Abydos。

[22] O. Neugebauer and R. A. Parker, *Egyptian Astronomical Texts Vol.* I, pp.36–88.

[23] Ibid., pp.38–42.

[24] Ibid., pp.67–80.

[25] John Tait, "The 'Book of Fayum': Mystery in a Known Landscape," in David O'Connor and Stephen Quirke (ed.), *Mysterious Lands,* UCL Press, 2003, p.183.

[26] Ibid., p. 184.

[27] David O'Connor, "From Topography to Cosmos: Ancient Egypt's Multiple Maps," in R. J. A. Talbert (ed.), *Ancient Perspectives: Maps and Their Place in Mesopotamia, Egypt, Greece, and Rome,* University of Chicago Press, 2012, pp.68–69.

[28] John Tait, "The 'Book of Fayum': Mystery in a Known Landscape," in *Mysterious Lands,* pp.188–195.

[29] Ibid.

[30] John Baines, *High Culture and Experience in Ancient Egypt,* Equinox Publishing Ltd., 2013, p.126.

[31] Ibid., p.127.

[32] John Tait, "The 'Book of Fayum': Mystery in a Known Landscape," in *Mysterious Lands,* p.201.

[33] Kim Ryholt, "On the Contents and Nature of the Tebtunis Temple Library: A Status Report," in T*ebtynis und Soknopaiu Nesos : Leben im römerzeitlichen Fajum*, p.142.

[34] Ibid., p.148.

[35] Ibid., p.149.

[36] Ibid., p.151.

[37] Ibid., pp.151–152.

[38] Edward F. Wente, "Mysticism in Pharaonic Egypt?", in *Journal of Near Eastern Studies*, Vol 41, No.3 (1982), pp.166–167.

[39] A. Rosalie David: *The Ancient Egyptians: Religious Beliefs and Practices*, Routledge & Kegan Paul, 1982, p.108.

[40] James Henry Breasted, *Ancient Records of Egypt*, Vol. I, University of Illinois Press, 2001, pp.665–668.

[41] Elizabeth Frood、Ritual Function and Priestly Narrative, "The Stelae of the High Priest of Osiris, Nebwawy," in *The Journal of Egyptian Archaeology*, vol. 89 (2003), pp.65–66.

[42] K. J. Eaton, "The Festivals of Osiris and Sokar in the Month of Khoiak: The Evidence from Nineteenth Dynasty Royal Monuments at Abydos," *in Studien zur Altägyptischen Kultur, Band 35,* Helmut Buske Verlag, 2006, pp.75–101.

[43] Marie-Christine Lavier, "Les fêtes d'Osiris à Abydos au Moyen Empire et au Nouvel Empire", *Égypte, Afrique & Orient*, pp.27–38.

[44] Donald B. Redford (ed.), *The Oxford Encyclopedia of Ancient Egypt*, Oxford University Press, 2001, pp.7–9.

[45] 原名《密室之书》，学者们通常用 Amduat（意为在来世之中），即《来世之书》。

[46] Josef Wegner, "The Tomb of Senwosret Ⅲ at Abydos: Considerations on the Origins and Development of the Royal Amduat-Tomb," in *Archaism and Innovation: Studies in the Culture of Middle Kingdom Egypt*, edited by D. Silverman etc, 2009, pp.103–169.

[47] Ibid.

[48] A. Rosalie David: *A Guide to Religious Ritual at Abydos*, Aris & Phillips, 1981, pp.7–10.

[49] Ibid.

[50] John Coleman Darnell and Colleen Manassa Darnell, *The Ancient Egyptian Netherworld Books (Writings from the Ancient World)*, SBL Press, 2018, pp.33–34.

[51] Ibid., p.35.

[52] Joshua Roberson, *The Ancient Egyptian Books of the Earth* (*Wilbour Studies in Egypt and Ancient Western Asia*), Lockwood Press, 2012, p.18.

[53] Erik Hornung, *The Egyptian Amduat: The Book of the Hidden Chamber,* (translated by David Warburton), Living Human Heritage Publications, 2007, p.28.

[54] Ibid., p.38.

[55] N. Rambova(ed.), *The tomb of Ramesses VI*, Pantheon Books, 1954, p.150.

[56] Jan Assmann, *Death and Salvation in Ancient Egypt* (translated by D. Lorton), Cornell University Press, 2005, pp. 394–395.

[57] Josef Wegner, "The Tomb of Senwosret Ⅲ at Abydos: Considerations on the Origins and Development of the Royal Amduat-Tomb," in *Archaism and Innovation, Studies in the Culture of Middle Kingdom Egypt*, p.144.

第九章

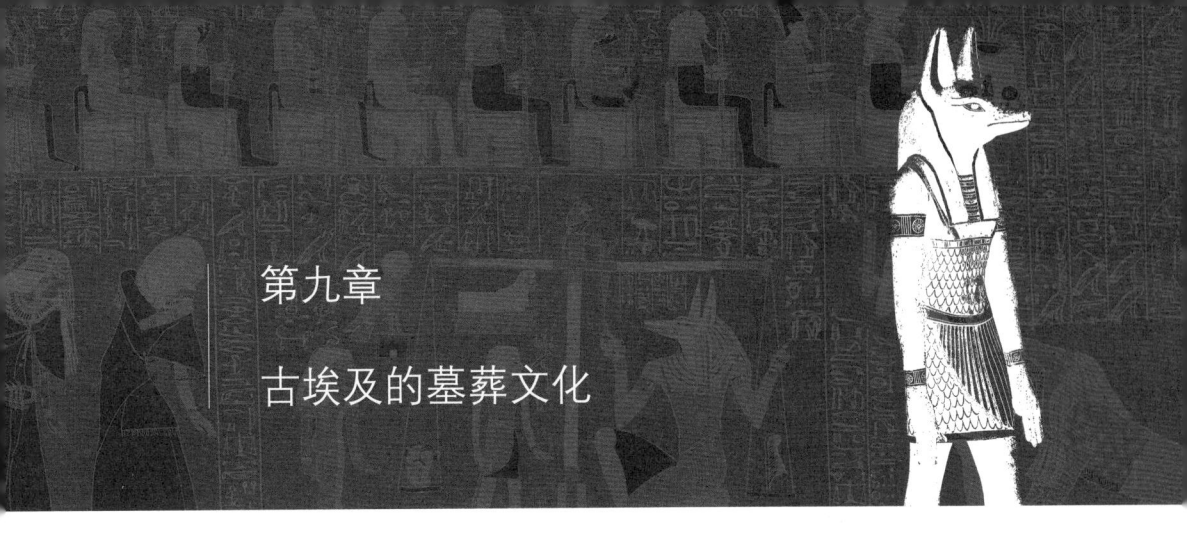

古埃及的墓葬文化

在古代文明中,古埃及文明的墓葬遗存是最丰富的——从金字塔、岩凿墓到不计其数的木乃伊、随葬品,以及大量的墓葬文献、仪式用品,其墓葬文化在早期文明中独具特色。在早期国家起源阶段,墓葬文化起到了关键作用,对豪华墓葬的需求促生了远程宝货贸易和制造业的专业化,而古王国时期金字塔的修建又推动了以墓葬经济为核心的再分配制度,对永恒来世的追求塑造了古埃及文明的灵魂。

以来世信仰为核心的宗教体系,是古埃及早期国家形成时期创造出来的高级文化的主要内容,这种高级文化是当时的社会精英综合各种地方传统打造而成的,是统治手段的核心部分。它一被创造出来,就对整个社会产生了深远的影响。在埃及,王权的合法性与相信来世的宗教信仰糅合在了一起,这也是古埃及社会和精神世界最强大的稳定剂。另一方面,这种高级文化自上而下的辐射也伴随着来世信仰逐渐"民主化"的进程。古王国时期国王专用的《金字塔铭文》到中王国时期扩散到了贵族阶层,至新王国时期则以写在纸草上的更为廉价的《亡灵书》这一形式盛行于民间。金字塔鼎盛期的4王朝、5王朝,王室之外的人无权放置完整的墓室雕像,只能使用作为替代品的头像;中王国时期,地方显贵的雕像也可以在神庙里被供奉。民间的墓室壁画也经历了从只能用日常生活画面到逐渐可以使用《亡灵书》的转变。正是来世信仰及其实践的民主化、大众化——通过墓葬习俗、节日庆典不断传播扩散,才使得古埃及的高级文化成为永恒的经典,在不同历史时期、不同地域的异文化中引发持久的共鸣。

古埃及人的来世信仰有三种表述形式：一为世界上最早的墓葬文学，自古王国金字塔时代，古埃及人就有了来世信仰的经典表述——从《金字塔铭文》到中王国时期发展为《棺木铭文》，再到新王国时期的大众版的《亡灵书》和王室专用的《密室之书》的分流；二为上述内容的建筑、图像表达，即神庙、墓室的浮雕、铭文、绘画；三为围绕这些主题的宗教仪式、节日庆典。其中仪式与庆典是解读这些资料的关键。考古资料不能直接反映人类的历史，古代物质遗存是精神生活的产物。古埃及人称他们的墓是"永久的居所"，称神庙是"神的居所"。他们在日常生活中，以恢宏华丽的仪式庆典将二者转换成神圣时空，把平淡的日子照亮，把远古的共同记忆唤醒，从劳苦中得到解脱和休养，在舞乐中确认群体的认同。

第一节　灵魂观念与来世信仰

基督教文化继承了希腊人的信念，认为人由物质的肉体和精神的灵魂两部分组成，灵魂永恒及肉体再生是其来世观的主要原则。古埃及人则认为人是由几个元素组成的，失去任何一部分都意味着失去整体。这些要素中，某些部分是活着的时候就存在的，而有些则是在死后才显现出其重要性。

18王朝的书吏阿蒙涅姆赫特的墓室祠堂中的铭文非常具象地表达了古埃及人对人的本质的认识。根据墙上的文字说明，祠堂南墙上的供品都是死者生前必需的物品。旁边的铭文是："为他的'卡'，为他墓地的墓中所立之碑，为他的命运（SA），为他的生命时光（aHa），为他的Meskhenet，为他的Renenet，为他的赫努姆。愿神让他控制它们（供品），富有它们，战胜它们……"这些概念中，Meskhenet、Renenet、赫努姆是与他的出生和抚养有关的，另外两个是与他的生命和性格相关的（SA、aHa），是仪式的焦点。北墙上的铭文指的是死者死后最重要的方面："为他的'卡'，为他的碑，为他的'巴'，为他的阿赫（Ax），为他的尸体（XAt），为他的影子swt，为他所有的显现xprw。愿这些神使得他富有这些（供品），使他加入他们，可以像他的先辈一样永远吃喝享用它们。"这些概念都以具体的形象出现在死者形象的上方，代表死者死后的存在形式："卡"、"巴"、XAt、swt、xprw。

关于人的物质的身体有几个表述的概念：当人活着时，它是 Xt，指人体作为物质的存在，但它也可以被描述为 irw——"形式，外在"，强调身体作为一个人的物质形式以及发挥作用的形体的一面；在人死后，常用的词是 XAt——尸体，或者 sax——木乃伊；影子 swt 也是活着的人的本质的组成部分，但是它更经常与死者联系在一起。它与木乃伊有密切关系，是死者在人间的影子，但它的颜色是黑的。

在墓葬文献中还有两个重要的概念，一个是 rn（名字），一个是 ib 或 HAty（心）。前文提过，埃及人认为名字不仅是事物的音符，也是其本质的一部分，因此，一个人的名字被毁或者被遗忘就意味着此人整个被毁掉。心既是人的智力的基础也是人的道德的基础，人要作为富有道德和思想的存在就必须保证心的存活。心代表所有形式的能量，是意志之源。像"卡"一样，它是独立的存在，因此心与"卡"的关系是很接近的。心是理性、情感、意识、记忆等的源泉，也是自由意志的源泉，这种自由意志甚至可能反对神和神造的宇宙秩序。为此，在末日审判庭的天平上，一端是死者的心，另一端是象征正义的玛阿特。有时我们看到天平的一端是一个人而不是一颗心，说明在古埃及人心目中，心是可以代表整个人的。作为一个独立的个体，心有能力遗弃人，将他的意识和意志带走。《孟菲斯神论》说："心与舌有超乎其他感官的能量——因为是它们创造了一切……是心使得知识发展，是舌重复着心所想的。"对于死者来说，心就成了最关键的器官。人们精心地把它包裹好，从不让它离开尸体。

像"卡"和心一样，"名字"也是独立的存在。所有的事物都有名字。《孟菲斯神论》中，创世主普塔是"能叫所有事物名字的嘴"，是普塔结束了"没有任何东西的名字被叫出来的"混沌的初始时期。婴儿一诞生就立即得到一个名字，因为没有名字的事物是不存在的事物。为了防止在来世没有名字，古埃及人千方百计地使自己的名字永久留存下去。最早的文字也是用来书写名字的。名字能证明一个人的身份（当死者进入神的世界时，要宣称"神是我的名字"），同时也能代表一个人，在许多建筑物上法老的形象是用他的王名来代表的。官员在国王雕像前祈祷，与在王名前祈祷是一样的。神的名字与国王的名字都能产生魔法般的能量。例如，人们遇到鳄鱼时，大呼阿蒙神的名字就能得救。用神和国王的名字做护身符更是普遍。同样的道理，如果抹去一个人的名字就是彻底毁掉他的存在，伤害一个人的名字就如伤害那个人本身一样。例如，埃赫那吞抹去了阿蒙的名字，后人又抹去埃赫那吞的名字，都是出于这样的目的。许多时候，法老们通过更改名字的办法把以前法老的神庙、陵墓、雕像据为己有，因此许多雕像与其所有者的身体外貌特征毫无关联，只能靠上面的名字来判断其身份。

在肉体与灵魂之间的是"卡"，该词的象形文字符号是两条高高举向天空的胳膊，有拥抱、保护人类的含义。"卡"既属于人类也具有神性：有史以来它就出现在人名中，同时又经常出现在为神而设的架子上。有的学者认为古埃及人把"卡"当作人类的另一存在形式，是与人类一起被神创造出来的，也代表着本原力量。在铭文中，我们发现古埃及人对"卡"的定义是"力量、财富、养料、繁盛、效力、永恒、创造性、神秘力量"，也有人称之为"身体之外的灵魂肉体""物质与精神世界之间的桥梁"。

"卡"是所有的生命体，它既是生命的活力，也是生命的欢乐，具体来说就是一切美好的事物。从"卡"身上散发出来的能量只在死亡时有短暂的中断。不仅肉体有"卡"，雕像也可以承载"卡"。如果没有了"卡"，就意味着生命的消失。"卡"需要物质供给，需要吸取营养；同时所有的养分中都有"卡"，古埃及人互相敬酒时会说"为你的'卡'"。为确保来世和现世的结合，古埃及人为死者献祭的同时，也供奉死者的"卡"。亡者死后必须重建与他们的"卡"之间的联系。

"巴"的写法有一个变化的过程，开始时埃及人把"巴"写成一个凹嘴白鹳的样子，逐渐地，白鹳嘴下部分的肉赘演变成乳状羽毛，到新王国时期则成为一个人头鸟身的形象。这种变化显示出"巴"作为人体一个独立的部分的作用，有时为强调这一点又加上人的胳膊。因为"巴"作为一个词也有"羊"的含义，所以有时又用羊来作为代表"巴"的符号。需要注意的是，太阳神的"巴"以羊头形象出现，而降临到冥世的太阳神则是羊头鸟身的样子。

为确保复活，"巴"必须每天夜里在冥世深处与肉体结合。《亡灵书》第

第九章 古埃及的墓葬文化 263

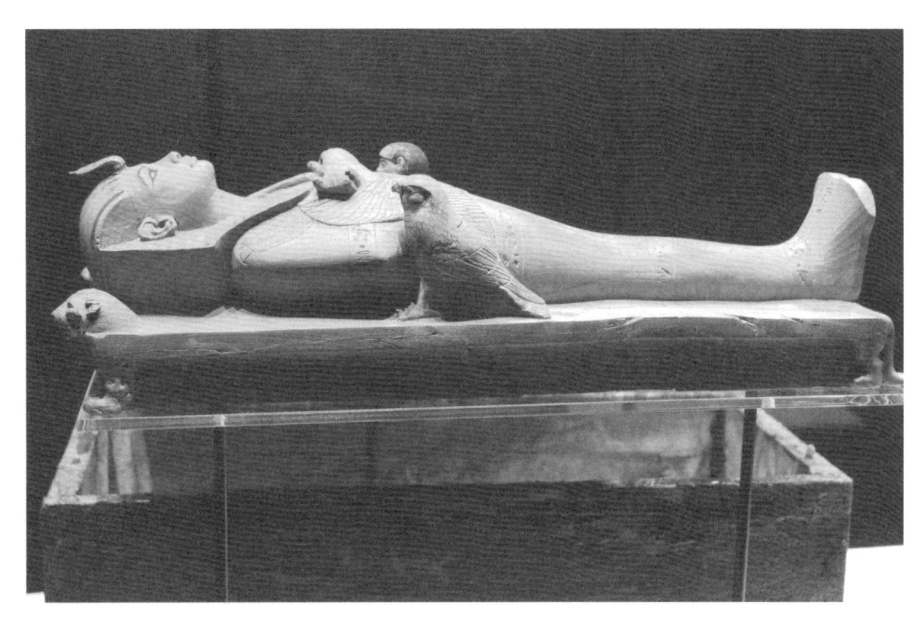

图坦卡蒙雕像的"巴"

89节中死者宣称:"我看见我的'巴'向我走来……它再次看见了它的身体并栖落在它的木乃伊上!"该节的叙述中还表达了担心像鸟一样盘旋的"巴"不能找到"它昨天所在之处",或者受到阻止而不能回到其身体上去的焦虑心情。这种焦虑并非没有道理,因为身体必须每夜都与灵魂结合,死者才能得到新的生命。上述《亡灵书》片段的插图部分表现了一个人头的"巴"时而停在木乃伊头上,时而在它上面盘旋,旁边的文字说明提示说:"巴"已被放入死者之胸,完成了与肉体的结合。21王朝的墓室壁画也有同样的主题,只不过通常"巴"直接出现在死者头部的后面,而在后期埃及,此类画面是在棺椁上的。

大多数关于"巴"的文字都发现于墓葬作品中,而且通常很少提到活着的人的"巴"。在《辛努海的故事》中,当描绘他回到埃及会见国王并由于过分激动而昏了过去时,有这样一句话:辛努海的"巴"离他而去,他失去了知觉,看到了死亡,直到国王开始以非常友好的口吻和他说话。在这里和在更普遍的意义上,"巴"表示"意识"。相反地,"卡"则经常在无意识的深处活动。一个拉美西斯时期的书吏曾写到过量喝啤酒会导致失去"巴"。当面对法老的威力时，敌人的"巴"们会仓皇逃窜。关于活着的人的"巴"的最重要的文献是前文提及的《一个人与他的"巴"的争论》（见本书第五章第三节）。

"巴"依附于身体，因为它作为一种精神的个体没有其他存在方式，它有物质的、身体的需求——面包、啤酒等。"巴"也享受爱的欢乐，墓葬文献中提过"巴"的性行为。此外，男女的结合既是身体的，也包括他们的"巴"的结合。

"巴"最本质的特点有两点：一是可以自由行动，一是可以变成它所希望的种种形状。肉体只能在地上活动，或与"巴"结合后在冥世游荡，而"巴"则可以自己行动，如鸟般自由地上天入地，或者在人间花园里漫步。古埃及人把候鸟看作是"巴"的化身，因为它们能离开熟悉的世界到远方去，又能定期回来。

"巴"还在所有种类的变形中起到一定的作用。在这些变形中，某些神或动物会被看作是其他神或动物的"巴"，例如荷鲁斯的 4 个儿子也代表他的 4 个"巴"。

"巴"和"卡"还有一种区别："卡"是人的本原及保护力量的具体体现，而"巴"则标志着从另一事物中出现的一种事物。比如，儿子可以是他父亲的"巴"而不能是他的"卡"；同样地，父亲可以是儿子的"卡"，却不可能是他的"巴"。拉神称巫术女神荷卡是自己的"巴"，而自己则是更古老的原始之神努神的"巴"。现在我们明白为什么古典作家最初遇到这些概念时会误以为古埃及人相信灵魂的变形。在基督教时期的埃及，"巴"和"卡"的使用逐渐中断，而希腊语的"psyche"（始基）一词开始成为"灵魂"一词的代名词。

"卡"经常以拟人化的形象出现并作为人的复制品，在古埃及人的认识中，"卡"是人的至关重要的组成部分，与生俱来，共存共生，且在人死后继续存在。最好将"巴"描述为"生命力"，它在人活着的时候存在，但在人死后其重要性才更加显现出来，其时它与人体虽然是可分离的却又紧密联系在一起。它鸟身人头的形象说明"行动自由"是它最显要的特点。

本质上，埃及人把他们对人的各个方面的看法和经验进行了特别具体的概念化，所有的一切方面都可以叫作 xprw，意为存在、显现。总之，"卡"是生命力，"巴"是行动和效力的能力；Xt 和 rn 代表物质的外观和个性，swt 是个神秘的物质存在，它以不同的形式和大小来来去去；心则代表人的智力、情感、道德层面的个性。这些方面都有能力独立行动，但它们最终都是个人的复杂心理机制的有机构成部分。

　　阿赫（Ax）与上述的一切都不同，它不是人的某一个部分，而是代表人作为整体处于被祝福的状态，以及超越墓葬的力量。这与下面要论述的通过仪式而达成的转换相关。

第二节　墓葬文献的发展演变

一、从《金字塔铭文》到《亡灵书》

　　《金字塔铭文》是古埃及最古老的宗教文献，它出现于古王国后期，由国王金字塔墓室及墓道墙壁上的一系列仪式性、魔法性咒语组成。在古埃及语中，《金字塔铭文》的名字为sAxw，意为阿赫（Ax）的制造者，即《金字塔铭文》能够帮助死去的国王变成阿赫（Ax），而阿赫（Ax）意为"摆脱肉体的限制，在来世世界和众神在一起，永远活着的完美灵魂"[1]。自马斯伯乐于1880年在国王乌纳斯的金字塔内发现了《金字塔铭文》，此后的考古发掘发现了越来越多的《金字塔铭文》。目前的《金字塔铭文》主要由埃及萨卡拉地区的国王和王后的《金字塔铭文》组成，共计10位，分别为乌纳斯（5王朝国王）、太提（6王朝国王）、培比一世（6王朝国王）、安凯苏培比二世（AnkhesenpepiⅡ，培比一世的妻子）、麦瑞拉（6王朝国王）、培比二世（6王朝国王）、奈斯（培比二世的妻子）、伊普特二世（IputⅡ，培比二世的妻子）、瓦杰班特尼（Wedjebetni，培比二世的妻子）以及伊比（8王朝国王）。

　　中王国时期，《金字塔铭文》被刻写在非王室的墓室、棺椁、石碑等载体上，并发展出新的内容，出现了《棺木铭文》。新王国时期，《金字塔铭文》又加入了"开口仪式"、《亡灵书》等新的文本，这些丧葬文献一直使用至古埃及文明结束。[2]《金字塔铭文》的内容一般由三部分组成：清洁仪式、奉献仪式和复活仪式咒语，还有一部分是用于保护死者抵抗邪恶力量以及防止尸体和墓室遭到破坏的咒语。《金字塔铭文》刻写在墓葬墙壁上，由死者的儿子扮演的祭司在王室葬礼上以特定的顺序从一面墙到另一面墙诵读，向死者陈述仪式内容，以确保王室丧葬仪式的持续性和有效性。[3]

最早系统地整理和出版这些铭文的是德国学者库尔特·泽特，他发表的《金字塔铭文》共包括714条咒语，加上此后的发现，目前已经出版的共有759条。泽特以及他之前的马斯伯乐在给咒语确定编号的时候，以金字塔内放置石棺的墓室中的铭文作为起点，而以最外面的通道上的铭文作为结束点。一些学者认为相反的编号顺序才是正确的，也就是从通道开始至石棺墓室结束。目前这还是一个有争议的问题，一般还是采用泽特的咒语排序方法。[4]随后，英国埃及学者福克纳（R. O. Faulkner）[5]和美国埃及学者艾伦[6]的整理工作不断扩展和丰富了《金字塔铭文》的内容，并对其细致地进行排序编号。

《金字塔铭文》的主要内容是保佑死去国王的复苏和升天。他获得永生的各主要阶段是：给国王各种洁净仪式和供奉以及供奉清单；给国王各种保护，避开危险有害的力量；在墓中从死亡的沉睡中苏醒，身体复原，摆脱木乃伊身上亚麻绷带的束缚；上升到天国；为不朽的神灵群体所接受。这类铭文最初是在国王葬仪上由祭司诵读的，"诵读的话"这个句子反复出现。

在《金字塔铭文》中，经典的供奉仪式、开口仪式、雕像仪式等都出现了。供品包括油、香、布、珠宝以及国王的特别佩饰，如王冠等。

另一类主题是保护死者不受危险势力的攻击，如"砸碎红色陶罐"的仪式（第244节，象征着镇压敌人）、驱逐蛇和蝎子等的咒语（第227节）。

帮助国王在来世自由行动的内容也占了大量的篇幅。《金字塔铭文》对来世的描绘不是非常明晰，但已经出现了芦苇之地、供奉之地、豺狼之湖、蜿蜒的水路等描述。在天空穿行走的是水路，神祇和国王都要依靠船和摆渡人。杜阿特这一概念的雏形也出现了，描述天界的各个区域，这是个未知的令人不安的世界，"食人者赞美诗"反映了国王到达天界时的暴力方式（第273—274节）。太阳神在那里则是被困住的状态，只有日出的时候才能解脱出来（第254节）。

《金字塔铭文》的核心主题是帮助死去的国王升天，为众神所接纳。其中帮助国王升天的手段有通向天空的梯子、斜坡、阳光、风暴、云、熏香，甚至鸟、圣甲虫等动物。空气神舒是重要的助手。此外就是关于来世的各种知识，如将要遇到的危险，与关卡守卫者及摆渡人如何对话等通关密语。

此外，国王反复化身为神，并得到神的帮助，以进入宇宙循环的方式战胜死亡，如化身为创世神阿图姆，进行很多创世活动。又如，国王希望登上太阳神的圣船（第407、469节），取代太阳神坐在圣船中（第267节）："拉神啊，这样乌纳斯就可以坐到你的位置上划过天空了。"

值得注意的是，在《金字塔铭文》中，奥塞里斯神话的主要主题都已经出现了。例如，国王变身为奥塞里斯（第219节）；荷鲁斯与伊西斯、奈芙缇丝一起寻找被谋害的奥塞里斯，找到后，他拥抱他、举起他，使他复活（第364、371节）；而荷鲁斯在父亲死后诞生的情节则出现在第366、593节。奥塞里斯在水中漂流，但没有描绘他被塞特肢解的情节。第477节描绘了九神会对谋杀的两个审判，第672节描绘了荷鲁斯最终获胜以及哀悼奥塞里斯。

二、《棺木铭文》

《棺木铭文》是从《金字塔铭文》发展而来的，从第一中间期开始出现；咒语使用的范围扩大到社会上层的贵族官员，并因刻画在棺椁上而得名。在内容上，《棺木铭文》直接源于《金字塔铭文》，其中一些咒语更是直接借用。多数《棺木铭文》有"来世地理"的画面，即一条红线分开黑色和蓝色的两个区域，因此埃及学家称之为"两路之书"，它最初的题目是"通往罗塞陶之地的指南"。传说是在图特两翼之下发现的，有一个较长的版本——第1029—1130节和一个较短的版本——第1113—1185节，以及第513、577节。它是古埃及最早的宇宙学文献，是在诺姆地方政府组织下当地显贵关于来世的最高知识的汇总，其目的是给死者在来世提供具体而全面的指南。虽然没有新王国时期的墓葬文学那么系统化，但学者们认为它是后世的《杜阿特之书》等的原型。在第一中间期后，"在白昼时出现"被用来指称这类关于来世的经文。公元前1600年后，它们开始被写在木乃伊裹尸布上。[7]

大部分咒语都是在一个地方被集中发现的，使用者是中部埃及的地方贵族，有鲜明的地方特色。咒语都是以草体象形文字或早期僧侣体文字竖排写的，每段咒语的标题都在开头，偶尔也在结尾。死者都是第一人称单数的口气。

《金字塔铭文》的主体部分在《棺木铭文》中延续了下来，二者相同之处如下：

1. 关于死后的物质生活的部分，如为死者提供食物和衣物，不吃排泄物，以及避免头朝下走路。不同之处是供品以图像的形式出现，构成了棺椁的横幅装饰。第472节是关于为死者在来世劳作的萨布提（Shabtis）的咒语。

2. 保护死者、驱逐危险势力——如蛇、鸟、阿波菲斯以及逃离天网等的咒语。

3. 保护身体及复活的，保护身体各个部位，防止腐烂，保护陵墓，掌控空气、水及"四种风"的能力，保证呼吸，等等；

4. 变形咒语（第268—295节），死者变身为鸟飞升上天，或者变成空气、火焰、谷物、小孩、鳄鱼。这个时期最流行的护身符是圣甲虫，在象形文字中这个符号的意思是"变形"。死者常常会以原始神和创世神的形象出现，创世神和他的子女——空气神舒和太夫努特轮番出现，持续进行创世的工作。还变形为其他神祇：拉、阿图姆、哈托尔、荷鲁斯、奥塞里斯、伊西斯、努特、舒、瑞瑞特、阿努比斯等。

5. 在来世自由行动。打开天门，乘船前往阿拜多斯，知晓圣地的名字——如阿拜多斯、布西里斯等，知道圣地的"巴"的名字，获准加入太阳神的巡行，等等。

《棺木铭文》与《金字塔铭文》不同之处如下：

1. 《棺木铭文》是有插图的，"两路之书"中有来世的"地图"，"供奉之地"的部分也有很具体的画面。第81、100节中，有加强咒语魔法功效的人物的形象。

2. 《棺木铭文》有新的主题：一个是死者与往生的亲人在来世相聚，另一个新主题是太阳神的敌人——阿波菲斯出现，它是一条巨大的蛇，拦在路上阻碍太阳神的行程。

3. 在《棺木铭文》中，所有的死者都要经历审判，而不仅仅是塞特。这象

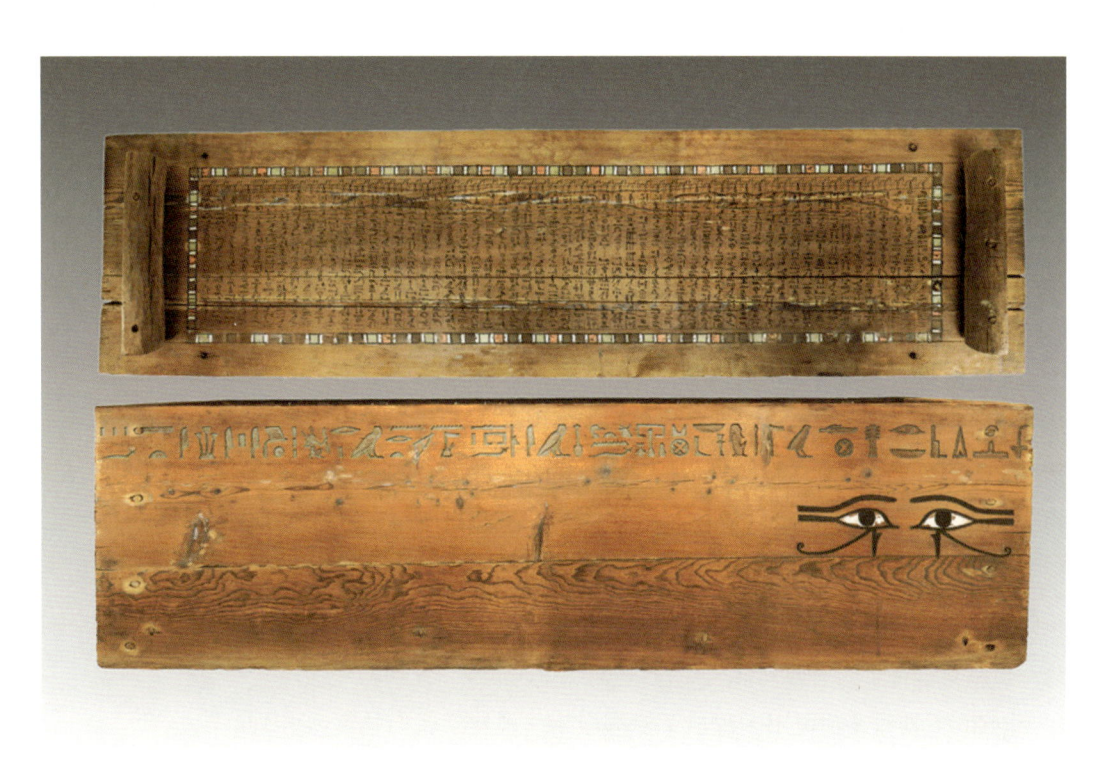

军官伊皮－哈－伊苏太夫（Ipi-ha-ishutef）木棺上的棺文，11 王朝，芝加哥大学博物馆藏

征着战胜来世的所有危险。

4.《棺木铭文》对来世的想象更为具体，其中的危险也更为戏剧化。来世之旅是从东方地平线和日出开始的，想象的来世空间是在天空。一路上的障碍有太阳神的火圈、面目狰狞的守门人、挡在路上的黑暗或者火墙。第 1080 节描绘了位于来世中心的"罗塞陶"——奥塞里斯的尸体所在，它"在天空的边界，被黑暗和火封闭着"。死者都希望到达那里，因为那些可以看到死去的奥塞里斯的人将不会死。另一个目的地是供奉之地，是丰饶的天堂，但通往那里的路极其艰难。两路之间的火湖是矛盾之处，火既是破坏性的也是再生所需要的。第 1100 节开始设定了 7 道门及其守门人，而在最后一节，即第 1130 节，有 3 条船，创世主在上面讲述自己的创世过程，预言在百万年后的世界末日，这个创造将结束，到时候只有他和奥塞里斯幸存。

5.《棺木铭文》中奥塞里斯的主线更为突出，奥塞里斯占据更为显要的位置，死者有时化身为奥塞里斯，有时是帮助他的神，更多的时候死者扮演的是他儿子的角色，冲上去帮助自己的父亲。《金字塔铭文》描绘天空中的来世这一传统还在持续，如阿斯尤特地区的棺上有旬星、北天群星以及天空女神努特的形象。死者掌握这些知识之后，通过与守门人的对话证明自己有进入来世的资格。

三、《亡灵书》

由《棺木铭文》发展而来的《亡灵书》出现于新王国时期，此时开始将咒语书写在纸草上，普通人都可以买到，在开头的空白处写上自己的名字即可使用。抄写《亡灵书》的纸草长短不一，其宽度一般在15—45厘米。现存最长的《亡灵书》是"阿尼纸草"（P. Ani），约40米长。另外两个较完整和配图精美的《亡灵书》是"安赫伊纸草"（P. Anhay）和"胡内菲尔纸草"（P. Hunefer），这三份纸草都存于大英博物馆。[8]

到26王朝时《亡灵书》形成了标准版本，现代学者们共整理出192节，但现已发现的纸草上都只写了其中的一些片段。在大部分的历史时期，约有150节《亡灵书》的内容以不同的组合出现在众多版本上。[9]

18王朝的《亡灵书》大多用圣书体书写，从19王朝开始，越来越多的《亡灵书》抄本用僧侣体书写。《亡灵书》通常配有彩色插图，与《金字塔铭文》《棺木铭文》一样，每条咒语的长度都不一样，最长的一段是第125节，即关于末日审判的一节。其中的插图表现的是在死神奥塞里斯面前进行的"称心"仪式，死者把心放在天平上，天平的另一端是象征真理和正义的玛阿特女神。如果死者撒谎或者生前作恶太多，天平会倾斜，旁边的豺神就会扑上去把心吃掉。[10]

《亡灵书》最早是由纳维尔于1886年整理出版的，比较权威的译本是巴格特（P. Barguet）出版的《古埃及人的亡灵书》（*Le Livre des morts des anciens Egyptiens*）。

作为关于来世的咒语的最完备的汇编，《亡灵书》为我们提供了了解古埃及人来世观念的详细证据，也是进一步理解他们对太阳神和冥神崇拜的重要依据。

第九章　古埃及的墓葬文化　　271

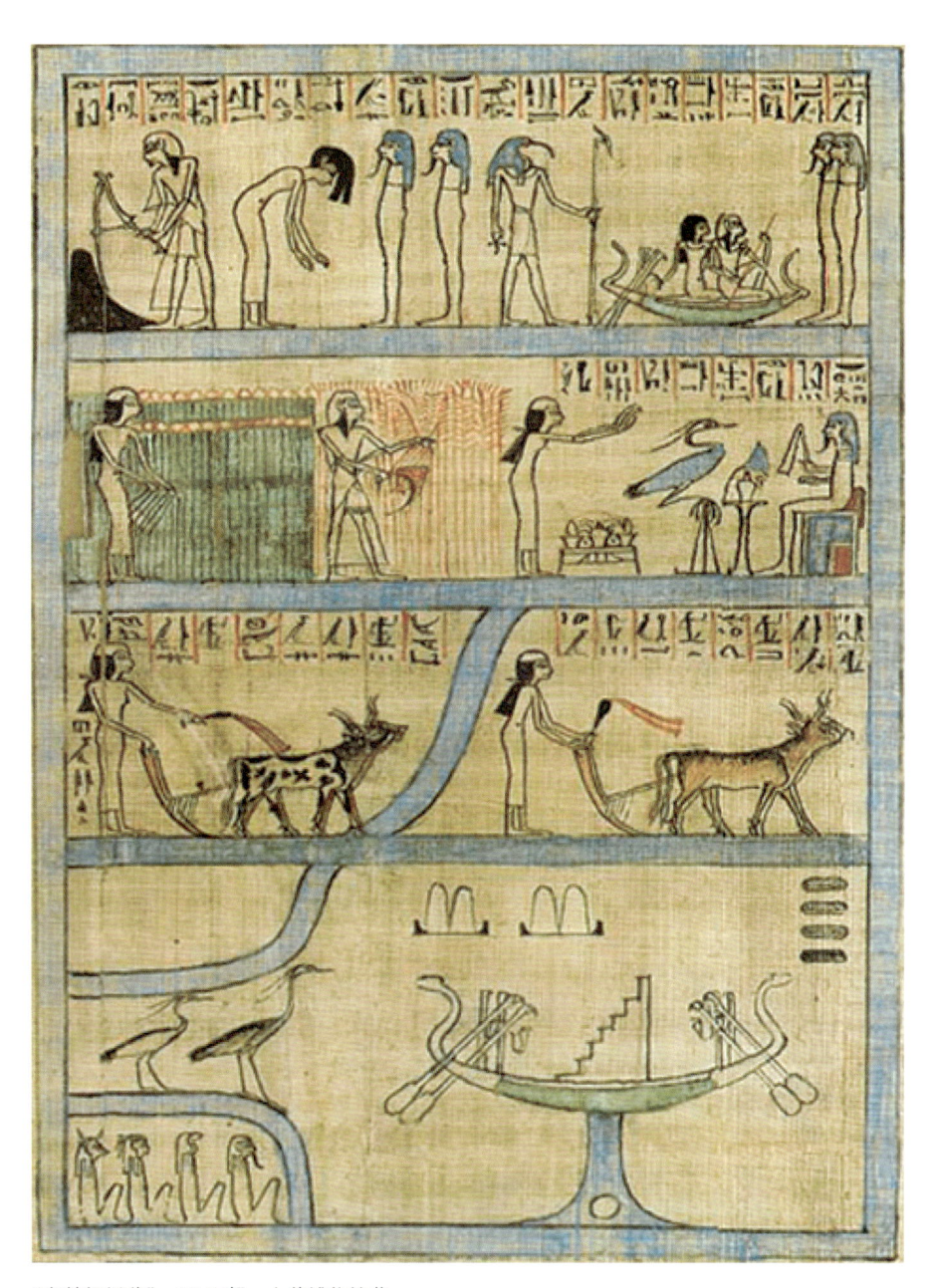

"安赫伊纸草", 20 王朝, 大英博物馆藏

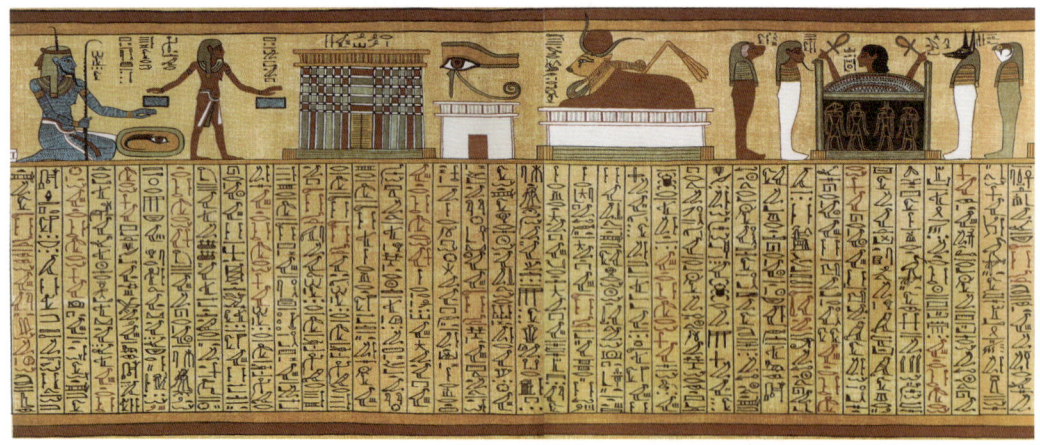

"阿尼纸草"，19王朝，大英博物馆藏

在《亡灵书》中，供奉死者与保护死者依然是两大主题。与帝王谷王室专用的"冥世之书"相比，更加侧重在来世中提供实际层面的帮助和魔法支持，即仪式方面的引导。

与《棺木铭文》相比，与死去亲人相会的部分没有了，末日审判占据更为重要的地位。

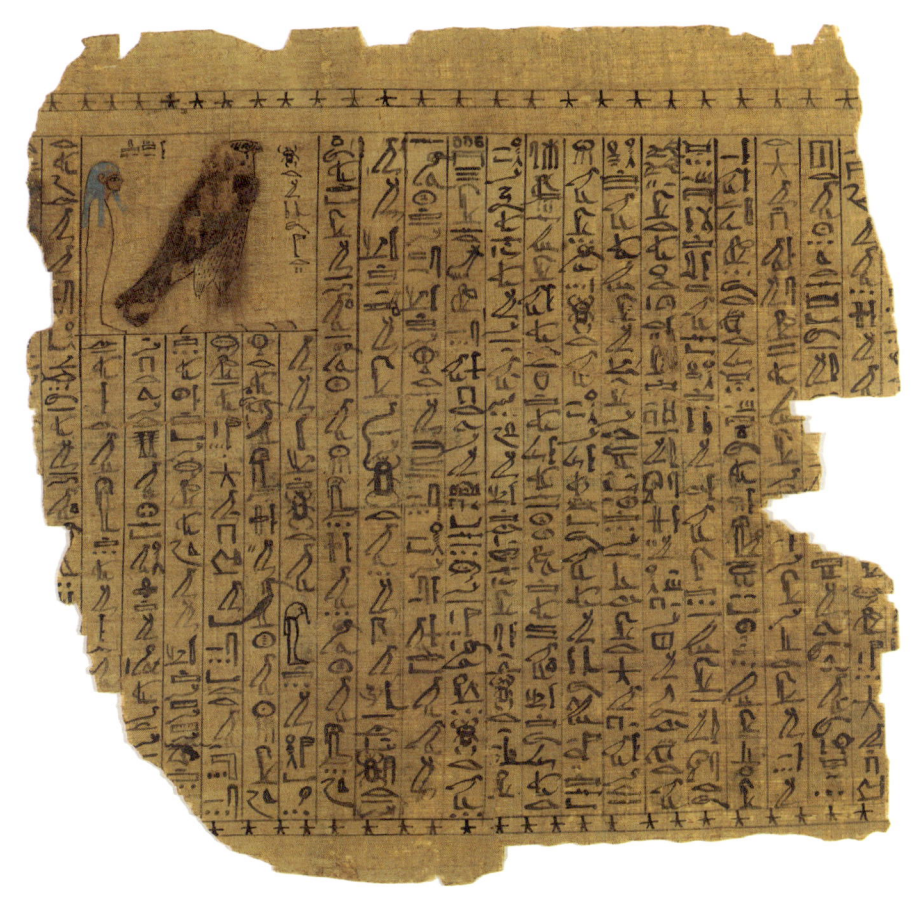

"阿蒙荷太普纸草"（P. Amenhotep），18 王朝，纽约大都会艺术博物馆藏

四、"冥世之书"

新王国时期则出现了写在纸草上的大众版的《亡灵书》，而帝王谷的王陵墙壁上除了绘有《亡灵书》之外，还有一系列咒语以及《天之书》《地之书》《门之书》《天牛之书》《洞之书》《来世之书》等，被称为"冥世之书"。这些是王室专用的，连王后的墓中都不能使用。《亡灵书》侧重引导和操作，而"冥世之书"系列则对来世有详细的图像文字描述，内容更加晦涩隐秘，是高度符号化的象征体系。其中《来世之书》和《门之书》的年代相对早，突出的特点是把太阳神在来世的旅程分为 12 个小时；相比之下，《来世之书》侧重神学知

识,《门之书》侧重仪式,二者的内容是互补的。[11]

最早的《来世之书》发现于 18 王朝的图特摩斯一世墓中。虽然学者们在语言学考证的基础上推测《来世之书》有着更早的源头,但目前还没有考古学上的证据。最完备、最系统的是图特摩斯三世墓室中的《来世之书》。自 18 王朝到 19 王朝的拉美西斯二世,帝王谷的王陵中一直在使用《来世之书》,不同之处在于,18 王朝时期它多数用于棺椁所在的墓室,而 19 王朝时期部分内容出现在了墓室通道的墙上。[12]

21 王朝后,随着帝国的衰落,《来世之书》扩散到民间,载体也更多样化,棺椁、纸草上都有。它一直流传到托勒密王朝,在希腊化时期的宗教融合过程中是不容忽略的传统。

商博良最早发现了 18 王朝阿蒙荷太普三世墓中的《来世之书》,此后,马斯伯乐、巴奇(E. A. Wallis Budge)、吉勒·鲁兰(Gilles Roulin)等人陆续发表了部分内容,布赫尔(Paul Bucher)发表了图特摩斯三世和阿蒙荷太普二世墓中的铭文。1954 年,皮安克夫(Alexandre Piankoff)发表了拉美西斯六世墓中的完整铭文。目前为止,系统整理翻译《来世之书》的代表作是赫尔农(Erik Hornung)2007 年出版的专著:《阿姆杜阿特:古埃及的密室之书》(*The Egyptian Amduat: The Book of the Hidden Chamber*)。值得一提的是施魏策尔(A. Schweizer)的专著《太阳神的来世之旅》(*The Sungod's Journey through the Netherworld*),此书从心理学的角度对《来世之书》进行了细致的解读,其视角和观点得到了赫尔农的高度肯定,并对后者的研究产生了很大的影响。[13]

在古埃及的典籍中,《来世之书》的内容是最系统化的,如约翰·贝恩斯所说,最具"学术性":它有题目、前言、结束语,还有个类似内容提要的简本,图特摩斯三世墓中的甚至还有神名索引。[14] 每小时的铭文结构也非常标准化,有标题、主导神以及这个小时的主题。铭文与图像内容互相呼应、高度吻合。文中反复强调它是关于来世的重要"知识",也正因如此,这篇文献从文本到图像都是高度抽象和隐喻性的,解读其内涵就成了研究难点。自整理发表工作完成之后,学术界的相关讨论相对冷寂。赫尔农等人从心理学角度进行的探讨,无法构建其历史发展脉络,以及与埃及葬仪习俗之间的关联。

附：对照表

	年代	主要载体	内容/语言	插图
金字塔铭文	5王朝晚期至8王朝，罗马统治早期，1世纪	国王和王后金字塔的墓室墙壁，后期出现于非王室墓中	古埃及语的圣书体各类祈祷文、仪式咒语、颂诗的集合	无插图
棺木铭文	11王朝晚期至12王朝中期	棺木的四壁、棺盖和棺底	中埃及语手写圣书体各类咒语、祈祷文的集合，部分来自《金字塔铭文》	文中无插图，但文字按条块分布，文字上方通常配有一行葬仪用品的彩图
亡灵书	18王朝中期至托勒密晚期	非王室墓中的纸草卷	约200篇中埃及语文献的集合，超过一半来自《棺木铭文》，主要为草写圣书体，后期有了完全的圣书体和手写僧侣体	绝大多数配有彩图，但插图占比不同，有的完全无图，有的有图无文字

第三节　应对死亡的实践：陵墓发展史

一、早王朝到古王国时期的墓葬与墓碑

古埃及语中表示墓碑的词是 wD，这个词也有纪念物、界碑、神庙中的纪念物等含义。墓碑和供桌是最重要的两种祭祀用具，供品和酒水摆放在供桌上，置放在墓碑前，以备死者的"卡"前来享用。墓碑形制的演变与墓葬类型有着密切的关联。

埃及最早的墓只是沙漠沙石下的洞坑，但随着国家的出现，富人的墓有了显著的变化，有规划过的地下结构，如封闭的墓穴、阶梯入口或垂直狭长的入口。埃及进入统一国家阶段之后，在尼罗河西岸，自孟菲斯到中部埃及的法雍地区，大规模的墓区沿着沙漠峭壁爆发式出现。公元前3100—公元前3000年，这个地区就有2000多个墓，排列非常密集。大部分墓没有地上建筑，但很

可能有地面上的标记，因为没有后来的墓建在这些墓的上面。这些墓的随葬品也比较简单，通常会有一个装粮食的圆形陶罐、一个装油膏的竖长瓶子。公元前3000年后，少数规模比较大的墓有地上建筑，即一个长方形的建筑，就是前文提过的马斯塔巴墓，外表有"王宫正面"的装饰，里面囤满了各种装在陶罐里的随葬品。1王朝的王陵周围有殉葬墓，到2王朝殉葬现象就终止了，此后再没有出现过。[15]

公元前3000年前的墓葬随葬品多为日用品，是供死者在来世享用的。公元前3000年以后，明器逐渐出现——以空陶罐代表随葬品放置在墓中，也以文字和图像的形式表现随葬品，随葬品多被放置在地上建筑中，地下墓室只有一小部分。墓中的尸体也从屈肢葬式转变为侧身直躺。

最早的墓碑是1王朝阿拜多斯墓地立在墓前的小石灰石板，多数刻有墓主的名字，有时在名字后面有墓主的形象作为限定符号。王陵前面的通常是一对，1—2王朝的国王墓碑是圆顶的，有学者认为它们是立于地上建筑的前面，用来标志供奉仪式的地点；也有学者认为，它们是立于地上建筑的上面。贵族墓碑是长方形的，并不成对出现，尚不清楚它们最初是单独立放的还是镶嵌在墓室建筑之中的。[16]

从2王朝开始，墓碑的画面有了变化：在长方形墓碑上，出现了墓主的形象——他（她）端坐在摆满供品的供桌前。最早的这种墓碑出现在萨卡拉的一座2王朝的墓中，墓碑镶嵌在东墙两个壁龛的南端。[17]

进入3王朝，古王国时期开始了，随着王陵首次以石材建造的金字塔的形式出现，大部分平民墓葬的随葬品大幅减少，只有少数金字塔附近的贵族大墓中有奢侈品随葬，甚至还会大量使用石材。在集权达到顶峰的4王朝胡夫和哈夫拉在位期间，吉萨金字塔附近的贵族墓虽然有宏大豪华的地上建筑，且里面有众多的房间，但作为死者灵魂寄身之处的雕像却只能以一个头像代替，放置在通往墓室的竖井里。4王朝后期，贵族墓室的装饰逐渐增多，呈现复杂多样的趋势。最初只有祠堂前的一块石板上有文字和图像装饰，后来地上建筑内部的墙上也逐渐开始有各种浮雕装饰。最早的浮雕是在木板上的，镶嵌到墓室墙上。后来开始在墓室的石墙上直接雕刻，然后上色。浮雕的主题多是渔猎、丰收等场景。除了葬礼、供奉墓主人的场景之外,浮雕的内容都是世俗生活的画面。地上建筑中有专门的雕像屋,是个封闭的空间,墙上有两个圆孔,供奉仪式中,熏香的气息会传入雕像屋。[18]

吉萨的马斯塔巴墓规模宏大、质量精美,麦瑞汝卡墓的地上建筑有32个房间。与之前的不同,此时随葬的多为主持仪式的祭司使用的供品和器皿。马斯塔巴墓的地上建筑也出现了独立的祠堂,其中的仪式核心就是假门。

在不适合修建马斯塔巴墓的地方,出现了另一种类型的贵族墓——岩凿墓,即在峭壁岩面上开凿的墓,俯瞰着尼罗河两岸的沃土。早期的岩凿大墓位于吉萨废弃的采石场,其他的位于胡夫金字塔西边峭壁的边缘上,稍晚一些的墓则在乌纳斯金字塔堤道的南边。

古王国末年,地方贵族的墓的规模不断扩大,而且有了长篇自传,讲述奉命带领远征队的功绩,刻写在陵墓入口两侧的墙上。这个时期墓里也出现了铭刻的随葬品清单。

古王国时期墓碑的主要形式是"假门"的形状——凹凸的门廊,中间是门,上方是门楣,这是从2王朝的石板状墓碑演变而来的,最初位于马斯塔巴墓地上建筑的外墙,标示出祭祀地点,后来逐渐与壁龛成为一体,镶嵌在西墙,成为整个祠堂的核心。假门形状的墓碑在古埃及语中叫作 r-per,意思是"屋之口"(这里的房屋是指墓),通过这个"口",死者进入祠堂接收供品,然后回到地下的墓室中去。在王室的金字塔中,假门就安放在临近墓室的墙上。早期的假门中间常常有死者的木制站立雕像,最典型的是3王朝的墓,如萨卡拉的赫斯－拉(Hesy-Re)之墓。假门石碑多数出土于吉萨和萨卡拉,规格、大小虽有所不同,但都有共同的特征:顶部是门楣,下面是一个长方形的石板,雕刻着死者端坐在供桌前的情景,下面是凹进去的门廊,死者的站立雕像就在这里。按照古埃及人的习俗,雕像前方悬挂着一个门帘遮挡住雕像,某些假门上雕刻着卷起的门帘,如巴太特(Batete,4—5王朝,萨卡拉)墓、凯哈普(Kaihap,5王朝,萨卡拉)墓。[19]

在家族合葬墓中,往往会出现数个假门,以此标识下面不同家庭成员的墓室的位置。如果一面墙上出现两个假门,那么靠近南边的假门是属于墓主的,而北边的假门则属于墓主的妻子。假门的浮雕通常表现死者及其家人奉献供品的情景。古王国时期的很多墓中，假门就是唯一有装饰的部分，而有装饰的贵族墓葬中，多数浮雕都是生活场景，假门就是唯一描绘仪式场景的部分。[20]

4 王朝的胡夫和哈夫拉在位时期，国王的墓中不再出现假门，取而代之的是立在西墙的石板墓碑，但同时期的贵族墓中偶尔还有假门出现。

5—6 王朝时期，假门再次盛行，特别是在古王国晚期较为豪华的贵族大墓中有若干个地下墓室，常常是几个人共用一个祭祀屋，其墙上会有几个假门，对应着下面各个墓室。每个死者的供奉仪式都在对应其墓室的假门前进行。

二、中王国时期

第一中间期以后，中央权力式微，地方总督大权在握，大型的岩凿墓迅速增多。中王国时期，岩凿墓逐渐取代了马斯塔巴墓。中埃及与上埃及的悬崖为岩墓提供了理想之地，远离孟菲斯的墓区大大增多，比较典型的是前文提及的中王国时期的贝尼·哈桑，那里有 39 座 11 王朝、12 王朝的贵族墓，从中可以看到陵墓设计不断复杂化，供奉处从一间简单的无柱敞屋发展为前面有柱廊的立柱大厅。

中王国时期，越来越多的长方形木棺的外侧刻画着荷鲁斯之眼。木制雕像或者在棺椁旁边，或者放置在竖井中。从这个时期开始，随葬品中开始有木制船的模型和劳作者的木制雕像。经历了第一中间期的分裂，这个时期的随葬品的工艺水平大大下降，不再是孟菲斯王家作坊的风格，而像是地方木匠的作品。随葬品的分布范围更为广泛，很多普通平民的墓里也有了简单的随葬品，如木船模型、凉鞋等。[21]

中王国时期的一个重要变化是阿拜多斯成为朝圣中心，从国王到平民都在那里修建"卡"祠堂，中王国时期的国王通过复兴古老的奥塞里斯崇拜来强调自己的合法性，把距离河谷 1—2 公里处的沙漠中的 1 王朝的登、杰尔等的墓认作奥塞里斯之墓，在旁边建造神庙。通往这个神庙的路边密密麻麻地竖立着纪念碑和祠堂，人们希望通过这种方式永久地参与奥塞里斯仪式，维持来世的永生。

木船模型

中王国时期，假门虽然还在使用，但数量逐渐减少，在仪式中的重要性也逐渐降低。以贝尼·哈桑为例，这里是中王国贵族墓葬比较集中的地区，39座11王朝、12王朝的贵族墓中只有9个里有假门，而且多数是11王朝的。这9座墓分别是2号墓、14号墓、15号墓、17号墓、22号墓、27号墓、29号墓、33号墓和38号墓。[22]

有趣的是，与此同步的是，中王国时期开始在棺椁上出现假门，在放置木乃伊的一侧，棺的外面绘有荷鲁斯眼，其下方就是假门，棺内对应这个的位置则绘有摆满供品的供桌。

古王国之后，墓碑的设计逐渐简化，随着国家的分裂，地方风格的艺术传统开始占据主流。第一中间期最常见的墓碑是石板墓碑，即一个长方形的墓碑，画面表现死者坐在供桌前，画面上同时出现的还有死者的亲属以及仆人，举着各种供品。早期石碑那种僵硬的构图风格让位于更为随意的风格，人物和祭品仿佛"漂浮"在画面上。

门图荷太普二世重新完成统一之后，墓碑在设计上出现了更为统一的风格。11—12王朝的墓碑的基本形状是长方形的，有假门墓碑和圆顶墓碑两种。圆顶墓碑标志着超越假门墓碑（假门象征着来世的门槛）阶段的一个突变，它的形状象征着宇宙：顶部的拱线象征着穹顶，上面通常装饰着天体的象征，如带翼的日轮或荷鲁斯之眼。画面主题仍是死者坐在供桌前，亲属和仆人向他（她）奉献供品，铭文刻写在画面的上方，通常是程式化的供品祭文，但有几

中王国时期的墓碑，开罗埃及博物馆藏

个墓碑的铭文有死者自传以及召唤死者享用祭品的句子。供桌仍是 htp 符号（意思是供品）的形状。

中王国时期墓碑的特征是墓碑表面分成小而规则的格层，每层都有死者亲属的形象，这种特点一直延续到第二中间期。这个时期也出现了几个比较粗糙的彩绘木制墓碑。[23]

三、新王国时期

在第二中间期，贵族墓的规模大大缩减，地上建筑没有多间祠堂及大面积的捕鱼、抓鸟、收获之类的浮雕了，木制模型也没有了。随葬品的选择更加多样化，很多王室妇女的墓跟之前一样用日用品随葬，墓中发现了大量精美的首饰，有的是生前使用过的，有的是专门为随葬做的明器。与中王国时期不同，这个时期的墓中除了枕头，没有其他家具作为随葬品。底比斯西岸的大型贵族墓多使用人形棺，以国王的标志装扮，墓中有葬礼之后的宴会所用的器皿。还有的墓使用与婴儿出生相关的仪式所用的护身符——用彩釉、木头或象牙做的，其中河马的雕像有意去掉了腿部（可能是在诅咒仪式中被打碎的，河马象征着危险和死亡）。[24]

随着墓葬文化自王室向民间扩散，随着制作木乃伊的普及，木乃伊的姿势及棺椁的形制也在逐渐变化。中王国初期出现了长方形木棺，木乃伊可以在里面伸展侧放。此时，随着死者的木乃伊以国王的形象出现——如各种配饰的使用，人形棺开始出现，木乃伊在棺内是面朝上平躺的。同时开始在墓里使用随葬俑——萨布提，每个墓里有405个，除了每天干活的365个，还有几十个工头。从此时开始也有了圣甲虫形状的保护心脏的护身符。萨布提和圣甲虫保护着奥塞里斯形象的木乃伊，这种标配从此开始延续了几千年。[25]

新王国时期，底比斯国王打败了喜克索斯人、重建统一之后，底比斯西岸重新建造了大型岩凿墓。18王朝早期的一些墓盗用了中王国时期的，但很快就由中王国的柱墓（Shaff，阿拉伯语，排柱的意思）发展出一种独具特色的形制，它的外形像倒置的"T"，因此也叫T形墓。其基本结构是：有长排柱廊的前庭，一条通道或者柱廊通向中厅，后面是供奉间；另外一条通道或者从前庭或者从中厅起始，通往最深处的地下墓室所在。墓室一般位于地下岩石深处，大多数情况下通过垂直入口进入，但也有的是通过斜坡式台阶走道进入的。祠堂有金字塔形状的顶。供奉厅的入口门楣上，有墓主人的名字和头衔，上方有金字塔形状，下面是墓主人举起双臂向太阳神祷告的雕像，双臂和双腿之间是太阳神赞美诗。新王国时期的国王在建筑上处处凸显对太阳神崇拜的强调，如卡纳克神庙、卢克索神庙的塔门、方尖碑，底比斯西岸金字塔形状的山顶等，但这个时期的墓葬建筑总体侧重的还是保存而不是转化的一面。[26]

在图特摩斯三世与阿蒙荷太普二世统治期间，除了占统治地位的"T"形墓外，还有更为复杂的设计。石柱增多，陵墓房间增加，有的墓还建有柱厅。最好的例子是凯那姆（Qenamun）之墓。它最特别的是黄色的壁画背景。

帝王谷附近的贵族墓除了规模较大，与之前不同之处在于有了露天的空间；祠堂最里面的是供奉间，墓主人的雕像在最后面；比较讲究的是在岩体上雕刻的，也有独立的雕像。这个时期的地下墓室出现了家庭成员共用的现象。这种基本样式被确定下来，成了底比斯和其他地方陵墓设计的主流样式。[27]

18王朝的埃赫那吞的宗教改革结束后，图坦卡蒙将都城从阿玛尔纳迁到孟菲斯，孟菲斯墓区的贵族墓的形制发生了很大的变化：墓的外面有了露天庭院，四周环绕着柱子；与之前底比斯西岸的贵族墓不同的是，庭院连接着供奉厅，中间是墓主人和妻子的雕像，但雕像后面又有一个柱厅，下面是墓室；柱厅的最里面，也就是最西头，是三间小祠堂，中间的一间有刻着铭文的石碑，这里才是供奉仪式最核心的地方。这些墓都是独立的石头建筑，墓中的装饰是浮雕而不是壁画，主题是宫廷生活和供奉神祇，不过此时已经回归传统的多神信仰。

19王朝的贵族墓又回归底比斯西岸，露天庭院有新的特点：有高大的塔门，有时两侧还有带顶的柱廊，院子中有一个花坛，是奥塞里斯复活的荷阿克节所用的，开口仪式也在这里进行。泥砖造的金字塔形状的屋顶更大，下面仍有赞美太阳神姿态的雕像，立在更牢固的台基上。通往地下墓室的不再是竖井，而是斜坡状的通道，在荷阿克节时人们会下到墓室门前。[28]

新王国初期，随葬品中以日用品和可移动的家具为主，品类越来越多，好像把整个活着时的居所搬入了墓地。随着新王国的统一，底比斯西岸成为王陵所在地，附近的贵族墓极其奢华，随葬品更像家庭仓库，最重要的是墓中出现了写在纸草上的《亡灵书》。

19王朝的王陵及贵族墓的随葬品的数量大大减少，墓室不再像18王朝图坦卡蒙的那样放满了各种日用品。除了木乃伊面具和旁边的萨布提，少有其他随葬品，连装水和食物的陶罐都没有。木乃伊身上的护身符的数量也大大减少了，除了保护心脏的圣甲虫，主要有杰德柱、伊西斯结和蛇头。

关于死后供奉的内容是以图像和文字的形式出现的，或者是写在纸草卷上的《亡灵书》，或者是把《亡灵书》的相关内容画在祠堂或者墓室墙上。因为随葬品的数量减少，大量木乃伊难以断代，而且逐渐地，墓室中合葬的现象也越来越普遍了。

底比斯附近的岩石质量很差，祠堂里面的墙面不能制作浮雕，因此流行一种涂上石膏并在石膏没有完全干透的时候就在上面绘制壁画的做法，即湿壁画。尽管没有壁画完全相同的墓,但许多墓的壁画设计遵循的是相同的法则:入口两边是献祭场景,描绘诸如打猎、酿酒、务农这些日常生活的在前室,葬仪等画面在靠近墓室处的墙上,而表现前往奥塞里斯圣地——阿拜多斯的朝圣之旅的画面则在后面的廊道。通常每面墙上有一个主题,用格层法按照顺序展开。表现葬仪相关的主题时,上方是来世生活和众神的画面,下方是葬礼的画面,这个规则与墓碑的安排是一致的。[29]

18王朝埃赫那吞宗教改革期间,新都阿玛尔纳的墓区中没有了传统的主题,代之以国王及其家人在战车上朝城中驶去的情景。传统的"供养—转换"模式为新的"日—夜永恒延续"所取代。"巴"与肉体结合的观念仍在,但墓室铭文表明供品不再是从神的供桌上来的(先给神,再转给死者),而是来自人们的家中。

19王朝的贵族墓又回归底比斯西岸,主题是宫廷生活和供奉神祇,但《亡灵书》的内容越来越多地出现在墓室壁画中。

到了新王国时期,伴随着墓地和祭庙的分离,假门主要出现在祭庙中,而且,在神庙的一个特殊建筑——倾听之屋中也有假门。

新王国时期的墓碑较高,顶部是圆形的,普遍较大;材料多为石灰石,涂有鲜艳的色彩。独立的墓碑较为普遍,但也有雕刻在岩石上的。墓碑通常是一对,立在入口或者大正厅。墓碑上的画面主题还是死者及其妻子接受供品,但这个画面出现在墓碑较高的格层上。这个时期的主要变化是神祇的形象经常出现在墓碑上(中王国时期只是偶尔出现),最常见的是奥塞里斯在伊西斯、奈芙缇丝和荷鲁斯的陪伴下接受死者奉上的供品或者香。这个画面在最高的格层,而死者接受供奉的画面在此下的一个格层。新王国晚期,某些墓碑的顶部呈金字塔状,表明太阳神崇拜在墓葬习俗中有更重要的地位。[30]

新王国时期的墓室浮雕和装饰的一个新特点是在地上祠堂及墓碑上,女性的形象更加突出。

四、第三中间期及后期埃及

21王朝的都城在塔尼斯,王陵建在神庙区。此时主要的贵族墓区在底比斯西岸。此时的木棺有鲜艳的彩绘，很多内容是此前王室专用的"冥世之书"系列。木乃伊加工技术大大提高了，此时可以把内脏处理好再放回木乃伊身体内，而原来放置四种内脏的卡诺普斯罐还在使用，只不过变成实心的摆设品而已。木棺的前方有个圆顶的木制墓碑，上面有墓主人向神祈祷的图像，多数是向拉-荷拉赫提或奥塞里斯祈祷。有空心的奥塞里斯雕像，里面会放一卷墓葬文学，另外一卷放在棺内，一份是《亡灵书》，另一份是"冥世之书"。开始是用《拉神连祷》，后来常用《杜阿特之书》的最后四个小时。[31]

后期埃及时期，在利比亚、亚述人、努比亚轮番统治埃及的动荡政局中，墓葬材料的来源比较复杂。底比斯西岸的贵族墓呈现更加突出的墓庙归一的趋势。两位底比斯市长——卡拉阿蒙（Karakhamun）和哈瓦（Harwa）的墓都成为当时每年的河谷节的醒目景观。人们把阿蒙神像从底比斯东岸抬过来，巡行队伍沿着河谷走向哈托尔祠堂，徐徐经过两旁峭壁高处的贵族墓。以哈瓦的墓为例，地上建筑与神庙是同样的结构，有高大的塔门、立柱大厅、立柱庭院、内部祠堂。[32]

比起新王国晚期，普通人的随葬品略有增多。以拉洪为例，曾经消失的随葬陶罐再度出现，这个时期随葬的护身符的流行样式是荷鲁斯之眼瓦杰特、狮女神塞赫麦特、天空女神努特。拉洪的女子墓里还出现了化妆品形状的护身符。公元前7世纪后又有变化，消失两个世纪的彩釉萨布提的数量增加了，此时除了《亡灵书》，还有用于开口仪式的成套法器、大量神像护身符。公元前4世纪后，在石棺上刻写原来帝王谷的国王专用的"冥世之书"成为一种时尚。

在第三中间期，陵墓规格缩小，地上建筑的结构逐渐简化，墓碑也随之简化。多数是木制圆顶彩绘小墓碑，画面表现的是死者向奥塞里斯或"地平线上的拉神"奉献供品。现已发现的这类墓碑有几个是21王朝的，但多数是22王朝的。"墓碑是宇宙的缩影"这个观念仍然占据主流，顶部的圆拱常常装饰着表示天空的符号，底部则画着代表大地的底线，两端分别是表示"东"和"西"的两个符号。25王朝的一些墓碑上，整个边线就是天空女神努特的拱起的弧状身体，这种类型在25—26王朝一直出现；铭文出现在画面下方，有时还有太阳船的形象。这种墓碑有的镶嵌在祠堂里，有的则放在墓室中。[33]

新王国之后，石制的平民墓碑数量渐少，木制的成为主流。到了后期埃及，石制墓碑又开始出现，托勒密时期，木制与石制墓碑并用，有的墓碑铭文是希腊文的，死者的服饰以及姿势也逐渐有了明显的希腊特点。某些墓碑上表现出了门廊，如库姆·阿布贝罗（Kom Abu Billo，即 Terenuthis）出土的墓碑。最终，科普特基督徒的墓石取代了传统的墓碑。[34]

伴随着墓碑的演变，供桌的形制也在发生变化。1—2 王朝的供桌是圆形的，中间有个石柱支撑，与死者尸体一起放置在墓室里，这种形状的供桌常见于浮雕和壁画上，是现实中最常用的供桌。3—4 王朝的祭祀活动更为正式，有了专门的地上建筑作为祭祀地点，此时供桌也摆放在地上建筑中，在假门或墓碑的前方。这个时期，圆形供桌还在使用，但增加了两个方形的石槽，用以盛放葡萄酒或啤酒，也许是象征着死者在来世将要经过的水域。于是，一种长方形的供桌出现了，上面刻有两个圆形凹槽代表早期的供桌，两个方形凹槽代表后来增加的酒槽。5 王朝之后，供桌的标准样式是古埃及文中 htp 一词的形状，即立在芦苇席上的面包。[35]

第四节　应对死亡的实践：木乃伊与葬仪

如前文所提，从旧石器时代起人们就恐惧死亡，而相信来世的存在能或多或少减轻这种恐惧。因此，当时的人们在埋葬死者时会精心准备。早在埃及的前王朝时期，人们很可能就已经有了人在死后仍会存在的观念。在此后的三千年中，这种观念一直在埃及文化中占据主导地位。

尼罗河西岸是每天太阳落下的地方，死者的灵魂也应在那里安息。墓地通常远离农田和村落，位于河谷边的沙漠低地上。史前时期的墓是较浅的圆形坑穴，死者以屈肢状或蜷伏状放置其中，头朝南，面向西。陪葬品主要是各种陶器，有黑顶红罐、磨光红罐、彩陶等。石制调色板也很常见，通常是鸟、兽或鱼的形状。这些调色板是用来研磨孔雀石、制作绿色眼影的，那是埃及人非常喜欢的一种化妆品。有时人们也用一些石制的或青铜的器皿、象牙梳子、小雕像来殉葬。在富人的墓中，有各种用打磨的石头做成的念珠、护身符，以及黄金、青金石和绿松石这样的奢侈品。天长日久，尸体上面覆盖的沙子渐渐被风吹去，尸体暴露出来，就迅速产生了自然分解，水分渗入沙中，皮肤、头发、肌腱、韧带很快风干了，体内某些组织和主要的器官保存下来。

随着自然因素造成的破坏和盗墓贼的不断到访，一些墓中的尸体渐渐暴露出来，埃及人便看到了业已形成的天然木乃伊。可能这使他们更加坚信，要让死者永生，保存尸体非常重要，因为这样灵魂可以重新进入身体，享受世俗的欢乐。

前王朝后期，随着文明的发展，贫富分化日益加剧，这在墓葬中有明显的反映。在一些主要城市，如涅伽达、赫拉康波里斯，富有的地方贵族会为自己准备方形大墓，里面的随葬品也越来越精美，尸体的保存也更为精心。在前王朝早期，尸体只是用山羊皮包一下，后来人们开始在死者身边放上用嫩枝编成的花篮。再后来，把尸体摆在一个嫩枝编成的花篮或小席子上，周围用枝条编成一个正方形的围栏，顶上盖一张或几张席，成为一种标准的样式。

随着规模的扩大，富人的陵墓设置更加复杂，还加上了厚木板的顶，这样把空气也放进了墓穴。本来是为了更好地保存尸体，结果却事与愿违。进入王朝时代以后（公元前3100年左右），贵族墓通常是长方形的墓坑，周围有泥砖做的围墙，用亚麻布裹起的屈肢状尸体盛放在大筐中，然后放在粗糙的木棺或陶棺里。

在1王朝早期，埃及人就开始摸索用人工方法达到那种在沙中自然保存尸体的效果。这方面的考古资料非常少，主要是因为古代的盗墓和近代的寻宝活动导致大多数的墓在发掘之前就已经被破坏了。我们的第一条资料来自阿拜多斯，在早王朝时期它就已成为重要的城市，那里的王室墓地在古代就曾遭受火灾，后来法国的埃及学家埃米尔·阿姆利诺又进行了典型的掠夺性勘察。他在报告里提到发现了放在石棺里的、用浸满泡碱的亚麻布裹住的尸体。但这个报告和死者的年代都不确定。

第一条证明人工制造木乃伊的确凿材料是前文提到的发现于1王朝国王杰

尔墓里的一截手臂（小臂）。这是皮特里在墓室砖墙上的一个小洞里发现的。他断定这是杰尔的王后的手，因为它上面有四个手镯，分别是用金子、绿松石、紫晶珠子和护身符做成的。当然，它们也有可能是国王本人的。这截手臂对于研究木乃伊的发展过程具有重要意义，它用上好的亚麻布裹了好几层，因此属于木乃伊的一种，有助于人们发现最早制作木乃伊的技术。遗憾的是，当时开罗埃及博物馆的馆长埃米尔·布拉赫只留下了手镯，把手臂和亚麻布都扔掉了。现在只有手镯仍在该博物馆展出。这是埃及学在探险寻宝阶段留下的遗憾之一，这样，这截手臂留下的线索就此中断了。

在早王朝和古王国时期，制作木乃伊的标准方法是将四肢和躯干用上好的亚麻布层层裹住，亚麻布里浸满着树脂。在萨卡拉发现的一具2王朝时期的女尸，竟用亚麻布裹了16层。后来在同一地方发现了一具用同样的方法制作的木乃伊，手指是分开来包裹的，并且有假乳和假生殖器。在这个时期，尸体仍是一种半蜷的状态。在这些仔细包裹着的亚麻布带中，所有的人体组织都腐烂了，没有任何东西留下来，亚麻布直接连着骨头，布的内层也由于腐蚀而变黑。在这个时期，埃及人处理尸体的目的只是要它看起来与死者生前的形象大体相像，因此这些措施并不能算是真正的防腐。人们会通过在柔软的亚麻布表面加上假饰来表现尸体本来凸显出的线条，例如，在萨卡拉阶梯金字塔下面的一个花岗岩墓室中发现了该金字塔的建造者——3王朝的乔塞尔的左脚和其他一些骨头碎片，这只脚的脚腱就是通过在亚麻布上做出一个脚腱的样子来表现的，实际上里面的皮肉早已烂掉了。

古王国时期，人们继续探索尸体防腐的种种方法，也逐渐掌握了取出内脏、使用泡碱等技术，但这个时期的木乃伊制作总体来说还是很不成功的，从现有的发现来看，层层包裹之内，几乎没有什么留下来。

在4王朝，制作木乃伊保存尸体的技术进入了新的阶段：将尸体的肠子掏出，以防止腐烂。1890年，皮特里在美杜姆（Meidum）发现了贵族拉内弗（Ranefer）的尸体，它存放在墓室墙壁的凹处，这种凹壁在美杜姆墓群中很普遍，但大部分是空的。与以前的木乃伊不同的是，它呈伸展状，而且内部的肠子都已取出，内部器官也用树脂浸泡过的亚麻布包住了。他的身体还是层层包裹在亚麻布里,但抢劫者敲掉了他的脑袋,把一块石头摆放在原位。他们可能还想把脖子上的青铜项链取走,在脖子上留了一道暗色的痕迹。那个被敲掉的脑袋更有一段奇特的经历,在20世纪初,它由于解剖学家艾略特·史密斯(Grafton Elliot Smith)的研究而蜚声海内外。史密斯带着这个木乃伊头到处举行讲座,展示木乃伊的制作技术。我们可以想象听众面对它时的表情:它亚麻布的表面上绘有图案,头发涂成黑色,眼睛和眉毛是绿色的,嘴是红的。史密斯在讲解时还常常举起木乃伊的头摇动,让观众听脑干在里面晃来晃去的声音,然后告诉大家,在加工过程中没有把脑子取出。这具木乃伊本来收藏于伦敦皇家医学院,后不幸在"二战"轰炸中遗失。

1910年,在美杜姆17号墓中发现了另一具木乃伊,放在一个红色的石棺中,能看出石棺有用树枝撬过的痕迹。尸体已一团模糊,但仍可以看出内脏已被取出,腹腔塞满了药物。此外,脑子已从头盖骨底部的枕骨大孔中抽出。最特别的是,脊椎骨、骶骨、胸骨、肩胛骨和膝骨上都绕着亚麻布带,这表明骨头在包裹之前就已分解了。在发现了另外一些同类证据之后,皮特里得出一个惊人的结论,说在前王朝到古王国末期之间有一种奇异的肢解尸体的习俗,肢解之后,头部还要特别地反转过来,以接受家族崇拜。他认为这种习俗有深刻的宗教含义,并引用《金字塔铭文》为证:

你,力量比弓箭还大的你,你被肢解的四肢收集起来了(1018c);

我将为你收集你的肉体,我将为你收集你的骨头(1884c)。

艾略特·史密斯反对皮特里的观点,两人在几家刊物上连篇累牍地著文论争,喧嚣一时。艾略特·史密斯的解释是,这些木乃伊在遭受抢劫者蹂躏后又由死者亲属重新包裹,而《金字塔铭文》中关于肢解尸体的描写很可能是依据奥塞里斯的传说。

在吉萨也有许多像美杜姆那样的带凹壁的陵墓,这表明在制作木乃伊时取出内脏已成为广为流行的习俗。较重要的发现是胡夫之母荷太普赫瑞丝的陵

胡夫之母荷太普赫瑞丝的陪葬床，4王朝，开罗埃及博物馆藏

墓，其中的凹壁用石膏封住，里面没有尸体，但发现了一个停放在木车上的雪花石做的箱子。箱子里面分成四格，其中一格是干的，里面杂陈着许多腐烂的器官；其他几格里有黄色的液体及另外一些器官，检测结果表明这些液体中含有3%的泡碱，其余部分是水。这是现已发现的使用泡碱处理尸体的最早证据。这种分成四格的保存内脏的箱子也是首次被发现，后来成为普遍使用的标准葬具。考古学家发现，荷太普赫瑞丝的墓葬是从达舒尔移到吉萨的，墓中许多著名的发现，如镀金的罩篷架、床和椅子等现都存放在开罗埃及博物馆中。

5王朝时制作木乃伊比前一时期更为普遍。从4王朝开始，王室和贵族的尸体都呈伸展状放在木制的内棺中，再放入上好石料做的外棺，外层还经常有王宫正门那种连续的凹壁装饰。1933年，美国埃及学家乔治·赖斯纳在吉萨的2220号墓的垂直通道B中发现了一具呈伸展状的女尸，放在一个保存很好的木制内棺中，是以古王国时常见的样式包裹的，面部也是用亚麻布做出的轮廓，并用彩色勾勒出线条。她穿着一件V字领的无袖衣服，长至脚踝，脚露在外边，可以看到每个脚趾都用亚麻布单独包裹，手平放在身体两侧。解剖学家除去她的衣服后发现她的胸部整个是用纵横交叉的亚麻布做出的假胸，亚麻布做的假乳上还有两颗纽扣一样的假乳头。这具尸体似乎没有去掉腹部器官，亚麻布里面的尸身大部分已经腐烂，尸体上的洞是用亚麻布团胡乱填塞起来的。皮特里在戴沙谢（Deshasheh）发现的5王朝的耐赫弗卡的木乃伊，也是用同样的方法处理的，有亚麻布做的假生殖器。

5王朝的另一具木乃伊颇有些名气，1966年，在萨卡拉的一个石窟墓中发现了两具木乃伊，分别标有名字：尼弗尔和卡海。男的那具，即现在被称为"最早的木乃伊尸体"的那具就是尼弗尔的。它的特别之处在于，在用亚麻包裹并制作假的身体轮廓时使用了石膏，这是现已发现的第一例。该木乃伊的假生殖器也制作得非常逼真，还有一个亚麻做的长髯。假发、眼睛、眉毛和唇髭都上了颜色，脖子周围摆放了许多绿色的彩铀珠子，整个躯体略呈绿色。

1898年，皮特里率先使用X光技术研究木乃伊。他发现戴沙谢的5王朝时期的木乃伊有被肢解的迹象，或至少是后来重新包裹过的，因为从X光片中能看出骨头的位置错乱，甚至把脚骨和手骨裹在一起。这些骨头现在仍用亚麻布裹着，存于伦敦大学学院。

在6王朝，先用亚麻布包裹再制作假轮廓仍是加工木乃伊的标准方法。一个重要发现是在萨卡拉的一个马斯塔巴墓中出土的一具女尸，穿着衣服，背带和脚镯涂成了白色，戴着绿色的手镯和项链。但不幸的是，从墓中往外搬运时，这具木乃伊被摔成数片。另一具男性木乃伊是在吉萨发现的，名叫塞卡，解剖学家发现其皮肤已经严重腐烂，并且破坏了内层的亚麻布。有时，人们会用石膏代替树脂在亚麻布上制造轮廓，特别是头部。

综上所述，这个时期的防腐方法还远不能很好地保存尸体，于是人们用制作雕像来弥补，因为它也能作为替身让"灵魂"前来依附。主要有以下几种类型：石膏做的"替身之头"、在假门中间的壁龛中置放的胸像和雕像。这些石碑状的假门位于礼拜堂的中心，上面的浮雕一般都大同小异，最常见的是墓主人坐在一张高堆着贡品的桌子前，漠然直视前方。按实际比例制作的死者的圆雕像，也就是除木乃伊之外的"第二替身"，要放在叫作"serdab"的墓室里，在与雕像的眼睛同等高度的地方开了一个小孔，这样眼睛可以看到墓室外，接受祭拜和供奉。在萨卡拉阶梯金字塔的享殿中，"serdab"里就有一个乔塞尔的这种圆雕像。眼睛里面原来很可能曾镶嵌着半透明的石头，使雕像无论从哪个角度看都栩栩如生。这尊雕像现存在开罗（在萨卡拉的"serdab"中的是复制品）。

通过研究对古王国和中王国时期的浮雕的有关描绘，我们发现，制作木乃伊过程的每个阶段都有相应的宗教仪式，并使用一些巫术手段，它们与制作木乃伊本身同样重要。其中最重要的是最后一个阶段举行的开口仪式，最初是面对墓中的雕像举行，后来是在死者的木乃伊前举行。其目的是让死者重新获得看、听、说的能力。换句话说，就是让他起死回生。这个仪式的依据是奥塞里斯的传说，据说荷鲁斯曾为他父亲被分割的尸体举行这种仪式。此后，儿子为父亲举行开口仪式就成了传统。

综上所述，陵墓建筑——死者憩息之地对古埃及人是至关重要的，不仅是举行各种仪式和典礼之地，向死者献祭也必不可少，在前者中断时，后者的魔力能保证死者在来世永存。对死者的义务还包括用墓室壁画营造一个理想的物质生活环境，如肥沃的土地，美丽的田园风光，成群的仆役在辛勤地为主人耕种、放牧、渔猎、屠宰、酿酒等，这样才能确保供奉死者的祭品源源不断。在古埃及几千年的历史中，陵墓设计的风格在不断变化，但这种巫术的实质永远不会变。有时墓室壁画或浮雕也表现墓主生活中的重大事件。此外，即使其他祭品遭到毁坏，一样最重要的东西——主人的姓名，却无论如何也要保存住，不管是写下来还是口头代代相传，这样他就可以永远活在他的陵墓中。古埃及人热爱生活，他们相信，拥有和准备好永久居所——陵墓，是超越生命、获得永恒最根本、最实际的一步。

关于第一中间期制作木乃伊的情况的材料很少，20世纪20年代，纽约大都会艺术博物馆探察底比斯西岸的神庙和墓地时，在代尔·巴哈里的石窟墓中发现了一批11王朝公主的木乃伊，表明这个时期制作木乃伊的技术有了提高。这些尸体曾用泡碱迅速地吸去水分，然后用树脂涂满皮肤表面。值得注意的是，这些木乃伊都没有做过取肠处理，而且直肠和阴道都被扩张开了，可以看出，在加工过程中曾把某种树脂（类似粗松脂）注入肛门中，以溶解腹腔中的各种器官并把它们排掉。绝大多数学者认为，这种方法就是古希腊历史学家希罗多德记载的制作木乃伊的三种方法中的第二种，即花费低廉的那种。但是原因可能也很简单：通过切口从腹中取出肠子此前只是在北部埃及流传的一种技术，直到中王国时期重新统一后才在中部埃及使用。最有意思的是，这些公主身上居然有文身！这在古埃及木乃伊中是唯一的一例。在前王朝的小雕像上倒有许多，这可能是上埃及，甚至是努比亚的习俗，看起来底比斯王族中可能有努比亚人的血统。

在 11 王朝的门图荷太普二世征服北方的过程中，有 60 名士兵战死，尸体被送回底比斯埋葬。当时尸体已伤痕累累，而且已经开始腐烂，还遭到食肉鸟的啄食。从尸体里面残存的沙子来看，当时只做了最简单的处理：用沙子除去体内的水分，然后用亚麻布草草包裹。这很可能就是穷人常用的做木乃伊的方法。

一位叫"瓦"的庄园管家死于 11 王朝门图荷太普三世在位时，时年 30 岁，墓地在底比斯。幸运的是，他的墓从未被盗过。1935 年，他的木乃伊在纽约大都会艺术博物馆被打开。每层布带下面都涂了树脂，越靠近身体，树脂涂得越厚。从尸体上总共剥下来了 375 平方米的亚麻布！许多布片上有瓦的名字，还能发现木乃伊制作者留下的手印。他一定是个粗心的工匠，我们看到在布带上除了树脂之外，还包进去一只老鼠、一只蜥蜴和一只蟋蟀。尸体的肠子通过腹部的一个切口取出来，但器官仍完整地放在膈的上面，脑仍在原来的位置。

在一个叫依皮的人的陵墓的入口附近，我们发现了一间封闭的墓室。里面的一个小房间存放着制作木乃伊剩余的材料，有布料和 67 个陶罐，罐里面是袋装的泡碱、油和木屑。还有一个用来在上面加工木乃伊的桌子，虽然它已严重破损，仍能估计出原来的大小是长 2.41 米，宽 1.48 米。它上面有四个长方形的木块，是支撑尸体用的。桌子的四个角上都刻着 Ankh（生命）的符号，桌面上有斑斑点点的泡碱和油脂。看来埃及人不仅保留着尸体上的所有东西，连加工木乃伊的剩余物也精心收集起来，存放在墓的附近，这也是出于尽量求全、以便来世更有保障的心理吧。

在 12 王朝，木乃伊的制作更为精心，技术已达到了新王国时期的水平。不过，在保存方法上的重大突破此时还没出现。1907 年，欧内斯特·麦凯

（Ernest Mackay）在里弗（Rifeh）发现了一座保存完整的 12 王朝的陵墓，并在里面发现了一对同父异母的兄弟的木乃伊。在英国曼彻斯特博物馆，玛格丽特·穆莱（Margaret Murray）对它们进行了细致的研究，发现其中一具木乃伊的指甲用线紧紧地系住，以防止它们在尸体干贮的过程中掉落，这是中王国时期普遍使用的一种方法。该木乃伊的主人叫奈赫特·安赫，去世时约 60 岁。根据他的骨骼和残余的性器官，学者们推测他已被阉割。他的兄弟则有黑人血统，中过风，得过关节炎，死时约 40 岁。20 世纪 70 年代，专家们对他们的骨骼做了进一步的研究，并依此对他们的头部进行复原，与他们的小雕像进行比较。

石窟墓在古王国时并不少见，但在第一中间期时更加普遍。这类陵墓的特点是墓室和礼拜堂都是地下建筑，是在沙漠的悬崖中开凿出来的。中王国时期，地方贵族的石窟墓遍及中埃及和上埃及，并且极尽奢华。其基本结构是：一个带浮雕或壁画的正门——有时还有一个柱廊——通向一个立柱殿堂，最深处是供奉死者圆雕像的祠堂。墓室位于更低层的坑穴中。除了把墓室墙壁布满彩色浮雕之外，中王国时期还盛行摆放随

头顶供品的女子，麦凯特拉之墓出土，11—12 王朝

294　金字塔的国度

士兵的木雕像，11—12王朝，开罗埃及博物馆藏

清点牲畜的木模型，12王朝，开罗埃及博物馆藏

葬俑。常见的有正在耕作、焙烤、酿酒等的人形俑，带桨和帆的船模型等。在11—12王朝早期的麦凯特拉墓中发掘出的努比亚士兵方阵模型是这类俑像中的极品，士兵们一手持箭，一手执盾，目光炯炯，栩栩如生。

同时也出现了新型的随葬雕像，做成木乃伊的样子，即前文提过的萨布提。他们的任务是为死者承担在冥世的一切劳作。中王国时期，这些萨布提都是用木头制成的，做工也很粗糙，放在一个木制模型棺材中。到了新王国时期，不但做工更为精致，所用材料也更丰富，有着色的木头、石头和蓝色彩釉等。中王国时期单个的萨布提居多，而新王国时一群一群的萨布提则更常见，分成数组在监工的管理之下劳动。手握鞭子的是监工，普通的萨布提一般是拿着篮子和锄头埋头在田里工作的样子。

中王国时期的另一种墓葬风尚是木乃伊面具的使用。这种面具是用废弃的纸草纸或亚麻布做成的，方法是把它们浸泡在水里，掺入少许石膏搅拌（有时只是用水浸湿，不加搅拌），然后再做成不同大小的面具，晾干即可。这样的面具原料叫作"Cartonnage"，是古埃及特有的，当代的纸草学家们从那些未加搅拌的"Cartonnage"中找到了大量的古代文献。只不过如何把粘在一起的纸草纸分开令他们大伤脑筋。最早时是把"Cartonnage"湿化以后用薄刀片把每张分开，后来是用一种特殊的胶一张一张地粘开，现在则是用更先进的仪器把它们吸开。有趣的是，古埃及人这种做面具

图雅木乃伊面具，18王朝，开罗埃及博物馆藏

余雅木乃伊面具，18王朝，开罗埃及博物馆藏

加工木乃伊用的石桌，古王国时期，开罗埃及博物馆藏

的方法很像古代中国的造纸术。面具做好后，下一步是在上面画上图案或是镀金，然后罩在木乃伊的头上。这种习俗可能与古王国时期在木乃伊的亚麻布表面做身体轮廓有某种联系。

中王国时期还出现了人形的内棺，它通常套在方形的外棺里。这种内棺按木乃伊的样式制成，反映出把死者和奥塞里斯更进一步联系起来的愿望。到第二中间期时，人们不再使用外棺，人形内棺也更为精致，呈张开双翼的伊西斯和奈芙缇丝女神状。在新王国，人形内棺的标准样式是外面布满关于来世的各种画面，里面的木乃伊面具要戴一个浓密的假发。随着时间的推移，木乃伊面具越来越精美，后来渐渐成了罩住整个木乃伊的罩具。

关于新王国时期的丧葬习俗我们有较为详细的资料，一般来说，从去世到下葬中间相隔70天，在此期间要制作木乃伊和完成相关的仪式。70天的间隔与天狼星偕日升有关系。直到罗马时代，这种间隔一直是标准的期限。

首先，尸体被送到per-nefer（制木乃伊之屋），在这里进行制作木乃伊的第一步。把尸体摆在专门的桌上。先敲碎筛骨，再用一个金属钩将已有些腐烂、

图坦卡蒙的内脏罐，18 王朝，开罗埃及博物馆藏

变软的脑子从鼻孔中抽出来；然后在腹部的左侧开一个口子，下面的器官，除了肾之外全部都取走。墓室壁画中常可看到木乃伊制作者的保护神——豺狼头的阿努比斯在帮助加工尸体。膈被切除，除了"思想之所在"——心脏之外，所有的器官都被从胸腔取走。将内脏器官清洗干净，分别浸泡在泡碱中，然后用热树脂处理，用布带缠起来、裹住，放在 4 个罐中。4 个罐的盖子各不相同，分别代表荷鲁斯的 4 个儿子：依姆塞提，长着人头，守护肝；哈皮，长着猿头，守护肺；瓦姆太夫，长着豺狼头，守护胃；凯伯塞努夫，长着鹰头，守护肠子。剩下的空腔用椰酒和香料清理干净，然后用一些临时的包裹材料填满。最后，把尸体用一堆干燥的泡碱干贮，这时脚趾和手指的指甲都要用绳子系起来，以防在干燥过程中丢失。完成这一切之后，已经过去 40 天了。接下来尸体会被送到 wabet（纯净之屋），在那里用尼罗河的河水将尸体洗净。这是一种带有宗教意味的举动，象征着太阳从尼罗河上升起以及泛滥的洪水退去。然后把脑腔用被树脂浸泡过的亚麻布填满，再把腹腔中的临时填充物取出，用装满木屑的亚麻布袋或用树脂浸泡的没药填满，之后再把腹部的切口缝起来。

要在尸体的表面搽上一种杉树油、蜡、泡碱和树胶的混合物，接下来再把香料撒在上面，鼻孔也要塞住。通常还在眼皮下放上亚麻布的垫子，放洋葱亦可。然后整具尸体用熔化的树脂涂满，以收住毛孔和保护表层。

接下来是一项用亚麻布包裹尸体的精细工作。先把四肢分别缠起来，再包裹躯干，裹完后常给尸体套上一件完整的寿衣，然后继续包裹。在这个过程中要不断念诵咒语，每包裹一个部位念诵一段。到第五十二天时结束，第六十八天到第七十天时入棺。

在一层层地包缠木乃伊时，常常放进许多护身符。现在不用拆开裹布也能用X光透视的方法看见它们。中王国的《棺木铭文》到新王国时演变为《亡灵书》，写在纸草卷上，从19王朝开始还配有小插图。《亡灵书》每个人都可买到，人们相信把这些写着咒语的纸草卷放入棺中就能得到保佑，顺利达到永生，因此成为"万人升天不朽指南"。其中有关心脏的咒语尤其重要，要提醒它在末日审判的时候千万不可泄露主人的劣迹。与心有关的咒语经常刻在绿色的圣甲虫像上，放在死者的心口。Ankh——生命之符，是最常见的护身符。djed形护身符象征着奥塞里斯的背骨，要放到脖子上。tyet形护身符、伊西斯结和绿色的纸草卷也放在那里。赤铁制成的枕头护身符放在头下面。荷鲁斯之眼护身符有时单独置放，有时平放在腹部的切口上。

下葬的日子到了。木乃伊入棺后放在一个木橇上，后面是放有装着木乃伊内脏的罐子的第二个木橇，仆人们扛着随葬品尾随其后，随行的还有扮成女神伊西斯和奈芙缇丝的两个女子、死者亲朋、祭司，他们要先一路泼洒牛奶，然后送葬队伍才能走过。队伍中最引人注目的是一群悲痛欲绝的女子，她们时而号啕大哭，时而哀哀抽泣，好像捶胸顿足还不能发泄心中的哀痛，又从地上抓起泥土在头上、身上涂抹。她们实际上是职业哀悼者，这样认真地表演，还真是敬业。这一行人热热闹闹地来到渡口，上船渡河到尼罗河西岸，靠岸后再拖拉前行。到了墓地，他们与一群舞者和一个教士会合。接下来是举行开口仪式，装着木乃伊的人形内棺被立起来，面朝送葬人群，由一位戴着阿努比斯狼头的祭司在后面扶着；另一个叫作"他喜欢的儿子"的祭司，用横斧和叉刀状的宗教器具触碰木乃伊的嘴；然后是燃香、祭奠，再献上牲畜、衣服、油和食物等供品。

最后，参加葬礼的人要享用一顿丰盛的大宴，有乐师和舞者在旁助兴，演唱为死者祈祷的歌曲。就在这酒宴歌舞之时，木乃伊被缓缓地放入墓室中，之后由一位扮成图特神的祭司清扫地板，以擦去所有的脚印。所有接触到木乃伊的东西，包括防腐材料，都要收集在一起，在离墓不远处掩埋起来。

第五节　墓葬文化与自我表达

古埃及贵族的身份表达既有社会地位和价值观的内涵，也是来世观念的重要体现。古埃及人出于对永恒生命的渴望，产生了将自我纪念碑化的想象和实践，这是他们艺术表达的动力。

约翰·贝恩斯提出"礼法"（decorum）这一概念，指古埃及高级文化的表达方式在使用中反映出来的社会等级制，如墓葬、纪念物等使用空间和图像的禁制，信仰的表达受限于礼法的规定。墓碑的使用清晰地反映出礼法从古王国

萨胡拉金字塔祭庙浮雕

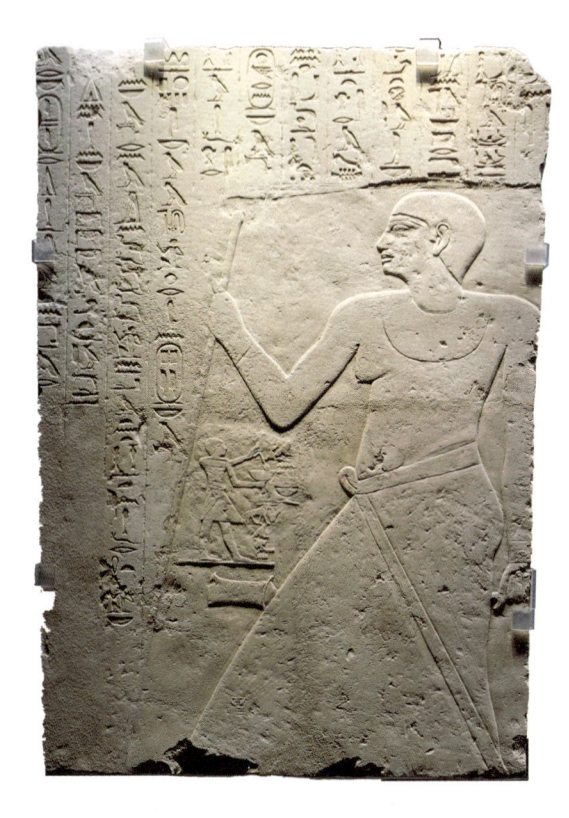

伊尼墓室浮雕，
6王朝，萨卡拉

到希腊－罗马时期逐渐松动的过程。

  古王国时期是中央集权最为巩固的时期，效忠王室是最高的行为标准。个人自传以效忠国王及获得奖赏为主要话题。古王国时期的墓碑，其内容虽然是描写墓主人的生平，但并不是现代意义上的自传。这些内容并不按照年代顺序全面描述，只是选择与国王的肯定和奖赏相关联的事件，哪怕只是很小的事件，如与国王一起宴饮、与国王对谈、得到国王的奖赏等。在5王朝国王萨胡拉的金字塔祭庙和河谷神庙之间的通道上，有描绘远征蓬特的浮雕，其中有远征归来后的庆祝宴会的场景，上面出现了高官、王家雕刻师等人物形象，每个人的名字和头像都写在其前上方，其中四个人的榜题文字是："在国王和工匠总管的面前进餐、饮酒。"其中一个叫作伊尼（Iny）的大臣在自己的墓志中用很大的篇幅提到了这次宴会，而他的下属胡伊（Khui）也在自己的墓中提到了跟随伊尼参加远征队，他的职务是招待宴会的总管，墓室浮雕的画面是宰杀

胡伊墓室浮雕，
6王朝，阿斯旺

牛、准备宴会的过程。在这些墓碑及自传反映的关系网络中，可以清楚地看到以国王为中心的社会等级制度。[36]

正因如此，自传中也逐渐形成了一系列的套语，在不同人的墓碑中重复出现，如前文提到的供奉套语、向生者恳请套语等，也有表现墓主人品德优秀的套语：

我由我的城市来此，
我由我的家乡前来，
我建了一栋房屋，并起它的门户，
我掘了一个池塘，种了无花果树。
国王赞赏我，
父亲给我遗产，

我是个有价值的人，
为父亲所爱。
我给饥饿者面包，
给赤裸者衣裳，
渡无舟者过河。[37]

辛努塞尔特一世，12王朝，开罗埃及博物馆藏

古王国时期的自传表达的价值观是遵循社会等级秩序所要求的行为规范，崇尚乐观、自信、主动、进取、成功的理想人格以及追求功名利禄的强烈愿望。同时期的教谕文学也表达了同样的观念。

第一中间期的社会分裂和混乱秩序使得传统的价值观发生了重大转变，以国王为中心的神定秩序不再是恒定不变的，追随国王获得永生的信仰也面临危机。

到了中王国时期，来世信仰出现了大众化的趋势。经过了中间期的动荡和分裂后，以孟菲斯传统为中心的高级文化的中断，使得古王国时期的严格礼法得以放宽，原来王室专用的《金字塔铭文》逐渐演化成一种更加大众化的《棺木铭文》，也就是说，普通人也可以把超度亡灵的咒语刻在棺椁上作为通过冥界审判的指引了。人们对来世的期望不再寄托在国王身上，而是寄托在冥神奥塞利斯身上。从此，通往来世的大门向所有普通人打开了。

中王国时期奥塞里斯崇拜的普及使得贵族墓碑的功能和内涵都发生了变化。一方

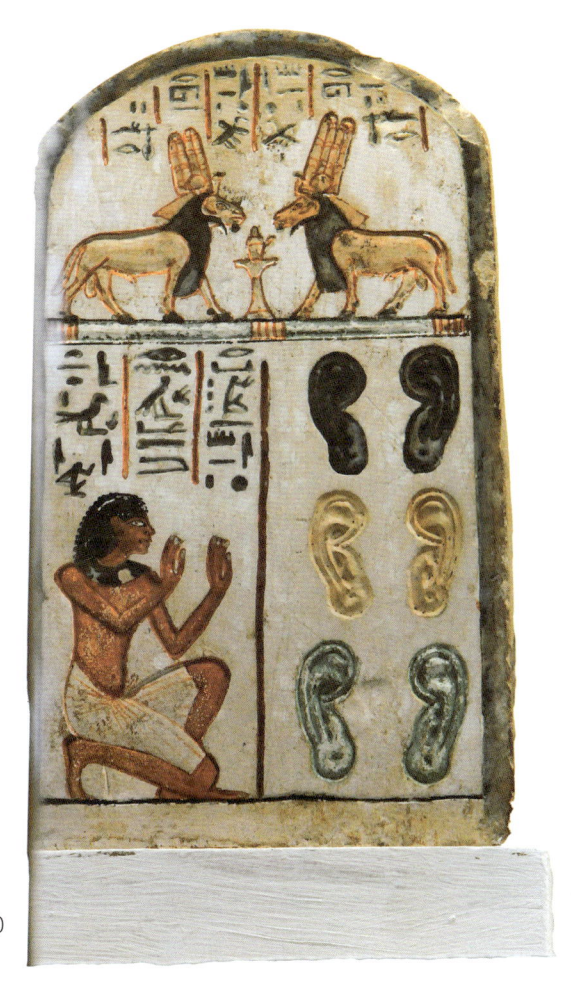

巴伊（Bay）的墓碑，19—20
王朝，开罗埃及博物馆藏

面，中王国时期的国王希望通过与古老的奥塞里斯信仰建立联系来为自己的合法性正名，另一方面，普通民众也在冥神奥塞里斯那里找到了更具体、更确定的寄托。有学者认为，当时的埃及很可能进行了一场寻找奥塞里斯墓的活动，1王朝国王杰尔的墓被"认定"为奥塞里斯之墓。在修复此墓之后，在墓前建造了奥塞里斯祠堂，其中放置了近乎等身的花岗闪片岩制的奥塞里斯像。辛努塞尔特一世及几位继任的国王都对这个神庙进行了翻新和扩建，每年泛滥季的最后一个月会在阿拜多斯组织奥塞里斯节，吸引来自全国各地的朝圣者前来参加，将阿拜多斯塑造成埃及的神圣中心。

国王和贵族在阿拜多斯建造"卡"祠堂、竖立纪念碑成为中王国时期的风尚。阿拜多斯北部墓葬区集中了中王国时期的贵族祠堂，虽然建筑遗存很少，但发现了数百个纪念石碑——现存于开罗和欧洲各大博物馆。从20世纪70年代开始，辛普森（William Kelly Simpson）、利克泰姆和大卫·奥康纳等人对这些石碑的铭文进行了翻译和研究。[38]

在自传中，最高的荣耀和成就不再是远征路上的历险和功绩，而是能够受到国王的派遣前往阿拜多斯参加奥塞里斯节。前文提到的辛努塞尔特三世的大臣伊赫诺弗里特受到国王的派遣，代表国王来阿拜多斯参与并主持一年一度的奥塞里斯节，在仪式大道旁边建造了祠堂，立在其中的石碑完整记录了奥塞里斯节日的过程。[39] 石碑开头以国王诏命的口吻讲述派他前往阿拜多斯主持奥塞里斯庆典的缘由[40]：他自幼生活在王宫内，因此才得到了国王的信任，获得主持奥塞里斯庆典的殊荣。在接下来的叙述中，伊赫诺弗里特不仅作为国王的特使筹备了奥塞里斯庆典的一切事务，更作为国王本人的替身主持了奥塞里斯秘仪。

新王国时期是埃及历史上的大变动时期，埃及既经历了帝国的极盛，也经历了几次重大的集体创伤，如新王国之前的喜克索斯人的入侵和统治，18王朝埃赫那吞宗教改革对传统宗教的打击，19王朝末开始的"海上民族"骚扰等。这些事件都对人们的信仰世界和墓葬习俗产生了影响。在中王国时期已经松弛的礼法，在新王国时期更加放宽。随着载体的改变，写在纸草上的墓葬文献《亡灵书》在民间被广泛使用。宗教实践方面最突出的变化是人与神的沟通方式。在民间，墓葬图像开始打破禁制，出现了国王和神的形象，特别是在底比斯西岸的贵族墓中，神的形象突增，而日常生活的场景则逐渐减少。在这些贵族墓室的壁画中，不仅国王和神的形象都出现了，而且还有国王将墓主人夫妇引荐给神的主题。到新王国末期，甚至出现了忏悔类的自传。

神庙中有了更多的供民众祈愿的空间，除了圣殿外面的临时供奉场所之外，神庙中还出现了"倾听之屋"，民众可以在它的外面向神祈愿。而在逐渐增多的节日庆典中，神像巡游的过程也是民众向神祈愿、请求神谕的机会。

自中王国时期开始，贵族也可以把自己的雕像放在神庙中了，新王国时

第九章 古埃及的墓葬文化 305

"地平线上的荷鲁斯"，代尔·麦迪纳工匠村塞奈杰姆（Sennedjem）墓室天花板，19王朝

墓主人敬拜天牛和长生鸟，代尔·麦迪纳工匠村塞奈杰姆之墓，19王朝

墓主人的父母，代尔·麦迪纳工匠村塞奈杰姆之墓，19王朝

奥塞里斯坐在底比斯山前，代尔·麦迪纳工匠村派舍杜（Peshedu）的墓室壁画，19 王朝

期这种现象更加普遍，贵族把这种与神接近和沟通的特权作为自我表达的重点。除了国王，很多贵族也成为人与神之间沟通的中介，如贵族雕像的铭文甚至表示可以帮助无法进入神庙的民众向神祈愿，前文提到的高官伊赫诺弗里特的祠堂中甚至有下属敏荷太普（Minhotep）的献祭石碑，也就是说，敏荷太普把伊赫诺弗里特当作神来祭拜祈愿。像国王一样，贵族也向神庙捐赠财产来还愿。

民间信仰在新王国时期得到了极大的发展。民众更愿意通过地位较低的地方神灵、当地贵族或者亲属亡灵来表达自己的祈愿。学者们将这种前所未有的宗教形态称为"个人虔敬"[41]（personal piety）。其中，对家族中的亲属亡灵的崇拜，即祖先崇拜，在新王国时期，尤其是在拉美西斯时代，成为"个人信仰"最典型的例子。祖先崇拜的材料集中发现于代尔·麦迪纳工匠村。它坐落于底比斯西岸的帝王谷和王后谷附近，兴建于 18 王朝早期，在 21 王朝时被废弃，是为法老修建陵墓的工匠集中生活的地方，前后存在了大约四百年。

代尔·麦迪纳工匠村出土了 47 块特殊的石碑，被称为《Akh iqr n Re 石碑》，因为其铭文中都将石碑的受祭者称为"akh iqr NN"或者"akh iqr n Re NN"，而献

阿努比斯照料木乃伊，代尔·麦迪纳工匠村奈本玛阿特（Nebenmaat）之墓，19 王朝

墓主人在棕榈树下饮水，伊鲁尼弗尔（Irunefer）墓室壁画，19 王朝

工匠村石碑，A2, 开罗埃及博物馆 25452　　　　工匠村石碑，A11, 开罗埃及博物馆 34171

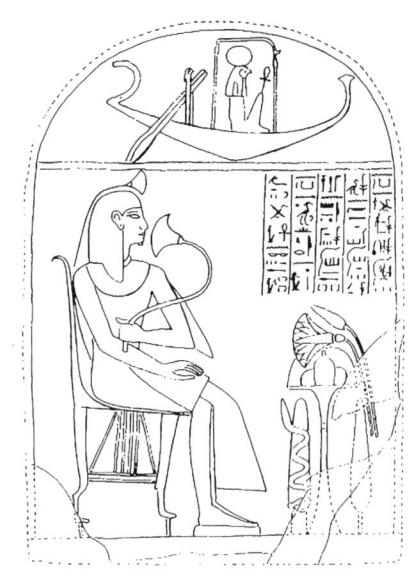

祭者多为死者的儿子或兄弟。这种石碑的形制与新王国时期盛行的还愿碑相似，多由石灰石制成，高度在 10—25cm，多为尖顶或圆顶。石碑上的献祭场景都是程式化的图案：顶部饰有太阳船、神龛、申环、水纹、荷鲁斯之眼瓦杰特等宗教符号。石碑主体部分的图案是死者接受供奉：受祭者或跪或坐或立，手中常握有莲花、布条、象征生命的符号，或者伸向祭桌上的供品。石碑上还有简单的祷文，绝大多数石碑都是拉美西斯时代制作的。[42] 马斯伯乐、布吕耶尔（B. Bruyère）都对这类石碑进行过专门的讨论。德马赫（R. J. Demarée）的专著《拉神之显灵石碑：古埃及的祖先崇拜》是最完整的整理和研究。[43]

这类石碑有很多共同特点：都以来世、天庭和太阳船为主题，绝大多数死者手持象征复活的莲花。大多数石碑的主体图案是死者接受献祭。这里面，仅有一位受祭者的石碑有 22 块，有一位受祭者和一位献祭者的有 10 块，有一位受祭者与两位以上献祭者的有 5 块，有 9 块石碑上描绘了两位受祭者。另一种主体图案是死者向神灵或死去的王室成员献祭。受祭者祭拜王室人物的有 3 块，受祭者崇拜神灵的只有 2 块。值得注意的是，它的献祭对象主要是两代以内的去世亲属，包括父亲、母亲、丈夫、妻子等。[44]

贵族女子墓碑，22王朝，开罗埃及博物馆藏

新王国时期，传统的价值观也发生了微妙的变化。这个时期的文学作品反映出更多的个人主义倾向，人们开始有更多的内省，并质疑传统教谕文学中宣扬的社会秩序和道德说教，强调的是谦卑、安于现状、淡泊名利，有更强的自制力，能与周围的人和谐相处。

21王朝后，女性在墓葬文化中有了更突出和更独立的地位。她们有了自己的墓碑和自传，而不是像之前那样作为丈夫的陪伴者出现在墓碑和墓室壁画上。学者们对这个现象有不同的解释，主流观点认为这与墓葬形制和仪式空间的演变有关。这个时期，陵墓的地上建筑非常小，通常是泥砖建造的小祠堂，而且独立墓越来越少，合葬墓越来越多，最后发展成规模很大的公墓。墓地中的仪式空间非常有限。国王和地位显赫的贵族开始把墓地选在神庙区域内，解决了葬仪和供奉仪式的空间问题。越来越多的贵族把雕像放入神庙中，部分仪式也由神庙承担。而其他的墓则使用一种木制的墓碑，在葬仪中使用后与棺椁一起埋入墓室中。女性的独立墓碑就出现在这类木碑中，最早的是21王朝的，在公元前1千纪中一直沿用，地点多数在南部埃及的。[45]

21王朝、22王朝，墓碑上的构图都是墓主人面对一个神，人在右，神在左，中间是一个供奉桌，通常有莲花，朝向神的一边。铭文是非常简单的供奉套语，25王朝、26王朝开始，神祇的数量增加，铭文也更长，甚至还有赞美诗。有的墓碑上的画面是对称的，站在中间的神背对背，分别朝向两侧敬神的死者。

木制墓碑的一大特点是颜色极其鲜艳，女性的肤色很白，浓妆艳抹，很像在葬礼表演的装扮；而木碑上都有沙漠和墓地的景观作为背景，更印证了画面的表演性。

与墓碑的情况类似的是，从21王朝开始女性墓葬中也有自己专用的墓葬文献了。史蒂文森（Marissa Ashley Stevens）统计的500多份21王朝的墓葬文献中，近半数是女性的，内容包括《亡灵书》《密室之书》《地之书》《门之书》《拉神连祷》等。[46]

在民间，与家庭信仰相关的贝斯（Bes）神、河马女神塔乌瑞特、伊西斯、孩童荷鲁斯等格外受欢迎，魔法、动物崇拜也更加盛行。

女性在墓葬文化中的突出地位、家庭信仰的发展，与王权衰落、礼法松弛有密切关系，也与利比亚文化的影响有关。同时，埃及墓葬文化经过几千年的发展，逐渐进入经典化的阶段，从现实生活的复制到死后世界的想象及符号化的表达，这个过程既体现在墓葬文学载体的变化上——从《金字塔铭文》到《棺木铭文》再到纸草上的《亡灵书》，也反映在死后永久居所的打造上。从第三中间期开始，墓室装饰越来越少，密集装饰的棺椁成为浓缩的神圣空间，随葬的《亡灵书》等纸草文本也更多了。

作为社会精英的贵族阶层，总能以自己所处时代的最佳方式表达自己实现永恒来世的特权，不管是在金字塔旁边造墓，还是在圣地阿拜多斯立碑，抑或是在神庙中放置自己的雕像。当越来越多的民众享受来世的"民主化"的时候，国王与贵族不断更新着高级文化的符号来开启新的自我主题，完成新的自我纪念碑。

注 释

[1] J. P. Allen, *The Ancient Egyptian Pyramid Texts*, Society of Biblical Literature, 2005, p.7.

[2] Ibid., p.1.

[3] Ibid., p.5.

[4] 参 K. Sethe, *Die altaegyptischen Pyramidentexte*, J. C. Hinrichs'sche Buchhandlung, 1908–1922。

[5] 参 R. O. Faulkner, *The Ancient Egyptian Pyramid Texts*, Oxford at the Clarendon Press, 1969。

[6] 参 J. P. Allen, *The Ancient Egyptian Pyramid Texts*。

[7] Erik Hornung, *The Ancient Egyptian Books of the Afterlife* (translated by David Lorton), Cornell University Press, 1999, pp.7–12.

[8] Erik Hornung, *The Ancient Egyptian Books of the Afterlife*, pp.13–22.

[9] Ibid.

[10] Ibid.

[11] Ibid., p.27.

[12] Ibid., pp.27–30.

[13] Ibid., p.31.

[14] John Baines, "Restricted Knowledge, hierarchy, and decorum: modern perceptions and ancient institutions," in *Journal of the American Research Center in Egypt*, Vol. 27 (1990), p.4.

[15] Stephen Quirk, *Exploring Religion in Ancient Egypt*, p.206.

[16] John H. Taylor, *Death and the Afterlife in Ancient Egypt*, University of Chicago Press, 2001, pp.155–162.

[17] Ibid.

[18] Ibid.

[19] Ibid.

[20] 参 Wolfram Grajetzki, *Burial Customs in Ancient Egypt: Life in Death for Rich and Poor*, Bristol Classical Press, 2003。

[21] John H. Taylor, *Death and the Afterlife in Ancient Egypt*, pp.155–162.

[22] 参 G. W. Fraser. *Beni Hasan, Part 1, with plans and measurements of the tombs*, 1893。

[23] John H. Taylor, *Death and the Afterlife in Ancient Egypt*, pp.155–162.

[24] Stephen Quirk, *Exploring Religion in Ancient Egypt*, pp.212–225.

[25] Ibid.

[26] Stephen Quirk, *Exploring Religion in Ancient Egypt*, pp.212–225.

[27] John H. Taylor, *Death and the Afterlife in Ancient Egypt*, pp.147—155.

[28] Ibid.

[29] Stephen Quirk, *Exploring Religion in Ancient Egypt*, pp.212—225.

[30] John H. Taylor, *Death and the Afterlife in Ancient Egypt*, pp.155—162.

[31] Stephen Quirk, *Exploring Religion in Ancient Egypt*, pp.212—225.

[32] Ibid.

[33] John H. Taylor, *Death and the Afterlife in Ancient Egypt*, pp.155—162.

[34] Ibid.

[35] Ibid.

[36] John Baines, "From Living a Life to Creating a Memorial," in *Ancient Egyptian Biographies: Contexts, Forms, Functions*, Julie Stauder-Porchet、Elizabeth Frood、Andréas Stauder(eds.), Lockwood Press, 2020, pp.54—56.

[37] Miriam Lichtheim, *Ancient Egyptian literature, volume I : The Old and Middle Kingdoms*, pp.15—27.

[38] William Kelly Simpson, *The Terrace of the Great God at Abydos: The Offering Chapels of Dynasties 12 and 13*, Peabody Museum of Natural History of Yale University, 1974.
Miriam Lichtheim, *Ancient Egyptian Autobiographies Chiefly of the Middle Kingdom*, Vandenhoeck & Ruprecht, 1988.

[39] Miriam Lichtheim, *Ancient Egyptian Autobiographies Chiefly of the Middle Kingdom*, pp.98—99.

[40] Ibid.

[41] Jan Assmann, *The Mind of Egypt: History and Meaning in the Time of the Pharaohs*, translated by Andrew Jenkins, Harvard University Press, 2003, p.229.

[42] Alan R. Schulman, "Some Observations on the akh iqr n Re-Stelae," in *Bibliotheca Orientalis 43(314, 1986)*, pp.302—348.

[43] R. J. Demarée, *The 3ḫ iḳr n Rꜥ-Stelae on Ancestor Worship in Ancient Egypt*, Nederlands Instituut Voor Het Nabije Oosten, Leiden, 1983.

[44] Ibid., pp.175—177.

[45] John Baines, "From Living a Life to Creating a Memorial," in *Ancient Egyptian Biographies: Contexts, Forms, Functions*, pp.66—73.

[46] Marissa Ashley Stevens, *Shaping Identities in the Context of Crisis: The Social Self Reflected in 21st Dynasty Funerary Papyri*, PhD dissertation, University of California, 2018, pp.47—52.

第十章

超越死亡：木乃伊肖像画解读

埃及出土的木乃伊肖像画是古代绘画史上最珍贵的部分，因为它们保存了在希腊-罗马本土已经失传的古代绘画传统。目前为止，已经发现了超过1000幅肖像画，男女老少都有。逼真写实的手法和符号化的表现相糅合，是古埃及的墓葬习俗与希腊-罗马艺术风格结合的产物，也是不同来世观念融合的结果。

木乃伊面具最早出现于中王国时期，木乃伊肖像画则出现于罗马埃及时期，延续使用到3世纪中期，是定居在埃及的希腊人和罗马人制作木乃伊时使用的，现已发现上千个，从海边城市阿拉梅恩（Marina el-Alamein）到南部的阿斯旺，遍布埃及全境，以中部埃及法雍地区出土最多，[1] 其制作手法及艺术风格与埃及传统迥异，人物外貌特征、服饰等多是希腊或罗马式的，而装饰图案则杂糅了埃及和希腊-罗马两种，既有埃及诸神，如奥塞里斯、伊西斯、阿努比斯等的形象，也有希腊人钟爱的橄榄桂冠、玫瑰花饰，以及作为罗马社会上等人标志的紫色，等等。古希腊人和古罗马人接受了古代埃及的墓葬习俗，却在使用过程中融入了西方古典文化的色彩，两种文化并存共生。

早在17世纪，在萨卡拉就陆续发现了木乃伊肖像画。1615年，意大利旅行家彼得罗·德拉·瓦莱（Pietro della Valle）到访埃及时，在当地人的指引下，在萨卡拉的一座金字塔内发现了3具带肖像画的木乃伊。1887年，考古学家在鲁巴雅特（Rubaiyat）发现了300幅木乃伊肖像，后来大部分被奥地利古董商特奥尔·格拉夫（Theodor Graf）买下。1888—1910年，皮特里在哈瓦拉发现了大约200幅肖像画。1897—1911年，在安提尼奥波利斯（Antinoopolis）又出土了一批肖像画，1903—1905年，在阿布西尔、梅莱克（el-Melek）又发现了一批，此后陆续不断在各地都有发现。[2]

这上千个木乃伊肖像画分布在多个博物馆，重要的相关图录有：1997年大英博物馆出版的沃克（S. Walker）的《古代面孔：罗马埃及时期的木乃伊肖像》[3]介绍了100多个木乃伊肖像画的具体信息，并介绍了古埃及的墓葬习俗、肖像画的制作技术、考古发现过程、历史背景等。帕拉斯卡（Klaus Parlasca）于1966—2003年发表的多卷本图录[4]，含黑白图片675个，是已经发现的木乃伊肖像画的最完整的汇总。科科伦（Lorelei H. Corcoran）1995年发表的图录[5]也是重要的资料。研究专著方面，汤普森（David L. Thompson）1976年的专著 The Artists of the Mummy Portraits 是从艺术史的角度研究肖像画的代表性著作。佐克西亚季斯（Euphrosyne Doxiadis）的 The Mysterious Fayum Portraits 搜集了近200幅肖像画，并进行了类型学和社会学的研究。包格（Barbara Borg）1996年出版了 Mumienporträts: Chronologie und kultureller Kontext，比尔布瑞尔（Morris Bierbrier）1997年出版的论文集 Portraits and masks: Burial Customs in Roman Egypt 集中介绍了相关的学术研究成果。

第一节　从木乃伊面具到肖像画

在法老时期的埃及，放置木乃伊的地下墓室通常有地上建筑，类似祠堂或者房屋，里面摆放着家具、珠宝、日用品等，目的是为死者营造一个与生前的生活环境相似的场所，可以将理想的现世生活永远延续下去。古埃及人相信，如果没有木乃伊和墓室，死者的"巴"就会失去与尘世的一切联系。

最早的木乃伊面具约出现于公元前2000年，它不是死者的肖像，而是一个表现年轻面孔的符号，是"面孔"这个词的象形文字符号的样子。它覆盖在木乃伊皱缩的面孔上，表达了古埃及人期望复活后恢复青春的愿望。

公元前30年，埃及为罗马征服，在埃及被纳入罗马的过程中，罗马人也开始了对古埃及文化的迷恋。埃及方尖碑和埃及风格的建筑、雕塑等出现在罗马广场上，埃及女神伊西斯成为罗马帝国最受尊崇的女神。与此同时，埃及的

石膏木乃伊面具，140—190 年，纽约大都会艺术博物馆藏

艺术形式也发生了明显的变化，出现了越来越多的罗马化元素。埃及的木乃伊面具先是在风格上发生了变化，然后逐渐演变为肖像画，成为将希腊、罗马艺术风格融合到埃及宗教传统的经典案例。

从希腊人统治埃及开始，木乃伊面具在艺术风格、制作手法上都产生了很大的变化：传统的埃及木乃伊面具中，人物通常是正面的，较少个性化的表现，更多地体现其宗教象征意义，而希腊-罗马时期的木乃伊面具和肖像中，人物通常是四分之三的侧面，非常逼真和生动，更多地表现人物的个性，这种观念上的变化导致了新的制作手法的出现，如"蜡制法"，将死者生前肖像作为木乃伊肖像，等等。

希腊-罗马时期的木乃伊面具很多是用亚麻布制成的，先把亚麻布在石膏中浸湿，然后在模具中成型，以这种方式可以大量生产面具。在托勒密埃及时期，面具通常是镀金的（这是花费很高的步骤），而在罗马埃及时期，面具通常是彩色的。面具风格是传统样式的，明显不是写实的肖像，希腊化的影响只

阿丽娜的肖像画，约 1 世纪，柏林埃及博物馆藏

阿丽娜的两个女儿的肖像画，柏林埃及博物馆藏

体现在头发和珠宝上。在罗马埃及时期，由于在制模原型中手工添加了一些有特点的细节特征，这些面具变得个性化了，但是它们从未成为真正的肖像，而只是原来面具形式的变种。这类面具在中部埃及极为普遍，常常是石膏半身像的样子，其中也有手臂（有时手中握有花冠或奖杯）；头部向上抬起，仿佛死者正在醒来一样。[6]

其后，出现了将肖像画在木乃伊头部绷带上的做法，但这种做法从未真正普及过。最美的例子是 1 世纪的两幅肖像画：阿丽娜（Aline）和她的孩子们的肖像以及希腊文教师赫尔米奥娜（Hermione）的肖像（见本章第三节）。

从 1 世纪中期开始，木乃伊肖像画大量出现。这种画像可能与罗马贵族在家中的中庭展示自己或祖先的肖像这一习俗有关。在罗马人的葬礼队伍中，人们举着死者的画像，以强调死者显赫家族的血脉的延续，也是为了唤起人们对死者的怀念。罗马的节日，如祖灵节（Parentalia），以及日常的家庭仪式都会祭奠祖先的灵魂。木乃伊画像的出现是埃及和罗马丧葬传统结合的结果，因为它们是在埃及成为罗马省之后才出现的。[7]

女子肖像画，1世纪初，大英博物馆藏　　　　女子肖像画，2世纪初，保罗·盖蒂博物馆藏

木乃伊面具原本是埃及人的概念，但在风格上却越来越具有希腊-罗马的风格，而当罗马肖像画被融入埃及的葬俗中时，其风格和技法也都是希腊-罗马式的。

早期肖像的绘制技术被称作"蜡制法"，即颜料使用的是乳化的蜂蜡。这种技术可以多层上漆，当绘制效果不尽人意的时候，可以在这一层上重新绘制（蜡在加热后很容易就可以再次变成液体）。到了后来，更多地使用"蛋彩画"的技术，在颜料中混入一种成分主要为动物胶的水溶性黏合剂，一旦变干就不能再修改了。[8]

蜡制肖像在光影作用下具有印象派的效果，这种效果也出现于庞贝城的绘画作品中。蛋彩画肖像则更类似于色彩丰富但缺乏深层效果的线条画。虽然肖像画所描绘的人物似乎并没有基督徒，但这些作品在风格和一些细节上却与拜占庭的肖像画颇为相似，比如神像头上的光环、T形十字以及金色的背景。

木乃伊肖像画中大量使用了绿色颜料，这与绿土从欧洲传入埃及有关。法老时期，埃及的绿色颜料多数是铜基绿色颜料，如孔雀石和绿石，或者是合成的，如所谓的埃及绿。根据罗伯茨（Caroline Roberts）对木乃伊肖像画的抽样研究，此时的绿色颜料主要来自绿土。因此，在希腊-罗马时期，除了众所周知的玫瑰红和红铅传入埃及之外，还有两个大的变化：绿土的传入带来的在艺术品中大量使用绿色，以及蓝色/黄色混合色的大量使用。此外，这个时期也有更多的调和色彩的尝试，如混合、分层等方面的实践。[9]

木乃伊肖像画中包括许多希腊元素，比如，肖像画中的人物服饰及手持的物品等都体现出希腊风格的影响。其中一个例子就是玫瑰花。玫瑰花不是埃及本土的植物，却易在希腊-罗马地区生长，因此玫瑰花图案是希腊-罗马地区传来的一种新符号。玫瑰花在木乃伊肖像画中多次出现，分别以花环、花冠及首饰上的纹样的形式出现。玫瑰花在希腊是丰饶女神阿芙洛狄忒的象征，它在木乃伊肖像画中的出现，有可能与埃及的奥塞里斯神相关。

罗马男性往往留短发，变化不多，而从罗马女性画像中的发型则可以看出不同时期的时尚变化。在提庇留（一译为提比略）时期，女性流行简单的中分发型，随后是更复杂的环状发型，嵌套的辫子，及至1世纪晚期，开始流行前额卷发。安敦尼·庇护则以小椭圆形嵌套辫为主，在2世纪下半叶出现了简单的中分发型和颈部的发结。塞普蒂米乌斯·塞维鲁时代的特点是蓬松式或整齐的直发，之后是盘在头顶的环形辫子，后者属于木乃伊画像的最后阶段，只在少数木乃伊的裹尸布上有。

和发型一样，从雕像和半身像上可以看出，木乃伊肖像画所描绘的服装也遵循了罗马帝国的流行时尚。男女都喜欢穿一件薄内衣，然后在外面披一件斗篷，搭在肩上或缠绕在身上。男性几乎只穿白色的衣服，而女性的衣服通常是红色或粉红色，但也会是黄色、白色、蓝色或紫色。服饰上的装饰线普遍为深色，偶尔会有淡红色、淡绿色或金色。安提尼奥波利斯的一些彩绘木乃伊裹尸

手持玫瑰的男子的肖像画，220—250年，保罗·盖蒂博物馆藏

"黄金女子"（因肖像画上涂了大量的金粉而得名），110—130年，英国苏格兰皇家博物馆藏

布上，人物穿着长袖宽松的克拉维的服装。但是，到目前为止，还没有发现一幅肖像画上有罗马公民身份的重要标志——托加长袍。

肖像画中佩戴首饰的多为女性，首饰包括金链子、金戒指，有祖母绿、红玉髓、石榴石、玛瑙或紫水晶等宝石。这与希腊-罗马地区常见的珠宝类型基本一致。一些肖像画中还描绘了精心制作的花环，并在黄金饰品上镶嵌了宝石。

耳饰的基本形状有三种：第一种是1世纪较为常见的圆形或水滴形的吊坠；第二种是金线制成的S形钩，在上面串上不同颜色的珠子；第三种是吊坠，有一根横杆，上面悬挂着两三根竖杆，通常每根竖杆底部都装饰着一颗白色的珠子。其他常见的装饰品还包括金发簪，还常用珍珠装饰精美的头饰，特别是在安提尼奥波利斯。

第二节　木乃伊的"展示"与"等候"

希罗多德在《历史》中写道："在富人的筵席上，进餐完毕之后，便有一个人带上一个模型来，这是一具涂得和刻得和原物十分相似的棺木和尸首，大约有一佩巨斯或两佩巨斯长。他把这个东西给赴宴的每一个人看，说：'饮酒作乐吧，不然就请看一看这个；你死了的时候就是这个样子啊。'"[10]

皮特里在哈瓦拉的考古报告中特别提到，这些带肖像画的木乃伊看起来好像是放置很久才埋葬的，因为有浸水、摔裂的痕迹，上面还覆盖着苍蝇粪便、鸟屎和灰尘。[11] 很多古典作家也提到古埃及人有在家中存放木乃伊的习俗。根据希腊历史学家狄奥多罗斯（Diodorus）的记载，没有墓地的人家就把家里的房子增建一间，把木乃伊竖立在其中。学者们一直对古典作家的记载持怀疑态度，因为没有发现古埃及人自己的文献记载，但近年来的考古发现逐渐证明了古典作家记载的准确性。1991年，波兰考古队在海边城市阿拉梅恩附近发现了一个非常特别的墓，地上建筑是个祠堂，有一个面朝大海的廊柱大厅，有一个斜坡通道连接这个祠堂和地下墓室。在通道两侧的两个墓室中发现了15个木乃伊，并排立着，没有棺椁，其中5个有带框的木乃伊肖像画。[12] 这与17世纪瓦莱在萨卡拉进入墓室时看到的情景是一样的。皮特里在哈瓦拉发现的带肖像画的木乃伊也是埋在浅浅的墓坑里的，没有棺椁。令人吃惊的是，制作得如此精美奢华的木乃伊，却没有放置在棺里，也没有单独埋葬在墓室。有的学者推测是因为没有足够的资金，也有学者推测是暂时存放，为了等待远处的亲属赶回来参加葬礼，甚至有学者认为是等共享墓地的家人都入葬了再封墓道。这些观点都没有说服力。很多木乃伊肖像画的制作极其奢华，使用了镶金和贵重的紫色颜料，而且按照古埃及人的习俗，死者去世前就要跟主持丧事的祭司签订合同，预算好各种花费，不可能连墓地费用都没考虑过。而等待远方亲属的说法也不合理，因为有的木乃伊是在"等候"四十年之后才埋葬的。

考察古埃及墓葬习俗的变化，可能能找到木乃伊"等候"的原因。埃及传统的墓葬由地上建筑（祠堂）和地下墓室两部分组成，地上建筑是举行供奉仪式及放置随葬品的场所。从第三中间期开始，地上建筑逐渐消失了，与此同时，地下墓室及棺椁的装饰越来越烦琐精致。到了希腊－罗马时期，家族合葬墓越来越多，罗马时期出现了很多大规模的公墓。这背后的原因，极可能是随着几千年来墓葬文化的发展，墓地越来越紧缺了。与之相应的是仪式场所和内容的改变。越来越多的贵族雕像出现在神庙中，上面刻写着自传及咒语，意味着原来在墓地祠堂举行的仪式，部分转移到了神庙中进行。

从第三中间期开始，出现了一批贵族女性的墓碑。在此之前，女性只会出现在丈夫或者家人的墓碑上，并没有自己的墓碑，此时开始出现的这批女性墓碑，多数是木制的，色彩非常鲜艳，有几个突出的特点：首先，很多墓碑是一对，且文体和内容都不同；墓碑的画面上首次出现了景观背景，如墓地的祠堂、尼罗河、椰树等；从女性的肤色看，有浓妆艳抹的感觉，服饰也格外华丽，给人以正在盛装表演的印象。约翰·贝恩斯认为，这些墓碑是在葬礼上表演用的，其后随棺椁一起入葬，目前已经发现在墓中与棺椁一起出现的案例。[13]

在希腊－罗马时期，木乃伊肖像画是否是之前葬礼仪式上所用的墓碑的替代品？如果是，又为何要用肖像画取代墓碑呢？要回答这些问题，还要回到木乃伊肖像画的制作细节上来。

木乃伊肖像画是生前的肖像还是死后的遗像，这个问题的答案在一定程度上取决于制作时间：较早的肖像画（1—2世纪）有很强的个性化色彩，其中许多肖像画有再加工的痕迹，而且明显是为了适应葬仪需要而做的加工。例如，有些肖像画的边缘是裁剪过的，目的是适应包裹木乃伊的亚麻布带的形状；有些肖像画的金色背景是在已经裹上部分亚麻布带后才加上去的；而在另一些肖像画上，金冠和珠宝是后加上去的。这些特征表明，它们最初是现实生活中的肖像画，后来经过处理再放置在木乃伊上。晚期的肖像画（2世纪之后）则十分单调，它们只体现人物的类型而非生动的个体，而且一些人的手中还拿着与葬仪相关的象征物品。这些物品之前通常绘制于木乃伊裹尸布或木乃伊面具上，如玫瑰花环、酒杯、油膏瓶等。这些肖像画应该是在死者去世后绘制的。但这两类肖像画的时间也并不是绝对的，比如安提尼奥波利斯的肖像画

22王朝奈赫麦斯巴斯太特（Nehemesbastet）墓碑及其在底比斯西岸的出土地——KV64号墓

的时间是 130 年之后，但它们也有为适应葬仪而加工的痕迹。[14]

木乃伊肖像画的功能，是学界长期争议的问题。有的学者认为，它们是死者生前挂在家里的肖像画，去世后取下来经过裁剪放置在木乃伊上面。如前文所述，部分木乃伊肖像画有木制画框，也可以看出是修整后才安放在木乃伊上的。但近年来多数学者认为这是专门为死者的葬礼而制作的遗像，因为即使有画框，这些肖像画看起来也不像是在墙上展示的，它们的中心部分被精心处理过，但边缘部分没有被修饰过，显然在制作的时候就知道是要放置在木乃伊的头部的。此外，对肖像画下面的木乃伊进行扫描和容颜再现，发现死者的年龄与肖像画反映的基本接近。[15] 肖像画中有不少是儿童的，罗马家庭一般会悬挂长者或先辈的画像，但不太可能在家里摆放儿童的肖像画。因此，更加可能的情况是，有人去世后，其家人找画匠订制遗像，在把尸体从家中送到木乃伊加工作坊的时候，沿袭了希腊人的送葬仪式——送葬队伍举着画像，一路行进到木乃伊加工处。在正式举行葬礼的时候，肖像画也起着墓碑的作用，成为葬礼的核心。

在希腊-罗马时期，虽然木制石碑保存下来的有限，但埃及本土人的葬礼上，念诵墓碑（不管是石制的还是木制的）上的自传的仪式还在延续着，而且自传比之前的更长，内容也更丰富。木乃伊肖像画的主人，看其文化背景应该是希腊人或罗马人，他们接受了埃及的墓葬习俗，但没有选择传统的埃及墓碑及其套语，而是沿用了自己文化传统中的肖像画。这些细节上的取舍，也反映了他们与埃及人不同的来世观念。

第三节 "显贵"的面孔

自木乃伊肖像画大批出土的一百多年来，学术界对它们的关注点有过几次转移。"二战"前，在种族主义思潮的影响下，研究者的兴趣集中在辨识肖像画主人的种族身份，比如判断哪些肖像画的主人是犹太人。20 世纪 60 年代开始，人类学家开始提出，仅仅从肖像画的面部特征是无法判断其民族归属的。与此同时，纸草学家和历史学家的研究表明，希腊-罗马时期很多移民与埃及本土人通婚，这些移民与跻身统治阶层的本土贵族通常都有两个名字，一个是希腊名字，一个是埃及名字，仅仅从名字上也是无法判断其身份的。

近年来，学术界更关注这些肖像画主人的社会地位，以及他们的文化选择。从肖像画的镶金工艺、紫色等珍贵颜料的使用，以及木乃伊的精美加工程度来看，这些肖像画的主人是当时社会的显贵。大约有20幅肖像画上有简短的文字，大部分是希腊文的，也有几个写着埃及世俗体文字。[16]他们有的是希腊文教师，有的是从事海运的富商，有的是退役军人。他们都有罗马公民权，这意味着他们有减免赋税、徭役等各种特权。从出土肖像画的地点来看，基本都是托勒密政府分配给外国移民和退役的外国雇佣军居住的城市和村镇。特别是法雍地区，那里安置了大量的外国人，同时又从全国各地调集埃及人迁到法雍居住，为这些移民耕种土地。[17]

根据纸草文献的记载，113年，水利工程的工头每月的收入是36德拉克马（drachma）；114年和150年，一个守卫每月的收入是16德拉克马，而订制一个木乃伊裹尸布的价格是600德拉克马。[18]肖像画上有几个男孩梳着特别的发型：头发中分，在脑后扎起发束。根据《金驴记》的作者阿普列乌斯的描述，当时埃及最显赫家庭的孩子梳的就是这种发型，这些家庭将孩子送到希腊体育馆接受训练和教育。

对于当时的社会上层来说，希腊文化是身份显贵的重要标志。公元前332—公元前324年，亚历山大大帝征服了整个近东，从人口过剩的希腊本土带去了大批的移民。希腊语成为国际语言，从阿富汗到马赛，有文化的人都讲希腊语。托勒密王朝统治埃及的三百多年间，埃及的移民达到数十万。希腊移民享有免税和免徭役等特权，有专属的法庭。[19]

在罗马皇帝哈德良统治时期，希腊文化得到了再次的复兴。哈德良本人疯狂地热爱希腊文化，他的少年情人安提尼奥在尼罗河溺死之后，他在埃及新建了一座城市来纪念他，并以安提尼奥的名字命名——安提尼奥波利斯。这里发现了大量的木乃伊肖像画，这个城市也是最崇尚希腊文化的城市之一。

根据皮特里的统计，每100个墓中约有一个木乃伊是有木乃伊肖像画的[20]，也就是说，只有1%的墓主人有木乃伊肖像画。这说明只有地位特别显赫的人，或者是英年早逝的人及夭折的儿童——其死亡令人们格外痛惜，

艾瑞娜（Eirene）的肖像画，100—120 年，脖子的位置写着世俗体象形文字，内容是她和她父母的名字及祝愿她永生的话，符腾堡州立博物馆藏

少年肖像画，2 世纪，他的发辫是当时埃及最上层贵族儿童的标志，丹麦国家博物馆藏

才有肖像画。相比其他的死者，这些贵族的肖像画和木乃伊更是极尽奢华。

现已发现的肖像画中，只有极少数（约有 5%）写有名字，这些名字大部分是希腊语的，因此早期的研究者多认为这些肖像画的主人是在埃及生活的希腊移民，这个结论已经被近年的研究者否定了。

公元前 3 世纪之后，希腊人与埃及人之间的区别已非常模糊了，有些埃及本土的名门望族会用希腊人的名字，甚至融入了希腊文化的圈子，而有些希腊移民则适应了埃及本土的文化，其中的第一步是与埃及神庙签订契约，成为埃及神祇的"奴隶"。[21]

在那些担任政府或军队要职的人中间，这种相互渗透的现象更为突出。这些人可称为双面人，他们在不同的情况下戴上不同的面具：当客观形势要求他们扮演希腊人的角色时,他们就完全以希腊人的形象出现——如在希腊的军队中,在托勒密王朝的政府机构中,在使用希腊语写作和交流的圈子中,他们总是使用希腊名字;当客观形势要求他们扮演埃及人的角色时,他们就以埃及人的形象出现,如在埃及的管理机构或埃及神庙中时他们使用埃及名字。[22]

我们不可能知道这些人到底是希腊人还是埃及人,除非我们碰巧发现了关于他们先辈的史料。从历时的角度,可以说无法断定他们属于哪个民族;从共时的角度,可以说他们是同时属于两个世界的。有时他们是希腊移民的后代,适应了埃及社会的文化和生活;有时他们是埃及的本土居民,但是接受了希腊文化,或者说,至少在某种程度上接受了希腊文化。重要的不是他们到底是希腊人还是埃及人,而是他们所处的文化氛围。因此,反复去统计在埃及的村庄书吏或其他官员中到底有多少埃及人、多少希腊人,是没有任何意义的。

科科伦统计的 27 个木乃伊肖像画的人名中,除了 3 个是世俗体象形文字的,1 个是阿拉米语的,其他 23 个都是希腊文的,但在对这些名字进行语言学分析时,却发现它们是当地埃及人名字的希腊形式,主要有两种类型。一类是埃及名字在希腊文中的对应,如希腊名字 Thermoutharin,对应的是埃及的谷物女神 Renenutet;希腊名字 Dioskoroi,对应的是埃及名字 Pa-ntr,这个神的仪式与伊西斯女神的崇拜相关联;希腊名字 Eudaimon,对应的是埃及神 Harpocrates 和 Serapis。另一类是含有埃及神祇名字的希腊名字,如希腊名字 Isidora,对应的是埃及名字 TA-di[t] Ast,意思是"伊西斯所给予的";希腊名字 Artemidoros,则是伊西斯与希腊女神阿耳忒弥斯(Artemis)融合的形式;希腊名字 Hermione,意思是"赫尔墨斯的礼物",Hermes 是埃及智慧神图特的希腊名字;希腊名字 Didymos,对应的是埃及文的 Htr,意思是双胞胎,是当时流行的埃及名字。[23]

除了名字的信息需要解读之外,肖像画上的其他文字内容也需要分析,唯一一个在肖像画上写明职业的是在哈瓦拉出土的一个贵族女子的肖像画,上面有这样一行字:希腊文教师赫尔米奥娜。皮特里由此判断她是个家庭女教师,其他学者也在她面孔上读出了典型的女教师性格等信息。实际的情况是,赫尔米奥娜是与一位面孔英俊的男子合葬的,此人应该是她的丈夫。她只是个家庭

赫尔米奥娜的肖像，约1世纪，
剑桥大学格顿学院藏

主妇，可能因为她生前就以能写会读而深感骄傲，家人就在她的肖像画上特别写了这样一句话。下文还要谈到，肖像画上人物的服饰也未必直接表明其职业。[24]

在泰布图尼斯，考古学家发现了一个订制肖像画的木板，年代约为140—160年，上面写明了委托人的要求，如脖子右侧写着"紫色"，可能是指要把长袍的紫边绘制出来，左肩上方写着"她戴着绿色的项链"，发髻上方写着"厚重"。该博物馆共收藏了11幅同样风格的肖像画，专家们也发现了这个"订单"的成品，收藏号为6/21375的肖像画。[25]

这种订制制度，说明死者或其家人可以根据自己的喜好选择肖像画、木乃伊乃至墓葬形制、葬礼等各种细节。名字、服饰及木乃伊的装饰图案等，只能说明死者的文化身份和社会心态。

已发现的木乃伊肖像画上书写的名字中，与伊西斯崇拜相关的占据多数。

肖像画的"订单",加州大学伯克利分校菲比·赫斯特人类学博物馆藏

木乃伊肖像画出现并流行的 1—4 世纪,恰恰是伊西斯女神崇拜在埃及乃至整个地中海地区如日中天的时期,这是否是偶然?

第四节 酒杯、玫瑰花环、桂冠: 木乃伊肖像画的希腊-罗马元素?

　　木乃伊肖像画给人印象最深刻的,除了其写实主义的画风之外,还有一些传统埃及墓葬壁画或浮雕完全没有的元素,最典型的是肖像画主人右手所持的酒杯、左手握着的花束,以及头上戴着的冠冕——有时是 7 颗金星连成的,有时是棕榈叶的,有时是花冠。沃克的《古代面孔:罗马埃及时期的木乃伊肖像》所收的 200 幅肖像画中,手持或头戴玫瑰花的形象共出现了 15 次。

　　虽然古埃及人在节日庆典上大量使用鲜花作为供品,但由于气候干旱,埃

手持酒杯和花束的男子，布鲁克林博物馆藏，查尔斯·埃德温·韦伯基金会

及的鲜花品种不多，日常生活和墓室壁画上最常见的是莲花、百合等，从新王国时期起才在图像材料上出现进口花卉，而且因为需要精心照料，一般只有王室或贵族才有。[26] 玫瑰作为从希腊引入的品种，最早出现在 26 王朝，直到罗马埃及时期才大量种植。在墓葬相关的画面中，通常会表现死者手持莲花，但图像从来没有出现过花环和桂冠。[27]

但是在法老时期的神话和墓葬文献中，的确有对花冠的相关描述，它是战胜死亡的象征。在古埃及神话中，奥塞里斯和荷鲁斯战胜塞特以后获得了象征胜利的花冠，太阳神拉在战胜阿波菲斯以后也戴上了胜利花冠。在新王国时期关于末日审判的描述中，也提到死者顺利通过审判就可以戴上象征胜利的花冠。《亡灵书》的第 19 篇是关于花环的使用说明："本经文与胜利花冠有关。奥塞里斯，你的父亲——众神之王阿吞——把象征胜利的美丽花冠戴到你的头上，以便你能够死而复活，所有的神都希望你享受永生。孔塔门提让你战胜你的敌人，你的父亲盖伯把自己的遗产全部馈赠给你。来吧，欢呼胜利！奥塞里斯和伊西斯的儿子荷鲁斯登上了他父亲的王位，他击败了仇敌，他获得了对上下埃及的统治权。阿吞把白色的王冠和红色的王冠都判给了荷鲁斯，九神会一致同意这个判决。奥塞里斯和伊西斯的儿子荷鲁斯赢得了胜利，直到永远。包括奥塞里斯在内的两个九神会，所有的男神和女神，不管他们在天上还是在地上，他们使得奥塞里斯和伊西斯的儿子荷鲁斯战胜了仇敌。在举行审判的那一天，这些神当着奥塞里斯的面让荷鲁斯战胜塞特及其帮凶。"[28]

皮特里在哈瓦拉墓地中发现了花环，其中有的是牛至草编制的，有的是玫瑰做的，与木乃伊肖像画和面具上表现的并不完全一致，后者应该是艺术家在生活基础上提炼出来的形象。

在古埃及法老加冕仪式的画面中，最核心的部分是荷鲁斯和图特用 hs 水瓶为国王举行洁净仪式。除了"净化"，该仪式还有"重生"的功能。例如，在 18 王朝女王哈特谢普苏特和阿蒙荷太普三世的加冕仪式画面中，国王被表现为裸体男童在接受净化的样子，同样寓意的画面还有"生命之水"——由从陶罐里流出生命符号构成的水波环绕着国王，以及"生命的呼吸"——用生命符号碰触国王鼻端，等等。净化与重生的密切关系，在卡纳克神庙东墙南边的浮雕上有生动的表达。画面上，拉美西斯二世站在中间，两旁是荷鲁斯和图特，铭文写道："我用生命和稳定净化了你。愿你的四肢永远年轻。愿你返老还童，像月亮盈亏变化一样。愿你的双臂拥有权力。愿你像空气神舒一样享有盛名。愿你像凯普利（早晨的太阳神）一样年轻，愿你像升起又落下的太阳神拉一样繁盛。"[29]

在肖像画所在的木乃伊身上，有多处与国王加冕仪式相似的画面。除了说明这个时期礼制下移、原来王室专用的仪式扩散到民间之外，这个净化主题也与肖像画主人手持酒杯的动作相呼应，这是净化与重生的意象。

综上所述，肖像画上的酒杯、花环、桂冠，这些貌似属于希腊-罗马艺术的元素，实际上都在传递埃及宗教传统中关于复活和重生的内涵。与此前不同的是，罗马时期的肖像画，把原来只用于国王的或只出现在文献中的象征寓意，以直观的图像形式表达出来了。

《金驴记》提到，在举办秘仪的当天，卢修安沐浴净身，穿上带有饰边的托加长袍，右手持燃烧的火炬，头戴棕榈叶花环，叶子的形状如同四射的太阳光芒。这段文字的描述，与部分肖像画及裹尸布上的年轻男子的形象非常吻合。在秘仪的过程中，卢修安先是进入黑暗的通道，然后在午夜中见到了白天的太阳，与众神面对面。其后他食用了女祭司手持的花环上的鲜花，终于变回了人形。[30]

有意思的是，这个在光明之中与神面对面的描述，与法老时期神庙高级秘仪中的场景是一样的。在卡纳克神庙拉美西斯三世所建的塔门西墙上，有一段阿蒙－拉说的话："我让他们见到作为阳光之主的你。你照亮他们的面孔，就如同我的形象照亮他们一样。"[31]

《金驴记》虽然是文学作品，但其中关于伊西斯秘仪的细节的描述与木乃伊肖像画中的很多元素惊人得相似。如参与伊西斯秘仪的男孩，都留一种将头发中分之后在脑后扎起来的发型。结合前文提到的人名考证，很多木乃伊肖像画的主人用了与伊西斯崇拜相关的名字，这些人是否属于一个共同的宗教团体？

如埃及学家扬·阿斯曼所说，死亡是文化的核心。埃及人并不像我们这样定义生与死，对他们来说，生和死是一体并存的，人的生命与自然界的一切一样，循环往复、周而复始。死亡只是一个过渡，而不是终结，新的生命会在死亡中重新开始。直面死亡是古埃及人重要的生活态度，修建陵墓、准备来世之旅是他们重大的人生目标。他们确信，通过体面的墓葬和恰当的仪式，死者可以完成转换，成为永恒的存在，并通过节日庆典与亲人保持沟通和联系，融入活人的社区，而不会脱离社会。古埃及人并不回避死亡，而是对死亡投入了大量的关注，甚至发展出独特的丧葬经济。古埃及的墓葬建筑有开放的和封闭的两个部分，其中的地上祠堂就是重要的仪式空间，不仅举行葬礼，每年的重要节日，亲人们都会在这里祭奠。正如古埃及墓碑上的祈愿："愿他有丰厚的供奉和食物，在瓦格节、图特节、火焰节、新年宴会、伟大的第一宴会、伟大的游行以及其他所有为伟神所举办的宴会上，都得到奥塞里斯赐予的供奉。"[32]

因此，对古埃及人来说，超越死亡的核心是墓葬的准备及相关仪式的

头戴棕榈叶花环的男子，皮特里博物馆藏　　　男孩肖像画，其发型与《金驴记》中描述的参加秘仪的男童一样，爱尔兰国家博物馆藏

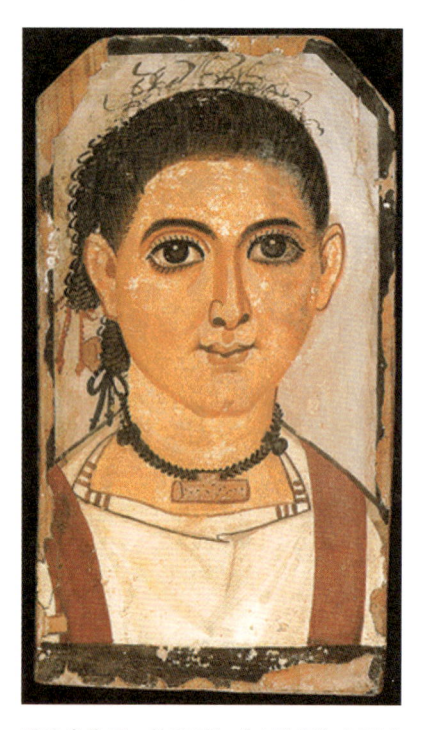

延续。

在希腊神话中，死神哈迪斯统治着死后的世界。荷马在《奥德赛》中描述了地底深处的冥界，在那里，哈迪斯和他的妻子珀耳塞福涅统治着无数漂流的阴暗人影——所有死去的人的"阴影"。希腊人相信，在死亡的那一刻，死者的灵魂就像呼吸或一阵风一样离开了身体。他们也非常看重安葬死者，认为不安葬死者是对人类尊严的侮辱，这一点在《伊利亚特》和《安提戈涅》等作品中都有体现。死者的亲属也会主持精心设计的葬礼仪式，仪式通常由三个部分组成：停放尸体、葬礼、埋葬死者的遗体或火化后的遗体。在停放期间，亲友们都来哀悼和祭奠，然后送葬队伍把死者送往墓地。墓穴中放置的随葬品很少，但通常会竖立巨大的土堆、精致的大理石石碑和雕像，标记墓地所在，并确保死者不会被遗忘。在希腊，不朽在于生者对死者的持续怀念。

亚麻木乃伊裹尸布，125—150年，普希金博物馆藏

罗马人沿袭了希腊的葬俗，而且更加强调墓地的纪念碑性。死者通过社会记忆实现永垂不朽是希腊－罗马来世观念的核心。

与木乃伊面具相比，肖像画以栩栩如生的形象唤起人们对死者的缅怀，使之驻留在人们的记忆中，在这种意义上实现永生，而不是依赖供奉和仪式，这是对埃及人来世观念的超越。

希腊－罗马时期的木乃伊裹尸布的画面，从另一个侧面反映了这些生活在埃及的希腊人、罗马人的复杂文化心态。以《亡灵书》的相关内容为主题的裹尸布是埃及墓葬传统的特色，在希腊－罗马时期一直延续使用，通常是在木乃伊入棺后，覆盖在木乃伊的上方。彩色的木乃伊裹尸布在上埃及尤为普遍。在这上面我们可以看到埃及的死神阿努比斯和另外两个形象的人——这两个应该都是死者的形象，一个是四分之三侧面的着罗马服饰的形象，一个是正面的埃及人的形象，这就是双面社会的最好的象征。这是一个人的两种形象，他其实是罗马埃及时期生活在埃及的希腊人，希腊的面孔，罗马的服饰，又接受了埃及的墓葬习俗。他订制木乃伊肖像画的时候，心里是有些迟疑的：我究竟该以什么样的形象出现在另外一个世界的死神面前呢？是我本来的样子，还是按照埃及的规矩来呢？于是在不放心的情况下，他把两个形象都画上了。他的内心独白是这样的：到了那边，不管见到的是埃及的死神奥塞里斯，还是我们希腊、罗马的神，他们都能认得出我来。

第五节　伊西斯女神的追随者

伊西斯是古埃及王权神话中的主角，她法力强大，是法老的保护神。在九神创造世界的神话中，创世神先创造了空气，然后空气分开天地，天神和地神生下两男两女，奥塞里斯与塞特是兄弟俩，分别娶了伊西斯和奈芙缇丝。在这个神话体系中，伊西斯的地位非常重要，她帮助丈夫复活，独自抚育荷鲁斯长大，并帮助他从叔叔手里夺回王权，是忠诚的妻子、慈爱的母亲、强大的魔法女王，有操控生死的能力。根据普鲁塔克的记载，埃及人将伊西斯看作天狼星，因为每年天狼星在天空消失70天重新出现时，正好是7月中旬尼罗河开始泛滥之时，也就是古埃及人的新年的开始，因此伊西斯也成为宇宙能量来源的象征。[33]

亚历山大征服埃及后伊西斯崇拜迅速在地中海世界传播。约公元前4世纪，雅典出现了第一个伊西斯神庙。公元前3世纪，托勒密国王在埃及南部的菲莱岛建造了规模宏大的伊西斯神庙。公元前2世纪末，伊西斯崇拜传入罗马，其崇拜于2世纪达到高潮。在这个漫长的传播过程中，伊西斯逐渐把地中海地区许多重要神祇的形象和功能吸纳进来，不断扩大自己的职司，改变自己的形象，最终成为希腊－罗马世界最具影响力的普世女神。

自希腊化以后，当希腊－罗马文明与埃及文明相遇，在信仰世界发生了对当地神祇进行对号入座式的辨认、继而选择与取舍、最后融合与打造这三个阶段。在这个过程中，伊西斯脱颖而出，成为地中海的"世界女神"，这并非偶然。与西亚、北非这些古老的文明地区相比，希腊人长期处于战争和游荡中，早期的生活不像农业社会那么稳定。希腊没有非常系统的祭司组织，神庙不是社会的中心，它的宗教是用神话叙说的，用戏剧来传递的，其宗教系统中缺少的就是创世神。从公元前5世纪开始，希腊世界兴起一股"探源热"，比如，伊壁鸠鲁派把自然视为引领人类走进文明的"创世神"，再如，赫西俄德在《神谱》中引入了一个新的女神赫卡忒（Hecate）。[34] 赫卡忒就是埃及的魔法女神。在埃及语里，Hecate有魔法、创造的意思。在这种背景下，伊西斯让奥塞里斯复活、改变命运的力量，满足了人们对创世神的需求，使得她的地位大大提升。

更为重要的是，在希腊文（和拉丁文）的赞美诗歌中，伊西斯被称为"救世主"。在罗马帝国崛起的过程中，地中海各国纷纷沦为罗马的殖民地，本土的宗教和价值观都无法再给人们提供精神上的安慰。面对战争、自然灾害、疾病、死亡等苦难，人们呼唤着"救世主"的到来。伊西斯拥有超越命运的力量，能使已死之人（奥塞里斯）复活，能征服命运，能把人们从苦难中救出来，这是她最具吸引力的地方，也是她被称为"救世主"的主要原因。她不仅走出了埃及，还超越了"王室夫人"的角色，对众生张开怀抱，博爱亲民，对所有祈祷有求必应，为人们扭转命运，带来光明。在《金驴记》中，她把落难的卢修安从驴子变回了人；在马罗尼亚的赞

伊西斯女神

美诗中,她帮助失明的诗人重见天日。[35]

在埃及本土,伊西斯逐渐超越了奥塞里斯的地位,成为墓葬图像中的主角。传统的奥塞里斯、伊西斯、荷鲁斯三神组被伊西斯、萨拉皮斯、童年荷鲁斯三神组所取代。在开罗埃及博物馆所藏的带肖像画的木乃伊身上,伊西斯取代了奥塞里斯,为死者举行净化仪式,引领死者。[36]

此外,在埃及神庙和墓葬建筑中,伊西斯与哈托尔在形象与神职上也日渐融合。伊西斯也常常以头顶牛角的哈托尔的形象出现。如在丹德拉的哈托尔神庙中,很难分辨出伊西斯和哈托尔的形象,二者实际上合为一体了。在开罗埃及博物馆,木乃伊肖像画19号的头部装饰图案上,伊西斯就是以头顶牛角的形象出现的。[37]

在古埃及信仰体系中,哈托尔是母牛形象的爱神,保护家庭和妇女儿童,伊西斯与哈托尔的融合,从另一个侧面反映了罗马时期伊西斯神职的转变。普鲁塔克在描述伊西斯神话的时候,开篇就强调她是奥塞里斯的妻子,并指出她和丈夫在母亲的子宫里就已经结合了。在希腊-罗马时期的赞美诗中,伊西斯自称是把女人和男人结合在一起的神,她不仅是模范妻子,还是调节两性关系、保护爱情、维持婚姻的神祇。

总之,到了罗马时期,在宗教融合的大潮中,伊西斯综合了埃及本土和地中海各地众神的神职,成为具备创世神、救世主、家庭保护神等特质的超然女神。与此同时,各地的伊西斯信徒开始结成自己的社团,并形成一系列独特的仪式和形象标志。

埃及传统的来世信仰的核心是国王,在实践上体现为"神王纽带"(deity-and-the-king relationship),新王国后期开始,人们越来越倾向于与神直接交流,"神人纽带"(deity-and-men relationship)逐渐成为主流。随着埃及本土法老统治时代的结束,"神王纽带"永远成为过去。[38]

罗马时期,人们可以直接向伊西斯祈祷,这也是伊西斯崇拜广泛传播的原因之一。以入教(initiation,指正式成为伊西斯的信徒)为例,据说每一个被伊西斯选中的教众,都会在梦中得到启示,随后就可以入教,没有什么门槛。[39]《金驴记》中,卢修安在遇到困难后向伊西斯祷告,在梦中见到了伊西斯，随后得救并投身该教。

由此，我们逐渐走近了木乃伊肖像画主人的真实生活。他们的文化身份是古埃及人，在信仰层面，他们中的很多人是伊西斯女神的追随者。下面我们尝试讨论他们的宗教实践。

前文提过，木板上的木乃伊肖像画的制作时间是学界长期争议的问题，肖像画的面孔大部分是年轻人的样子，也有不少是儿童，因此，把它们看作遗像或者生前家中悬挂的肖像不合常理。前文曾论及木乃伊肖像画的人名及图像主题所显示的伊西斯崇拜的特征，因此有必要分析使用这些肖像画的另一种可能的仪式场景，它们可能是死者生前参与的重要仪式的纪念。

根据《古代面孔：罗马埃及时期的木乃伊肖像》收录的案例的统计，在哈瓦拉出土的木板肖像画中，有 5 个佩戴金色花冠，鲁巴雅特出土的有 3 例，安提尼奥波利斯出土的有 8 例，除了金色花冠之外，这些肖像画的面孔上还有画作完成之后再镀金的痕迹，特别是唇部和脸颊，根据古埃及的传统，在为雕像或者浮雕举行开口仪式时，最后的步骤是在雕像的眼睛周围涂上眼影，这些后来涂上的金色是举行仪式留下的痕迹。[40]

如前文所述，人物手持的酒杯、花束、花冠等也是文献中描述的伊西斯秘仪的典型元素，肖像画中男童的装束和发型更是贴近秘仪中的细节，而女性的装束则与同时期伊西斯女神的形象非常接近。

目前我们还没有关于埃及本土的伊西斯社团的直接资料，比较确定的是，入会仪式是最重要的认证步骤。在《金驴记》中，卢修安在秘仪中经历的浸入黑暗又重见光明，以及他手中所持的火炬，与古埃及的神庙秘仪有相似之处。现存的比较完整的秘仪场所是丹德拉神庙的奥塞里斯祠堂（建成于公元前 52 年，一直沿用到罗马晚期）。祠堂里面光线幽暗，但浮雕的画面刻画细致，并涂有鲜艳的颜色。这些画面只有在掌灯、点燃火把、反射门外或窗外光线的情况下才能看清。因此，在不同的节日或庆典中展示出隐藏的装饰的不同部分甚为重要。墙壁的每一部分都要加以装饰，只有这样才不会浪费任何一道微弱的光线。为了尽可能利用每一道光线，神庙内部的墙壁均为凸雕，但沐浴在强烈阳光下的神庙外墙上的则是凹雕。在神庙内举行仪式的过程中，每种仪式可能都包含用火把照亮、显示或"激活"神庙内各种浮雕装饰的环节。之后，随着光线的移走，浮雕便再度淹没在黑暗中，处于休眠状态，仿佛众神归于隐蔽，积蓄力量，等待着再次重生。这就像《来世之书》的描绘，太阳神所到之处，带来了光明，唤醒了死者，而他离去之后，一切又归于沉寂。

巧合的是，埃及最早的关于民间宗教社团的记载，多数发现于木乃伊肖像画集中出现的法雍地区。在埃及语中，最常见的表达"社团"含义的词语是pA a.wy，意为"屋子、房子"。在埃及境内，与此相关的记述大多来自法雍和泰布图尼斯地区，其年代多集中于希腊－罗马时期。其中，世俗体记载的文献多被开罗埃及博物馆收藏，而希腊语部分则被牛津大学收藏，后转至加州大学伯克利分校。[41]

塞尼瓦（François de Cenival）认为，这些宗教社团制定的规范带有希腊色彩，明显受到了希腊化的影响，虽然有些社团本身涉及的是非常典型的埃及本土的活动。通过考察其社员资格，他指出，这类社团的社员基本不是神庙的正式祭司，而是级别更低的祭司；他们参与的多是带有半民间宗教性质的崇拜，因此他们无法接近和使用那些为正式的神庙、专门为正式的祭司开放的渠道和机构。于是，他们根据希腊传统，组建了这样的私人宗教社团，对社员的等级划分也使用了宗教和军事相混合的头衔和标准。[42]

综上所述，从对木乃伊肖像画主人的名字的解读及图像分析中，我们可以看到伊西斯崇拜的发展及演变。自亚历山大征服埃及到罗马统治时期，埃及先后经历了希腊化与罗马化，在这个漫长的文明交汇的过程中，更值得探究的是人们的文化身份和价值取舍。木乃伊肖像画的主人，无疑是同属一个精神共同体的社会精英，他们对自己的文化身份的表达，留下了那个时代的独特印记。

在现代化的今天，古埃及的形象只有"过去"而没有"现在"。在人们的认知中，埃及是远古文明的象征，自希罗多德开始，欧洲人在自己的心目中建构了一个作为"他者"和"过去"的埃及，这种建构成为后来的埃及学研究者的出发点和认知局限。法老时期的埃及、希腊－罗马时期的埃及、基督教时代的埃及、伊斯兰教时代的埃及，这些不同的历史阶段成为各自孤立的研究领域。由于政治上的断裂，很少有人从文明延续和传承的角度去思考埃及的历史。

从历时的角度，木乃伊肖像画就是处在希腊－罗马时期的埃及与基督教时代的埃及之间的文化符号；从共时的角度，它们是希腊－罗马文化与古埃及文化结合的联姻。它们最早出现于作为希腊－罗马人居住中心的法雍地区，在这里，古典文化与埃及文化中断了各自的孤立发展，文化融合逐渐成为历史的主流，而肖像画传统又由此传播到埃及各地。

木乃伊肖像画的主人所崇拜的伊西斯女神从埃及神话中的魔法女王转型为地中海世界的普世女神，以法雍为代表的木乃伊肖像画也融合了东方和西方的艺术传统，摆脱了埃及绘画的符号化表达程式，以栩栩如生的写实主义风格亮相。同时，它们也不像罗马本土的肖像画那样注重整体，而是聚焦在对面孔，特别是对眼睛的刻画上。木乃伊肖像画给人印象最深刻的是凝视的目光。虽然肖像画的人物、画法、风格都有差异，但所有肖像画的共同特点是超出正常比例的大眼睛，以及凝视前方的平静的目光。肖像画的主人们平静而笃定地注视着未知的远方，眼神中充满着寂静，似乎在道别，又好像是在看向远处的旅途。

比起符号化的木乃伊面具，木乃伊肖像画是写实的，特别是早期的肖像画，人物外貌特征和性格特点被刻画得淋漓尽致。其中有面容姣好的年轻女子、高贵典雅的贵族妇女、威武英气的军人、天真可爱的儿童、白发苍苍的老者，他们的表情，有的平静笃定，有的忧郁低落，有的严肃，有的喜乐。凝视这些肖像画，仿佛感到这些鲜活的人物穿越时空，来到你的面前，讲述着他们的故事。比起古典时期的希腊艺术，这些肖像画是以静态来传递内心的力量的。这里没有希腊古典时期那种特别激动的瞬间，而是浓墨重彩地渲染处于和谐宁静状态的心灵所具备的伟大与高尚。

木乃伊肖像画是文化和历史的十字路口的产物，它们所处的1—3世纪，正是古埃及文字的使用逐渐受限的时期，字母化的科普特语取代了传统的象形文字，象形文字的图画功能通过肖像画的具象和写实得以弥补。那些逼真写实的肖像画，以高度一致的眼睛和目光打破了纯写实的程式，产生了一种奇特的融合。

在观念上，木乃伊肖像画的使用，把传统埃及葬俗中对仪式和复活的强调转换为希腊-罗马式的对死者的纪念，用社会记忆中的永生取代了古埃及人想象中的来世。肖像画的主人没有豪华的陵墓和随葬品，甚至没有棺椁。正如裹尸布上以两种形象对应不同的未来，带着肖像画的木乃伊结合了两种可能的死后世界：木乃伊踏上埃及式的永恒回归，而肖像画则留给后人永久的记忆。

希腊化时期，随着古代帝国的衰亡、城邦的陷落，整个地中海地区陷入"礼崩乐坏"，然而正是这种礼制的松弛才带来了开放、多元的文化和世界主义。当历史舞台上演着商业王子们聚敛财富、雇佣军为钱拼命的戏码时，传统的潜流在默默地汇流，在寂静中完成了融合与超越。

虽然大部分肖像画原本所在的木乃伊都已经灰飞烟灭，只留下这些无名的面孔，但肖像画及其凝视的目光中蕴含的能量却丝毫没有消减。相反地，因为超离了具体时空的限制，观者需要与之对视，阅读其中的内涵，它们成为两种文化传统以及过去与现在的桥梁。写实的古典风格使得人们看向过去，而符号化的埃及风格则使人们看向未来和永恒。它们既属于过去，也属于未来。

注 释

[1] Barbara E. Borg, "Painted Funerary Portraits," in *UCLA Encyclopedia of Egyptology* (2010), p.1.

[2] Ibid., pp.2–3.

[3] S. Walker and M. L. Bierbrier(eds.), *Ancient Faces: Mummy Portraits from Roman Egypt*, British Museum Press, 1997.

[4] Klaus Parlasca, *Mumienporträts und Verwandte Denkmäler*, Franz Steiner Verlag Gmbh. Wiesbaden, 1966. *Ritratti Di Mummie* (4 volumes): *Repertorio d'arte dell'Egitoo Greco-Romano*, L'Erma Di Bretschneider, 1969–2003.

[5] Lorelei H. Corcoran, *Portrait Mummies from Roman Egypt (I - IV Centuries A. D.): With a Catalog of Portrait Mummies in Egyptian Museums*, Oriental Institute of the University of Chicago, 1995.

[6] S. Walker and M. L. Bierbrier (eds.), *Ancient Faces: Mummy Portraits from Roman Egypt*, pp.27–28.

[7] Ibid., p.14.

[8] Ibid., pp. 21–22.

[9] Caroline Roberts, "Green Pigments: Exploring Changes in the Egyptian Color Palette through the Technical Study of Roman-Period Mummy Shrouds," in *Mummy Portraits of Roman Egypt: Emerging Research from the APPEAR Project*, Marie Svoboda and Caroline R. Cartwright(eds.) J. Paul Getty Museum, 2020.

[10]《历史》(上册)，希罗多德著，王以铸译，商务印书馆，2005年，第167—168页。

[11] Barbara E. Borg, "The Face of the Elite," in *Arion: A Journal of Humanities and the Classics*(Third Series, Vol. 8, No. 1,Spring-Summer, 2000), p.76.

[12] Barbara E. Borg, "Painted Funerary Portraits, " in *UCLA Encyclopedia of Egyptology* (2010), p.4.

[13] John Baines, "From Living a Life to Creating a Fit Memorial," in *Ancient Egyptian Biographies: Contexts, Forms, Functions*, pp. 67–68.

[14] S. Walker and M. L. Bierbrier (eds.), *Ancient Faces: Mummy Portraits from Roman Egypt*, pp.21–22.

[15] Barbara E. Borg, "Painted Funerary Portraits," in *UCLA Encyclopedia of Egyptology* (2010), p.7.

[16] Ibid., p.5.

[17] S. Walker and M. L. Bierbrier (eds.), *Ancient Faces: Mummy Portraits from Roman Egypt*, pp.17–20.

[18] Barbara E. Borg, "The Face of the Elite," in *Arion: A Journal of Humanities and the Classics*, p.70.

[19] R. Taubenschlag, *The Law of Greco-Roman Egypt in the Light of the Papyri (332 B. C.– 640 A. D.)*, Warszawa: Państwowe Wydawnictwo Naukowe, 1955, pp. 596–597.

[20] Barbara E. Borg, "Painted Funerary Portraits," in *UCLA Encyclopedia of Egyptology* (2010), p.7.

[21] Willy Clarysse 著，颜海英译:《希腊化时期的埃及——一个双面的社会》,《古代文明研究》2002年第1期。

[22] 同上。

[23] Lorelei H. Corcoran, *Portrait Mummies from Roman Egypt (I – IV Centuries A. D.)*, pp.66–68.

[24] Ibid., p.69.

[25] S. Walker and M. Bierbrier (eds.), *Ancient Faces: Mummy Portraits from Roman Egypt*, pp.122–123.

[26] D. Redford (ed.), *The Oxford Encyclopedia of Ancient Egypt*, vol. 1, Oxford University Press, 2001, p.542.

[27] Lorelei H. Corcoran, *Portrait Mummies from Roman Egypt (I – IV Centuries A. D.)*, pp.63–64.

[28] Stephen Quirke, *Going out in Daylight- prt m hrw: The Ancient Egyptian Book of the Dead: translations, sources, meanings*, Golden House Publications, 2013, pp.75–77.

[29] Lorelei H. Corcoran, *Portrait Mummies from Roman Egypt (I – IV Centuries A. D.)*, pp.59–61.

[30] Jan Assmann, *Death and Salvation in Ancient Egypt*, pp.205–208.

[31] Lorelei H. Corcoran, *Portrait Mummies from Roman Egypt (I – IV Centuries A. D.)*, pp.59–61.

[32] Miriam Lichtheim. *Ancient Egyptian Autobiographies Chiefly of the Middle Kingdom*, pp.86–87.

[33] 颜海英:《文本、图像与仪式——古埃及神庙中的"冥世之书"》,《古代文明》2021年第1期。

[34] Friedrich Solmsen, *Isis among the Greeks and Romans*, Harvard University Press, 1979, pp.35–41.

[35] Louis V. Žabkar, *Hymns to Isis in Her Temple at Philae*, University Press of New England, 1988, pp. 137–138.

[36] Lorelei H. Corcoran, *Portrait Mummies from Roman Egypt (I – IV Centuries A. D.)*, p.61.

[37] Ibid.

[38] Louis V. Žabkar, *Hymns to Isis in Her Temple at Philae*, p.138.

[39] Sharon Kelly Heyob, *The cult of Isis among women in the Graeco-Roman world*, Brill, 1975, p.58.

[40] S. Walker and M. Bierbrier (eds.), *Ancient Faces: Mummy Portraits from Roman Egypt*, pp.29–156.

[41] Brian Muhs, "Membership in Private Associations in Ptolemaic Tebtunis," in *Journal of the Economic and Social History of the Orient*, Vol. 44, No. 1(2001), pp.1–21.

[42] François de Cenival, *Les associations religieuses en Égypte*, Institut Français D'Archéologie Orientale du Caire, 1972, pp.21–22.

第十一章

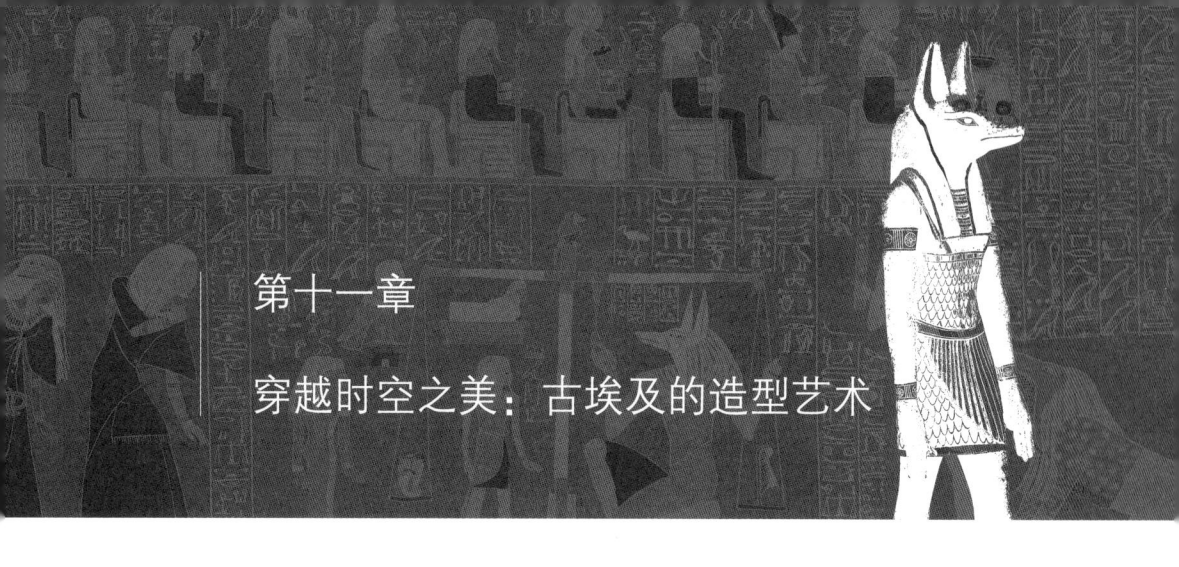

穿越时空之美：古埃及的造型艺术

古埃及人留下的建筑和艺术作品给我们了两个最深刻的印象，一是它们以来世为中心的宗教性，一是在选材上对石料的偏爱。正如一位西方学者所说："埃及人是在岩石上砍凿出她的艺术的。"与现代造型艺术相比，古埃及建筑艺术作品的显著特点是墨守成规、没有个性、功利目的强。它们不是"为艺术而艺术"的，而是古埃及人宗教思想的具体表述，只有将其视为埃及宗教的一个组成部分才能真正理解它们。虽然对于现代人而言，即使没有这种深层的认识，它们仍有一种遥远悠长的动人魅力，但对偶像背后的思想的了解，能使我们意识到，那些看起来怪异的表达手法，原来是基于某些历史悠久的法则和创作目的的。

第一节　古埃及艺术的独特性

艺术是个人以其特殊方式创造和丰富起来的，但它同时又是一个民族的精神活动的产物，因此又有其独立性，即在某种程度上超然于个别的创造者，并与其他民族的艺术作品区别开来。

每个民族都有几个特定的表述方式来传递他们的艺术创作冲动，这些方式由于为同一民族所专有而成为一个统一体，但是，只有少数几个具备天赋的民族能在所有这些艺术表达方式上都达到一致的高度。通常，人们的创造力只能以其中一部分艺术形式来体现。此外，对于古代的艺术，人们只能从现存的作品去了解，而且研究者本身的背景和环境也决定了他们不可能同时理解所有这些艺术领域。因此，这里只选择古埃及艺术的几个方面加以介绍。

古埃及物质文化多数具备美的形式，这是因为社会上层垄断了财富并将之用于打造高级文化，塑造统治者的合法性。在古埃及，能参与建筑设计、巨像和纪念碑的制作以及搬运工作，是当时社会的上层贵族引以为傲的事情，他们会在自传或者雕像上提及此事。在3王朝国王乔塞尔的一个巨像基座上，刻有"雕工总管"的头衔。在古王国时期，"国王工程总管"是地位最高的官职。从古王国时期的墓室壁画中可见雕工和画匠都是墓主人的重要幕僚。有特殊技艺的工匠，如制作珠宝、加工皮革等的工匠，常常有地位很高的头衔，而且有奢华的随葬品，如石棺等。发现著名的尼弗尔提提胸像的作坊，其主人图特摩斯甚至有一架战车。

对制作艺术品过程的描绘也是一个主题，且图文并茂，提供了丰富的信息。描述设计师或官员指挥巨像运输的内容多数以铭文的形式出现，如18王朝的大臣——哈普之子阿蒙荷太普的几个雕像上都讲述了他指挥门农巨像运输的事迹，他自己的雕像就是国王为此而赏赐给他的。铭文中还提到了雕像的设计和制作细节。这些雕像对中王国传统的回归，证明了古埃及知识传统的存在和延续。

11王朝大臣伊瑞提森（Irtisen）的石碑上，破例记载了他所掌握的"神秘知识"，其中包括雕刻、绘制图像的技术。他声称自己是特殊的"受启"者，他所掌握的技术只能秘传给自己的长子。关于艺术创作的铭文非常少见，部分原因是古埃及人将艺术创作看作"神秘知识"的一部分，也可能是因为有些技术细节很难用文字来描述或很难复制和展示。古埃及人会在魔法及相关仪式中大量使用图像，祭司必须想象雕像的样子以便帮助其主人复活。

从18王朝、19王朝开始，在不同媒体上出现了一些艺术家的自传，从制作雕像讲到神庙中的相关仪式，提到了各种技术、贵重材料的使用以及相关的宗教仪式。例如，宰相帕瑟尔（Paser）的墓室壁画就表现了他到访"黄金之屋"的情节，工匠们在为国王制作镶金的雕像，帕瑟尔夸奖工匠们在制作过程中严格按照古代传统，国王表示非常满意。

对古埃及艺术的深入了解不仅是种美的享受，而且也有助于了解希腊艺术。严格来说，在希腊造型艺术出现之前，地中海地区只有两个独立的文明地区——美索不达米亚和埃及，它们都以不同的途径对希腊艺术的发展产生了影响。不同的是，美索不达米亚与希腊地区只有一个联系途径——叙利亚、小亚和海上诸岛，而埃及则有两条路线：一条是直接由海上联系；一条是通过叙利亚和小亚联系。在克里特－迈锡尼文明臻于繁盛时，埃及人把这一地区称作"海上岛屿"，两地之间有直接的贸易往来。但第二条路线更重要，作为中间地带的叙利亚、巴勒斯坦地区不仅起着传递东西方文化的作用，而且在传递过程中把古埃及文化与当地的以及两河地区的文化混杂起来，并有相当程度的改造。这样，古埃及艺术那种独立的、自我发展的艺术风格在这条传播路线上有所消解，这使希腊人更容易接受。此外，中间地带的意义还在于促进各地区艺术的融合。例如，叙利亚地区在埃及风格中加入了一种无拘无束、驰骋想象的因素，尽管仍是以几何形式表达主题，却能保留贴近自然的意趣。正是由于融合了中间地带的新元素，埃及艺术的精华才能更广泛地为其他民族所吸取。约在公元前200年后，埃及与希腊地区的直接联系路线变得更为重要。

正如传播途径（方式）在变化一样，希腊人对埃及艺术的评价也在变化。尽管有所批评，总体来说，希腊人对埃及的文化成就的评价还是很高的，这一点在希罗多德、柏拉图、普鲁塔克等的著述中都能得到证实。当然，他们还是认为是希腊人把这些成就提升到了更高的层次上。

虽然不能过高地估计美索不达米亚和埃及文化对希腊的影响，但必须看到这两大文明地区的存在确实起到了刺激希腊文明成长的作用。如果没有这些文明先行者为天才的希腊学生开辟起始之路，希腊乃至整个欧洲的艺术史都将是另一种面貌。

时间和空间的距离常常制造出种种错觉。要了解古埃及艺术的特质，关键是确定哪些是自然发展起来的，哪些是从其他民族的成就中借鉴来的。

有利的一点是，古埃及也许是世界上唯一一个我们能了解其艺术起源和发展全貌的古代国家，这一方面是由于其政治、地理上的统一性，文化传统方面的延续性，另一方面是由于它干燥的气候、广布的沙漠使得许多珍贵文物得以保存。古埃及艺术以资料丰富、纪年清楚而闻名于世。

古埃及艺术也以其独特性而著称。自臻于成熟之日起，外来文化的强大影响，即那种可能改变或影响埃及艺术发展进程的影响，就完全不见于古埃及艺术中了；也就是说，古埃及艺术中那些最基本的特质，很少见于周边文明地区的艺术中。当然，古埃及并非是封闭的，在某些时期它的开放程度相当惊人。古埃及人在其文明鼎盛期以一种相当自信的态度改造性地吸取外来文化，所以留给我们的还是极完整统一的传统模式。对于研究艺术史的人来说，古埃及文明对公元前 2000—前 1300 年的克里特－迈锡尼文明的影响及其对公元前 4 世纪的希腊文明的影响，有着极大的不同，这点意义深远。前一个时期是古埃及艺术的繁盛期，而后一个时期则是古埃及文明的衰落期。研究造型艺术过程中遇到的许多问题，特别是写实主义表现方面的问题，都能在古埃及艺术中得到最清楚、最确切的答案，这要归功于古埃及人不息的探求精神和不倦的创作热情。不同于其他东方艺术，如中国的艺术，古埃及艺术对人体比例有着最接近真实的表现，这是其重要的特色。古埃及艺术通过图像表达出多重含义，有的相对直接，有的具有高度象征性。在多数原境下，图像富含隐喻，在传递高级文化的内涵方面比文字更重要。

古埃及艺术的表现形式非常特别，甚至是怪异的。学者们对古代文明的理解可能永远是不全面的，这不仅是因为古代的遗存不管如何丰富，都不可能是面面俱到的，永远会有一些空白点，也因为今人的理解总是带有时空距离和文化差异造成的隔膜，而我们也不可能唤醒远古时代的人与之直接交流。但这个事实绝不应阻止我们的探索，我们的研究反而会因此而充满刺激和吸引力。既然每一个学者都不能完全超越自己及自己生存的时代，那么就让我们都以自己的方式去诠释古埃及艺术，或者去发掘新的领域，或者以新的视角透视已有的领域，这一切都有助于得出更丰富、更充满活力的整体概括。因此，即使认识到他人的观点与自己的有差异，也要假定它是合理的，并由此带来一种欣赏的目光，而无需失望。我们既要避免那种把个人情绪凝结到古代艺术作品欣赏中去的过度热情，又要避免过分冷漠，后者如缺乏客观性一样偏颇。

我们应相信，在是非观念不断变化时，真正的价值最终会证明自己。"它们可以长久地不为人知，但它们不可征服的耐性定会取胜。它们可以等待，即使在某个时刻意识形态的主导力量将一件完美的艺术作品打入黑暗之中，只要它得以保存下来，它终将重现光辉。因此，珍品可能会被暂时埋没，却会积聚永久而不断增长的价值，使我们相信在变化的观念之后仍有不变的、延续的东西。"[1]

古埃及艺术最突出的特点是风格的一致性以及其中蕴含的秩序感。秩序就是静态之美，如人体比例、格层法等。埃及艺术出现的核心环境是神庙，这对其特质的形成有很大的影响。

第二节　古埃及艺术的本质特征

艺术创作的动机很容易推测，但是人们很少去考虑为什么同样的动机没有促使其他民族创作出同样的作品。我们这里所说的古埃及艺术的本质特征，是指产生于埃及历史上的某个时期，此后历经许多历史变迁却始终不变，能把各个历史时期的古埃及艺术作品统一起来的那些特质。

前希腊艺术的普遍特点是艺匠在创作之前头脑中先有物体的概念，而不是凭物体出现在眼中的印象去创作。除此之外，古埃及艺匠还有高超的临摹本领，以及把握平衡与比例的能力，这些与他们热爱自然的气质、严谨的风格相结合，使他们留下的作品对当代人产生了强烈的吸引力。

应注意到，古埃及人是直接在岩石上雕刻的，而不像克里特人那样先以其他质地较软的原料做模型。克里特人留下的唯一的大型艺术作品是石膏浮雕，这种作品有种模型压制的感觉，与埃及人那种刻画线条的感觉很不同。此外，埃及的雕像以体积和重量制造出一种规模上的美感，而克里特人则喜欢用象牙、金属或彩釉制成的精致小雕像，追求动感的印象和充满活力的姿势。

美索不达米亚人的雕刻则偏离了自然的风格而追求程式化，例如，亚述浮雕中的人头牛身像，刻画得极不真实，有种强烈的装饰感，突兀地呈现于石面之上，就好像是艺匠们惯于刻制印章，把同样的手法也用到浮雕作品中一样。

古埃及艺匠已经擅长把雕刻和绘画技艺结合起来创作彩色的浮雕，这使人们常常忽略了他们作为画匠的一面。事实上，他们的绘画水平相当高，在当时

亚述浮雕，公元前883—公元前859，纽约大都会艺术博物馆藏

只有克里特人能与之媲美。埃及是留存绘画作品最多的古代国家，而且是包括了各个历史时期的作品。克里特的绘画作品局限在一个相当短的历史时期内（约相当于埃及的新王国初期），而西亚地区的绘画作品则因没有良好的客观保存条件导致留下的作品分属于各个历史时期。因此，迄今为止，能为我们研究早期绘画史提供最丰富的原始资料的是古埃及。

　　写实主义的精神和追求细节的作风，使古埃及人发展出一种运笔和用色的高超技艺，如对动物和鸟的毛发的刻画。相比之下，亚述壁画和克里特壁画中的细节部分都是以相当简略的线条勾勒的，尤其是亚述壁画，将线条缩减至装饰模式一般，被喻为"东方挂毯"。克里特人似乎没有刻画细节的耐心，他们重印象、抓本质，而不屑于"拘泥小节"。埃及人重视细节的同时并没有忽视将线条明晰化。

战场上的图坦卡蒙,开罗埃及博物馆藏

古埃及人在传统法则的局限下,以细微的笔触去描绘周围的世界。他们对世界的看法是"先入为主"的,而较少运用想象力。当他们表现超自然的存在时,会以一种乐观和自信赋予它们熟悉的外观。他们对怪诞之物的想象力出奇地贫乏,这也许是由于所处的环境很优越。这种充满自信的自然主义给我们留下了深刻的印象,埃及没有两河流域让人焦虑的那种险恶环境,也没有悬崖峭壁及海上风光刺激出的爱琴人那样的想象力。

能代表古埃及艺术特质的传统风格,也就是主流风格,从1王朝末开始产生,到古王国时期形成,它与此前的前王朝和早王朝初期的艺术截然不同,后者与近东其他地区,特别是两河流域有诸多相似之处。例如,表现战争场面的作品通常是这样的:象征国王的狮子占据战场的主要空间,会把敌人踩在脚下,撕开他的胃,做吞噬状;食肉鸟在战场上空盘旋,伺机撕咬死者。现在很难考证这是否是相互影响的结果,如果是,又是谁影响了谁?很明显的是,从1王朝末年开始,公牛调色板之类的近东风格逐渐在埃及艺术中淡出,在战争场面中把国王表现为动物的主题渐渐为埃及艺匠所摈弃,甚至作为纪念物的调色板也销声匿迹了。到古王国时期,整个风格为之一转,几乎很难看出前王朝和早王朝初期的艺术风格留下的痕迹了。

古埃及艺术的传统风格最突出的特点是在写实的基础上将内涵诗意地概念化、程式化。例如,表现法老时,不仅强调他对本土和臣民的权威,也树立他

战场调色板，大英博物馆藏

世界秩序维护者的形象，把这样一种概念诗化，是我们欣赏古埃及艺术时萦绕不去的感觉。两河流域的艺术作品素喜战争题材，而埃及的新王国时期也是风行勇士精神的时代，随着帝国的建立和几个世纪的争霸，战争题材成为时尚，国王驾驶战车驰骋疆场的画面屡见不鲜。上面的国王形象高大，威风凛凛，易如反掌地驱逐着面前狼狈逃窜的战败者，并高举权杖将他们击杀。这类作品的内容本来是残酷血腥的，但古埃及艺匠的处理方式却使我们更多地感受到一种沙漠狩猎的意兴。与此相反，我们从两河流域的同类内容作品中却能感觉到其中凌厉的杀气和弥漫的血腥，似乎能听到战马的嘶鸣、胜者的悲壮、败者的哀嚎、攻城的艰辛、守卫的决绝，一切战争中可能有的阴暗残酷都跃然眼前。下面我们就一些细节进行分析。

首先是对动物的描绘。例如狮子，同样以它来作为王者的代表，埃及的艺匠强调的是它的勇猛威严，更多地看重它的象征意义；而亚述的作品则更多地表现它作为兽中之王的残暴无情，渲染其兽性的一面。因此，传统风格的埃及狮雕像从来不表现张开嘴的样子，而近东其他地区和埃及早王朝早期的狮子则一律是大张着嘴。

描绘 19 王朝国王拉美西斯二世的卡叠什之战

  其次是对人物的表现。古埃及艺匠喜欢夸张小动作，淡化大动作。埃及艺术中，即使是表现人物的一个非常微小的移动，也喜欢使用很大的步子，脚踵抬起，前脚趾着地，这种姿势往往使人误以为这是大步跑的动作。因此，跑动的人物未必意味着大幅度的动作，而极可能是一种受约束的、有弹性的移动。另一方面，表现剧烈运动的姿势又少见于埃及艺术品中。例如，跳跃式，即整个脚抬起来离开地面的跑只有一例，是在阿玛尔纳时期的一个墓室中发现的。两脚都离开地面的例子则一个也没有，也没有类似希腊早期艺术中"跪跑"式的动作。同样地，表现孕妇甚至是肥大的臀部时也喜欢用含蓄的笔法，用透视法缩小比例。

  此外，在人物形象上，追求典雅精美。我们在古埃及艺术作品中看到的人物总是挺直脊背的，至多是微微前倾，只有阿玛尔纳时期以后的人物才开始有弯腰的姿势。而且人物双肩端正，与身体其他部位相比，肩部的刻画也更细致

18王朝拉摩斯墓中的浮雕

精美。从史前时期肥胖的女子雕像过渡到瘦削的古典女子形象，我们看到美的动力如何促进古埃及艺术发展的飞跃。在人物形象那挺直的后背，高昂、端正的头部的刻画中，我们感到一种乐观自信的人生态度，一种蓬勃的生命力，以及这一切背后的对人类内在尊严的意识。

再次是对国王的表现，那是一种年轻、强壮、理想的形象定位。虽然不可能把所有的国王都表现成完美而健康的，这个基调却贯穿在了法老时期的艺术品中。在普通人物肖像中普遍运用的是"自然主义"手法，这表明，对国王采取这种表现形式是基于如下认识：国王是神的儿子，他超然于凡人之上，理应是完美无缺的。唯一的例外是埃赫那吞及其家人。有些国王瘦削高挑，有些魁梧宽厚，有些威猛严肃，有些则祥和仁善，但他们的身体几无例外都是理想的样子，只在人物的脸上能约略看到个性化的痕迹。而且，除了中王国时期和阿玛尔纳时期的王室雕像外，这种个性化的痕迹也是极难发现的。

当然，这并不意味着埃及艺术是停滞的，是没有变化的。从面部特征我们可以清楚地看出各个时期的发展脉络及各时期的艺匠是如何实践其美的理想的。古王国时期的国王雕像更多地强调其神性，反映出该时期专制王权的强盛；历经分裂又重建统一的中王国时期的国王开始在雕像中展露出沉重的忧患意识，同时由于地方主义风格对传统风格的冲击，出现许多颇具个性色彩的佳作；新王国时期的帝王以军事胜利者的姿态追求的是奢华、精致、灵巧和轻松。某些王族也有自己的特征，如图特摩斯家族的雕像以挺直的鼻梁而为人熟知；阿蒙荷太普三世家族的特征则是小而微翘的鼻子、略鼓的嘴唇等。

但古埃及艺术的发展是"万变不离其宗"的，对传统的不断回归是发

4 王朝国王门卡拉和王后，开罗埃及博物馆藏

展变化中的主旋律。自古王国以来好的雕像一再被复制，12王朝时达到第一个顶峰。复制品的数量和质量也表明古埃及人较高的观察能力。直到公元前4世纪，即希腊化时代开始之前，埃及的雕像复制在古代地区是一流的。

古埃及有悠久的复古传统。古埃及人的复古，是对古老传统选择再创作，其选择的原则不仅仅是政治方面的考量，也有审美趣味的因素。赫拉康波里斯的大窖藏（年代约为1王朝），其中的多数物品后世不再使用，可能是因为风尚或仪式已经发生了变化。两个世纪之后，在乔塞尔阶梯金字塔的下面，发现了上万个1王朝、2王朝的石碗，上面刻着王名等信息。这些石碗在3王朝已经过时了，可能是因为仪式的改变而导致的。但把它们埋藏在圣地，为后来这些古老传统的复兴提供了条件。

古埃及人很早就开始尝试雕刻艺术，这与他们的墓葬习俗有关：木乃伊的制作能保证死者肉身的复活，为达到双重保险，雕像也作为死者的化身放入墓中，接受祈祷和供品。在古埃及语中，雕像一词本来的含义是"使他存活者"，为父亲准备墓葬的儿子被叫作"使他父亲的名字存活下去的人"。在神庙中立像也是出于同样的目的，雕像主人常在铭文中宣称置身神庙是为了永远不远离神，此外还能享受倾听祭司美妙的祈祷之声和看见阿蒙神的快乐。对古埃及人来说，身体远不如头部更能帮助人们识别雕像的所属，因此在雕像制作中只表现身体的一般特征，而更关注头部的个性特征。

古埃及艺术的巫术目的直接影响到了它的风格。艺匠表现一个人物（通常是死者）的目的是让他的灵魂在复活后能辨认出他，为确保这一目的的实现，人物的名字是至关重要的，无论是壁画、浮雕还是雕像，一定会在空白处或底座说明人物的名字和身份。由于绘画和浮雕中的名字可以直接写在人物形象旁边以强调其身份，而雕像上的名字不是那么醒目，因而前二者更不注重表现个性。古王国时期的许多墓室壁画中甚至只有头部，其余的都略去。在雕像方面，这种巫术目的的极端表现是许多国王通过更改名字将其先辈的雕像据为己有。

不管古埃及人是如何具备了制作真正的艺术品的能力，其艺术中理想化和模式化的倾向仍占据主流。这一点在各个时期都有所表现，尤其能在同一人物的不同肖像中体现出来。这种主流风格一旦形成，即产生广泛的影响。例如，古埃及工匠表现异族人和陌生的事物时，只以友好而戏谑的形式去说明他们（或它们）的身份，而不去挖掘其特质，更不愿自以为是地去想象。他们表现自己的神祇时也是如此。古埃及的神很少以身体语言或面部特征去表现他们在神话中的角色和气质，这一点全然不似古典时代的希腊，倒像公元前15世纪以前的希腊神祇，只能通过外部的标志性特征来辨认，其他部分则遵循一般的模式或艺匠自己的理想模式。不同的是，古希腊艺术最终摆脱了这一模式，实现了一种质的飞跃。

埃及学家魏德曼（Alfred Wiedemann）最早注意到，在法老时期的埃及，公开、正式的艺术作品中几乎没有表现猥亵动作的，而在种族混杂的后期埃及这种作品则很普遍。法老时期亦有表现猥亵的小画，但要么是与宗教有关的，要么是不登大雅之堂的。

从这种传统艺术题材中表现出来的自制是古埃及文化的重要方面。智慧文学（即教谕）也教导人们要自制。这里我们联想到传统手法表现出来的狮子那合起的嘴巴，以及人物雕像唇边那善意的却带有克制的淡淡的微笑，这种自制的特质与克里特-迈锡尼艺术自由奔放的风格形成了鲜明的对比。古埃及人也被后者深深吸引，他们从中汲取良多，但同时总是去除他们认为太过直露的部分，而希腊人则同样感到埃及作品太过拘谨。古埃及艺匠总是关注艺术形象的外在结构，不注重内在的力量和动感，而这恰是希腊人所放弃的；希腊人追求的各有机组成部分的整体和谐发展，也是古埃及人所忽略的。

古埃及艺术的传统风格在2王朝、3王朝时出现、形成，其突出特点是静态的倾向和对几何形的偏爱，其中又以矩形最为重要，同时喜欢简约明晰的线条和构图。在作品中每每要留白，并以象形文字作为点缀，真正做到了"字画结合"。此外，古埃及艺术对特定历史事件的表现非常"象征化"，简直可以看作是表达观念的象形文字符号的扩大。"书画同源"的含义是双重的：一方面说明二者的同时出现和互补关系，另一方面也是说美丽的文字符号本身就是微型的图画，是大画面的有机组成部分，而壁画则是文字符号的扩大化。象征意义使得壁画缺少叙述，情感因素以及由此引发的人物之间的戏剧关系也少之又少。这种风格使古埃及传统艺术既与史前时期又与其他地区区别开来。当然，它在某些特定的历史时期曾一度被"软化"，如阿蒙荷太普三世时期的艺匠就热衷去除画面上的文字，而埃赫那吞时期的阿玛尔纳风格更是对传统的彻底反叛，但传统风格的魅力就在于它几经变革却持续流传。

古埃及人对花卉的表现较少受到宗教思想的影响。中王国时期以前，花卉很少作为日常生活的点缀，而且它们几无例外地都是出现在女子额上的束发带上，或者作为流苏出现。通常，百合花和纸草花分别代表上下埃及。此后，花卉渐渐成为普遍的装饰，特别是在宴会的场面中，几乎每个人都在鼻边嗅着一朵莲花。到新王国时期，对花卉的欣赏更为普遍，几乎没有什么地方不以花卉来装饰的，爱花成为埃及人的特点之一。

古埃及植物状柱子的基本功能是承载，只有在材料允许的范围内才发挥其装饰功能，因此，较轻的木质柱子上通常有最具想象力的装饰，而希腊柱子则强调结构的协调性和各部分的一致性。

古埃及造型艺术品也与其置身的建筑在空间和实体上有密切的联系。古埃及人最早从制作泥砖的过程中得到灵感，开始尝试长方形建材，进而完成从圆形到几何形的转变。

必须注意到，大规模石建筑的出现不是艺术领域的孤立的现象，而是传统风格形成过程中整体变化的一环。与此同时，小型雕像为大雕像所取代，而且开始与建筑紧密结合为一体。同时期的希腊人喜欢将雕像置于露天，而埃及人则总是以雕像作为建筑的一部分，或者以建筑为雕像的大背景，如成队地列于神庙塔门之外的羊头狮身像或人头狮身像等。在前一种情况下，雕像利用建筑作为支撑；在后一种情况下，建筑用雕像作为点缀，二者相得益彰。雕像是建筑的理想而又常用的辅助手段，自古王国时期开始就有紧靠墙或柱子的雕像，但它们从功能和形式上都还保持着相对的独立性。即使在少有的以雕像为主要支撑的情况下，雕像的走向与排列也不受建筑形式的限制。

群体雕像背后的石板与建筑物的墙壁具备同样的功能，而后柱（back pillar）的使用又另有解释。一般认为，古王国时期以后才有后柱，而此时传统风格已臻成熟。它的使用原本是出于技术目的，但很快就转变为美的工具。两河流域不使用后柱。

壁画最早出现在表面光滑的岩石以及陶罐上，建筑物上最初少有壁画，后来则是少有无壁画的建筑。古埃及人不喜欢把墙壁布满壁画，像挂毯一样，而是喜欢设计合理的比例和构图。偶尔有反传统的做法，如阿玛尔纳时期的艺匠喜用整面墙表现一个画面，构图略显松散，这一点在拉美西斯二世时期有所延续。

壁画底部通常与顶端相对应。史前时期的壁画底部只是简单的黑色，在下面加上窄窄的红线，到古王国时期又加上一条黄线，有时是类似木头的浅黄色，使色彩更为丰富。新王国时期底部装饰更加多样化，有许多人格化的地区标志、植物以及与天花板上的星空图案相呼应的地面景物。

造型艺术在空间上与建筑的紧密关系决定了它们在风格变化上的一致性与同步性。很自然，建筑物中的雕像在形式上更为刻板，独立于建筑物的小雕像的风格更为自由。早在古王国之初古埃及的建筑师就以超常的比例赋予建筑物以崇高感，巨型雕像也有同样的效果。自吉萨的斯芬克司问世以来，巨像一直有着无穷的吸引力。在美学上规模本身就能体现一种美，但无疑造型艺术表现内在力量的能力通过与建筑物相结合而大大提高了。

我们对古埃及的音乐、舞蹈了解不多，只大致了解部分乐器的情况和表演的场面。总体来说，早期埃及的音乐较和缓、安静，舞者也较清醒、理性，演奏和表演没有那种抓住人心、令人兴奋的张力与节奏，但从古王国末期开始，舞者克制的动作、紧密的队形发生了变化，逐渐为大踏步的夸张动作所取代。然而，其效果仍是体现一种年轻的活力，而不是后期那种性感与诱惑。喜克索斯人的入侵带来了巨大的变化：早期的宁静、平和、安详、简约的风格消失了，尖锐喧哗的新乐曲被引入进来，歌舞的速度节奏加快了，演奏者和舞者的动作更富激情和性感，队形也更松散。亚洲音乐及其带来的强刺激感看起来已占据了埃及人的灵魂，但像埃及这样一个民族是不会在短短几个世纪内就不加改变地接受外族的音乐的。在后期埃及，我们看到了抱持传统的流派与沉湎于外来新文化的流派之间的激烈冲突，造型艺术领域也有同样的状况。

史前时期人们的精神世界的基础是巫术-宗教性的，他们的社会组织在形式和文化内涵上具有延续性，并将他们过去、现在和未来的几代人有机地联系

内巴蒙墓室壁画，18王朝，大英博物馆

内巴蒙墓室壁画，18 王朝，大英博物馆藏

石片上的草图，19 王朝，都灵埃及博物馆藏

歌舞场景的浮雕，古王国时期，开罗埃及博物馆藏

舍鲁夫（Cheruef）之墓，18王朝，底比斯

在一起。随着文明起源，这种联系退却到更狭义的宗教领域，即与神和来世相关的领域。在埃及，该领域也包括了王权。因此，为这一领域服务的许多方面，如艺术等，都具有远古文化的许多特征。例如，神祠长期保留着最早的芦苇棚的形式，而与该领域相关的行为方式、语言等也比世俗的更具古老色彩。

埃赫那吞宗教改革时期，艺术与宗教两个领域出现了同节奏的同步变化，这是极为罕见的。由于宗教改革禁止拟人化的神出现，在长达二十年里宗教与世俗艺术之间的反差几近消失。

尽管宗教对埃及艺术形式的长期延续有着极大的作用，但对它的限制也不是绝对的。如神庙建筑，不管是神祇之庙还是王室享庙，建筑师都在各处留有很大的自由空间。另外，表现供桌上的供品时通常也是惊人地随意。

普通民居基本不用雕像做装饰，除非是有宗教的目的。古埃及雕像不可能是为艺术而艺术的创作，当然，也有个别的自娱性质的小型作品，如中王国时期拉洪地区的民居中的壁画，新王国时期的阿玛尔纳地区有更多的此类发现。

我们对古埃及的世俗艺术了解很少，因为它基本处于"宗教的阴影之下"。由于古埃及王权的神化性，不可能把与王权相关的归为"世俗的"，但是宗教观念本身并不能创造表现形式，它只能从世俗生活中提炼具体的象征符号。

有人认为，埃及雕像姿势的有限、风格的刻板是由制作它们的宗教目的造成的，这种目的使雕像与现实生活分离，成为独立的主体。实际上，古埃及人一直在努力超越那些用以保护死者却又成为死者与现实生活联系的障碍的各种因素。例如，墓室雕像通常立在享殿后部一个打开的壁龛中，这样，它所代表的亡者与对面墓室壁画上表现的生活，以及前来祭拜的人就有了一种永久的联系。这些像的姿势克制而稳健，酷肖正在发号施令的显贵，而那是最卑微的人也向往的角色。所以，我们认为宗教观念并没有直接造成这些雕像的程式化，而只是将程式化的元素从生活中提炼出来而已。但雕像与陵墓、神庙的密切关系很自然地强化了程式化的倾向，传递出一种崇高与神圣感。当然，也有纯粹出于宗教目的的雕像，主要是那些表现举行宗教仪式动作的雕像，如阿蒙荷太普三世跪着向神献祭的雕像，充满了谦卑。

在那些"启蒙意识"还没有使文化独立起来的地区，宗教与艺术这两个在本质上非常接近的因子，就有更深层次上的联系了，艺术成为宗教与外界的联系方式中最重要的一支。古埃及就是这样。希罗多德说，古埃及比任何一个民族都更具宗教色彩。这句话用来描写法老时期的埃及是非常准确的。不论何时，一个民族的宗教信仰都应作为独立的个体来分析，没有任何两个民族有同样的神话、仪式、教义，这些表达形式的不同一定是由宗教之外的什么来决定的，这也是决定各民族之间差异的关键。至今我们尚未完全了解那是什么，但至少应该正视这种差异。

古埃及的地理环境很独特：狭窄的河谷，有很长一段没有支流，两边被沙漠封住。尼罗河把全国连接起来，而且除了三角洲之外，各州多在南北两个点与其他州直接联系，而整个国家也只在南北两个方向对外开放，这两点在历史上一直是来往的通道。

古埃及人认为他们是自己土地上最早的居民，而那儿是人类的诞生地，是世界的中心。他们相信他们的祖辈自创世以来就在那里繁衍生息。他们的生活与富饶的土地与生命之河尼罗河紧密相联，他们对它们同样地感激。河谷两边的沙漠是充满诱惑的狩猎场，也是令人恐惧的死亡之地。他们感到周围四处都有神灵的影子。古埃及人热爱土地胜于一切，从土地上消亡是最悲惨的事。如果不理解古埃及人对土地的依赖和热爱，就无法真正理解他们的精神世界。亲临尼罗河谷的人会体会到那平坦、广袤的风物与古埃及艺术风格的和谐与贴近。

两河流域的艺术作品和埃及的形成了鲜明的对比，在感受了前者那忧惨、暴烈的气质后，尤能感到埃及艺术那种直扑而来的威严宏大，以及纯净的几何线条中注满的高贵人性。这源自一种从容的魅力和发自内心的愉悦，并与庄严崇高的信仰协调一致。当然，古埃及人也是普通的人类，他们的优点的另一面也隐含着其缺点，与他们的草率、懒散与执着是并存的。

古埃及人在创作恐怖的形象时非常缺乏想象力和表现力。例如，创作半人半兽的形象时，人头与兽身或兽头与人身的连接部位通常处理得很笨拙，要靠头饰或假发来遮掩。在表现恶魔的形象时，也很少通过夸张的形式让人产生恐惧感。

我们可以以斯芬克司——智慧与力量结合的象征——为例，作为埃及的标志，这种人兽合一的创意看似怪诞，却产生了永恒的魅力，因为如实反映事物本貌的作品没有真正的艺术魅力。完美的埃及作品，作为艺术品时是有机的，作为真实生命的体现时则不是有机的。

古埃及文明的一大特质就是纳新不吐故，埃及人在艺术领域不是激烈的革新者，疏于频繁地变换表达方式，阿玛尔纳时期只是个例外。比起其他民族，古埃及的艺术宝藏更像是一个古老而显贵的家族的珠宝匣，里面的陈年旧物与时下精品并列，其主人仍要不知疲倦地收藏下去；里面虽包含不少我们通常认为是缺点的部分，但那些极品的典雅华贵令一代又一代的人目眩，又拒人亲近。

有人认为古埃及艺术重技巧而无灵魂，的确，古埃及人更易兴奋，缺乏深沉的情感，他们的作品中也确实充斥着大量的技巧，但不能否认的是，精明而清醒的古埃及人能更充分地运用技术方面的天赋表达深层的意义。伟大的艺术品从来不是意识形态的产物。正如天分与创作欲望是并存的一样，在追求完美模式的无数次重复中，古埃及艺匠创造时的灵感火花也会不断闪现。

古埃及人最高的成就是艺术，只了解其文献，不去了解其艺术，就永远不能把握古埃及人的精神特质。

第三节　古埃及艺术的法则

古希腊人对视觉印象的认识是其他古代人所没有的。希腊人首次发明了一种绘画中的贯穿法，将所描绘的物体的各个部分按照在视野中出现的先后顺序依次连接为一个整体；然后，他们开始尝试把这些形象置于一个背景中，背景中的线条根据视觉印象制造出后退和缩小的平面效果。最终，他们发展出一种透视法则。虽然透视法对我们来说司空见惯，但对古代世界的大多数人而言是陌生的，埃及人所使用的散视法则是当时普遍存在的艺术法则。它的特点是高度概括化，不管是像埃及人那样采取静态的方式，还是像克里特人那样把一个充满活力的动作的典型方面加以具体化，都如此。

古埃及人是如何感知和理解他们所描绘的世界的？首先，我们发现他们普遍运用散视法的原理，对所有场合的所有事物都力求以真实而理想的样子来表

供桌前的公主，4 王朝，卢浮宫藏

现，例如，他们把方形的物体表现为四角有同样角度的四边形。我们知道，如果用透视法来表现，有些边会缩短，有些角度会变化，远处的线条会变细，等等。此外，使用透视法的作品所拥有的色彩浓淡和阴影效果在运用散视法的作品中也是没有的。

有人把古埃及的艺术作品比作"儿童"或"史前人"眼中的世界，这是一种简单化的理解，因为二者虽有相似之处，却有质的不同：一、史前人不掌握透视法，而古埃及人是掌握了透视法而不普遍使用；二、同样是用散视法，古埃及人有对形象的整体考虑和把握，而史前人则没有。那么，古埃及人是如何用散视法再现真实世界的呢？

如果要描绘的是一个立体，我们知道以透视法无法画出所有的面。古埃及艺匠的任务是做出一种评估和选择：他总是先把视野中该物体的主要面表现出来，然后再把其余部分尽可能多地表现出来，这样虽然看起来是人为罗列的平面形象，但实际上是经过了艺匠的思考和选择的。在这个过程中，艺匠头脑中的概念决定了他的视角，这是理解古埃及艺术作品的最关键之处。这种概念使艺匠对实物有种整体感觉，并以此将实物的各个部分连接起来。当然，他们在选择时的侧重点和数量上会有所不同，但这种差异很快为传统法则所控制和约束。渐渐地，一种标准形式成为创作的依据。

散视法的目的是真实地展现实物，而透视法则是要模拟出一个画面背后的空间，把视线引向深处，造成一个想象的世界，也就是柏拉图和亚里士多德说的"欺骗"的世界。正如达·芬奇所说，要制造出物体和画面的深度的幻觉，就要使一个表面展现出浮雕的立体感，脱离该平面。他认为，只有那些无知的人才会只追求画面的色彩，而忽略在平面上创造出一种浮雕之美的那种奇迹感。因此，透视法是一种现象艺术。

另一方面，古埃及人尽可能地选择那些能脱离透视幻觉的因素。在他们笔下，物体的各部分被不加缩小地表现出来，动作也只是某一时间点上的单一动作。这样，从整体上讲，物体也被"缩小"了，因为并非所有的部分都能被充分表现出来，因此也有失真之处。以透视法表现物体可以用任意的视角，但一旦用这种视角来看整体，就比散视法来得真实多了。因此，所谓真实性和欺骗性的对立并非是简单化的对立，区别在于顺序。从整体看，透视法更真实；从各个局部看，散视法更贴近真实。

有人说，古埃及艺术有客观地观察这一特点，而古希腊艺术则更强调主观性，这也不是绝对的。的确，古埃及人是以写实地描绘物体为中心，围绕这个中心展开思想，因此是以物为中心的；而古希腊人则以人本身为中心，以"人"的视角为起点去集中所有的视觉线条，因此是以人为中心的。但是，在古埃及艺术中也有进行选择、评估、排列顺序的主观时刻；而古希腊人一旦确定了他与所表现的物体之间的关系，就开始以客观的手法去表现了。因此，所谓客观与主观的对立也是相对的，虽然古埃及人更专注于物体本身，而希腊人则与物体保持距离。

如果做一个形象的比喻，古埃及人是俯首凝视着物体的各个局部，其意识没有流动；而希腊人则是抬起头来，与物体产生了距离，因而有了更为"理解化"的视觉。尽管埃及人把独立的个体一一排列出来，但他也不是孤立地展现个体，各部分也是有机地联系在一起的，因为他在脑中有一个整体的形象；也就是说，他表现的是他知道的，而希腊人表现的是他体悟到的。

可以说，透视法代表以"更高的"精神视点来看世界，是摆脱了临摹世界的阶段来观察事物的。在这种法则下，物体在单一的视野中以一个整体形象出现，并且与它们的背景融为一体。物体的大小及相互关系取决于观察者与它们的距离及构思。这时候，物体的各部分从属于整体，并按照整体结构的需求被表现出来，它们作为独立个体的价值则退居其后。这里强调的是人的自我意识和主观能动性，人要超然于物体之上，要在心中对距离有感觉。

希腊人对透视法的普遍使用，不仅使他们所表现的物体之间有了一种张力，也把这种张力注入人们的心中。朝透视法的突然迈进标志着希腊人对人与世界的关系的认识出现质的飞跃，标志着理性思维代替了神话思维。希腊人由此开始了他们科学又理性的探索道路，相信人是知识的唯一源泉，不仅要观察现实，也要分析和体验。从这个意义上说，文艺复兴时期科学的透视法的发现是希腊精神在逻辑上的延续。

希腊人的独特之处还在于：与古埃及的散视法相比，他们有以人为中心的特点；与文艺复兴时期相比，他们又有人性化和节制的特点。

透视法这种"更高的立足点"必然成为"神的权威"的对立面。视觉顺序和重要性顺序如何协调？如果神要维持自己的至尊地位，就不可能遵从透视法的逻辑，否则他形象上的优势如何传递？对于笃信神灵的埃及人来说，自己的使命不是获得什么"个人的视点"，而是如何将自己融入神创的绝对而普遍存在的秩序中去。他们不是通过批判的眼光去探求知识，而是通过笃信来接受知识。在神创的秩序面前，他们是真正的沉默者。

散视法具有以下特点：比例、省略、假想透明、格层、坐或立的群像中人物高度的一致性……有人认为，古埃及的二维艺术没有空间感，是写意的，受到宗教目的的限制而超越了现实本身。这是一种错误的看法，错在以为只有在透视的深处才有空间，空间只能是动态的。实际上，埃及人是以一种平面旋转的、静态的方法来表现空间的，这也是前希腊艺术的普遍特点。

古埃及人在并列的顺序中把握空间，并用"面"的方式表现它。如果他们认为某些面与事物的本质特征无关，就不去表现其深度空间，但在必要时，他们是能够做到的，而且很精确。例如，在人物的侧面像中，肩和眼用平铺、正面的手法去表现其深度空间，而其他部位则是侧面，这是根据重要程度来安排的，目的是强调人物的本质特点。如果一部分一部分地展开视觉平面，人物还是一个立体的形象，只不过习惯了透视法的现代人不能在一望之中把握整体而已。因此，古埃及艺术中的空间从平面角度看是成功地表现出来了，只不过这个空间是物体本身内部的空间，而不是深度虚拟出的空间。至于前和后，乃至距离远近，埃及人都以重叠法或格层法来表现。

外部空间同样可以用把握本质特征的方法来表现，如树、池塘、田野、天空等，因此空间是在结构之内的。例如，美杜姆出土的鹅群壁画就用草丛来表现鹅群的所在地。冥世的各地区以州的名字来界定，各界用"门"来表示。总之，是选择普遍的、众所周知的特征来表达的。但多数情况下我们能根据常识断定其位置，除非画面上没有任何文字说明，且表现的又是房间、宫殿、街道这一类不好判断的环境。当一个画面上没有任何表现外部空间的特征性物体时，或者是艺匠企图让观看者凭借自己的常识去推测，或者是这些空间缺乏特征性因素，或者是这些特征性因素可以彼此顶替，无关紧要。

因此，古埃及人也有表达空间的方式，是用散视的原理以平面表达深度，在表现位置时用特性法、重叠法。他们并没有否定空间，也没有超越空间或除去画面中的生命活力，以期达到某种永恒。只不过对我们来说，他们的空间语言是奇特的，犹如一个视力不好的人要一点一点地去看一样，这取决于他们那基本的世界观，他们别无选择。也就是说，对某些当代人而言，古埃及人的空间是"沉默"的，而且是一种方向上的沉默。

使用散视法可以将距离很远的两个地方集中在一个画面上，又可以把同一地方的两个画面并置在一起。同样的场景，例如官员站在牧人身旁，可以无数次地重复。不能用"挨着""上"或"下"等来描绘画面内容之间的关系，由于没有融入周围的环境，它们彼此之间没有功能上的关联，各自保持着独立性。

古埃及雕像也体现了散视原理，在现实中呈轴状的物体在埃及雕像中会呈盒子状。这种在散视原理下制作的雕像也有空间的深度，却是僵硬的和封闭

提亚和纳亚夫妇雕像，18 王朝，开罗埃及博物馆藏

的，是被清晰的边缘线限定了的，不是各部分互相关联的有机结构。因此，在我们看来，其空间语言也是"沉默"的。它们不像在透视原理下制作的雕像那样有一个中心点，使所有的线条都集中于这个点，或者从这个点向外辐射，在动态的系统中包含了可以想象的所有方向，是一种视觉上的无限扩展，但古埃及的雕像也自有它的生命力。

古埃及的建筑中也渗透着散视原理。如神庙建筑在结构上就缺乏有机联系，塔门可以不断地增添，使神庙建筑主体在纵向上无限延伸，而宽度却不相应地增加。建筑师以精确、分明的分界和适当的角度造出一个个独立的空间，各自封闭，僵硬地环绕着圣祠——神庙最隐秘之处。

古埃及艺术对时间的表达是阶段式或循环式的。绘画以简单的分层法来表现顺序，人物则常常是年轻时的样子，童年、老年都用非常直观的姿势来表现：吮手指、盘着发髻或形象较小的是儿童，弯腰拄杖的是老人。此外，旁边的文字有时也会说明年龄，以十年为一个年龄段。

古埃及人用姿势来表现运动，而不像透视法作品那样通过肌肉的张力、变化以及动作间的互动来体现动感。在散视原理下，不断重复的动作和系列动作的循环则通过标准化的姿势来体现。这些动作表现了过渡的环节，如流动的水。

古埃及雕像的时间语言也是沉默的，对我们这些习惯了欣赏以动态肌肉展示运动的人来说，它们就像是"永恒的"象形文字。埃及雕像的姿势有两种——静态的和正在完成动作的。采取静态姿势的通常是国王、达官贵人等，他们千篇一律地重复着有限的几个模式：要么端坐着正视前方，要么挺立着凝视远处，左腿稍稍迈出，只有在神面前他们才有点具体的动作，如呈奉、祈祷等。当然，为了附庸风雅，贵族们也喜欢摆书写的姿势，不管他们是不是书吏。这些人是因为地位显赫才有资格采取静态的姿势，他们只需"出场"就可以，雕像本身已表明他们的尊严，因为没有什么平民有能力为自己准备墓室或神庙中的雕像。相反，仆人、工匠们的雕像是作为随葬品跟随国王或主人的，是为了在来世继续听从他们的差遣，如果他们不做揉面、酿酒、耕种、放牧状，那么他们出现在冥世的意义是什么？

由于散视法则成了古埃及传统艺术的依据，它的主导地位就使得所谓的

夫妻雕像，古王国时期，开罗埃及博物馆

碾麦的仆人，古王国时期，开罗埃及博物馆

"世俗艺术"难以摆脱其影响。一个惯于用这种方法创作的工匠，不会在为自己制作一个"非官方的"、自娱性质的小艺术品时突发奇想地试试透视法。

总之，古埃及的二维和三维艺术并非没有空间感和时间感，只不过是使用了一种"沉默"的时空语言，表达了一种鲜为当代人所知的时空观念，是限定在某一时间段或空间的某个位置上的，它们没有动态，只有形式。

古埃及人的艺术作品有两种功能——服务宗教或为日常生活所用，因此，陵墓和神庙墙上的壁画或浮雕都有着仪式的作用，极力表现墓主超越时空的理想形象。虽然艺术家是以现实生活中的人物为摹本的，但作品往往富有抽象性和象征性，有明显的程式化倾向和僵硬呆板的特点，倒是在表现普通人和他们的生活时，有更生动的笔触、更多的灵性。

埃及学家艾弗森（Erik Iversen）曾说，埃及的造型艺术首先并非是为了美和欢娱，巫术实质才是决定性的。古埃及人用壁画、浮雕描绘理想的现世生活，以期在来世延续、完善今生的幸福。因此他们把种种理想的因素糅合到一起，提炼出系统化的艺术表达模式。由于历史因素和地理因素，古埃及的艺术风格

纳赫特（Nakht）之墓，18王朝，底比斯

杰胡提（Djehuty）之墓，与母亲一起接受供品，底比斯

拉赫米尔（Rekhmire）的墓室壁画，18王朝，底比斯

在相对封闭的环境下长期延续，虽有变化，主流的方向基本持续，所以给人一种保守、缺乏生命力的感觉。我们应认识到这是古埃及独特的来世中心思想影响的结果，并不意味着古埃及艺术在技法或美学上有任何落伍之处。

如上所述，古埃及艺术作品最突出的一个特点是散视法的运用，这与我们熟悉的透视法是对立的。这种方法有两个具体的手段。第一个手段是用比例处理人物形象，大人物在作品中占大的比例，小人物则占很小的比例。因此，我们常常看到国王、墓主占据画面的中心位置，形象高大威严，而仆从、妻妾或敌人则作为陪衬，以较小的形象出现。表现儿童时也只是缩小他们的形象比例，而不注重突出其他的特征。如果局部地观察坐在王后膝盖上的年幼的王子，他的形象和面部表情与成人毫无二致。

第二个手段是"假想透明"，也就是说，在表现容器或房屋等有内含物的事物时，会把里面的东西全部画在上方。例如，画一个首饰盒时，会把里面的各种首饰都画在盒子的顶上，给人以琳琅满目的具体又直观的感觉。画一个池

提（Ti）之墓的浮雕，5 王朝，萨卡拉

第十一章 穿越时空之美：古埃及的造型艺术　　377

内巴蒙墓室的壁画，18王朝，大英博物馆藏

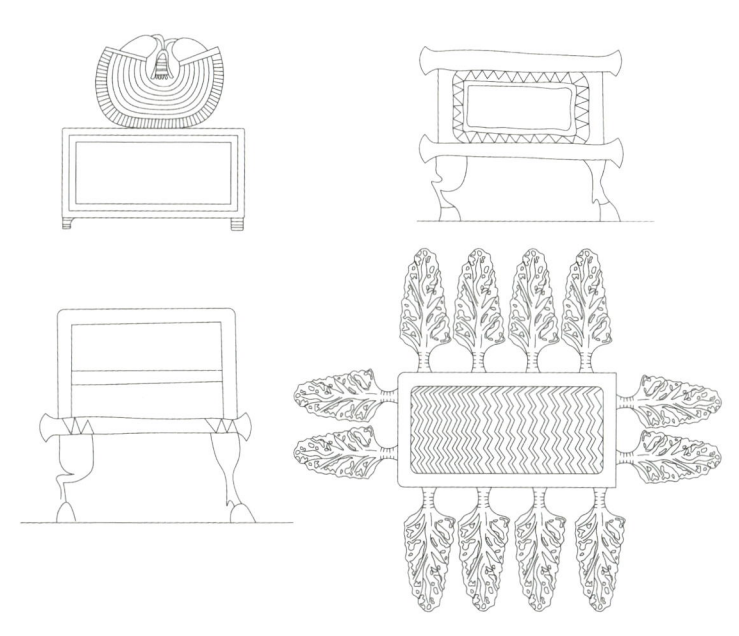

散视法下的物体

塘时，把四周的树全部平铺地展开在画面上。通过这种形式，达到一种"面面俱到"的效果。

散视法最突出的效果是"叠压"。在表现远处的或几排的人和物时，远近一致，同样大小，上下叠压在一起，给人一种眼花缭乱的感觉，使人难以判断画面的层次和真实的序列，但这绝不是因为技术水平达不到。在表现普通劳动者时可谓远近呼应、错落有致，并没有叠压之感，这说明工匠是在固守着某种为上层服务的、规范化的准则而已。此外，古埃及人相信图画和文字的魔力，因此也竭力避免透视法造成的人物形体不全，表现群像时尽量避免互相遮挡，以保证形象的完整，否则意味着在复活后躯体不全。

在诸多造型要素中，以下几种较有代表性。一是人物造型的静止状态，不论是站立还是端坐，多表现人物的正面。站立时通常左腿微微迈出，两臂直直垂下（或持权杖），目光直视前方，面部表情肃穆凝重。表现人物的侧面形象时，眼睛和眉毛是从正面角度来画的，嘴却是从侧面的角度；双肩和胸部是正面的，腋下到腰却又是侧面的，而双脚则是永远地不分左右。这样做也是为了

用不同的姿势避免重叠，提之墓，5王朝，萨卡拉

格层法，卡格姆尼之墓，
6王朝，萨卡拉

画面的具体性，使观者可以清楚地看到人物的面部和胸部，以及他们服饰的细节。此外，表现上层人物还有一些"法定"的姿势，如呈狮身匍匐于地的国王、盘腿而坐的书吏、手持权杖的贵族等。表现夫妻的典型姿态是妻子站在丈夫身边或稍后一些，身高低于丈夫，一手揽着丈夫的腰或一手搭在丈夫的胳膊上，表情温柔娴静。

从具体的技法上讲，也有一整套规则。如关于人体比例的规则是这样规定的，从上至下共分成18格，从头发到鼻子占1格，再到脖子占2格，等等。人体的每一部分占多少比例有详细的规定，而且在不同时期比例也不相同。在画面的构成上，用"格层法"安排群体人像，用"中轴线分列""面对面""回首交谈"等姿势把同时活动的人物联系起来，使画面成为一个整体。为强调动作的连续性，又采取在同一层面上表现不同时态的多种动作的方法。

然而，不遵守这些法则的作品也比比皆是，如表现小人物时，正统的王室风格衰落时或工匠的技法不够纯熟时。这倒为我们提供了关于古埃及日常生活的生动画面，因而更具研究价值，是古埃及的艺术宗旨不及之处。

古王国、中王国、新王国及埃赫那吞时期的比例对比

　　由于艺术的宗教、政治功能占了主导地位，古埃及没有著名的艺术家，只有各种水平的艺匠，他们共同创作，循规蹈矩，墨守成规，成为缺乏个性的齐一的群体。当然，其中也有经验丰富者承担总体设计、修改等工作。此外，艺匠们在创作时也有独立的构思。根据不同的材料、不同的背景，他们要有所取舍和决断，因此我们在众多无个性的作品中偶尔也会发现令人惊喜的神来之笔。

注　释

[1] Heinrich Schäfer, *Principles of Egyptian Art*, Clarendon Press, 1974, pp.8–9.

第十二章
古埃及文明的交融与延续

地中海地区的古代文明经历了多元起源、在冲突和交融中从分散到整合的发展历程。在西亚和希腊，农业地区和游牧地区交织发展，形成了独具特色的城邦国家，伴随着农业地区和游牧地区的持续冲突，经历了"小国—王国—帝国"的发展进程，而埃及则在相对稳定的外部环境中成为早期独立发展的农业国家的典型。进入铁器时代之后，伴随着军事技术的发展，西亚、北非、欧洲之间的区域壁垒被打破，帝国规模不断扩大，先后产生了地跨欧亚非的波斯帝国、亚历山大帝国，最终罗马帝国统一了整个地中海地区。这个纵向的进程中，技术的扩散和贸易的扩大不断推动着生产力的发展，而多元文明的碰撞和交融也促动着人类早期的宗教思想从天人合一的宇宙论时代飞跃到一神信仰时代。地中海各个文明地区之间从最初就是交织在一起成长和发展的，西亚、北非是最早的文明摇篮，地中海东岸的希腊移民城邦将早期文明的种子孕育并传播到母邦，在亚历山大开创的希腊化时代，希腊文明又回流到东方并再次经历碰撞与融合，直到罗马帝国时期达到高度融合。地中海吸纳着周边的各种文化传统又汇流出去，滋养着后世的文明。

第一节 埃及人与外族人

古埃及的地理位置非常特殊，东、西两边都是沙漠，北边是地中海。这样的地理条件使得在古埃及在最早的一千年历史里与外部世界的联系主要朝东北方向的亚洲以及南方的努比亚展开。虽然尼罗河三角洲靠近地中海，但是在古埃及人对自身环境的描述中却很少提及海洋。前文曾提到"埃及是尼罗河的赠礼",尼罗河的泛滥大部分时候是适时而来,从上游带来了肥沃的淤泥,给埃及农民带来了天然的肥料。正因为尼罗河如此重要,埃及人按照尼罗河的规律把一年分为三个季节:泛滥季、生长季、干旱季,一个季节有四个月。埃及人很早就开始观测尼罗河的水位,预测今年是丰收还是歉收。在这样的环境里,古埃及文明可以说是历史学家汤因比所说的典型的"挑战不足"的类型。它的自然环境、农业条件都非常好,希罗多德说埃及农民其实非常轻松,每年泛滥结束之后,就把种子撒到地里,然后把猪赶到地里边去踩一踩,他们就可以等着收获了。这样的自然条件使得他们的农业技术相对比较落后,并且对他们的观念有非常大的影响。与尼罗河谷形成鲜明对比的是沙漠地带。埃及人把河谷地带称为黑土地,把沙漠叫作红土地,虽然他们用很多贬义词形容红土地,比如"危险之地",但是埃及人从来没有停止过对红土地的开发,因为那里蕴藏着大量的宝藏,比如金矿、石矿,还有绿洲里面的葡萄园。同时,沙漠还是天然的屏障,也是最理想的墓区。如今我们能够看到大量的古埃及文物,正是得益于因沙漠干燥的气候而保存下来的墓葬。但是,古埃及人却对离他们并不远的地中海提及不多,只有一个词——"big blue"是用来称呼地中海的,其他就没有更多的材料了。

其实,古埃及人对于环境的看法就像对外族人的看法一样,存在一种观念和现实上的差异。埃及人不认为自己是黑人,他们认为自己是棕色的,亚洲人是黄色的,希腊人是白色的,从当时留下来的图像材料中可以非常清楚地看到埃及人对于自身和他者的这种表达。此外,埃及人描绘外族人时,通常是把他们表现成战败者的样子,如法老图坦卡蒙的踏脚板和凉鞋的鞋底上都是外族人的形象,这表达了一种优越感和对外族人的鄙视。从很多细节上可以看出古埃及人那种文化上的自我中心感,如在纪念性的石碑上,埃及城市的名字写在上方,外国地名写在下面,如果是埃及的敌人就写在最下面。在古埃及人的观念当中,他们以自我为中心,而将周边的民族视为蛮族、战败者、朝贡者。但是,现实情况却完全不一样,古埃及人从很早的时候就与很远的地方有商贸活动。在埃及第一个国王蝎子王的墓里面就发现了上百罐的进口葡萄酒。古埃及人与外族人通婚也不是问题，很多游牧民族还在埃及充当军人和警察。现实当中的和平共处与艺术作品表达出来的高高在上的姿态，是一对矛盾。因此，尽管古埃及人对尼罗河有种种赞美之词，并不怎么提及地中海，但在实际的日常生活中，海洋对于他们是非常重要的。

第二节 埃及与地中海世界的贸易和战争

在青铜时代，由于资源分布不均，远程贸易网络很早就发展起来了。冶炼青铜必需的原材料是铜和锡，黄金、白银、青金石、雪松等也是重要的奢侈品制作原料。铜矿主要分布在塞浦路斯、西奈半岛、小亚、伊朗高原，锡、青金石的产地在阿富汗，黄金产地主要在埃及东部沙漠和南部的努比亚，木材的主要产地是黎巴嫩。

在公元前3千纪时，西亚地区就形成了南部的乌鲁克（Uruk）、北部的埃布拉（Ebla）及西叙利亚三个中心贸易体系。公元前20—公元前18世纪，随着古巴比伦王国的统一，以马里（Mari）为中心的囊括整个西亚的大体系形成。随后，赫梯崛起，埃及加入近东的争霸战争。公元前16世纪中期开始，整个近东进入国际性大国政治时代，贸易体系扩大，同时交易方式由之前的以战争为主导转化为礼物贸易。大国之间的友好关系以和平条约、外交联姻、礼物交换来维系。信使在这种情况下扮演着商业代理兼外交使节的双重角色。

条约是国王之间非常正式的契约和协议，是通过宣誓和象征性的仪式庄严地签署的。国王们以各自国家的众多的神来起誓，宣称如若毁约则会受到这些神的恶毒诅咒。仪式包括杀牲献祭，以此来象征条约中暗示或明示的毁约者的下场。制定条约用的词汇之丰富说明了它们的多面性：salimum 指统治者之间的友好关系，riksum、rikiltum、riksatum 和 simdatum 指诺言的约束性，adu 和 mamitu 指誓言。在马里还发现了反映宣誓仪式本身的文献记载：tuppi nis ili，意为"（记载）神圣誓词（直译为'神的生命'）的泥板"；tuppi lipit napistim，意为"（记载）'触摸喉咙'（象征性行为）的泥板"。

在描述签约双方的友好关系时，条约中有时会使用"父亲"和"儿子"这样的字眼，这是指大国与附属的小国之间的关系；平等国家的国王之间互称"兄弟"。国王们要彼此忠诚，不能援助任何可能会危及双方的敌对国家。有时条约条款会规定遣返避难者和逃亡奴隶的事宜。关于商人及其运输活动在国王间的条约中都有条款规定。条约还规定了如何解决商人之间的纠纷及如何赔偿那些到国外经商而遭到抢劫甚至是谋杀的商人。

获取稀缺资源，是古代近东大国远征的主要目的，各国的历次远征都是沿着贸易路线进行的。公元前16世纪后，随着跨越欧亚非的地区贸易体系的搭建，地中海地区互相依赖的经济体系逐渐形成。公元前12世纪，地中海地区的各个古文明多米诺骨牌式的接连崩溃，与这个经济共同体有着直接关系。

最早关于埃及人和希腊人往来的证据主要是一些考古材料，保存下来的非常少。在拉洪发现的一批12王朝的陶器具有非常典型的克里特岛风格。直到新王国时期才有了埃及与地中海地区联系的大量考古证据。新王国时期和之前的时代最大的差别在于埃及进入了帝国时期。战马、战车的出现使得亚洲人可以长驱直入，喜克索斯人入侵并征服了埃及，埃及人开始意识到沙漠和海洋这一天然屏障已保护不了他们，必须要建立强大的军队，而且要通过扩张才能成为近东的霸主。埃及并不是当时唯一的帝国，整个地中海地区都进入了帝国时代，在两河流域，先是萨尔贡（Sargon）统一了南部，然后是古巴比伦王国、亚述、波斯，当然还有后来的亚历山大帝国，最终罗马帝国将整个地中海变成了自己的内湖。

古埃及走了一条与两河流域的帝国不一样的发展道路。埃及人之前没有常备军，也没有战争经验，它加入大国俱乐部靠的是一种独特的方式——主要是通过外交政策，比如黄金外交、外交联姻、互换礼物等实现的，而不是通过大规模的征服战争。因此，在大部分时候，埃及人更加热爱和平；当不得不打仗的时候，他们也本着以战争换和平的态度，尽量与邻国签订和平条约。埃及人是非常有优越感的，他们从来不把埃及公主嫁给外国人，但是他们会娶很多外国公主——既然是外交联姻，就肯定不是一次。

古埃及盛产黄金，在保存下来的外交书信当中，我们看到很多信是向埃及国王要黄金的。比如在巴比伦王给埃及法老的一封信中，巴比伦王先是各种抱怨，当他生病的时候他的埃及兄弟没有问候，然后说："我们既然继承了我们先辈长期的友好关系，那就应该互相赠送礼物，而且送礼物的时候一定要直接给我，不要通过第三方，而且要保证送来的黄金成色是好的。"当时的外交礼物当中，埃及人主要是送黄金，而且对方收到黄金常常会把金子熔了来看看成色怎么样，成色不好的时候，他们就写信抱怨。亚述王也曾写给埃及法老索要黄金，但是比较简单粗暴：上来就直接说"我"送了你什么，你怎么送"我"这么少，黄金在你的国家就是泥土，简单地搜集起来就行了，为什么这么舍不得给？"我"正在造一个新的宫殿，要送给"我"造宫殿所需要的黄金。然后，他还论证了一下为什么要这么多。他说，"我"的祖先给你写信的时候你们送了20塔伦特，同样是兄弟的米坦尼国王写信的时候你送了20塔伦特，然后直接说"你要想得到真诚的友谊，得送给我更多的金子"。巴比伦加喜特国王给埃及国王写信说："我提过跟你要黄金，你尽可能多地给我。如果在今年夏天的塔姆兹或阿布之月之前把我所要的黄金如数给我，我将会把我的女儿许配给你。"埃及国王阿蒙荷太普三世的回信调侃了一下说："用自己的女儿换黄金，这可真好啊。"虽然讽刺了他，但是我们在之后的信里发现，阿蒙荷太普三世还是娶了这个国王的女儿。从这些书信中便可以大致了解古埃及人的黄金外交了。古埃及人用自己特有的资源，特别是粮食和黄金去与别的国家交换他们所没有的资源——他们要到黎巴嫩换来雪松，然后到阿富汗换来青金石，到塞浦路斯换来黄铜，可见当时这些国家之间的贸易往来是非常频繁的。

喜克索斯人被赶走之后，新王国时期的国王图特摩斯三世在喜克索斯人的都城阿瓦利斯所在的地方建造了自己的宫殿，采用了非常独特的方法创作了"湿壁画"。从一幅湿壁画残片中可以看到，一位年轻男子朝着向自己奔来的牛迎面跑过去，同时抓着牛角，从它的背上翻越过去，这是克里特岛米诺斯王宫最经典的画面。学者们做了断代鉴定，发现它的年代比克里特岛本土的要早一百年，而且颜料、画法基本是一样的。这是一个很特别的发现，因为这种壁画在埃及只有这么一个孤例，同时它又比克里特岛本土的早一百年，由此可以推断，当时的地中海世界，国与国之间送礼不仅仅是送黄金、象牙等，其实还有工匠的往来，比如，埃及国王会送给别的国家雕工、画匠等。前文提到中王国时期在埃及出现了大量的克里特的普通工匠所用的陶碗，说明当时已经有工匠到外国工作的情况了。

除了这些明确的图像资料，还有一个到目前为止还没有确定结论的"爱琴列表"。前文提到，18王朝的法老阿蒙荷太普三世在底比斯西岸建造了祭庙，在神庙前面立了很多巨大的雕像，其中就包括门农巨像，后来神庙和大部分雕像都倒塌了，但是雕像的基座还在。雕像的基座从南向北有很多个，其中有一组从南向北排列的5个雕像基座，在上面发现了很多地名，最特别的一组是15个希腊地名，即"爱琴列表"。有学者对这些地名进行了分析，发现把这些地名连起来就是埃及人到希腊的航路图：从埃及出发到克里特岛，然后再从克里特岛到迈锡尼，然后再回到埃及。当时航海要考虑到风向、洋流，正常的走向就是这样的。这并不是偶然的，因为后来在"爱琴列表"所列的地方发现了阿蒙荷太普三世的纪念物。阿蒙荷太普三世在位期间做了大量纪念物，数量最多的是上面刻有铭文的圣甲虫。这些铭文有的是讲阿蒙荷太普三世怎么爱他的王后泰伊，有的是讲他和泰伊去打猎，有的是讲他和泰伊主持一个开湖仪式，都是纪念性的文字。这样的200多个圣甲虫纪念物，出现在6个希腊城市，其中4个都在"爱琴列表"上，证明埃及人确实是按照这个线路走的。除此之外，在迈锡尼还发现了阿蒙荷太普三世的彩釉饰板，这是非常重要的纪念物，通常埃及在举行神庙奠基仪式的时候会在奠基坑里放这样的饰板。如此看来，阿蒙荷太普三世在位期间（公元前14世纪中叶）迈锡尼已逐渐取代克里特成为埃及人重要的商贸伙伴。与此同时，我们从克里特本土的考古发现中也能印证这一点。克里特岛本来有很多的文物能证明与古埃及之间的商贸活动，但后来慢慢就终止了，贸易中心转移到了迈锡尼。

古埃及和克里特、迈锡尼、赫梯人有长期、友好的贸易关系，但是唯独没有找到赫梯与迈锡尼交往的证据。在赫梯发现了一批非常有意思的信件，其中有一封赫梯国王写给迈锡尼的阿黑亚瓦国王的信，指责他煽动赫梯的一部分人造反，这暗示赫梯和迈锡尼之间是有矛盾的。在赫梯国王图塔里亚四世给阿姆鲁国王的书信中也谈道："你们（阿姆鲁）不能允许阿黑亚瓦的任何船只前往亚述。"阿姆鲁也和赫梯一样，在迈锡尼和亚述之间，这应该是人类历史上最早的贸易战和禁运。信中还提了一句"和我平起平坐的兄弟国有谁呢？埃及王、巴比伦王、亚述王和阿黑亚瓦王"，然后刻意把阿黑亚瓦王的名字勾掉了。曾经是兄弟，平起平坐，现在是敌人了。这些线索都非常明确地告诉我们：迈锡尼人和赫梯人关系不好。《荷马史诗》的情节是为了海伦发动特洛伊战争，实际上这应该是贸易战引发的赫梯人和迈锡尼人之间的一场战争。

第三节　希腊化世界和文化交融

公元前1200年之后，很多地中海地区的大国、小国纷纷衰落，迈锡尼首先覆灭，然后赫梯亡国，接着一系列的小国家都纷纷衰亡，埃及也进入了衰落期——相对来说，埃及是缓慢衰落的，这些都与"海上民族"的入侵事件有关系。有一种观点认为是"海上民族"的骚扰导致了这场大衰落；另一种观点认为，这些地区已经陷入衰落，"海上民族"才有机可乘，"海上民族"入侵是结果，不是原因。为什么会出现如此大范围的衰退？有学者提出一种观点：当时的地中海世界已经建立了一个世界体系，通过各国之间的贸易，整个地中海地区在经济上已经非常紧密地结合在一起了，由此就会产生一种"系统崩溃"。如果发生自然灾害，或是由战争引起的灾难，一个国家陷入危机，就会形成一种多米诺骨牌效应，即一荣俱荣、一衰俱衰。整个地中海地区正因为彼此之间关系太密切，已经结为一个整体，所以才会在"海上民族"入侵后产生如此大规模的崩溃。值得注意的是，埃及只是陷入了缓慢衰落，作为典型的农业大国，埃及的本国经济还是以农业为主，不像希腊有独特的商品经济，也不像其他城邦国家那样是农业、商业混杂共生的类型，所以在大崩溃当中受到的冲击比较有限，保存了自己的实力。

在这次大崩溃之后，出现了世界性的帝国，先是有波斯帝国，地跨欧亚非，然后有亚历山大帝国，虽然短暂，但是开启了希腊化时代，再之后是罗马帝国的崛起，征服了整个地中海世界。这是埃及与地中海世界直接接触、碰撞和交融的一个时代，因为大家都是被征服者。亚历山大开启了一个"希腊化"的时代，整个地中海地区出现了许多看起来特别相似的希腊式城市，在很多地方希腊语成了官方语言。其实在此之前，东方的社会精英很早就开始向西移民，他们带去了东方的工匠，还有很多的文化遗产，包括文学、巫术和医学，这就是为什么《荷马史诗》和《吉尔伽美什史诗》有这么多相似的地方，赫梯神话和希腊神话如此相似。公元前 6 世纪，希腊的很多学者到了埃及，应该说很多哲学家深受古埃及人思想的影响，特别是毕达哥拉斯，他在埃及学习了很长时间，受到了埃及几何学的影响。柏拉图的理念说也是受了埃及的影响，更不要说希罗多德对埃及有长篇的记载。可以说，希腊人继承了西亚、北非的文化传统。

亚历山大力推"希腊化"的做法是物质先行，让人们先体验希腊化的生活。比如，他建造了十几座希腊城市，把它们都命名为"亚历山大"，并且强制当地人和受伤的士兵住进这些城市里，先从物质层面去推动希腊化，让人们接受希腊人的生活方式，然后再鼓励大家去学习希腊语，当时学希腊语是可以少交税的。在这个过程中，有一座希腊化城市是最成功的，亚历山大把它建成了当时地中海世界最大的港口，也是重要的文化中心——亚历山大里亚。但是，后来由于多次地震和海啸，古代的亚历山大里亚已经陷入了海底。希腊的早期城市和希腊化之后的城市是不一样的，早期的希腊城市是与自然融为一体的，它们并没有一些多余的建筑，而是围绕一个中心依山而建，并向四周投射出去，尽量融入自然。而到了希腊化时代，城市变成了一种所谓的"规划城市"，呈现出网格状的特点，并且按照功能进行分区，它的设计师叫希波达姆斯（Hippodamus），所以我们称之为"希波达姆斯式"。希腊化城市的普及，就是指这种样式的希腊城市。在今天的土耳其，甚至远至今天的阿富汗都发现了希腊化城市的遗存。其中一条铭文记录了一个希腊人听说阿富汗那里又建造了一个希腊化城市，应该是需要希腊文教师的，所以千里迢迢跑到那里找工作，可见希腊化的广度。

19 世纪末期的牛津英语词典曾如此定义希腊化这个词："a. 希腊语的变体，有许多外国成分，应用于亚历山大大帝之后的埃及、叙利亚等国家。b. 或者指与这个时期的希腊人有关的，即真正的希腊特性被外国成分所改变的时期。"这反映了当时欧洲的一种传统观点：亚历山大之后的"堕落的"希腊世界不配被称作"希腊的",应使用"希腊化的"而不是"希腊的"这个名称来称呼亚历山大之后和罗马人完全征服这个地区之间三个世纪的地中海东部地区的文化。

到20世纪,学术界对于希腊化世界的观点有了重大的转变,正如罗斯托夫采夫(M. I. Rostovtzeff)所说:

> 对于古代世界历史多年的仔细研究使得我相信,希腊化时期,即亚历山大之后的三百年,是世界发展的最重要的时代之一。我确信,如果我们希望理解希腊天才的特性和后来的文明史,这个时代是与希腊的政治辉煌时期和罗马世界帝国时期同等重要的……雅典蕴育了美与思想的永久的种子。希腊化时期的希腊人,继续着雅典人的努力,使得这些种子繁衍至百万。他们将之传递给我们,并使得我们能够以此来确立先是欧洲文化现在是整个世界文化的基础。[1]

长期以来,人们认为从亚历山大远征到屋大维将埃及变为罗马的一个行省这三百年间,定居在近东的希腊人的后代不再是希腊人了,而变成了希腊-叙利亚人、希腊-埃及人以及其他的混杂人。这个观点的代表人物是约翰·古斯塔夫·德罗伊森(Johann Gustav Droysen),他也是第一个使用"希腊主义"这个词的人。他认为,希腊化时期是为基督教时代做准备的时期,这个时期的主要特点是东方文化和西方文化融合成了一种新的文明、一种混合式的文化。这种观点的理论基础是黑格尔的历史哲学,即历史是正反两面的综合。

现在学者们已经不再接受民族和文化大融合这样的观点了,以克莱尔·普雷奥(Claire Préaux)为代表,认为文化是不同的、分离的观点占据了上风。她认为,西方文化和东方文化是并存的关系,彼此之间没有真正相互影响或渗透。威利·克拉瑞斯(Willy Clarysse)则进一步提出托勒密埃及是一个"双面社会",希腊文化和埃及文化以"一体两面"的形式共存且并行发展,一个人可能同时有两种文化身份,两种文化在长期共存中互相影响是难以完全避免的,到罗马时期,融合成为社会文化发展的主流。

在埃及，希腊语成为官方语言，颁行法令时又会把它的内容用埃及文字再写一遍（比如《罗塞塔石碑》）。希腊国王托勒密也是以埃及法老的形象出现的，并且以埃及法老的身份自居。这其实是从波斯王就开始的帝国统治传统，在征服的过程中并不说自己是征服者，让人们全部都臣服，而是说"我"是来继承你们的王位的，所以波斯国王可拥有 23 个不同的王衔。但是，托勒密国王又跟传统的埃及法老不太一样，比如他的这种骑着战马的形象，埃及法老从来不骑马，而是站在战车上。除此之外，当时亚历山大的地下墓也非常典型地表现出埃及艺术和希腊艺术的融合：主题是埃及传统，风格却是希腊的。在这个文化交融的时代，我们可以想象一下，希腊人到了埃及，后来的罗马人到了埃及，接触到埃及的上千个神，一定发生了一个非常混乱的、"对号入座"的过程。比如埃及的太阳神相当于他们的阿波罗，埃及的智慧神图特又相当于他们的赫尔墨斯。在此之后，他们选出了最喜欢的埃及神——伊西斯女神，她后来成为地中海世界最受欢迎的女神。

希腊人和罗马人也接受了埃及的墓葬习俗——制作木乃伊。在这个时期出现了一种非常独特的裹尸布，上面是埃及的主题：阿努比斯神。还有死者手里拿的《亡灵书》——通往来世的不朽指南。希腊人、罗马人了解埃及人的习俗，但是他们却以自己独特的方式来表现。

经过双面社会之后，产生了真正的文化融合。值得注意的是，原有的元素结合在一起，并不是简单的 1+1=2，而是打造了一个全新的文化形象。比如，希腊人不太能够接受埃及的动物崇拜，于是就把埃及的牛神阿皮斯和宙斯融合在一起，打造了一个新神，就是前文提到的"萨拉皮斯"。希腊人也接受了埃及的女神伊西斯，但是完全改变了她的形象，甚至于她的神职也改变了。在埃及传统里，伊西斯是法力最强的魔法女王，但是在希腊文的伊西斯女神的赞美诗里她变成了救世主。外族人在埃及古代建筑上也同样留下了烙印。在卢克索神庙，罗马人建立了一个军营，军营所在地把原来的一部分神庙改造成小教堂，而且里面留下了基督教主题的绘画。希腊人、罗马人统治了埃及，自然要在埃及的建筑上留下印迹，同时，在欧洲，后世也同样模仿古埃及建筑，甚至直接把埃及建筑搬到欧洲去放在广场上做装饰，比如皈依基督教的罗马皇帝

托勒密五世祭拜圣牛，开罗埃及博物馆藏

木乃伊裹尸布，180年，
柏林埃及博物馆藏

用方尖碑装饰自己的广场。因此，埃及的艺术和建筑对欧洲的影响是非常深远的。

希腊文化影响的重要表现是希腊语的广泛使用。在希腊化世界中，由于统治者为希腊人，希腊文成为当时各地通用的官方语言。当地人若要在新政府中任职或要与希腊人往来，都必须先学会希腊文，以至于各地原来的语言文字逐渐被弃而不用，如埃及的文字和西亚的楔形文字等，它们最后都成为死文字。生活在巴勒斯坦地区的犹太人也逐渐忘掉了他们原来的语言文字，就连他们自己民族的经典都需要先翻译成希腊文然后才能对其有所了解。

希腊化城市的发展是希腊文化传播的另一个重要途径。城市里的竞技场和剧场是希腊文化传播的中心。在几个希腊化王国中，以塞琉古王国推行希腊文化最为有力。他们在小亚细亚和叙利亚各地广建希腊化的城市，其中以叙利亚的安条克（Antioch）以及巴比伦附近的塞琉西亚最为宏伟。相对而言，托勒密王朝在埃及所建的希腊化城市就比较有限，但亚历山大城也足以被称为希腊化文化的中心了。它是希腊化时代地中海东岸新兴城市的代表，这些新兴城市大部分是由于贸易圈的扩大和贸易路线的改变而发展起来的。希腊化时期，海洋成为中心，控制海洋和岛屿无论在经济上还是在政治上都有重要的意义。相比之下，原来希腊世界中的一些城邦则因新的经贸形势而失去了原有的重要性。

但是，这些新兴的希腊化城市无论其数量还是其分布范围，相对于帝国的版图，终究是非常有限的。希腊文化影响的范围也不应被高估，更何况，各地反抗希腊人统治的斗争一直没有间断。埃及人的几次叛乱以及巴勒斯坦地区犹太人的不断反抗，都表明希腊统治者和当地人民之间的矛盾是相当深刻的。

希腊人将他们的文化带到东方，反过来，他们的文化也不可避免地受到东方文化的影响。这个时期，和城邦政治生活紧密结合的宗教信仰正渐渐淡出，而一直存在于民间的一些神秘宗教，如地母狄米特信仰以及流行在小亚细亚诸城邦的奥菲斯信仰等，因为具有超越城邦限制和非政治的特性而在这时兴盛起来。这些神秘宗教的共同特征在于它们对生命的再生的期盼，这些宗教以一种信徒之间秘密结社的方式存在，信徒相信他们的神会给予每个人以特别的照顾，因此信徒个人与神之间有一种亲密的关系，人向神的祈求也逐渐从只重外在仪式而转向内心的告白。这些民间信仰本身就有东方宗教的背景，此时更与埃及和两河流域的宗教重新结合。伊西斯、奥塞里斯等东方神经改造后成为各地区普遍崇拜的对象。伊西斯不再只是奥塞里斯忠实的妻子、国王的保护者，而是结合了叙利亚女神阿斯塔特和希腊女神阿芙洛狄忒的性格，成了整个地中海地区共同崇拜的女神。托勒密一世命埃及祭司曼尼托和雅典的狄摩修斯共同创立一个新的神作为亚历山大的城市保护神。这个新的神就是萨拉皮斯，他融合了埃及和希腊许多神的特质，将哈迪斯、奥塞里斯、狄奥尼索斯、宙斯等的特点集于一身。

希腊化文明中的个人主义和世界主义倾向在哲学领域有突出的表现。这个时期的哲学家普遍注重追求个人幸福，强调个人的内心修养。同时，他们已不再以某一城邦的公民自居，而认为自己是世界公民。影响较大的有三个学派：斯多葛派、伊壁鸠鲁派和犬儒学派。

斯多葛学派的创始人是芝诺（Zeno of Citium），其主要观点是：在世界和宇宙理想面前，一切民族、国家和个人都是平等的；理性是人类追求幸福的重要基础，人类根据理性做事就是善行，通过理性和心灵才能理解宇宙的神性；人应该修身克己，只有当个人的肉体欲望和弱点被克服之后，才能有清明的知觉。斯多葛学派注重现实和实践，关心政治，投身社会，该派学者多任国王或政府的重要顾问，对当时的政治实践有很大影响。

在希腊化时期，神话和英雄传说的主题已成为历史，现实主义成为主流。以戏剧为例，出现了"世态喜剧"或"新喜剧"。以"世态喜剧"或"新喜剧"表现世俗人物以及他们的喜怒哀乐的戏剧作者中，雅典的米南德（Menandros）最为著名。他的作品主要是表现家庭琐事，虽然生动诙谐，但与古典时代阿里斯托芬喜剧中那种关心城邦政治和公共道德的精神是截然不同的。诗歌类作品主要以田园生活和都市百态为题材，古典时代那种对英雄、神和城邦的歌颂不再出现。这个时期广为人知的是牧歌和"小说"。这些小说有的是叙述离别恋人的故事，他们在异国他乡历经坎坷后终成眷属；另一些描写乌托邦社会，如"福人岛""太阳国"等。亚历山大风格的诗人以卡利马科斯（Callimachus）为代表，其特点是浮词虚饰，华而不实。他的作品内容多是异国背景，有许多暗喻和性描写。史学方面，除历史学家波利比阿斯（Polybius）外，没有真正的大家出现。

希腊化时期文化的最大成就在文学和应用科学领域，许多作品在中世纪之前一直是无法超越的。卡利马科斯与其他学者，如哲学家泽诺多托斯（Zenodotus）和阿利斯塔克（Aristarchus），一起共同开创了对希腊语言和文学的专门研究，他们整理的《荷马史诗》和其他一些诗人的作品是今天人们所用版本的前身。在亚历山大之前，希腊的学者在数学和医学方面已经有了相当的成就，为亚里士多德更为系统化的研究方法打下了基础。亚历山大本人鼓励科学研究，而在他的大帝国建立之后，希腊人又能直接接触巴比伦的天文学，他们从中获得了很多的启发。托勒密三世时期的天文学家阿利斯塔克提出太阳的体积比地球大，而且地球和其他行星是绕着太阳运行的。古希腊的埃拉托色尼（Eratosthenes）是历史上第一个准确推测出地球周长和直径的人，他还通过观察太阳高度的变化测量出黄道倾角。

数学和几何学也有很高的成就。欧几里得编著的《几何原本》一直到19世纪时仍然是学校的课本。而另一位学者阿基米德，则算出了圆周率的近似值，发明了许多精巧的机械。在罗马军队攻打叙拉古时，守城人员利用他发明的守城工具，全城抵抗罗马人达三年之久，这使他成为一位传奇人物。

在医学方面，希罗菲卢斯（Herophilus）据说是第一个进行人体解剖的医生。他发现血管中输送的是血液而非空气，并且发现了神经和脉搏的作用。其后埃拉西斯特拉图斯（Erasistratus）更进一步，他发现了动脉和静脉相通，同时还发现了运动和感觉神经的不同。另外，医生开业、医科学生接受学位要发下有关职业道德的誓言，这种方式也是希腊化时期产生的。它宣称医生不得利用自己的技术伤害别人，医生必须保守病人的隐私，等等。

在希腊化时期，由于新兴城市的出现和各国君主大肆装饰帝都，建筑业得到极大的发展，装饰性建筑和纪念性建筑尤为突出，反映了帝国的富庶繁华。亚历山大城的遗迹非常少，它被称作"希腊化时期的巴洛克"，融合了希腊和埃及这两种建筑风格，在约旦佩特拉（Petra）城的石窟建筑上可隐约看到这种风格。亚历山大城法洛斯岛上的灯塔高120米，是当时最著名的建筑之一。亚历山大可以说是罗马帝国东部各城市的原型，这些城市的街道分布非常规则，街的两边有柱廊为行人遮蔽阳光。这个时期的建筑风格由古典时代那种注重均衡和谐、线条简洁、比例匀称转变为豪华与夸张；建筑的目的也由注重公共生活转变为炫耀个人财富，城市中最豪华的建筑不是属于王室，就是属于富有的家族。

尽管希腊化时期的艺术是从古典艺术发展而来的，却有了很大的转变，以个性化和现实主义为其主要特征。雕像更注重表现个性化的个人，而不是古典时代那种理想公民的形象。这个时期的作品以精微细致地表现人物内心世界而充满永恒的魅力。由于艺术品不再只是公共生活的象征，已成为供私人欣赏的装饰品，所以在表现方式上已倾向于写实，且注重刻画人物心理。许多著名的希腊雕像都产生于这个时期，如《米罗维纳斯》《萨莫色雷斯的胜利女神像》《拉奥孔》等。胜利女神像是罗德岛的居民为纪念他们战胜叙利亚的安条克三世而制作的。他们把它立在萨莫色雷斯，是因为那里是重要的宗教圣地，有许多拜谒者。女神立在船首，打湿的衣衫迎风紧贴在身上，展现出身体优美的线条。在她身后张开的衣裙充满动感，给人一种激动、不安宁和变化无穷的感觉，这不仅是希腊化时期艺术的一个重要特征，也是那个时代的特征。

第四节　罗马世界与罗马化

意大利半岛是罗马的扩张基地与中心。约三千年前，拉丁人的部落开始在台伯河沿岸的山丘定居下来。公元前1000年时，这里出现了很多聚落。公元前8世纪，这些聚落发展为罗马城。当时，意大利半岛的北部是伊特鲁里亚人的居住地，南方是希腊人建立的殖民地，中部是山区的萨宾人。公元前8世纪—公元前509年是罗马的王政时代。最终，罗马人驱逐了最后一个伊特鲁里亚人国王，开始了共和制时代，也开始了征服意大利乃至整个地中海的漫长过程。

公元前338年，罗马打败了拉丁同盟，控制了拉丁姆地区，后又打败萨莫奈人、高卢人，到公元前290年，罗马控制了意大利中部地区。公元前264年，开始与北非强国迦太基的"第一次布匿战争"，最终迦太基战败，被夷为平地。公元前168年，罗马人征服了希腊城邦马其顿。公元前146年，罗马征服了整个希腊。公元前133年，帕加马（今属土耳其）国王去世，把他的王国留给了罗马。罗马的领土从西班牙扩张到亚洲，成为地中海的主人。希腊诸城邦千年厮杀都不能完成的统一，罗马人在四百年间完成了。

公元前29年，屋大维征服埃及后成为罗马帝国唯一的统治者。公元前27年，他成为元首，罗马进入帝国时期。罗马帝国时期，君主制取代了贵族寡头的共和制，社会经济、政治和文化都以整个地中海周边地区为活动舞台。罗马帝国史，不是罗马一城的历史，也不是意大利的历史，而是当时的地中海地区史。

从屋大维开始，授予行省居民公民权成为罗马帝国的政策。212年，皇帝卡拉卡拉宣布帝国所有的自由居民享有罗马公民权，被保守派批评为"为做别人的主人，牺牲内部的自由；为成为世界性国家，不惜将自己降至被征服者的地位"。公民权不再意味着在政治上享有重大特权和享有免税的地位。作为罗马公民，一个人在法律上享有罗马法所给予的权利，同时也受罗马法的约束，必须履行罗马公民的义务。公民权的放开加速了帝国各地在政治和文化上的"罗马化"，是罗马和意大利贵族同行省的上流社会融合的必然产物。殖民地和其他类型的城市的界限逐渐消失，越来越多的城市仿效罗马的宪政制度，建立类似罗马公民大会、元老院的机构。罗马并不是自上而下地推动罗马化，但是地方会模仿帝国中心。

"罗马化"的一个重要标志是罗马城市在地中海各地的出现。从奥古斯都时代开始，罗马在军事上转为以防御为主，大批军队在帝国边境长期驻守，他们建造的要塞成为欧洲很多城市的前身。此外，各地方城市也纷纷模仿罗马的城市规划以及公共设施和娱乐设施的建设，这是一种跻身"第一世界"的标志。这表现在诸多方面：比如城市选址的变化，原先的地址被放弃，新的城市或建在全新的地址或建在邻近的地址；城市的空间规划采用棋盘式城市规划；碑石及纪念性建筑物在城市规划中占重要地位；私宅的建筑模仿罗马的模式并采用罗马所用的材料。除了物质文明方面的变化之外，行省的社会结构、等级分化也在发生变化。行省城市的贵族以效仿罗马文化来巩固其身份及地位，这些行省贵族正是推动罗马化的积极动力。

罗马城市的最大特点是公共空间的建构和新的视觉艺术风格。此前的希腊城市强调神圣空间以及与自然景观的融合，而罗马人的城市就是一座纪念丰碑。如奥维德所说："罗马城和世界是同一个空间。"罗马人发明了混凝土，利用拱门、引水渠、城墙、道路上的技术优势，将城市空间布满装饰和壮丽恢宏的纪念建筑，传递着帝国的理念和价值观。以剧场为例，罗马剧场用混凝土建造多层拱门，代替希腊剧场的山坡，这样剧场就不受环境限制了，可以建在任何地方。拱门上布满装饰性雕塑和希腊柱式。将两个这样的剧场拼在一起就是椭圆形竞技场，其特点是不需要从固定角度观看，观众可体验建筑的宏大，又与建筑物共享宏大，人是建筑物的一个组成部分。帝国时期，视觉艺术的风格是平衡与融合、统一与凝聚，将希腊时代的美用更为宏大古朴的建筑艺术语言表达出来。

罗马的很多城市同时也是深水良港。"条条大道通罗马"，罗马世界的每一个角落都通过道路、河流和海洋连接在一起。官员们带来遥远行省的报告，重要的案件送到城市法庭去办理，各种商品从帝国各地和帝国之外流入。帝国时期，罗马成为一个范围广大的贸易网络的中心。大量的货物运到这里，当时的作家称罗马是"世界货仓"。粮食、橄榄油和葡萄酒是最重要的进口物品，而富有的罗马人也能买到各种奢侈品，如东非的象牙、印度的香料和宝石、中国的丝绸。

罗马帝国的经济运转是一种"税收—贸易"的模式。意大利外围的税收大省，如西班牙诸行省、南部高卢、北非、小亚、叙利亚及埃及等，必须出口货物来换取缴纳税收所需的货币，这些大省缴纳的税支持着意大利及边疆省份。因为政府小，官员少，税率很低，加上推行地方自治，大地产在行省不断发展。共和时期，税收曾主要由包税人承担，但帝国初期以后的税收转由地方负责。这使得意大利人在行省拥有更多的大地产，而行省的大地主也越来越多地进入元老院。财富越来越集中到意大利。

纸草学的研究证明，尽管经过了托勒密王朝、罗马帝国统治的漫长过程，在其本土已处于衰落状态的古典型奴隶制，仍没有对埃及社会产生深远的影响。由于经济发展的深刻差别，奴隶制的发展在古代各地区有着很大的不平衡性，不仅奴隶制在各地的发展、发达与衰落的时间不一致，其具体的表现形式也各有不同。并非每个古代国家都必然经历奴隶制社会，即奴隶劳动占主导地位的社会，古埃及奴隶制的发展过程就是一个很好的说明。

第五节　轴心时代的地中海世界

"轴心时代"这个概念由德国哲学家雅斯贝尔斯（Karl Theodor Jaspers）提出，特指公元前8—公元前3世纪中国、印度、以色列和希腊等文明中出现的一次思想解放运动，称其是人类精神的觉醒，是人类思想的一次飞跃。半个世纪以来，学术界对于这个问题展开了十分深入的讨论，对轴心时代形成的条件、轴心文明的特征等问题进行了广泛且深入的探讨，涌现出 S. N. 艾森施塔特（S. N. Eisenstadt）等代表性人物。

雅斯贝尔斯认为，在轴心时代，"不同寻常的事集中发生。在这个时期的中国，生活着孔子和老子。中国哲学的各个流派都在此时发端，其代表人物有墨子、庄子、列子等。在印度，《奥义书》诞生了，佛陀也生活在那个年代，如同在中国一样，哲学上的各种可能性，从怀疑论到唯物论都可以被探讨。在伊朗，查拉图斯特拉传授富有挑战性的世界观，认为世界上善恶两种力量在交战。在巴勒斯坦，涌现了许多先知，从以利亚到以赛亚，从耶利米到以赛亚第二。希腊则造就了荷马，巴门尼德、赫拉克利特、柏拉图等哲学家，悲剧家以及修昔底德和阿基米德。在几个世纪内，与这些名字相关的一切几乎同时在中国、印度和西方这三个互不知晓的地方发展起来"[2]。

轴心时代的核心特征，是人们超越了地理和种族的局限性去认识世界，由此对于人性和世界的认识有了提升，开始关注到本源和终极问题，视角不同，高度却一致，其结果是在东地中海的东部形成了一神教，而在东地中海的西部产生了哲学。[3]

从历史发展的角度看，铁器时代世界帝国的出现，使得地中海地区在经济和文化领域都进入了一个世界体系。伴随着货币的出现及其广泛使用，青铜时代晚期中断的贸易网络重新恢复，波斯、亚历山大和罗马帝国的扩张和发展，使得原来独立发展的文明地区渐趋一体化。不论是亚历山大开创的希腊化，还是罗马帝国推行的罗马化，都加速了文明交融和传统再造的过程。同时，帝国时期各种社会矛盾进一步激化，如征服者与被征服者的矛盾、奴隶制发展带来的社会内部矛盾等，在思想领域都反映为更深刻的内省和认知的升级。

帝国的出现，使得文字及文化机构成为凝聚文化记忆的新载体。公元前1千纪，亚述帝国最早开始建立接近现代意义的图书馆。不同于以前的王室档案或者文献收藏，这种新型图书馆收藏的是被征服的巴比伦地区的各种传统文献。亚述巴尼拔的王宫图书馆收藏了5000—10000块泥板，总共有约1500篇文献（"书"）。这些泥板是被有计划地收集、编辑、注释和校订的，如标准版的《吉尔伽美什史诗》就是此时编订的。而且，这个图书馆是王宫中一个独立的建筑，有专门的存放泥板的木架。波斯帝国也采取了同样的文化政策，最典型的例子是大流士一世任命埃及祭司乌扎霍瑞斯奈特恢复和重建埃及的藏书机构。亚历山大图书馆更是对整个地中海地区的经典进行了收集、编纂、分类和正典化。代理人游历整个地中海世界来寻找新书，进入亚历山大港的每一艘船都会被搜查，有纸草卷轴必须交出，送到图书馆抄写，有时交了高额押金后就不再归还了。此外还有专人翻译，最著名的是托勒密二世统治时期七十位学者将希伯来语《圣经》译成了希腊文，即"七十士译本"。亚历山大图书馆的书籍总数约 70 万份卷轴，为其编辑目录成为必要之举，仅著名诗人、语法学家的目录就有 120 本。同时期的帕加马图书馆藏书也多达 20 万卷。

除了新兴的帝国图书馆，传统的藏书机构，如神庙图书馆等，也从传承、教授典籍发展到对典籍进行搜集、编订以及秘藏的阶段，出现了特殊的专题图书馆，如埃及的泰布图尼斯图书馆、纳戈·马第图书馆、底比斯图书馆以及发现死海古卷的库姆兰——这些都是为了保存传统文化而秘藏典籍的地方。埃及南部希腊-罗马时期的神庙则成了三维的图书，神庙浮雕上密密地刻写着各种传统知识——天文知识、仪式细节、宇宙学、地理学、神话学，林林总总。神庙成了文化记忆的存储器。围绕着这些秘藏典籍的专题图书馆，形成了一个文本共同体，抄写、整理、保存这些典籍的知识精英有着共同的文化身份和生活方式，并且有意将自己与大多数人的生活方式区别开来。

所谓的轴心时代的超越，离不开具体的环境因素，如铁器时代带来的技术飞跃、对外联系的加强、血缘关系的打破等，以及帝国扩张带来的新格局、文化交融的过程中仪式文化向文本文化过渡的正典化等。时间的维度不是最重要的，共同的背景、不同特色的超越，以及在这个过程中朝向普世价值观的趋同更值得关注。在对人的本质的认识上，无论是希腊人那种将人看成是政治动物，还是印度那种沉浸于宗教世界的人，抑或中国对符合伦理的人的强调，都是一种人本主义的认知。

以一神教的发展为例，帝国的发展是必要的条件。波斯的琐罗亚斯德教对犹太教有重要的影响。琐罗亚斯德教的第一个特点是主张二元论，认为善与恶是宇宙初生之时就存在的双生儿，两者在人心之中不断冲突。善神是阿胡拉·马兹达（阿胡拉意为"主上"，马兹达意为"智能"），代表光明、忠诚和正直；恶神是阿里曼，代表黑暗和邪恶势力。二者几乎势均力敌，不断争斗，最终是善神取胜。第二个特点是救世主的概念，认为在世界末日到来时，救世主会降临，所有的死者都要接受审判，行善之人升入天堂，行恶之人被打入地狱，那儿只有无尽的痛苦和黑暗。至于那些心意不定、行为得失参半的人，则将悬在一个不上不下的地方。琐罗亚斯德教宣扬惩恶扬善的思想，强调伦理，认为人有自由意志，可以选择自己的行为方式，但他们会在来世为今生的所作所为接受奖赏或惩罚。

帝国时代的大流放政策也是一神教发展过程中的重要背景。把不容易驾驭的民族流放到其他地方，这种做法始于古巴比伦时期，到亚述帝国时期达到顶峰，新巴比伦时期的"巴比伦之囚"是这种政策的延续。流放政策改变了民族和语言的分布情况，打破了单一民族结构。同时，让被流放的人驻扎于城堡，造成了他们的利益冲突、宗教冲突和风俗冲突，激起"敌视外人"的情绪，转移仇恨亚述人的情绪。从亚述纳西帕二世到辛纳赫里布（Sennacherib）的两百年中，被流放的人数高达132万人，最远流放距离可达1000公里。流放队伍每天平均走15—20公里，从地中海沿岸流放到扎格罗斯山（约700—800公里），至少要走50天，不包括休息日。

各大帝国的缝隙之间，政治力量始终不强，却是贸易和交通枢纽，也是兵家必争之地，大多为游牧民族或小型的农耕聚落，最重要的是黎凡特地区，包括现代以色列、黎巴嫩、约旦和叙利亚的幼发拉底河西岸部分。在公元前12—公元前7世纪黎凡特地区普遍经历的转型过渡中，以色列国家的形成只是其中的一环。以色列人是该地区众多族群中的一支，与其邻邦有着共同的发展经历和文化背景。《圣经》中的许多"外国神祇"也并非外来者带入的，而是部分以色列人原本的宗教信仰，绝对的一神主义在此时还在形成过程中。希伯来《圣经》把以色列人的征服描述为从外部进入，大大增加了征服战争的艰巨性和取得胜利的荣耀感，与逃离埃及的戏剧化情节一样，这对于他们提升民族自信心、强化文化身份认同、坚定信仰是至关重要的，而与真实的历史事件则未必相关。这恰恰反映了在帝国时期备受蹂躏的被征服地区的底层人民的文化记忆的形成过程：刻意遗忘一部分事实，同时又创造出与事实相反的记忆，回忆成为反抗的形式，历史事件成为符号化的表达意识形态的工具。

犹太教对于后世的西方文明有着极其重要的影响，它萌芽于古代近东文明的大家族之中，又革命性地与古代近东的传统宗教决裂，理解这个决裂的根源和过程，对于今人了解东西方文明的差异有着很大的帮助。

注 释

[1] Naphtali Lewis, *Greeks in Ptolemaic Egypt*, Clarendon Press, 1986, p.1.

[2] K. Jaspers, *The Origin and Goal of History*, Yale University Press, 1953, pp.14–15.

[3] R. Bellah, "What is axial about the Axial Age?" in *European Journal of Sociology* 46, 2005, pp.72–73.

尾声

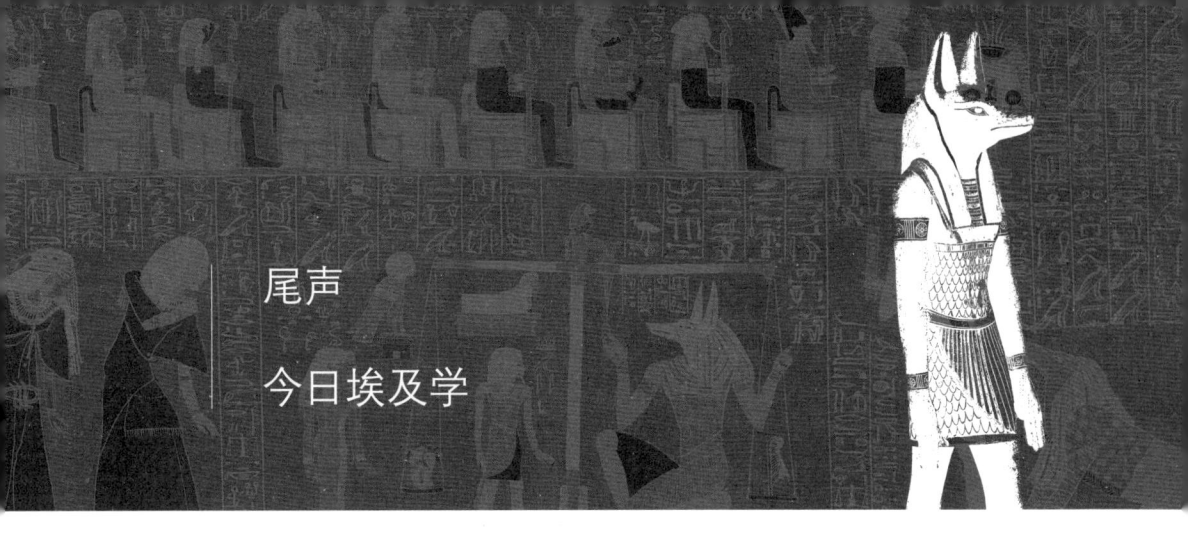

今日埃及学

一、考古学

前文提到，19世纪末20世纪初，正是弗林德斯·皮特里和乔治·赖斯纳促使埃及考古正式走向科学、规范的轨道，今天埃及考古已经进入了多学科共同研究的新阶段。人类及其他动物的尸体、骨骼的鉴别及病理学分析，浮选花粉及植物种子，建筑技法的研究等多学科的研究者都加入到了复原古埃及社会的队伍中。例如，考古工作者在修建吉萨金字塔的工人的居址出土了近18万件动物骨骼样本，研究者通过分析动物种属及其比例来推测当时的肉食供应状况及其背后的缘由。

年均有90支外国队在埃及开展考古发掘，英、法、德、意等欧洲国家及美国、日本均是埃及考古方面的传统强国，埃及也在努力建设本国的埃及考古学。

目前，埃及文物最高委员会（SCA）对新遗址的发掘审核更加严格，考古工作者也不会完全发掘一个遗址，以备科技更先进的后人再次查考。此外，三角洲的遗址已受地下水位上升、人类活动等方面的严重威胁，亟待发掘。为加强三角洲地区的考古工作，暂不允许新增发掘上埃及地区的遗址。埃及文物最高委员会还设立了相关制度以保护遗址：考古队的领队必须是埃及学专家；其经费必须由公认的学术机构或博物馆赞助；项目必须包含保护工程，发掘结束后该遗址必须处于安全状态。若审批通过，埃及文物最高委员会将与考古队签订一年的合同，并派人观察。若考古工作合乎要求，该合同可续签。发掘结束后，必须出版考古报告，以备埃及官方查考。[1]

（一）现场勘测的方法

埃及的早期发掘是由发现古迹、宝藏这一目的驱动的，很少采用考古技术，也很少记录实际的考古层。但实际上，考古是为了找回信息，而不是寻求古物。埃及考古的一个"诅咒"是总能发现许多古迹和古物，因此，即使不考虑实际考古层的信息，一个项目也可以被认为是成功的。在埃及学的发展中，语言学和对建筑的研究位于中心地位，考古学的重要性常常被削弱。虽然现在考古在埃及学中越来越重要，但学术训练还是基于语言学、铭文学、历史、艺术史和宗教，实际的田野实践很匮乏。

考古的一个基本信条是"发掘就是破坏"，因为发掘是一个不可逆的过程。每当一个考古层被破坏，都要尽力恢复并记录信息。埃及学中，有关发掘方法的讨论很少，但埃及目前的一些发掘项目已使用了主流的、最新的考古方法。

考古的勘测需要定位，并图示考古遗址及其更广泛的景观。初步站点范围和区域性的勘测得益于渐进协作，如果能在网上共享数据，这项工作可以得到巨大提升。另一个重要发展是埃及文物部建立的"遗址和古迹登记册"。

在宏观上，勘测被用来确定新遗址的位置、记录过去发掘过但由于城市扩张或农业发展而消失的遗址。多尔纳（J. Dorner）的开创性工作结合使用了螺旋钻和电阻勘测法，重建了太尔·达巴的古代景观。非侵入性的考古勘探方法包括电阻、磁力测量和地面穿透雷达等，这些方法经常用于埃及遗址并取得了很好的效果。除此之外，综合使用航空摄影和卫星图像可以制作出信息量巨大的地图。

在发掘中，现场勘测需要布置地体网格（site grid）、划定绘图轴线，并对发现物进行三维定位。罗盘、测量带和简单的现场设备就足以铺设网格、绘制简单的遗址地图并定位遗址内的地理特征了。考古遗址中必不可少的设备是水平仪：定镜水准仪常用来测量海拔、计算距离，自动水平仪可以用来读取角度。如果考古学家要在全国高压输电线网或其他已知坐标系中定位遗址，就需要使用经纬仪或卫星导航系统，即 GPS 和 DGPS。

考古遗址中的地体网格通常是5×5米的方格，网格原点在西南角，网格值向北（Y轴）和向东（X轴）延伸。地体网格应在地面上以5米或10米的间距用牢固的钉子清楚地标示出来。发掘前应在相应的钉子上标出每个方格角的坐标值。在发掘过程中，每天都要运用基本的勘测技能来定位地理特征和发现物。[2]

（二）发掘与记录方法

埃及考古中目前正在使用几种不同的发掘和记录方法，适当的发掘方法旨在记录遗址形成的过程。以下是发掘和记录的最基本的要求：

1.每个考古单位必须在现场明确标识，并在发掘过程中进行记录。

2.考古单位必须按照地层顺序对地理特征进行记录。

3.必须记录有助于确定遗址形成过程的信息。

4.需要建立综合档案，并传播工作成果。

地层单位（stratigraphic units）和单一环境记录（single context recording）：发掘和记录的起点是地层单位。有三种不同的地层单位：沉积物（deposits）、建筑单位（built units）和切割／空白（cuts/voids）。对地层单位的发掘其实是按照沉积的逆向顺序进行的。虽然记录系统各不相同，但所有的考古单位必须有文字、图绘和照片记录。鉴于地层单位一经发掘即被破坏，完整的文献记录是重构相应古行动（ancient action）的唯一途径。为了处理复杂的分层遗址，伦敦博物馆建立了一种记录方法，即单一环境记录（SCR），简单来说，就是一个单位、一个编号、一个完整的记录。埃及的好几个项目都采用了SCR这个方法。发掘和记录周期从清理发掘区域、确定考古单位的界限开始。要对考古单位进行拍照，分配一个唯一的序列号，确定其在遗址内的位置，并进行规划。根据情况按1∶20或1∶10绘制平面图，按1∶10或1∶5绘制剖面图，还要进行详细的书面记录，在发掘过程中修改并完成。

地层学（Layers and levels）：埃及考古方法的一个重要发展是在发掘太尔·达巴的定居点遗址时引入了地层发掘和记录，这种方法基于对遗址形成过程的理解，并对所产生的考古地层进行详细记录。在太尔·达巴，发掘工作是在用立柱分隔的方格内进行的（惠勒－凯尼恩 [Wheeler-Kenyon] 发掘法）。

发掘顺序记录法（Work-step recording）：象岛复杂的地层是用发掘顺序系统记录的。墙体、装置、筒仓和地窖等建筑特征与沉积物分开编号，打破遗迹（negative features）不编号。沉积物的发掘是按照其形状进行的，当沉积物中有明显的变化（如颜色、成分）时，会单独给它一个出土域编号。如果同一沉积物在不同的季节和地点被发掘，也会有一个单独的出土域编号。发掘之后，与同一层对应的出土域编号被归入一个特征编号中。出土域编号尽可能地延缓进行"综合"（synthesis）的时间，在不重新标注发现物、照片和绘图的情况下，对新的解释保持开放的态度。

单元（Lot-and-locus）系统：本质上讲，单元对应的是一个考古单位，这个系统今天已经很少使用了。

剖面记录（Section recording）：在发掘过程中，剖面图可以在任何需要的地方进行绘制，可以以大比例（1:10 或 1:5）画得很详细，并用颜色编码。剖面图在记录布方（cut units）和解释建筑单元之间的关系方面非常重要。在复杂的分层遗址中，如果网格发掘不可行，或者要在几个季节发掘多个区域，累积剖面（cumulative profiles）就会发挥重要作用。

地层矩阵（The stratigraphic matrix）：每个考古单元的顺序位置都被记录在"哈里斯矩阵"（Harris matrix）中，该系统以简单的图表方式展示了遗址上沉积或截断的顺序，年代较早的单位会被年代较晚的单位"封存"或"切断"。在象岛和太尔·马什胡塔的发掘中，都对哈里斯矩阵进行了修改，以包含建筑使用年限的信息。

SCR 和哈里斯矩阵的结合是了解深层遗址的有效手段。现在有越来越多记录考古信息的数据库了，从中可以获得详细的地层报告、完整的遗址地层矩阵和发掘记录。

案例研究：古埃及研究协会（AERA）在吉萨、孟菲斯和卢克索的工作为SCR 在长期研究发掘和一次性抢救情况下的应用提供了有效的案例研究。在吉萨，该项目始于对吉萨高原的研究，然后对位于古拉布的 4 王朝定居点进行了长期发掘。该项目使用了 SCR 方法和特征级（feature-level）GIS，将遗址数据（即书写、绘图和摄影记录）与勘测和专业数据连接到一起。SCR 的详细信息汇总为"概要的"形式，从而为专家们提供每个考古单位的关键信息。发掘和专业数据都可以在线上数据库获得。在卢克索的抢救性发掘中则适当使用了简化的形式，包括单位描述（unit description）、尺寸、海拔、地层关系和发现的物质材料。在 AERA/ARCE 的考古教学与科研实践基地中，使用了 SCR 的简化版本——即带有毫米纸的笔记本，而不是昂贵的"有格纸"，以便分别绘制考古单位。这使得 SCR 在预算和设备有限的发掘中也能够实现。在 AERA 的发掘中，信息还会进一步汇总到每周报告中。每两周进行一次遗址间的参观，从而使发掘者和专家之间直接交换信息。在发掘季结束时，会按地区汇总发掘数据，并整理成数据结构报告，随后进行分阶段的讨论，并附有相应的哈里斯矩阵。这些详细的报告是出版的基础。

当前的问题是方法和训练。埃及考古关于发掘方法的挑战仍然集中在"发现"而不是信息上。通常情况下，"发现"（新墓、木乃伊、雕像）都很少提供考古背景。考古背景常常被忽略，缺乏标准化的记录方法加剧了这种情况。埃及也缺乏实际的考古学培训，为了解决这个情况，埃及的数所考古教学与科研实践基地已经开设了三十多年了。作为案例，AERA/ARCE 教学与科研实践基地在研究和抢救性发掘领域都教授 SCR。课程分为四个阶段：初级、高级、抢救性发掘，以及分析/出版。孟菲斯还有一个关于"遗产与遗址管理"的教学基地。这些机构开设的培训项目帮助训练了第一批埃及考古学家，他们现在正在进一步接受训练，并独立开展出色的考古工作。[3]

（三）遗址调查

埃及的众多历史遗迹正遭受自然侵蚀及人类活动的威胁。许多遗址未经发掘，甚或未被发现就已毁损。因此，如何与时间赛跑，合理调配资源，高效地发现、调查各遗址已成为埃及学及埃及文物当局的重要课题。

由于传统埃及学偏重古建筑及墓葬考古而忽视一般居址，同近东其他地区相比，遗址调查在埃及学研究中较为薄弱。当代埃及考古调查主要分三种类型：铭文调查、多遗址调查以及单遗址调查。铭文调查主要在埃及西部沙漠、东部沙漠和西奈地区进行,是既往调查的主流。由于地域广大,自然环境恶劣,调查成本高,多遗址调查最为薄弱。考古调查的不足,尤其是多遗址调查的薄弱制约了埃及学的重要课题的研究,如古埃及聚落与自然环境的互动、聚落分布变迁及地貌变迁、商贸路线等历史地理问题。埃及文物当局对此有所认识,鼓励学者调查、发掘三角洲及部分沙漠地区的遗址,这些地区的遗址先前获得的关注较少,且文物保护形势严峻。

大范围的遗址调查主要利用遥感及差分 GPS（DGPS）技术。最早应用遥感技术的是英国皇家空军,其在 20 世纪二三十年代拍摄了大量航片。从埃及学史的角度说,1929 年英国学者雷金纳德·恩格尔巴赫（Reginald Engelbach）首次将航拍技术引入考察中。早期航拍片多储存在有关当局的档案馆中,是今日研究的重要比对材料。首个应用卫星遥感技术的埃及学家是弗雷德·温多夫（Fred Wendorf）,他于 1988 年通过卫片发现了西部沙漠中的古河道,并循此发现了沿河床分布的新石器时代遗址。

利用卫星遥感进行调查,首先应根据调查需求及经费数额选择适宜的服务商及卫片。此外,我们也应注意到遥感调查的缺陷。卫星设备无法侦测埋藏于淤泥 1 米以下的遗址,且大量当代建筑由泥砖构筑,难与古代遗址区分。结合已知遗址的信息分析能提高分析、判定的效率,利于发现更多可能的遗址。卫片分析使之后的地面调查能有的放矢,大大提高了效率。实地考察中一般使用三维差分 GPS 技术,高效记录大面积遗址中数千甚至上万个坐标。但由于时间、金钱成本高,卫星遥感调查常常缺乏相应跟进的地面调查,且此类调查缺乏标准的作业规范,有待学界探讨。

调查古埃及遗址还面临一些棘手难题。城镇与农地扩张正逐渐吞噬考古遗址,且部分遗址覆盖在现代建筑下,难以调查,遑论发掘。若恰有早期调查留下的资料,可部分解决地貌变化带来的问题。此外,对"遗址"的定义比较复杂,遗址"边界"的划定尤其困难。比如,每个居址都由中心向外辐射,可能包含交通线、农地、灌溉系统等,划界事关对该地区聚落间互动关系的理解。而在监管薄弱的偏远地区,不法分子可能利用调查后公布的地图、坐标进行盗掘,给文物保护带来新问题。

目前，大范围内的多遗址调查正逐渐变多。杰弗里·斯宾塞（Jeffrey Spencer）领衔的 EES 三角洲调查项目已经收集了三角洲地区的 600 余座遗址的数据。埃及文物信息服务（EAIS）的地理信息系统正在建设包含埃及所有已知遗址的数据库。除考古学家和编程人员外，该部门还聘用律师审查遗址的土地所有权，以根据风险大小判定遗址保护的紧迫性。

在埃及，可供调查、发掘的遗址数量仍相当可观，大量遗址尚未被发现或科学地调查。根据 EES 三角洲调查项目的数据估算，三角洲地区的已发掘面积不到该区域古代遗存面积总和的 0.001%。此外，早期发掘者发掘的部分遗址仍有再次发掘的价值，当时未入发掘者法眼的骨骼、陶片、种子等遗存在当下是重要的研究材料。

1798 年，拿破仑的考察队测量了众多遗址，所得资料时至今日仍嘉惠学林，可谓是为现代埃及学研究奠基的一次调查。该考察队包含历史、建筑、生物、天文等多学科学者，正与今日埃及考古的发展方向相合，而这需要更多的调查，尤其某地域内的多遗址调查来助力。[4]

二、碑铭学

铭文学最主要的目的是准确记录各种铭文，并对这些铭文进行编辑、翻译、分析和出版。铭文学主要研究的是纪念性建筑物上的文字，在埃及学中，绝大部分是圣书体，这是王室和高级贵族的特权。在研究古埃及铭文时，既要注意艺术与书写的相互依赖性，也要重视建筑环境这个关键因素。

第一个负责记录古埃及铭文的科学考察团于 1798 年随拿破仑远征一起到达尼罗河畔，这些科学家和艺术家之后出版了《埃及记述》。虽然这对西方世界产生了巨大影响，但当时记录的准确性和整体性都不是很高。1822 年，商博良破解了象形文字，随后他又前往埃及。在他的著述中，纪念性建筑物得到了正确的断代，图像和文字也被当成一个整体进行"阅读"。其后，理查德·莱普修斯带领的普鲁士考察队在抄写方面达到了很高的水准，他们的记录更加准确和完整。莱普修斯的《埃及和努比亚的古迹》至今依旧是单个纪念性建筑物的主要而且基本可信的资料来源。普鲁士考察队也是最后一个对整个尼罗河谷的神庙和陵墓进行全面测绘的考察队。从此以后，铭文学考察团把单个纪念性建筑物作为考察课题，有了更集中的关注点，就可以选择和调整适合特定古迹的记录技术了。

最直接的记录方法是"直接描摹"，即对铭文或画面进行描摹，制作出精确的一比一比例图，要尽可能多地包括细节。这种方法适用于凹浮雕和弯曲的表面（如柱子），而且只有在规模相对可控的情况下才可行。"挤压"是19世纪常用的一种获得精确复制品的方法：将潮湿的纸浆压在纪念性建筑物上，让其干燥和凝聚，然后小心翼翼地撬开挤压出的复制品。但这种方法会对原物造成破坏，在现场已不再使用。摄影作为重要方法早在19世纪上半叶已投入铭文研究，但摄影依赖光线，必然导致阴影，所以一张照片很难展现所有的细节。摄影也会如实记录古迹的破坏和磨损，有可能混淆对文字和图像的理解。无论如何，摄影弥补了直接描摹的限制，底片可以随时放大或缩小，从而确定绘制文字和浮雕的适当比例。古埃及的纪念性建筑物上，色彩无处不在，所以铭文学家也需要"记录着色表面"，直接描摹的线条和黑白摄影无法体现这一点。19世纪早期的欧洲考察队会记录色彩，但只满足于近似地再现。着色表面的复制在20世纪初达到了顶峰，如今，彩色摄影在一定程度上已经取代了艺术家用水彩或水粉进行的工作，可以展现绘画以及上色的石膏墙的起草和着色的过程，对这些的研究有助于重建受损或缺失的文字。"计算机应用"是相对较新的方法，有望通过数字化彻底改变传统的记录方式。

铭文学的目标是建立原始文献的完整可靠的记录，对于埃及学来说，既包括文字，也包括建筑和浮雕装饰。它们也不可避免地留下了历代人进行增缮和修改的痕迹，铭文学有助于厘清历史改写的过程和背后的目的。铭文学家也要分辨哪些是无关紧要的损坏（因而与纪念性建筑物的历史无关），哪些是由于内容或背景而有意造成的损坏。对铭文学家的一个主要挑战是比较分析，并在受损地区重建文字内容。现在的铭文学家还可以进一步重构早已化为废墟的建筑物（它们的石块可能散落在各地）。"卡纳克神庙研究和文献中心"和"埃赫那吞神庙项目"证明，重新把这些元素组合到它们原来的位置并重构神庙的浮雕场景是可行的。此外，当专家们复原出一种标准化的装饰范式时，大规模的铭文重建也是具有可能性的，如卢克索神庙的柱廊大厅。近来，涂鸦也成为铭文研究的主题。总而言之，铭文研究本质上是一种田野技术，没有任何一种方法可以适用于所有情况。每个学术团队都必须根据现场的具体变化，调整新旧技术。[5]

三、纸草学

相对碑铭来说，埃及纸草档案的研究是起步较晚而气象最新的。埃及学研究以"二战"为分水岭："二战"前注重艺术史方面的内容，以实物为主，看重铭文，偏重宗教和墓葬建筑；"二战"后更关注日常生活，更多地发掘城镇聚落，因此在19世纪初才开始大批出土的纸草文献在近一百年内逐渐成为研究热点。纸草学也是埃及学与西方古典学在研究对象和时间上交集最多的合作区域。早在公元前3000年，埃及就已经有纸草文献，一直到中世纪时期，纸草都是重要的文献载体。书写文字包括希腊文、拉丁文、科普特文、阿拉米亚文、阿拉伯文等。但纸草学还具有特定的含义，它在时间范围上重点锁定亚历山大之后的一千年，即希腊、罗马和拜占庭帝国统治埃及时期，而研究对象则更侧重希腊-罗马时期。当然，在埃及之外发现的纸草文献也是纸草学的研究对象，如在意大利赫库兰尼姆发现的纸草文献。严格来讲，纸草学并不包括阿拉伯纸草及中世纪纸草，目前阿拉伯纸草研究是专门的领域。

此外，纸草学在研究内容上扩展到纸草以外的载体，包括陶片、羊皮纸、木板、蜡板等，只要是"写"而不是"刻"的文字，都在其研究范围内，这就将纸草学与碑铭学的研究对象明确区分开了。此种区分是基于这样一种认识："写"的内容具有临时性质，如出于管理的需要、私人信件的来往等，而"刻"的内容则是为了永久传世。正因如此，一些纸草学家认为抄写在纸草上的文学作品不应该是纸草学的研究范围[6]，因为在书写目的、内容及研究方法上，文学作品与其他纸草文献有很大区别。

由此，我们就可以理解为何近年来纸草档案的研究在埃及学及古典学中处于前沿位置：碑铭学是传统领域，纸草档案的大规模发现和整理发表则是19

世纪末到20世纪初才开始的；碑铭多为政治和宗教性质的，纸草文献多属于世俗管理层面的。对纸草文献的关注反映了学者的兴趣从帝王将相的政治史转向社会经济层面。

1752年，在意大利的赫库兰尼姆的图书馆遗址中发现了约800卷已经碳化的纸草卷。1798年拿破仑远征埃及，在欧洲掀起了"东方热"，欧洲各大博物馆开始大批收藏古埃及文物，其中就包括纸草文献。1880年，埃及农民把几千份纸草出售给奥地利人，由此开始了西方国家大规模收购纸草文献的时代，其中最大的赢家是伯纳德·格伦费尔（Bernard Grenfell）和阿瑟·亨特（Arthur Hunt），他们发掘了奥克西林库斯、法雍、泰布图尼斯、希拜（Hibeh）等遗址，收获了大批纸草文献。他们整理发表了奥克西林库斯纸草，并奠定了编辑整理纸草文献的规范，此规范一直沿用至今。1920年后，随着文物法逐渐严格执行，收购热潮告一段落，但整理和发表却在继续，研究逐渐规范化。普赖西克（F. Preisigke）系统编纂了词典、名表等，威尔肯（U. Wilcken）则将1900年之前发现的所有托勒密时期的纸草文献重新整理出版。继他之后，尤特（H. C. Youtie）成为领军人物。20世纪30年代，纸草学家开始定期召开国际会议，"国际纸草学家学会"与史学、考古学、语言学及哲学等相关领域的同行保持着良好的合作关系。

到2006年为止，已经发表的纸草文献有70000份，只占已经出土的全部纸草文献的一半，剩下大约72500份中，希腊文和拉丁文的文学作品有7500份，其他是关于社会生活的文献，其中希腊文和拉丁文约有50000份，科普特语约有7500份，世俗体和僧侣体象形文字约有3500份，阿拉伯文约有3000份，阿拉米语和巴列维语（Pahlavi）约有1000份。到目前，每年约有12部纸草学方面的论著出版，有700份希腊文、拉丁文的纸草发表，即使这样，每年新发现的纸草和陶片数量也远远超过当年发表的数量，何况有半数已经出土的还未发表。早期学者满足于孤立地发表一篇篇纸草文献，结果被淹没在浩瀚的文献海洋中。近年来越来越多的纸草学家尝试摆脱困境，建立系统全面的网络数据库，在此基础上对纸草文献进行分类，这是下文将要谈到的方法和理论上出现创新的基础。

1. 整合资源，创建数据库

目前纸草文献最主要的数据库为：

（1）美国杜克大学和密歇根大学联合创建的"纸草文献高级检索系统"（APIS：Advanced Papyrological Information System），这是最早的网络数据库，覆盖了 10% 已出版的纸草文献。

（2）海德堡大学创建的"海德堡总目录"（HGV：the Heidelberger Gesamtverzeichnis），包含所有已出版的希腊文和拉丁文纸草文献。

（3）杜克大学创建的"杜克纸草文献数据库"（DDBDP：the Duke Data Bank of Documentary Papyri）。1996 年，DDBDP 授权 Perseus Project（现名 Perseus Digital Library）将数据转为 SGML 文档在网络上查阅使用。

（4）作为上述数据库的重要补充的是比利时鲁汶大学创建的"鲁汶古代丛书数据库"（Trismegistos 和 LDAB：Leuven Database of Ancient Books），该数据库最大的特色是全面收录了已出版的僧侣体象形文字和科普特文纸草文献。

（5）2006 年创建的"纸草检索"（PN：Papyrological Navigator）是集大成的项目，整合了上述数据库的数据，由哥伦比亚大学发起，美国纸草学权威巴格纳教授领导，2009 年随巴格纳受聘纽约大学而转至该大学。

2. 类型学研究

法学家塞德尔（E. Seidl）是第一个尝试进行纸草档案分类学研究的人，他将之分为官方的和私人的两种类型，后者又分为家族档案和簿记档案。他还主张以保存这些档案的人的名字来命名它们。这两种类型的资料现在已由鲁汶大学的相关研究人员整理、更新，将它们融合到一起，并增添了新的内容。

在纸草学中，"档案"一词指古代各种机构或者个人存放、保存的文献，其中不仅包括公共档案——如公证记录和收税记录，也包括私人文件。需要强调的是，古代的纸草档案绝大部分是私人收藏的，因此纸草学家对"档案"的理解与现代历史学家稍有区别。现代历史学家认为它首先是"官方记录"（国王、政府部门、神庙等），20 世纪后半期其内涵才逐渐延伸，著名人物、家族或公司的资料也成为档案。古代纸草档案的情况则不同，希腊人和罗马人也有大量组织良好的公共文献，考古学家甚至可以详细描述这些文献在埃及是如何保存的[7]，但这些文献只有少数幸存下来，大部分都佚失了，现在发现的多数是私人保存的副本，他们保存这些文件是为了在必要的时候维护自己的权利。因此古代纸草档案的内容多是私人收藏性质的：保存公证记录是为了证明不动产的所有权，保存契约、书信和账目是为了经营管理，保存写在陶片上的缴税收据是为了证明自己已经纳税，等等。还有人习惯把重要文件，如诉讼书、买卖协议等保留一份副本。此外，有些官员常常把对自己有用的文件带回家，与自己的私人文件混在一起。

古代纸草档案的第二个特点是大部分文献的考古背景已经无从得知，原因有二。一是多数文献是在埃及农民拆毁古代村庄里的房屋用来做肥料时发现的，或者是来自那些对考古一知半解的私人收藏家。只有极少数纸草文献是考古学家在发掘时成批发现的，何况早期那些以探险找宝为目的的发掘者也不记录这些纸草的发现情况。二是古埃及的纸草价格不菲，一般会多次利用：先是用于重要的管理文献，过期后成为书吏学校的练习纸，最后，废弃的纸草会被加工成木乃伊面具和棺椁等，甚至用来填充木乃伊的腹腔。复原这些三次使用后的纸草上的文字需要有专门的技术，因此，多年之后释读和发表这些纸草时就要绞尽脑汁地寻找纸草碎片之间的关系，像拼图一样把它们复原起来。多数早期的出版者只是简单地按照年代顺序来发表这些文献，把无法断定年代的放在最后，而对于这些文献的档案性质则没有什么兴趣。

由此产生了古代纸草档案与现代档案的第二个本质区别：纸草学家没有现成的卷宗目录可参考，常常不得不根据具体的文献创建卷宗目录。因此，对纸草文献进行类型学分析是至关重要的。据笔者观察，这项工作的基地是欧洲几个纸草学研究的重镇，如莱顿、鲁汶、剑桥，而尤以莱顿和鲁汶的贡献最大。一个重要的转折点是 1981 年《芝诺档案导读》（*A Guide to the Zenon Archive*）一书问世，该书由莱顿大学的佩斯特曼（P. W. Pestman）所著，是一部里程碑式的著作。佩斯特曼为分量最大的托勒密纸草档案（约 2000 份纸草，其中许多是破碎的）编订了顺序，并且尝试着理解这些文献的多层组合（因有些纸草被反复使用）。几年后，阿瑞尤克斯（Claude Orrieux）进行了更大胆的尝试，试图复原出芝诺或者他的后裔保存这些文献的动机。这本"导读"为同类型的家族档案，如赫罗尼诺斯（Heroninos）档案和狄奥斯克罗斯（Dioskoros）档案的研究提供了参考模式。

佩斯特曼确立的家族档案研究模式是先寻找档案的标志性特征，以此把相关文献联系到一起，再通过系统的描述说明档案是如何建立的，比较不同的档案，对纸草档案进行归类。这种尝试能够帮助纸草学家在文献的迷宫中找到方向。经过莱顿大学和鲁汶大学纸草学家几十年的探索，逐渐形成了以下这些原则：

一、确定档案的外在条件，比如某一批文献是在某遗址一次性发现的。从档案的收藏者或复制者那里得到的文献，其来源是确定的，但对于其他文献，则要考察它们如何成为档案的一部分。档案的内部结构应该清晰，核心文献和边缘文献（如后加进来的文献）之间的界限要明确。以芝诺档案为例，其确定的核心文献是整体出土于库姆·哈拉巴（Kom el-Kharaba）的2000多份纸草，因此如果在古罗布出土的二次利用的纸草中发现了一封写给芝诺的信，那这封信就不属于芝诺档案。

二、确定档案的核心内容。有些档案的中心是个人和家庭事务，有些则是关于财产问题——如土地、房屋，有些涉及某次诉讼，等等。早期发表的纸草文献中，大多数的年代顺序或者铭文类型顺序都不太理想，因此需要尽可能重新复原档案原有的结构，将它最初的核心与后来附加的部分区分开来，并且找出档案收藏人收藏它们、把它们放在一起的原因。在对档案做具体描述的基础上尝试横向比较。

在确定档案的核心后，考察各个时期的长时段特征，放在历史和社会经济背景下进行档案分类。由此人们发现，托勒密时期的世俗体档案多是几代人以房地产契约为核心的家族档案；希腊文档案的时间跨度明显较短，而且多以个人事务为主。罗马和拜占庭时期的档案多和大地产及其组织管理有关，其中公共文件和私人文件常有混合，因为官员们常常在退役之后把官方文件带回家保存。

继佩斯特曼之后，鲁汶大学的研究团队在家族档案研究中开始了几代人的系列工程，其学术带头人克拉瑞斯师承佩斯特曼，曾在莱顿大学参与关于芝诺档案研究的国际项目。近年来，鲁汶学者完成的纸草档案研究既有管理类——如经纪人哈玛奇斯档案[8]、村书吏耐克太尼比斯档案[9]、培尔西亚（Pyrrheia）的粮仓主管所签署的税粮出货的收据等[10]，也有私人档案——如托勒密早期底比斯一个祭司家族的档案[11]。最新的成果是冯道普（K. Vandorpe）对托勒密军中的希腊官员德里顿（Dryton）家族的档案的重新整理，其专著已于2002年出版[12]。这是一部获得多方好评的力作，在文献方面，作者搜集了希腊文、埃及文的所有资料，既包括纸草文献也包括陶片上的文字，甚至还有各种涂鸦。最可贵的是作者所进行的"文献考古"。在熟练掌握各博物馆收藏的不同资料的基础上，冯道普对档案进行了层层剖析，最终追溯出三代人：这些纸草并非德里顿的收藏，而是他的第二任妻子和他的女儿们收藏的，最后的掌管人是他的孙子和孙女。

除对大规模的家族档案进行整理研究之外，鲁汶学者还对一些特殊档案进行了专项研究，如皮特里遗嘱[13]，这是皮特里在法雍发现的一批遗嘱，约有几百份，誊抄于公元前235—公元前223年。虽然只剩下一些碎片，但这些遗嘱是较为严格意义上的档案（即现代学者认为的档案），有很高的研究价值。此外，还有克拉瑞斯对一种卷宗类纸草卷（拉丁文为"tomoi synkollesimoi"，意思是"粘在一起的纸草卷"）的研究，这些文献类似现代的"卷宗"，是有意识地组织在一起的管理类文献：将申诉书、书信、报告、收据等粘在一起成为长长的纸草卷，归档以作将来之用。克拉瑞斯认为，塞德尔所创立的档案命名原则也应该重新考虑：档案的最后所有者的名字常常是不知道的，有时我们即使知道了最后所有者的名字，此人在这个档案中所扮演的角色是如此次要，以至于用他的名字来命名这些收藏就显得很不协调。

3. 建模与跨学科理论的尝试

据笔者观察，对古代史的整体研究或综合研究主要集中在希腊-罗马时期埃及的经济史领域。20世纪七八十年代，芬利（M. I. Finley）模式占据主导地位；近二十年，越来越多的学者注意到芬利模式的漏洞，虽然迄今为止学界还远未摆脱芬利模式的影响，但一些出色的个案研究已开始改变这一局面。1991年，多米尼克·拉什邦（Dominic Rathbone）的《经济理性主义和公元3世纪埃及的农村社会》(*Economic rationalism and rural society in third-century A. D. Egypt*),以管理类档案为基础对某庄园的经营进行个案研究,证明市场对庄园的生产和管理有着很大的导向作用,古代经营者在追求利润方面也充满理性。拉什邦的研究充分说明埃及纸草文献对于罗马经济史研究的重要性。近年来,以曼宁(J. G. Manning)为主的古代经济史专家格外强调希腊-罗马时期的埃及在整个古代经济史研究中的作用:一方面,纸草文献集中发现于埃及,资料充足;另一方面,近年来的考古成果为利用这些资料、建立分析模型提供了参照。此外,埃及历经法老时代、托勒密王朝和罗马统治,因此是进行长时段考察的绝好样本。

近年来陆续出现一些以计算机建模来分析经济问题的尝试,如巴纳吉(J. Banaji)对3—7世纪社会经济的研究及"农业资本主义模式"的提出[14],乔瓦尼·鲁菲尼(Giovanni Ruffini)用社会网络分析理论对4世纪的亚历山大城的研究[15],米勒(Katja Müller)以"位序—规模法则"和"中心地区理论"对希腊-罗马时期埃及城市的研究[16],等等。总体来说,由于数据不严密,或者某些社会学建模方式本身存在缺陷,这些研究引起很多争议和批评。

2005年出版的《古代经济:证据与模式》(*The Ancient Economy: Evidence and Models*)由伊恩·莫里斯(Ian Morris)与曼宁主编,该书倡导历史学与其他人文学科的整合,突破自芬利以来各学科分隔孤立地研究地中海各地区经济问题的局面。但此书的题目就是由芬利的两部代表性著作组合而成:《古代经济》与《古代史:证据与模式》。各章执笔者虽都强调自己从芬利的研究中获益很多,但一致认为应该对芬利模式进行修正。此书前言指出,没有理论和模式的支撑,单纯靠分析史料来研究古代经济是冒险和不足取的。尽管此书既没有做到系统阐述地中海地区的古代经济史,也没有完整的理论体系,但的确汲取了各个领域的前沿研究成果,最重要的是强调了历史学与考古学、社会学等学科合作研究经济史的迫切性,为各学科学者未来的合作奠定了基础。

在跨学科理论方面,曼宁对托勒密埃及的研究深受新制度经济学和社会网络分析理论的影响。"制度变迁理论"是新制度经济学的重要内容,强调制度变迁对于国家经济增长和社会发展的关键作用。曼宁认为,经历了托勒密王朝和罗马帝国统治的埃及是制度变迁理论的很好的考察对象[17]。他关注的问题有：在托勒密王朝之前，埃及是一个没有货币的社会，托勒密王朝的货币制度及相关的经济政策对埃及社会产生了怎样的影响？托勒密时期和罗马时期埃及的经济发展有何不同，其中制度起到了怎样的作用？等等。在曼宁看来，芬利过度强调古代社会关系及其制度对人的经济活动的影响，他认为，作为个体的人的行为尤其是经济行为不可能是"嵌合"在制度之中的，而是有着各种变数。以托勒密时期的埃及为例，对埃及人来说，托勒密王朝是外族统治者，官方语言是希腊语，原有的社会等级、价值观念受到强烈的冲击，这个时期的埃及官吏更有脱离制度约束的动机。

在宏观研究方面，那些从纸草文献整理与考证转而考察宏观问题的学者，其研究成果更值得期待。前面提到的拉什邦的研究得到了普遍认可，在他之后，彼得·范·迈伦（Peter Van Minnen）对罗马时期埃及农业的研究成就斐然，他以"税收—贸易"模式对法雍农村进行了历史的、长时段的分析，勾勒出早期罗马埃及时期的农业的特征[18]。他认为，罗马帝国境内各地区差异极大，而税收和贸易是把握帝国经济"脉动"的关键。中部埃及有丰富的纸草文献和考古资料，具备历时研究的最佳条件。经济类纸草文献的考证和整理已经进行了一个多世纪，有条件整合数据，对误导经济史研究的传统理论和模式进行彻底修正。

综上所述，现阶段埃及纸草文献的研究已经走出故纸堆，无论是类型学考察，还是跨学科方法的使用，都呈现出无限的生机。希腊－罗马时期的埃及是多元文化交融的时代，也是新旧制度更替的时代，也许还是现代化问题探源的所在。纸草学的研究必将为很多社会科学的课题提供宝贵的参考。

注　释

[1] Richard. H. Wilkinson(ed.), *Egyptology Today*, Cambridge University Press, 2008, pp.7–22.

[2] Ibid.

[3] Ibid.

[4] Ibid, pp.57–76.

[5] Ibid, pp.77–96.

[6] U. Wilcken und L. Mitteis, *Grundzüge und Chrestomathie der Papyruskunde*, B. G. Teubner, 1912.

[7] W. E. H. Cockle, "State Archives in Graeco-Roman Egypt from 30 B. C. to the Reign of Septimius Severus," in *The Journal of Egyptian Archaeology* 70 (1984), pp.106–122.

[8] W. Clarysse, "Harmachis, Agent of the Oikonomos: an Archive from the Time of Philopator," in *Ancient Society* 7 (1976), pp.185–207.

[9] W. Clarysse, "Necténibis, comarque de Kaminoi," in *Chronique d'Egypte* 66, pp.316–323.

[10] W. Clarysse & H. Hauben, "Ten Ptolemaic Granary Receipts from Pyrrheia," in *Zeitschrift für Papyrologie und Epigraphik* 89, pp.47–68.

[11] Mark Depauw, *A Demotic Archive from Early Ptolemaic Thebes*, Brussels, 2000.

[12] K. Vandorpe, *The Bilingual Family Archive of Dryton, His Wife Apollonia and Their Daughter Senmouthis*, Peeters, 2002.

[13] W. Clarysse, *The Petrie Papyri Second Edition (P. Petrie^2), Volume I: The Wills*, Brussels, 1991.

[14] J. Banaji, *Agrarian Change in Late Antiquity*, Oxford University Press, 2002.

[15] W. V. Harris and Giovanni Ruffini (eds.), *Ancient Alexandria between Egypt and Greece*, Brill, 2004.

[16] Katja Müller, *Archiv für Papyrusforschung*, 2002.

[17] J. G. Manning, *Land and Power in Ptolemaic Egypt*, Cambridge University Press, 2007.

[18] P. Van Minnen, "Agriculture and the 'Taxes-and-Trade model' in Roman Egypt," *Lampas* 31 (1998), pp.290–305.

附录一

古埃及年表[1]

前王朝时期 Predynastic Period　　　　　　　　　　约前 5300—前 3000 年

下埃及
　　新石器时期　　　　　　　　　　　　　　约前 5300—前 4000 年（或约距今 6400—5200 年）
　　玛阿迪文化群 Maadi Cultural Complex　　　　　约前 4000—前 3200 年

上埃及
　　巴达里时期 Badarian Period　　　　　　　　　约前 4400—前 4000 年
　　阿姆拉特时期（涅伽达一期）Amratian/Naqada I　　约前 4000—前 3500 年
　　格尔津时期（涅伽达二期）Gerzean/Naqada II　　约前 3500—前 3200 年

涅伽达三期 /0 王朝 Naqada III / Dynasty 0　　　　　约前 3200—前 3000 年

早王朝时期 Early Dynastic Period　　　　　　　　　约前 3000—前 2686 年

　1 王朝　　　　　　　　　　　　　　　　　　约前 3000—前 2890 年
　2 王朝　　　　　　　　　　　　　　　　　　前 2890—前 2686 年

古王国 Old Kingdom　　　　　　　　　　　　　　前 2686—前 2160 年
　3 王朝　　　　　　　　　　　　　　　　　　前 2686—前 2613 年
　4 王朝　　　　　　　　　　　　　　　　　　前 2613—前 2494 年
　5 王朝　　　　　　　　　　　　　　　　　　前 2494—前 2345 年

6 王朝　　　　　　　　　　　　　　　　　　　前 2345—前 2181 年

7、8 王朝　　　　　　　　　　　　　　　　　前 2181—前 2160 年

第一中间期　　　　　　　　　　　　　　　　前 2160—前 2055 年

9、10 王朝（赫拉克利奥波利斯）　　　　　　　前 2160—前 2025 年

11 王朝（底比斯）　　　　　　　　　　　　　 前 2125—前 2055 年

中王国 Middle Kingdom　　　　　　　　　　前 2055—前 1650 年

11 王朝（全埃及）　　　　　　　　　　　　　 前 2055—前 1985 年

12 王朝　　　　　　　　　　　　　　　　　　前 1985—前 1773 年

13 王朝　　　　　　　　　　　　　　　　　　前 1773—前 1650 年

14 王朝　　　　　　　　　　　　　　　　　　前 1773—前 1650 年

第二中间期 Second Intermediate Period　　　 前 1650—前 1550 年

15 王朝（喜克索斯，Hyksos）　　　　　　　　前 1650—前 1550 年

16 王朝　　　　　　　　　　　　　　　　　　前 1650—前 1580 年

17 王朝　　　　　　　　　　　　　　　　　约前 1580—前 1550 年

新王国 New Kingdom　　　　　　　　　　　前 1550—前 1069 年

18 王朝　　　　　　　　　　　　　　　　　　前 1550—前 1295 年

19 王朝　　　　　　　　　　　　　　　　　　前 1295—前 1186 年

20 王朝　　　　　　　　　　　　　　　　　　前 1186—前 1069 年

第三中间期 Third Intermediate Period　　　　前 1069—前 664 年

21 王朝　　　　　　　　　　　　　　　　　　前 1069—前 945 年

22 王朝　　　　　　　　　　　　　　　　　　前 945—前 715 年

23 王朝　　　　　　　　　　　　　　　　　　前 818—前 715 年

24 王朝	前 727—前 715 年
25 王朝	前 747—前 656 年

后期埃及 Late Period　　　　前 664—前 332 年

26 王朝	前 664—前 525 年
27 王朝（波斯第一次统治埃及时期）	前 525—前 404 年
28 王朝	前 404—前 399 年
29 王朝	前 399—前 380 年
30 王朝	前 380—前 343 年
波斯第二次统治埃及时期	前 343—前 332 年

托勒密埃及时期 Ptolemaic Period　　　　前 332—前 30 年

马其顿王朝	前 332—前 305 年
托勒密王朝	前 305—前 30 年

罗马埃及时期 Roman Period　　　　公元前 30—公元 395 年

注　释

[1] 古埃及历史年代存在不同划分。——编注

附录二

古埃及语单辅音符号表

Sign	Entity depicted	Transliteration	Phonological value
	vulture	ꜣ (aleph)	earlier /ʀ/ > later /ʔ/
	flowering reed	j (yod)	earlier /j/ > later /ʔ/
(1) or (2)	(1) two reed flowers (2) two strokes	jj or y	/j/ as in English *yoke*
	human forearm	ʿ (ayin)	/ʕ/ as in Arabic *kaʿba*
	quail chick	w (waw)	/w/
	foot	b	/b/
	stool	p	/p/
	horned viper	f	/f/
	owl	m	/m/
	water	n	/n/
	human mouth	r	/r/
	reed shelter	h	/h/ as in English *he*
	twisted wick	ḥ	/ḥ/ as in Arabic *aḥmad*
	placenta	ḫ	/x/ as in German *Buch*
	animal's belly	ẖ	/ç/ as in German *ich*
	bolt	z	/z/
	folded cloth	s	/s/
	pool or lake	š	/š/ as in English *she*
	hill slope	q	/q/ as in Arabic *qurʾān*
	basket with handle	k	/k/
	stand for jar	g	/g/
	bread loaf	t	/t/
	tethering rope	ṯ	/c/ as in English *choke*
	human hand	d	/d/
	snake	ḏ	/ʒ/ as in English *joke*

参考书目

一、中文

1. 《埃及考古学》，刘文鹏著，生活·读书·新知三联书店，2008。
2. 《法老的国度——古埃及文化史》，蒲慕州著，广西师范大学出版社，2003。
3. 《法老与学者——埃及学的历史》，王海利著，北京师范大学出版社，2010。
4. 《古埃及圣书字导读》，马克·科利尔、比尔·曼利著，陈永生译，商务印书馆，2015。
5. 《古埃及〈亡灵书〉》，金寿福译注，商务印书馆，2020。
6. 《古埃及象形文字文献译注》，郭丹彤译著，东北师范大学出版社，2015。
7. 《古埃及宗教》，亨利·富兰克弗特著，郭子林、李凤伟译，上海三联书店，2005。
8. 《解剖古埃及》，巴里·克姆普著，穆朝娜译，浙江人民出版社，2000。
9. 《尼罗河畔的文采：古埃及作品选》，蒲慕州编译，远流出版公司，1993。
10. 《破解古埃及》，莱斯利·罗伊·亚京斯著，黄中宪译，生活·读书·新知三联书店，2007。
11. 《人类早期文明的"木乃伊"——古埃及文化求实》，汉尼希、朱威烈等著，浙江人民出版社，1988。
12. 《探秘古埃及》，伊恩·肖著，颜海英译，外语教学与研究出版社，2015。
13. 《探寻古埃及文明》，罗莎莉·戴维著，李晓东译，商务印书馆，2007。
14. 《王权与神祇》，亨利·富兰克弗特著，郭子林、李岩、李凤伟译，上海三联书店，2012。
15. 《阅读纸草，书写历史》，罗杰·巴格诺尔著，宋立宏、郑阳译，上海三联书店，2007。

二、外文

Aidan Dodson

1. *The Tomb in Ancient Egypt,* Thames & Hudson, 2008 (with Salima Ikram)
2. *The Complete Royal Families of Ancient Egypt,* Thames & Hudson, 2004 (with Dyan Hilton)
3. *Amarna Sunrise: Egypt from Golden Age to Age of Heresy,* The American University in Cairo Press, 2014

4. *Amarna Sunset: Nefertiti, Tutankhamun, Ay, Horemheb, and the Egyptian Counter-Reformation*, The American University in Cairo Press, 2009

Alan B. Lloyd (ed.)

5. *A Companion to Ancient Egypt*, Wiley-Blackwell, 2010

Camilla Di Biase-Dyson

6. *Foreigners and Egyptians in the Late Egyptian Stories*, Brill, 2013

Claas Jouco Bleeker

7. *Egyptian Festivals: Enactments of Religious Renewal*, Brill, 1967
8. *Hathor and Thoth: Two Key Figures of the Ancient Egyptian Religion*, Brill Academic Pub, 1973

David P. Silverman

9. *Ancient Egypt*, Oxford University Press, 1997
10. *Akhenaten and Tutankhamun: Revolution and Restoration*, University of Pennsylvania Museum of Archaeology and Anthropology, 2006

Emily Teeter

11. *Religion and Ritual in Ancient Egypt*, Cambridge University Press, 2011
12. *The Presentation of Maat: Ritual and Legitimacy in Ancient Egypt*, The Oriental Institute of the University of Chicago, 1997

Erik Hornung

13. *The Ancient Egyptian Books of the Afterlife*, Cornell University Press, 1999 (David Lorton[Translator])
14. *The Egyptian Amduat: The Book of the Hidden Chamber*, Living Human Heritage Publications, 2007 (D. Warburton[Translator])
15. *The Egyptian Book of Gates*, Living Human Heritage publications, 2014
16. *Conceptions of God in Ancient Egypt*, Cornell University Press, 1982 (John Baines[Translator])
17. *Akhenaten and the Religion of Light*, Cornell University Press, 2001 (David Lorton[Translator])
18. *The Secret Lore of Egypt: Its Impact on the West*, Cornell University Press, 2001 (David Lorton[Translator])

Ian Shaw

19. *The Oxford History of Ancient Egypt*, Oxford University Press, 2000
20. *The British Museum Dictionary of Ancient Egypt*, British Museum, 2002
21. *The Oxford Handbook of Egyptology*, Oxford University Press, 2020

James P. Allen

22. *Religion and Philosophy in Ancient Egypt*, Yale University, 1989
23. *A New Concordance of the Pyramid Texts (Vol. 1)*, Brown University, 2013

24. *Genesis in Egypt: The Philosophy of Ancient Egyptian Creation Accounts*, Yale Egyptological Seminar, 1988
25. *Middle Egyptian: An Introduction to the Language and Culture of Hieroglyphs*, Cambridge University Press, 1999
26. *The Ancient Egyptian Pyramid Texts*, Society of Biblical Literature, 2005
27. *The Egyptian Coffin Texts, Volume.8 : Middle Kingdom Copies of Pyramid Texts*, Oriental Institute of the University of Chicago, 2006

Jan Assmann

28. *Death and Salvation in Ancient Egypt*, Cornell University Press, 2005(D. Lorton[Translator])
29. *The Mind of Egypt: History and Meaning in the Time of the Pharaohs*, Metropolitan Books, 2002(A. Jenkins [Translator])
30. *Religion and Cultural Memory: Ten Studies*, Stanford University Press, 2006.
31. *Cultural Memory and Early Civilization: Writing, Remembrance, and Political Imagination*, Cambridge University Press, 2011
32. *Egyptian Solar Religion in the New Kingdom: Re, Amun and the Crisis of Polytheism*, Routledge, 2012
33. *From Akhenaten to Moses: Ancient Egypt and Religious change*, The American University in Cairo Press, 2016
34. *The Search for God in Ancient Egypt*, Cornell University Press, 2001(David Lorton[Translator])

John Baines

35. *Cultural Atlas of Ancient Egypt*, Checkmark Books, 2000
36. *Visual and Written Culture in Ancient Egypt*, Oxford University Press, 2007
37. *High Culture and Experience in Ancient Egypt*, Equinox Publishing Limited, 2013
38. *Religion in Ancient Egypt: Gods, Myths, and Personal Practice*, Cornell University Press, 1991(with Byron E. Shafer et al.)

John H. Taylor

39. *Death and the Afterlife in Ancient Egypt*, British Museum Press, 2001

Melinda K. Hartwig(ed.)

40. *A Companion to Ancient Egyptian Art*, Wiley-Blackwell, 2014

Miriam Lichtheim

41. *Ancient Egyptian literature, Volume III : The late period*, University of California Press, 1980
42. *Ancient Egyptian Autobiographies Chiefly of the Middle Kingdom*, Vandenhoeck & Ruprecht, 1988
43. *Maat in Egyptian Autobiographies and Related Studies*, Vandenhoeck & Ruprecht, 1992

Raymond O. Faulkner

44. *The Ancient Egyptian Coffin Texts, Volume III*, Aris & Phillips, 1978
45. *The Ancient Egyptian Pyramid Texts*, Oxford at the Clarendon Press, 1969
46. *A Concise Dictionary of Middle Egyptian*, Griffith Institute, 1962

Richard H. Wilkinson

47. *Reading Egyptian Art: A Hieroglyphic Guide to Ancient Egyptian Painting and Sculpture*, Thames & Hudson, 1992
48. *Symbol & Magic in Egyptian Art*, Thames & Hudson, 1994
49. *The Complete Temples of Ancient Egypt*, Thames & Hudson, 2000
50. *The Complete Valley of the Kings*, Thames & Hudson, 2008 (With Nicholas Reeves)
51. *The Complete Gods and Goddesses of Ancient Egypt*, Thames & Hudson, 2003
52. *Egyptology Today*, Cambridge University Press, 2008(Richard H. Wilkinson[ed.])

Richard Jasnow and Karl-Theodor Zauzich

53. *The Ancient Egyptian Book of Thoth*, Harrassowitz, 2005
54. *Conversations in the House of Life: A New Translation of the Ancient Egyptian Book of Thoth*, Harrassowitz, 2014

Stephen Quirke

55. *Going out in Daylight- prt m hrw: The Ancient Egyptian Book of the Dead: translations,sources, meanings*, Golden House Publications, 2013
56. *The Cult of Ra: Sun-Worship in Ancient Egypt:* Thames & Hudson, 2001

图书在版编目(CIP)数据

金字塔的国度/颜海英著.—北京：商务印书馆，2024
（2024.12重印）
ISBN 978-7-100-23893-9

Ⅰ.①金… Ⅱ.①颜… Ⅲ.①埃及—古代史 Ⅳ.
①K411.2

中国国家版本馆CIP数据核字（2024）第082833号

权利保留，侵权必究。

金字塔的国度
颜海英　著

商务印书馆出版
（北京王府井大街36号　邮政编码100710）
商务印书馆发行
北京雅昌艺术印刷有限公司印刷
ISBN 978-7-100-23893-9

| 2024年6月第1版 | 开本710×1000　1/16 |
| 2024年12月北京第3次印刷 | 印张 27¼ |

定价：128.00元